愛を科学で測った男

異端の心理学者ハリー・ハーロウとサル実験の真実

デボラ・ブラム 著　　藤澤隆史・藤澤玲子 訳

Love at Goon Park

Harry Harlow and the Science of Affection

Deborah Blum

白揚社

ハーヴァード大学の心理学者、B・F・スキナー。動物とヒトの条件づけ行動の提唱者として、おそらくもっとも有名な人物。(写真提供:The Archives of the History of American Psychology)

ジョン・B・ワトソン。ベストセラーとなった『子どもと乳幼児の心のケア』を出版した直後の写真。著書では、子どもにあからさまな愛情を持って接してはいけないと親に警告した。(写真提供:The Archives of the History of American Psychology)

クララ・メアーズとハリー・ハーロウ。1931年、最初の結婚の前の幸せなころ。(写真提供:Robert Israel)

クララとハリー・ハーロウと２人の息子、ロバート（5歳）とリチャード（2歳）。1944年、離婚してクララと息子たちがマディソンを去る２年前。（写真提供：Robert Israel）

ハリーと息子のロバート（6歳）。週末に霊長類研究所を訪れた際、線路沿いの側庭にて撮影したもの。（写真提供：The Harlow Primate Laboratory, University of Wisconsin-Madison）

以前のウィスコンシン大学心理学部の建物（現存せず）。住所から、グーン（マヌケ）パークというあだ名がついていた。（写真提供：The University of Wisconsin Archives）

ペギーとハリー・ハーロウ。1948年の結婚直後、ハリーの最初の息子のロバートと撮影。（写真提供：The Harlow Primate Laboratory, University of Wisconsin-Madison）

ハリー・ハーロウの最初の霊長類研究所。打ち捨てられた箱工場の建物を改造した。（写真提供：The Harlow Primate Laboratory, University of Wisconsin-Madison）

ハーロウ研究所でおこなわれた好奇心実験で、3匹のアカゲザルの子どもが鍵を開けようとして頭を悩ませている。（写真提供：The Harlow Primate Laboratory, University of Wisconsin-Madison）

ロバート・ジマーマン。ハーロウの研究室にいた大学院生で、母性愛をともに研究した。研究室で一休みしているところ。（写真提供：Robert Zimmermann）

赤ちゃんザルはミルクを飲むために針金の母親の方へ身を乗り出しているが、自分の愛する布の母親をしっかりつかんで離そうとしない。（写真提供：The Harlow Primate Laboratory, University of Wisconsin-Madison）

研究者が近づくと、急いで母親のところへ戻っていくアカゲザルの赤ちゃん。（写真提供：The Harlow Primate Laboratory, University of Wisconsin-Madison）

太鼓を叩くゼンマイ式のクマのおもちゃは、子ザルを怖がらせて、母親が安心感を与えるかどうかを調べるテストに使われた。(写真提供：The Harlow Primate Laboratory, University of Wisconsin-Madison)

1958年の宣伝用の写真。布の母親と、それと一緒に育った子ザルとの間に絆が生まれるという、ハリーのもっとも有名な研究結果を調べている。(写真提供：The Harlow Primate Laboratory, University of Wisconsin-Madison)

安心感を与えてくれる布の母親がそばにいるので、赤ちゃんザルはそれまで怖がっていたおもちゃの虫に飛びかかろうとしている。(写真提供：The Harlow Primate Laboratory, University of Wisconsin-Madison)

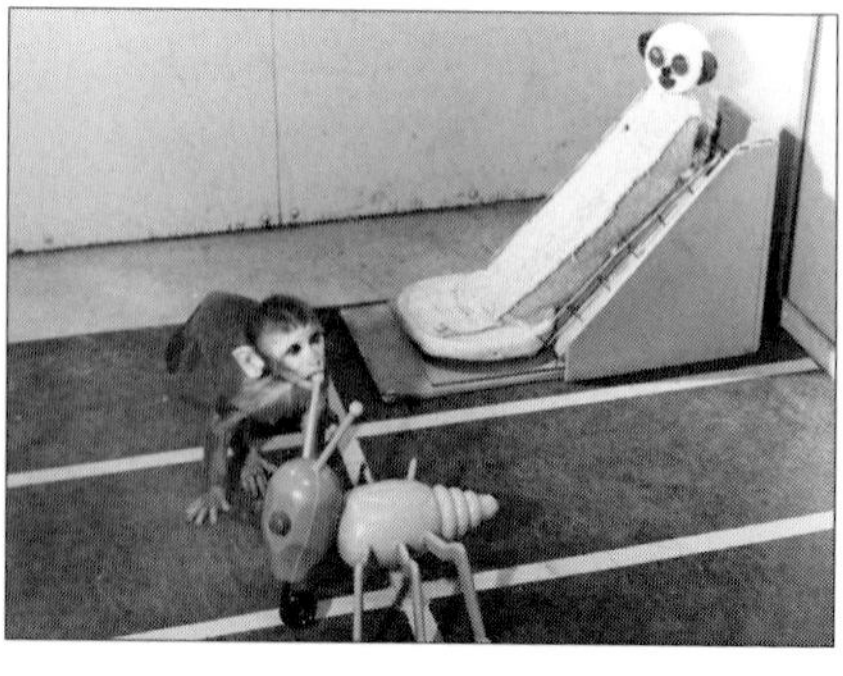

実験中にびっくりして、布の母親のところへ跳んでいくアカゲザルの赤ちゃん。布の母親は安心とぬくもりを与えてくれる。(写真提供:The Harlow Primate Laboratory, University of Wisconsin-Madison)

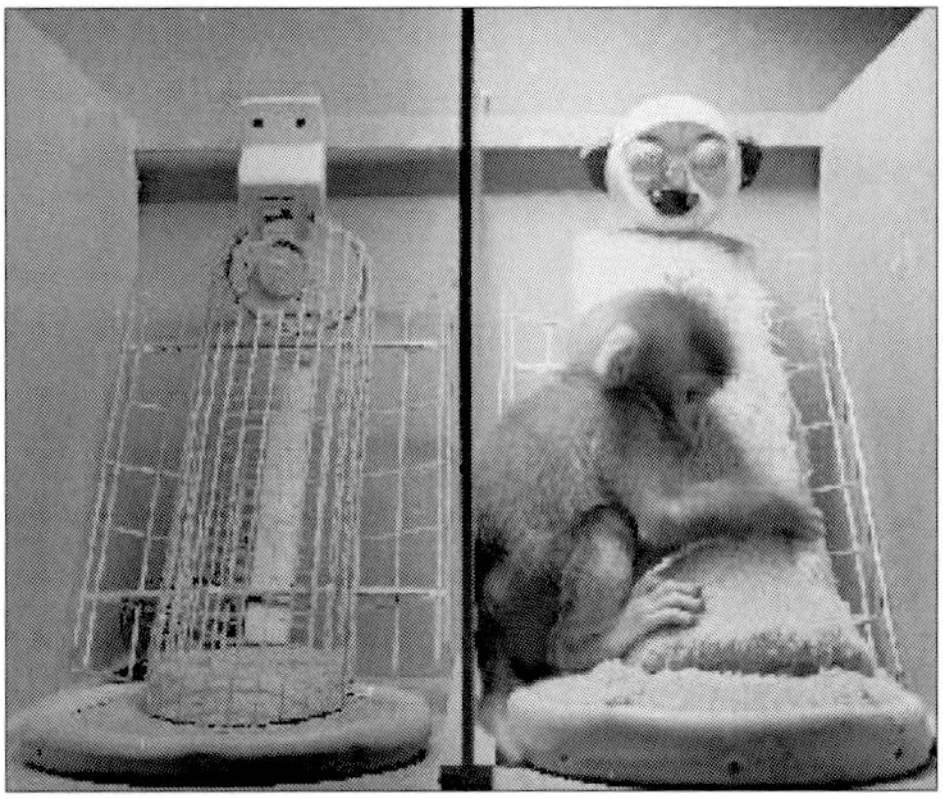

ハリーのオリジナルのテストで並べられた布の母親と針金の母親。「接触による安らぎ」の重要性をテストした。(写真提供:The Harlow Primate Laboratory, University of Wisconsin-Madison)

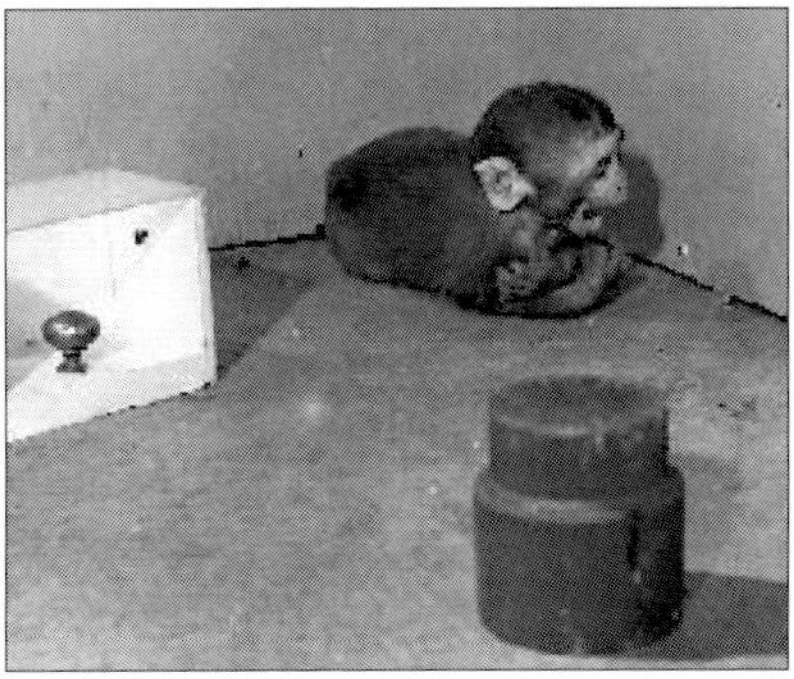

母親から引き離され、新しい見慣れぬ部屋に入れられたアカゲザルの赤ちゃん。恐怖と孤独で悲嘆に暮れている。(写真提供:The Harlow Primate Laboratory, University of Wisconsin-Madison)

1960年代後半、ハリーがリラックスしている珍しい瞬間。(写真提供：The Harlow Primate Laboratory, University of Wisconsin-Madison)

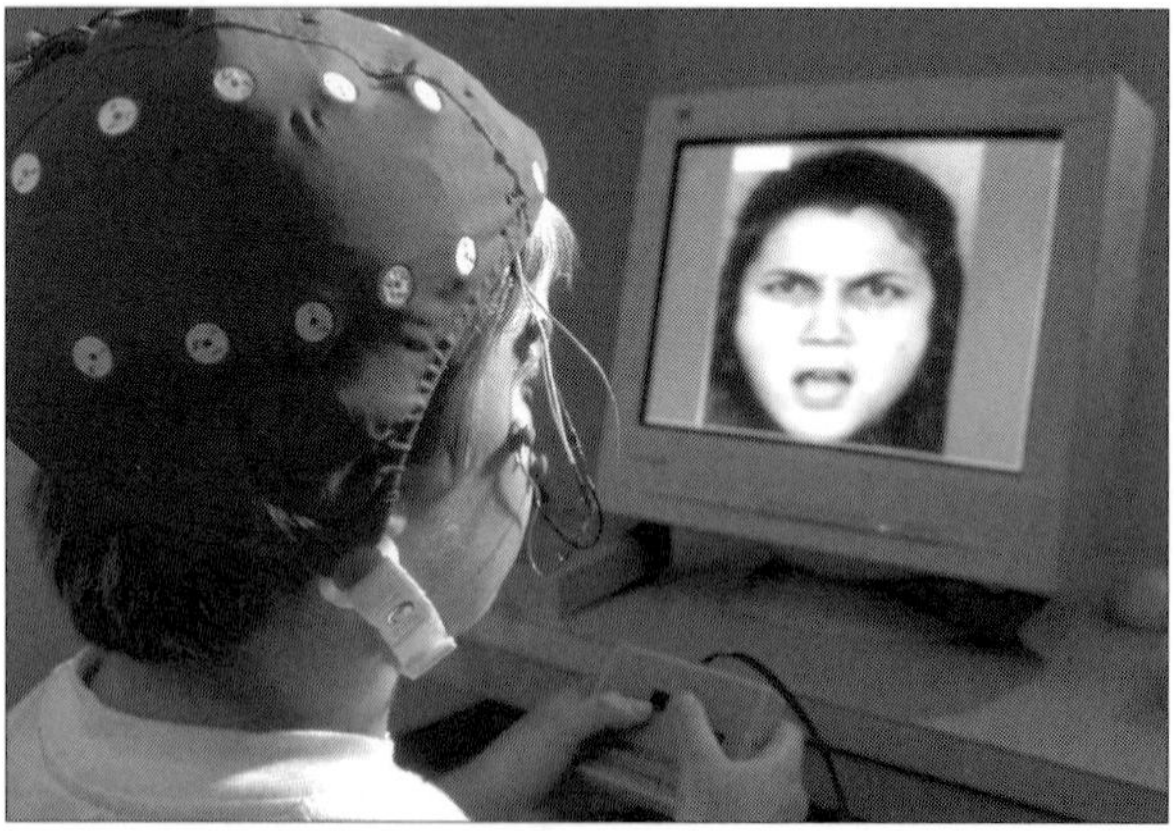

子どもの情緒的関係を調べるウィスコンシン大学心理学部の最近の研究で、男の子が怒った顔を評価している。(写真提供：University of Wisconsin News and Services)

愛を科学で測った男

心から愛する両親
アンとマリー・ブラムに

はじめに——新版によせて

本書が二〇〇二年に最初に出版された直後、私は書店のトークショーで、この本の主人公、チェーンスモーカーで、詩人で、アルコール中毒で、一筋縄ではいかない天才心理学者のハリー・ハーロウについて語った。もちろん、トークショーではもっぱら、彼が二〇世紀半ばに成し遂げた大改革の話をした。愛はまっとうな感情であり、非常に重要で、人間の発達を方向づけるものだと心理学者仲間を説得するために彼が孤軍奮闘した話だ。

説得力はあるが物議を醸した、赤ちゃんザルを使った彼の研究に、私はずっと強い興味を感じていた。母親が子ザルを拒絶するのを観察した研究である。研究者の予測では、子ザルは神経質になり、元気をなくし、いくぶん引きこもりがちになるだろうと思われていた。しかし実際にその目にしたのは、子ザルたちが突然、死にものぐるいになって働きかける様子だった。彼らは母親に愛してもらおうと必死になって、甘え声を出し、すり寄り、撫でさすり、呼びかけた。
彼らは生まれて最初の基本的な関係をただ修復しようとしただけではない。次に進むためには、修復しなければならなかったのである。

トークショーが終わってから、ひとりの女性が話しかけてきた。彼女はウィスコンシン州マディソンの病院の看護師で、その病院では親に虐待されてきた成人を診ていた。「まるで、うちの患者さんたちのことを話しているみたいでした」と彼女は言った。「みんなそんな感じなのです」。彼女の患者は三〇代、四〇代、五〇代の大人なのに、いまだに両親に愛してもらいたいという子ども時代の欲求にとらわれたままなのだ。

彼女の顔に浮かんだ優しさと悲しみをいまだに忘れることができない。彼女は、「サルが教えてくれたことがあるとすれば、生き方を学ぶ前に愛し方を学ばなければならないということだ」というハーロウのメッセージを完全に理解していた。

サルを使った彼の研究には、動物実験の可否という倫理的な問題がつきまとう。しかし、彼が愛と現実の人生の間に見出したつながりは、五〇年以上も前に彼が説明したときと同様、今でもとても強力だ。

ベーシックブックス社がこの本の新版を出版すると知って、私はとてもうれしく思った。二〇〇二年に初版を刊行した後、私は二冊の著書を出版したが、本書はいろいろな意味でもっとも気に入っている本のひとつである。

そう書くと、意外に思う読者もいるかもしれない。なにしろ初版の序文で、「最初に本書のアイディアを思いついたとき、すぐに却下しようとするのをかろうじて思いとどめた」と書いたのだから。私は霊長類研究の倫理問題を調査した前著『なぜサルを殺すのか』で、ハーロウのことを書いていた。おおむね批判的な見方をしたので、それに対して彼の昔の同僚や友人たちの多くが怒っていた。「ニューヨーク・タイムズ」紙が掲載した好意的な書評さえも憎い、と伝えるために電話をかけてきた人もいたくらいだ。これ以上時間をかけて霊長類研究を調査する気にはなれなかったし、いずれにせよ、もう誰も私に話をしてくれないだろうと思っていた。それなのに、ハーロウのことがなぜか頭から離れなかった。数年後、「マザー・ジョーンズ」誌で育児放棄の破壊的な影響について連載を執筆していたとき、「でも結局のところ、これはハリー・ハーロウの業績だわ」と思い至った。そして、ハーロウの成し遂げたことを再び考えるようになった。彼のおこなった霊長類研究ではなく、彼の研究が持っていた力そのものについて、他者との結びつきが人生でどれほど重要かを思い知らせた彼のやり方について考えるようになったのである。

私は初版の序文にこう書いた。「それがこの本だ。ハリー・ハーロウの伝記でもあり、愛は重要であるという、意外なほど最近になってようやく科学が受け入れた考え方の記録でもある。一冊の本を読むのは、旅をするようなものだ。その旅の終わりに、私はハリー・ハーロウを好きになれただろうかと自問自答してみた。……簡単な質問だが、答えるのは簡単ではない。私は彼の話を聞くと、また聞きなのに笑ってしまう。彼のおかげで、以前には思ってもみなかった観点から、友情や親子関係やパートナー同士の関係を考えるようになった。今でもまだ、彼が短気で怒りっぽい友だちのような気がしている。完全にリアルな存在だと思えるのだ」

実際のところ、あまりにもリアルなので、私は彼と心の中で会話をしていた。私にとって彼はもはやウィスコンシン大学のハーロウ教授ではなく、ただのハリーで、厄介な友だった。「どうしてそんなことを言ったの、ハリー?」と、とりわけ女性嫌悪の発言や、自分の研究をわざと挑発的に表現した文章を読んだ後には、すっかりお手上げになって尋ねたものだ。「どうしてそんなことをしたの?」と。私があまりにしょっちゅう彼に話しかけ、彼のことを話題にしたので、今では子どもたちはこの本のことを「ハリーの本」と呼んでいる。

しかし、コンピュータサイエンスの研究者に関する本を執筆中の友人と話したときのことを思い出すと楽しくなる。その本の主人公は、優秀であるばかりか善良でもあり、大きな可愛いクマさんみたいな研究者だった。友人は愚痴を言ったものだ。「みんな、彼のことが好きなんだ。彼のことを面白く書くのは本当に至難の業だよ」

私は思わずにやりとした。「私には無縁の問題ね」

もちろん、問題は他にあった。私の前著に対してハリーの家族や友人が感じていた憤懣を、なんとかして打開しなければならなかったのだ。ある科学者は言った。「あなたの最初の本は大嫌いだし、あなたのことも気に入らない。だけど、彼については教えてあげたい」。別の研究者——まさに私の母校であるウィスコンシン大学の研究者だった——は、友人に電話してまわって、私に何も話さないようにと釘を刺した。それでも、たいていの人は話してくれた。私の魅力と説得のなせる業《わざ》だと言いたいところだが、ほとんどの場合、彼らは自分の人生や研究においてあまりに重要なその人物の物語について、何かしら言いたいことがあったのだと思う。

ハーロウの学生の多くは、独力で影響力のある霊長類学者になり、社会行動や人間関係に関する先駆的な研究をおこなっている。その中には、カリフォルニア大学デイヴィス校のウィリアム(ビル)・メイソン、マサチューセッツ大学アマースト校のメリンダ・ノヴァク、そしてもちろん、行動生物学の非常に複雑な問題を徹底的に研究しつづける国立小児保健・人間発達研究所のスティーヴ・スオミもいる。

彼らのほとんどは、ハーロウと同様に、動物の権利運動団体《アニマルライツ》——特に、これほど利口で、これほど感情的なつながりを持ち、これほど私たち人間と近い関係にある動物を断じて実験に使ってはならない主張する団体——から痛罵されてきた。その問題が、ハリーの研究の多くに暗い影を落としている。私は、彼の人生で起きたとおりに、本書でそれらを取り上げようと思う。研究仲間ですら、彼はいくつかの実験で越えてはならない倫理的な一線を越えてしまったと述べる。とりわけ、先ほど述べた親による拒絶実験や社会的隔離の実験をしたせいで、彼は動物の権利運動が目の敵にするシンボルになってしまった。

ハーロウに対しても、彼の研究分野に対しても、こうした善悪に関わる暗い問題についても、正当に評価できていることを願いたい。だが、本書は包括的な伝記でもなければ、心理学の詳細な歴史を書いた本でも、倫理の本でもない。むしろ、サルの社会（ひいては人間の社会）における関係性の役割を理解しようとして人生のほとんどすべてを捧げた、ひとりの非常に複雑な科学者とともに歩む旅である。かつてハリーは、すべての人には「愛情の確固とした基盤が必要である」と言った。本書は何よりも、そうした感情の基盤まで掘り下げようとした彼の努力を記した本である。

最後に、私の故郷であるウィスコンシン州マディソンのヴィラース動物園に行った日のことを書いておきたい。私はいつものようにサルや類人猿をほれぼれと眺めながら、ハリーと心の中で会話していた。彼はここで二匹の年老いたオランウータンを使って、初めて霊長類研究をおこなった。私は現在いるオランウータンの家族を見に行った。灰色をした石器時代風の顔や、銅色の毛に包まれた体をしたオランウータンを見るのが大好きなのだ。この日、ヴィラース動物園のオランウータンたちは、生まれたばかりの赤ちゃんと一緒に屋外に出ていた。赤ちゃんは、両親の巨体とは対照的に驚くほど小さかった。私は初版の序文にこう書いた。「ヴィラース動物園のオランウータンには、生まれたばかりの赤ちゃんがいる。母親は赤ちゃんをぎゅっと抱きしめている。胸と胸をぴったりくっつけて、離せば生命の自然法則に背くことになると言わんばかりに。もしかしたら、ハリーがよく言っていたように、科学はようやく常識に追いつこうとしているのかもしれない。母と子は、二つの心臓がひとつになって鼓動しているのではないかと思えるほど、ぴったり密着している。もしかしたら、答えはこのガラス越しの風景と同じくらい単純なのかもしれない」

今回、この文章をひとことだって書き換えようとは思わないが、この希望だけは付け足しておきたい。そうした原則を私たちが理解すること、ハリーやその同僚の業績を基にして研究をさらに進めることが、そのような瞬間を味わったことのない人々を救う手立てを見つける助けになるのだ。病院の看護師が語ったような人々、愛情の確固とした基盤をいまだに探し求めている人々を。ハリー・ハーロウ物語のエンディングとしてはそれが最高だろう。

目次

プロローグ　弧を描いて飛ぶ愛

白い部屋の中で、二人の男が愛について語り合っている。ひとりは洒落たスーツを着こんで、しゃきっと姿勢よく立っている。もうひとりの黒髪の男は、エレガントとは言いがたい。猫背で痩せており、だらりとした実験用白衣の中に縮こまっている。二人の声が薄暗い室内にうつろに響く。冷たく光っているような部屋だ。そばにあるカウンターは、氷のように無機質に磨き上げられている。金属製やガラス製の器材が蛍光灯に照らされ、青みを帯びてチカッと光る。こうした寒々とした雰囲気の研究室を背景に、男たちはずいぶん場違いな会話をしている。詩人やラブソング、星降る夜、白昼夢など、ひどく甘ったるい話題が続く。

いや、彼らは少しばかり時代に先んじているのだ。一九五〇年代末の当時、研究室でこのような言葉を使って愛について論じる者などいない。人間行動の飽くなき研究の徒ともいうべき心理学者ですら、表やグラフや測定器の世界に、心温まる愛を迎え入れようと訴えたりはしない。実験心理学者は、愛という概念をまともな研究対象として取り扱うことを長年拒みつづけていた。心理学の権威たちは、愛のような曖昧で感傷的な感情は物語の世界のものであり、研究論文で扱うものではないと明言していた。人間関係を研究する学者も、愛という言葉を使うのを避けている。スタンフォード大学のアーネスト・ヒルガードが執筆して高い評価を得た『アメリカ心理学』をひもとけば、「愛」という単語が事項索引のどこにも載っていないことがわかるだろう。

要するに、その白衣を着た小男にとってみれば、このような会話をするだけで学者生命が危ぶまれるのである。彼は実験心理学者なのだ。むさくるしい頑固な中年の研究者で、名前はハリー・フレデリック・ハーロウという。彼はあるときにふと、自分の学んだ心理学は間違っていると考えるようになり、それからというもの、誰にはばかることなくそう公言していた。もちろん、問題があるのは彼自身の方だ、と幾度となく指摘されてきた。アイオワ州の貧しい家の生まれで、驚くほどズケズケとものを言う彼は、主流の心理学にケンカを売るクセがある。ハーロウ教授は「言葉遣いを正すように」と何度も注意されてきた。「親しい関係」に言及する際には正しい用語を使用せよと指導されてきたのだ。彼はなぜ、他の人たちと同じように、それを「近接性」と言えないのか？　親子、友人、パートナーについて語るとき、なぜかいつも「愛」という単語が彼の口から飛び出てくるのだ。その議論になると、彼がすぐにかっとなることは有名だった。マディソン郡のウィスコンシン大学にある彼の研究室を訪ねてきた客に対して、吐き捨てるようにこう言ったこともある。「君は近接性しか知らずに生きてきたんだな。ありがたいことに、私はそれ以上のことを知ってるんでね」

「ある人と人間関係を構築するには、どれくらいの距離で立つ必要があるかね？　三インチ？　四インチ？　六インチだったら構築できるかね？」」。ハリーは、ゆっくりした嫌みたっぷりな口調で、よくこう質問した。同僚たちは、そんなにせせら笑う必要はないじゃないかと答えた。「近接性」という単語が嫌いなら、他の科学用語を使えばいい。「愛着」「条件反応」「一次的動因低減」「刺激反応」「二次的動因低減」など、用語は他にも数多くある。フロイト派の用語を使いたいなら、「対象関係」と言えばいい。それなのに、なぜわざわざ「愛」という言葉を持ち込むのか？

さて今、ハリー・ハーロウは、全米の津々浦々にまで放映される全国ネットのテレビ番組に出演し、彼のおなじみの用語を使って、感情的関係についての主張を披露している。あの研究室での会話は、「愛の測定」というタイトルでCBSテレビで放映されるのだ。一九五九年、日曜夕方の科学番組『コンクエスト』に出演したのである。三〇分の番組の中で、ハリーの口から「近接性」という単語が出ることは一度もなかった。

エレガントなスーツを着た男は、CBSの有名なジャーナリスト、チャールズ・コリングズウッドだ。堂々たる押し出しで、カメラに大きく映る。それに比べると、ハリー・ハーロウは小さく、ありきたりの白衣の中に縮こまっているように見える。角張った顔、ほぼ一直線の眉毛に黒い目、短めの黒髪はきっちり後ろに撫でつけられている。声は少し高めで、コリングズウッドの低いガラガラ声よりも滑らかだ。

しかし、科学を語るその声は、意外にも説教壇の伝道師にぴったりで、独特の抑揚のある節まわしで話をした。それまで「定義も測定もできない」と言われてきたものを、実際に定義し測定することは可能なのだ、と断言するハリーの口調には音楽のような響きがある。彼の話を聞いていると、愛には実体があり、試験管に注ぐことさえできると信じ込んでしまいそうだ。愛が話題にのぼると、コリングズウッドは視聴者にこう話しかけた。「みなさんと同じように、私にもよくわかりません。しかし、当て推量というのは科学のやり方ではないのです」。彼のガラガラ声に力がこもる。「ここは、科学の研究室です」。番組の冒頭で、コリングズウッドは片手にサルを抱いて立っている。明るい色の目をした赤ちゃんザルで、頭の産毛は天然のモヒカン刈りだ。カップの中の卵のように、コリングズウッドの丸めた手の中で丸まり、手のひらの端に小さな指を巻きつけている。ハリー・ハーロウは霊長類の研究者であり、ヒトの行動を理解するためにサルの行動を理解しようとする、新たな科学の開拓者なのだ。コリングズウッドは、その点を少し強調するような身振りで、サルを乗せた手をさっと振る。「この研究室には、一二〇匹くらいのアカゲザルがいます。研究目的は、『母親に対する幼児の愛とは何か』という問いの答えを見つけることです」

番組の中では、「テレビカメラが回っていないときのハリー・ハーロウ」とも言うべき、例の不遜な態度は微塵もない。ある大学院生が黄金に輝く月を指差したとき、この男はこう言い放ったのだ。「ずっと長い間そこにあるね。前にも見たことがあるよ」。今は、イライラした辛辣な態度は影を潜めている。顔を輝かせて甘い声で話すこの科学の伝道師は、その話題の美しさに完全に心を奪われているようだ。研究室に住み込み、夜明けから夜ふけまでコーヒーとタバコとアルコールと妄執を注ぎ込む普段の姿は、テレビ画面からはうかがい知れない。そう、おそらく妄執が突き抜けてしまったのだろう。彼は議論に没頭し、世界を説得しようとしている。科学が注目しさえすれば、愛の測り方を知り、コリングズウッドが子ザルを抱いたように、私たちの手の中にすくいとることができるのだ、と。

「さて、コリングズウッドさん、あなたがその赤ちゃんザルを怖がらせたとしましょう。赤ちゃんは母親のところに走っていって、なだめてもらう。すると恐怖は消えてしまって、完全な安心感に変わる。

ねる。

それは、赤ちゃんが母親を愛しているということだとは思いませんか？」とハリーが甘ったるい声で尋ねる。

「もちろんそうでしょう」とコリングズウッドは軽く答える。そう、もちろん当たり前のことだ。愛とはとりわけ安全な避難所——怖がる子どもを抱き上げて、ぎゅっと抱きしめる親の腕——であると思わない者がいるだろうか？　しかし振り返ってみれば、信じられないことに、これまで数多くの権威ある科学者たちがこの考えに反対してきたのである。「心理学では、愛とは煙や鏡像のような実体のないものので、戯言だった。誰も彼もがハリーにそう言っていたんだ」と、ハリーの教えを受けた大学院生のひとりが語っている。カメラを直視して当時の心理学の常識を否定することは、ＣＢＳテレビの誰もが考えるよりずっと勇気のいることだったに違いない。

番組では少しの間、研究室での実験の様子が映し出される。そこでは、ハリーが説明したとおりのことが起こる。科学者が機械仕掛けの怪獣を送り込む。背丈は二〇センチくらい、光る目と黒いコウモリのような羽のある、宇宙人とドラゴンの中間みたいな怪獣だ。「悪魔みたいだ」とコリングズウッドが言う。「確かに赤ちゃんザルにはそう見えるだろうね」とハリーが答えるのとほぼ同時に、赤ちゃんザルたちはこの恐ろしい物体を一目見て、飛び上がった。

まるで誘導ミサイルみたいだった——赤ちゃんたちは母親へ向かって、完璧な弧を描いて飛んだ。見てごらんなさい、とハリーが口元を歪めて言う。一匹の赤ちゃんザルは母親にしっかりとしがみつき、怪獣に向かってキーキーと怒号をあげ、威嚇している。あっちに行け！　僕はもうお母さんと一緒にいるんだ！　互いを護る方法で愛が測れるのだとしたら、それは親元に至る優美な飛行ラインにはっきりと表れていた。

二人の男は、静かにそれを見ている。付け加えて何かを言う必要はない。ハリーにもそのことがわかっている。一歩下がって見ていれば、その関係性はひとりでに明らかになる。赤ちゃんから母親へ、ハートに突き刺さる矢。とはいえ、彼には皆に伝えたい重要なメッセージがある。そのために、ぶかぶかの白衣を着てここに立ち、単純な愛情がいかに大切かを説いているのだ。五〇年以上にわたって信奉されてきた科学の定説をなぜ否定すべきなのか、それが納得できるほど強いメッセージだ。

愛について話している二人の男には、それぞれ違う目的がある。チャールズ・コリングズウッドがウィスコンシン州マディソンにやってきたのは、前代未聞の実験に光を当てて、見どころのある番組を制作するためだ。ハリー・ハーロウはそれに手を貸している。しかし、小さな革命を起こそうともしている。危険を承知で、チカチカ光る日曜日の白黒テレビの画面に登場して、議論を巻き起こそうとしているのだ。

私たちの人生は愛とともに始まる、とカメラをまっすぐに見てハリーは言う。私たちは人とのつながりを家庭で学ぶ。それは人生を築き上げていくための土台であるし、そうあるべきなのだ。サルであろうが人間であろうが、もし幼少期に愛を学ばなければ、「おそらく、一生愛を学ぶことはない」。彼は自分の言っていることに絶対的な自信を持っているように見える。目下継続中の激烈な議論などまったく存在せず、心理学界を代表して演説しているかのようだ。自分の意見を第三者のように語る術《すべ》は、ハリー・フレデリック・ハーロウが子どものころから磨いてきたスキルである。曖昧で、信頼性に欠け、捉えどころのない「愛」と呼ばれる感情のために、彼はためらうことなく立ち上がり、カメラのレンズを見つめてこう語る――私の話に耳を傾けなさい。大切なことを話しているのだから。

1 ハリー・ハーロウの誕生

あの感動を禁じえない、だが実のところ非常に子供じみた親の愛情というものは、彼らのナルシシズムが生まれ変わったものにほかならず、対象愛へ姿を変えながらも、かつての本質をまごうことなくあらわにするのである。

ジークムント・フロイト（一九一四年）

彼は生まれる場所を間違えた夢想家であり、詩人だった。無味乾燥なアイオワの土に育ち、トウモロコシ畑に咲くバラの花ほどに場違いだった。ハリー・フレデリック・イスラエル（後にハリー・ハーロウとなるのだが、それはもう少し先の話である）の幼少期を思い出すたびに、彼はいつも笑い出してしまう。おかしな小さなはみだし者だった彼は、整然とした畑に閉じ込められ、その緑と黄金の列が空の縁と出会うところを夢想してばかりいた。

なにしろ、アイオワ州東南部である。誰も彼もトウモロコシ畑に囲まれて育った。二〇世紀初頭のその眺めは、まさに典型的な開拓地だ。しかし矛盾するようだが、その整然とした風景こそが、革新的な国の姿だったのである。ほんの一〇〇年足らず前には、この土地はオオヤマネコやオオカミ、シカ、バッファロー、油断大敵のピューマ、明るい銅色のキツネのものだった。背の高い草が広がる草原、木々に覆われた丘、土手ひとつない自然のままの川、カエデやカバノキなどなじみのある木々と、シナノキやアサダといった、もはや忘れ去られた木々が生い茂る森。インディアンのフォックス族とソーク族はかつてここで狩りをし、植物を集め、なわばり争いをし、この土地を故郷と呼んでいた。

古参の入植者たち（アイオワ人にとって、「開拓者《パイオニア》」という言葉は、定住しない流れ者というふうに聞こえるのだ）は、一九世紀の初頭にこの土地を開拓しはじめた。ずっと後にハリーが生まれることになるフェアフィールドという小さな町ができたのは一八三六年のことで、昔ながらの広場を中心にした街区が整然と広がっていた。それから数十年もの間、フェアフィールドは辺境《フロンティア》のままで、一八七〇年代になるまで町をブタが走りまわっている有様だった。市長がとうとう、家畜は閉じ込めておくべきだと主張すると、ブタの飼主たちは、それは自由を冒涜することだと怒って抗議した。住人たちは自分の育てた作物で支払いをし、町医者は鶏からトマトまで何でも受け取った。街角の薬屋はインディアンの薬草を客に売っていた。はしかにはカモミールの花、肺炎にはつるつるしたニレの樹皮で、それぞれ布袋にきっちりと詰めてあった。

そこでは科学は何か遠い存在で、まったく非現実的で、たいして重要ではないものだった。「世界が無数の魅力的な生物であふれているとか、足元の岩に地球の歴史が刻まれているなんて、ほとんどの人は知らなかったし、関心もなかった」と、フェアフィールド史を研究しているスーザン・フルトン・ウェルティは、愛情に満ちた郷土史の中で書き記している。一九世紀の終わりに、数名のフェアフィールド高校の生徒が「科学部」を結成した。熱心ではあったものの、観察対象が謎に満ちていることを発見するのが関の山だった。最初のころのミーティングで問題になったのは、「コウモリは鳥なのか？」である。メンバーの大半は自然収集家で、ピンで留めた昆虫やドライフラワー、シダやコケなどの脆い化石、分類したさまざまな骨で部室をいっぱいにした。あるときなど、近くの空き地に転がっていた白骨から、まるまる一頭の馬の骨格標本を組み立てたこともある。

ハリー・イスラエルが生まれたころには、フロンティアはすっかり整備されていた。町の通りはきれいに舗装された。ソーク族やフォックス族は西へと追いやられ、ほとんど姿を消していた。薬草は赤レンガの病院や西洋の薬に取って代わられた。森林や草原は開墾されて作付けされ、自然のままの姿を失った。熱心な科学愛好者でさえ、もう骨集めなどやらない。町の高校では、「もっとも高等な脊椎動物である人間に特別な注意を払って」自然研究を教えていた。ハリーには、なんと言おうか、もう少し予測不能な方が性に合っていたことだろう。後になってから、完全に秩序立てられた科学にはうんざりしたと告白している。規則を絶対的なものとして受け入れることなど、彼には到底できなかった。「われら人間」が進化の極致だなんて、断じて納得できない。なぜなら進化はおそらく今も進行中なのだから。彼はこの問題について嬉々として議論したことだろう――フェアフィールドが議論を歓迎する土地柄だったならば。ハリーは議論するために生まれてきたのだ、と家族はよく言ったものだ。友人も同感だった。高校の卒業アルバムの彼の写真の下には、こんな言葉が書かれている。「少々小柄だが、皆さんよくご存じのとおり、議論にすばらしく長けている」

一九〇五年一〇月三一日のハロウィーンの夕方、フェアフィールドの自宅で彼は生まれた。「誕生して三〇分で、私は家族に激烈なもめごとを引き起こした」とハリーは記している。オレゴン州ポートランドから遠路はるばるやってきたネル叔母さんは、いちばんに赤ちゃんを抱きたがった。だが、ハリーの二人の兄が、ハロウィーンの家めぐりに連れていってとネル叔母さんにせがんだ。そして、三人が家に戻ってきたとき、赤ん坊のハリーはハリエット叔母さんの腕の中に居心地良く抱かれていたのだった。

ハリーは後々、「これぞまさしく、『遅くても、来ないよりはマシ』に当てはまらない状況さ」とジョークにした。ハリエット叔母さんはフェアフィールドのすぐ近くに住んでいたが、ネル叔母さんは何百キロも遠くからやってきたのにこの扱いだ。そのうえ、恩知らずな両親は、赤ん坊に「ハリー」という名前をつけた。そのため、家族の昔話でハリーが生まれたときのことが話題にのぼると、いつでも一荒れしそうな不穏な空気が流れるようになった。

「私は覚えていないのだが、三歳のとき、事件がもうひとつ起きた」とハリーは未発表の自叙伝に書いている。子ども時代の話をするとき、彼はいつもこうした話し方をした。アイオワでの幼少期について、いつでも冗談めかして話すのである。彼によると、ハリー坊やは陶器でできた子ども用のおまるを持っていて、とても気に入っていたそうだ。家の中ではいつも持ち歩いていた。母親の話によれば、ある日のこと、「私はやむにやまれぬ科学的好奇心に駆られ、どうなるのかを見たいあまりに、おまるの底に大きな石を投げ落とした」。それから何日も、彼は破片を見ては泣きじゃくった。一生を通じて救いがたい駄洒落好きだったハリーは、「岩《ロック》が底《ボトム》に当たったせいで、悲しみのどん底《ロックボトム》に突き落とされたのだろう」と書いている。

彼の両親の名前は、アロンゾ・ハーロウ・イスラエルとメイベル・ロック・イスラエルという。ハリーがどこかはみだし者だったのは、おそらく大部分、父親から引き継いだのだろう。ロン・ハーロウは（「アロンゾ」という名前を忌み嫌っていたので、成人してからは、誰であろうとその名前で呼ぶ者には返事しなかった）、かつて医者を志していたが、メイベル・ロックと結婚するために三年生で医大を中退し、その夢をあきらめた。しかし、医学の勉強以上に好きなものを見つけることができなかった。嫌々ながら農業に手を出したものの、喜んで投げ出し、ハリーの言うところの「ときどきやってみる、ぱっとしない発明」をいじくりまわしていた。家庭用の器具の実験をおこない、一度などは小さな洗濯機を開発したこともある。自動車修理と電池関係の事業に首を突っこみ、週末には熱心にマニュアルや本を読み、独学で機械について学んだりもした。父親とともに小さな不動産屋を始めたこともある。やがて、ロンとメイベルはフェアフィールドの近くの小さな町にある雑貨屋を買い取って、そこに落ち着いた。ハリーが生まれたのは、両親が三〇代半ばとなり、結婚して一〇年が経ったときのことだった。

現在、フェアフィールド公立図書館には、結婚式の日のロンの写真が保管されている。痩せていて、とがったあご、濃い眉毛に焦茶色の目、薄い唇の端に微笑を浮かべている。裾がふわっと浮かんでいるような白いレースのドレスを着たメイベルの写真もある。メイベルは身長が一五〇センチほどしかなかった。写真の中の彼女は妖精みたいに繊細で、その姿は優雅で華奢、かなり美しい小さな顔から、つやつやとした黒髪を滑らかに後ろへと撫でつけている。イスラエル一家には四人の息子がおり、上から順に、ロバート、デルマー、ハリー、ヒューといった。息子たちは全員、母親の華奢な体型と父親の焦茶色の目と濃い睫毛を受け継いでいた。ハリーの顔には、メイベルの整った顔立ちと少し角張った頑固な印象のあごも見てとれる。

ハリーの記憶によれば、両親は子どもたちが自分たちより立派に成長するはずだと固く信じていた。だが、そのためには並々ならぬ努力が必要だった――その教訓は、早くから学ぶことになる。ハリーが三歳のとき、兄のデルマーが、脊椎の結核とも呼ばれる脊椎カリエスだと診断されたのだ。ロン・ハーロウは、その病気については町の医者よりも先見の明があった。次第に曲がっていく息子の背中を心配したロンは、細い鉄棒をその奇妙なカーブと同じ形に折り曲げ、シカゴの研究病院へと送ったのである。病院の医者は、その特徴的な曲がり方から脊椎カリエスの診断を下し、もっと温暖で乾燥した気候のところに患者を移すようにとアドバイスをした。当時、それが脊椎カリエスの一般的な治療法だったのだ。息子のことが心配でたまらなくなったイスラエル一家は、家を売ってニューメキシコへ引っ越した。金がなかったため、ラス・クルーセス郊外の小さな渓谷でキャンプを張った。日光がさんさんと降り注ぐニューメキシコの空気のおかげでデルマーの健康は改善したが、もともと貧しかった一家は、さらに貧しくなった。そのうえ、春になると発生する洪水によって、残っていた持ちものもすべて失ってしまった。一時はテントの中まで水浸しになり、ロンは増水する川から子どもたちを抱えて避難しなければならなかった。一年余りで一家はほとんど文無し状態となり、フェアフィールドに戻ってやり直すこととなった。

ハリーによると、彼の両親は「文字どおり、子どもたちのために生きていた。幸いにも金がなかったので、本当に甘やかすことはできなかったがね」。けれども、もう少し甘やかしてくれたら（言い換えれば、もう少し愛情を注いでくれたら）、ハリーはうれしかったに違いない。何年も後になってから、彼は自らの研究によって、当時の自分がどれほど後まわしにされているように感じ、それを嫌だと思っていたのかに気づくことになった。「母は小柄で美しく、働き者で、器用な女性だった。四人の息子を、そしておそらくは夫のことも、かいがいしく、愛情をこめて、つつましく育ててあげた。私は、母が心から愛してくれているといつも思っていたし、本当にそうだったと思う」。しかし、デルマーの病気のせいで、「母はたぶん、他の子どもに惜しみなく愛情を注ぐことができないくらいに追い詰められていたのだろう」。兄が病気にかかったとき、ハリーはまだ幼児だった。母親は物理的にはすぐそば、つまり家の周囲にいた。だが感情的には、小さな恥ずかしがり屋の弟にとって、それで十分とは言えなかった。「母親と一時的に離れていたという記憶はないが、たぶん母親の愛情を受ける時間の何割かは奪われていたのだと思う。その喪失のせいで私の思春期は失われ、孤独な大人となってしまったのだろう」

フェアフィールドには、当時五〇〇〇人ほどの入植者がいた。塔や胸壁で屋上を飾りたてた建物が建ち並び、靴屋、食料品店、製樽所、仕立屋、薬屋、服屋、家具屋などが入っていた。広場は、郊外で耕作する農民たちの集会所になっていた。畑が凍りつき、フェアフィールドへの道が深い雪に覆われる冬でも、農民たちは町にやってきた。荷馬車の車輪を外して、重たい鉄の滑走板につけ替えればいいのである。フェアフィールドの子どもたちは町の通りで、農夫の橇《そり》から橇へと飛び移って遊んでいた。その遊びは「ホッピング・ボブ」と呼ばれており、農夫たちはぴょんぴょん跳ねまわる子どもたちを見ても、機嫌よく鷹揚に構えていたという。

フェアフィールドは農業の町だった。ハリーの父は不動産屋をやっている間も、自分を農地の所有者として登録していた。地元の高校では、一般的な学科と農業教育の両方が教えられていた。女子は「男性が喜ぶ料理法」といった家政学の授業を履修しなければならなかったし、男子は輪作から害虫駆除まで農業経営を学んだ。町の木造の家やレンガ造りの店舗や整然とした街路は、町の外に広がる農場や整然とした畑へと、ほとんど境目なく変わっていく。そんな場所に、この物静かで夢見がちな少年はいた。庭の世話でさえ、これっぽっちの関心もなければ、うまくやることもできなかった。後年、ハリーの長男であるロバートはこう述懐している。「父が庭仕事をやってみようとしたことが何度かある。しかし、そのたびに貴重な花壇の植物を引っこ抜いてしまうので、結局、わが家ではいつも『庭師を呼べ！』ということになるんだ」。大人になっても、ハリーはゼラニウムにもキンセンカにも興味を持たなかったし、ましてや子どものころには、畑になどいっさい興味がなかった。彼は詩を書き、絵を描くのが好きだった。あるときなど、作文の宿題を終えたのに、「どうもおかしかったから」という理由で提出しなかったことがある。後になって、無意識のうちに無韻詩〔一行で強弱のリズムが五回繰り返され、韻を踏まない〕の形式で作文を書いていたのだと気づいた。詩を書く才能があったというのではなく（あったとしても、まったく実用的ではないが）、詩を書くのが本当に好きだったのだ。中学二年生のとき、大好きな宿題が出た。毎日の歯みがきの「利点と美点」について、四行詩を書くように言われたのだ。

その授業を受けていた生徒たちは宿題を嫌がって、お手上げの状態だった。そこで、私は助け船を出してやった。八時五〇分までに、一四人の生徒のために一四の詩を書き上げたのだ――いちばん出来のいいのは自分のために取っておいた。このクラスの文学的なレベルの高さに感嘆した先生は大喜びで、最優秀の五作品を選んだ。選ばれた五つはすべて私が書いたものだったが、自分のために取っておいた詩は入っていなかった。それで、自分が批評家よりも作家の方に向いていると気づいたのさ。

彼はたいてい退屈していた。「高校での成績はさほど立派なものではなかった。七一人のクラスで一三番目だったし、クラスのIQの平均は一〇〇以下だった」。上位一二人は全員女子だったと彼は記している。だが、アイオワ大学が作成した大学進学適性試験では、彼はすべての高学年生の中で一番だった。試験の結果は大きな黒板に貼り出された――当時の教育者には、生徒の心情を傷つけない配慮などなかったのだ。「私は二番手の生徒よりも、だいたい標準偏差二つ分くらい抜きんでていた。二番手は女子の卒業生総代で、祖父は私がその子と結婚するのを望んでいた。というのも、その子は裕福な家のひとり娘で、たったひとりの孫だったからだ」と自叙伝に記している。ハリーにとっては、フェアフィールドに縛りつけられる結婚をするなど、まったくありえないことだったろう。彼はどこか別のところで、別の誰かになろうと思い描いていた。一九二三年の卒業アルバムのクラス写真には、にこりともしない少年が写っている。少し伏せた目が長い睫毛に縁取られ、黒髪はつやつやしていて、口角が少し下がっている。そのアルバムには、大きくなったら何になりたいかという質問があった。彼らの夢の大半は、幸せでささやかなものだった。ある子は先生になりたいと答えていた。他にも、美人になりたい、可愛くなりたい、農夫になりたい、ミュージシャンに、農夫に、歌手に、農夫に……と続く。ハリー・イスラエルは何になりたかったか？　一七歳の彼の夢は「有名になること」だった。ただし、もっと高い確率で起こりそうな結末も予想していた――きっと精神異常者で終わるだろう、と。

イスラエル家は、フェアフィールドの一般的な家庭とは言いがたかった。田舎の商人は、ガレージで洗濯機の試作品を組み立てたりなどしないものだ。それに、町の人のほぼ全員がどこかの教会に集まり、交流していた。当時、フェアフィールドとその周囲のジェファーソン郡は教会の楽園だった。イスラエル一家の住宅は、すぐそばにそびえたつレンガ造りのファースト・メソジスト教会のゴシック風の影の中に建っていた。郡ができて最初の一〇〇年の間に、八五の教会が建てられている。メソジスト教会が二〇、バプテスト教会が九、ルター派教会が七、長老派教会が六、カトリックが四、他にもオランダ改革派教会、クリスチャン・サイエンス、再臨派教会などもあった。うまくいかなかった数少ない宗派のひとつがエピスコパリアン派（米国聖公会）で、イスラエル家はそれを崇拝していたのである。教会の質素な建物が火事で焼け落ちてしまったとき、この小さな宗派の信者たちは他の宗派へと流れていった。

ロンは、他の宗派に改宗することを断固として拒否した。ニューメキシコにいるときでさえ、色あせたジーンズを履き、古ぼけた帽子をかぶっていたが、それでも毎週日曜日には聖公会教会へ通っていたのだ。それがロンにとっての教会であり、それ以外の教会など考えられなかったのである。だから、そのうち一家はただ家にいるようになった。日曜日の朝は子どもたちはトランプをして遊び、近所の人たちが一張羅を着て教会へと歩いていく様子を眺めていた。そのせいで、一家と町の住人との間にちょっと距離ができた。町の人々は教会で友人を作り、料理のレシピや噂話などの情報交換をし、晩御飯を一緒に食べる約束をする。フェアフィールドのようなキリスト教徒の町では、教会に行かなければ近所の人から注目を浴びてしまうのだ。

「小さな町だったからね」と、現在九七歳のヘーゼル・ターナー・モンゴメリーは言う。彼女はその昔、イスラエル家のすぐ近所に住んでいた。子どものころに、歩いて一家を訪ね、デルマーに本を読んでやっていたのだという。彼女は客間に座り、矯正用の背板に括りつけられた彼と一緒に、のんびりとした午後の時間を過ごしていた。モンゴメリーは小柄で、ふわふわした白髪に、明るい色の目をしたフレンドリーな女性だ。彼女はいつも人とのつきあいを楽しんでいたが、イスラエル一家もそうだったかというと、自信がない。「あの人たちはほとんど出歩かなかったし、教会に行かないことも有名だった。そうね、社交的な一家ではなかったわ」。そしてときおり、あの人たちは孤独ではないのかしらと思った。彼女が帰宅するときになると、いつもデルマーは帰ってほしくなさそうだったことを覚えている。

ロンとメイベルは、子どもたちが人の輪に参加したり、まわりに合わせたりするようには育てなかった。子どもたちが常に自分のことを一番に考えるように望み、人とうまくやっていくことは二の次だった。いろいろな意味で、子どもたちはフェアフィールドで孤立し、孤独だったので、家族の団結はいっそう強まった。学校での賞を競い合い、食事中には成績について話し合った。デルマーがもっとも優秀で、ハリーがもっとも負けず嫌いというのが家族の中での評価だった。ハリーはときどき兄弟を負かしてやろうとして、朝食の最中に「一〇六六年の戦争で勝ったのは誰?」などと出題しては、答えろと迫った。

イスラエル一家は、劇を書いて裏庭で上演もした。また、息子たちは全員、音楽を学ぶべきだと両親は強く言い張った。ロバートは天才的なミュージシャンで、デルマーは理性的なサックス奏者、ヒューは腕の確かなピアノ奏者で、ハリーは根気強かった。ハリーはピアノを弾いたが、少なくとも長兄の芸術的才能に比べれば、うまいとは言えなかった。「私の才能はまったく別のところにあった」とハリーは好んで説明したものだ。

しかし、彼は芸術を愛しており、一生を通じて時間を見つけては色画用紙にインクで美しい幻想的な風景画を描いた。大学に入ってからも、ハリーとロバートとデルマーは一緒に夢想した。カズー国という、一族だけが入ることのできる空想の国を創り出したのだ。「カズー人には、友人も数名はいるけれど――そう、何よりも大切なものだよね――でも中心メンバーは家族だけ。今のところ、完全に理解しているのはデルとハリーと僕だけなんだ」とロバートは父への手紙で説明している。家族の中の絵描き担当だったハリーは、一家の標語である「イスラエル家万歳」を掲げた盾をデザインした。

イスラエル家の男子が大学に行くことに、疑問の余地はなかった。両親はそのために貯金し、祖父母も金を出し、叔母たちすらカンパしてくれた。「両親の決意は固かった」とハリーは簡潔に述べている。もし彼がフェアフィールドを出て行く人生を熱望すれば、同じく両親も彼のためにそれを願ったし、それは他の兄弟に対しても同じことだった。ハリーと少しずつ健康が回復していたデルマーとヒューは皆スタンフォード大学に入った。ハリーはそこへ行くのが待ちきれなかった。もうすぐ、ずっと夢見てきた違う国に行くのだ。アイオワのトウモロコシ畑が地平線と出会うところだ。

しかし、カリフォルニアに行ったイスラエル家の男子の中で、そのような前途を夢見ていたのはハリーだけだった。スタンフォードにとどまり、きちんと学位を得たのも彼だけだ。デルマーは法科を中退し、結婚してパロアルトでスポーツ用品店を営んだ。カミソリのようにシャープなテニスの腕前と、彼の店でガットが美しく張り直されたラケットのことを覚えている者が少なくともまだ数名いる。ヒューは海洋学を学んだ。しかし、他の兄弟とは違って、ヒューは生まれながらのアイオワボーイであったらしく、太平洋の冷たい輝きを見ても、もっと穏やかな見慣れた景色が恋しくなるばかりだった。結局、学位を取らずに故郷へ帰ってしまった。

両親はフェアフィールドから三〇キロほど離れたエルドンというさらに小さな町へ引っ越し、そこで雑貨屋を営んでいた。ヒューは両親を手伝うことにし、そこにとどまった。長男のロバートは、ユージーンにあるオレゴン大学で精神医学を学び、医学博士を取得した。そして、ペンシルヴェニア州ウォレンの州立精神病院で精神科長としてキャリアの大半を過ごした。兄弟の中でロバートともっとも仲の良かったハリーは、彼に「深夜の精神病院」という詩を書き送ったことがある。

私がこの施設にいるのは
正気でないふりをしているからだ
でも、みんなが知っているように
これはただの見せかけにすぎない
私がここにいる理由は
実はとても簡単だ

陸軍省は
私をロシアのスパイだと思っている
いつか私はここを出る
まだ日にちは決めてない
ただこの建物を押し倒して
静かにここを歩き去る
月まで届く小さな線路を作り
ニューヨークから海王星まで
小さな地下鉄を走らせる
宇宙にあるすべてのお金が
どこに貯められてるかを知っている
私はナポレオンの甥であり
神のいとこなのである

ハリーは逃避する夢のことならよく知っていた。彼自身、そうした夢をずっと見ていたのではなかったか？　そしてスタンフォードで彼は見つけたのだ——月まで届く線路のようなもの、幼少期の見慣れた土地を超えて飛躍するための方法を。

＊　＊　＊

農耕地帯で生まれ育った少年にとって、この新しい大学は月の景色かと見まがうほどに異質なものだった。一九二〇年代になってもカリフォルニア州沿岸部の一部は未開のままで、サンフランシスコのすぐ南に位置するスタンフォードは、吹きさらしの丘陵地帯の中にぽつんと存在する小さな文明社会だった。西側には濃紺にきらめく太平洋が広がり、北側にはディアブロ山脈が黒々と連なっている。

ハリーは、どんなふうにして一九二四年にスタンフォードにたどりついたのか（というより、もう少しで危うくたどりつけなかったか）を好んで話した。ハリーがネル叔母さんの家の近くのオレゴン州ポートランドのリード大学で一年間を過ごした後、両親は彼をカリフォルニアに行かせようと決心した。ハリーは、じっくり思考させてくれるところでありさえすれば、どこで勉強しようとかまわなかった。高校時代は特に努力することもなく、なんとなく過ごしてしまったので、大学でまでぼんやりと夢想して終わるつもりはなかった。「初めて知的好奇心が刺激された授業は、リード大学で一年生のときに受けた動物学の授業だ。だけど、死んだカエルの解剖をさせられたんだ。死んだカエルを解剖するなんて耐えられない。だから、動物学みたいな科学で、死んだカエルには関わらないやつを見つけようと決めた」

デルマーは、すでにスタンフォード大学への入学が許可されていた。両親は秋学期が始まる一〇日前に電報を打ち、兄弟が二人とも通うことはできないかと問い合わせた。ハリーの記憶によれば、スタンフォード大学はあまり乗り気ではなかったらしい。しかし、大学には締め切りぎりぎりの出願者にチャンスを与える制度があった。大学は特別試験をおこない、高い点数順に三〇人の追加学生を受け入れることになった。ハリーは、約一〇〇名の駆け込み受験生のひとりだった。試験会場を見まわすと、まるで巨人に囲まれているような気がしたという。「受験者たちを一目見て、一〇〇人のうちの半分は、来年のチームを作るためにスカウトされたアメリカンフットボールの選手だと確信した」。しかし、その顔ぶれに希望を見出した。「この競争相手に勝てないようなら、スタンフォードに行く資格はないと思ったよ」

入学試験をクリアすると、ハリーは英語を専攻した。いまだに文章を書くのが好きだったし、それが自分のもっとも優れた才能だと思っていたからだ。それゆえ、最初の学期でひどくショックを受けてしまった。英語の評価がC^+だったのである。失望落胆して、彼は心理学に専攻を変えた。心理学なら、文章力の問題と死んだカエルの問題の両方が解決できるんじゃないかと踏んだのである。注目すべきことに、ハリーと英語教師はその後、どちらも考えを改めている。その教師は後に、文才のある学生の作品を集めた『スタンフォード・モザイク』という文集に彼の文章を収録したのだ。一方、ハリーは自分にはおそらく特別な才能はないということを受け入れるようになった。「先生の最初の判断は、むしろ正しかったんじゃないかな」と、文集が完成した後に述べている。とはいえ、言葉遊びをやめることはなかった。心理学を専攻してからも、彼は詩の形でノートをとろうとした。詩形式で医学症状を説明してもうまくいかないことは、素直に認めてはいたのだが。

無感動《アパセティック》なアニーは無頓着で憂いがない
不全麻痺で
肺病と壊疽も患っているのに
アニーは本当に気にしてない
間脳の腫瘍のせいで

後年、彼は駄洒落の詩を大学院生のデスクに残したり、友人や同僚に押韻詩を書き送ったりするなど、自分の詩を気軽に見せるようになったが、スタンフォード時代には、詩のノートを誰にも見せなかった。アパセティック・アニーもナルコレプシー・ナンシーも、同じく身体に障害のある他の仲間たちも、すべてきっちりしまいこまれていた。どうやら、スタンフォードでは受け入れられないだろうと思っていたようである。アイオワ州フェアフィールドの故郷では、彼は異国の花のように希少で、高校のクラスでもっとも将来有望な生徒だったかもしれないが、リーランド・スタンフォードを記念して創立されたこの大学では、大勢の優秀な学生に囲まれていた。自分がトウモロコシの花粉まみれの田舎者に思えて、自信喪失に悩まされていた。

スタンフォード大学のキャンパスの中心部は、美しく尊大な場所である。ニューヨーク市のセントラルパークの設計者でもあるフレデリック・ロー・オルムステッドが、大学の造園設計をした。古代イタリア風の優美な建物を作るために、ボストンを拠点とする建築家たちが選ばれた。できあがったキャンパス中央の中庭を囲む校舎は、すばらしく美しい。赤いタイルの屋根の回廊、立ち並ぶヤシの木、そして言うまでもなく、近くの太平洋が放つ、きらきら瞬き躍るまぶしい光。その光は古いキャンパスに燦々《さんさん》と降り注ぎ、メモリアルチャーチに達して、教会壁面のベネチアングラスのステンドグラスに射し込み、刻み込まれたヴィクトリア風の謹厳な格言を照らしだす。「学生生活において高貴な志はもっとも有益な力を有し、その志は高ければ高いほど良い」

ハリーは、スタンフォードの優雅な回廊や、光り輝く訓戒の言葉や、そしてもちろん、心理学部を牛耳っている自称天才たちのまわりを、できるだけ目立たないように歩いていた。大学院生になると、カルヴィン・ストーンとウォルター・マイルズに直接師事した。ストーンは動物行動学者で、有名な学術雑誌「比較心理学と生理心理学」の編集委員であり、マイルズは視覚の専門家で、後に第二次世界大戦の飛行士のために暗視ゴーグルをデザインする。ストーンとマイルズは、ルイス・ターマンのもとで働いていた。派手で自信過剰な赤毛のターマンは、スタンフォード・ビネー式知能検査（ＩＱテスト）の開発者であり、心理学部の学部長だった。良くも悪くも彼ら三人がいたから、既存の科学に対する情熱と、それを変えたいという欲望を抱くようになったのだとハリーは考えている。

ハリーは常日ごろから、ウォルター・マイルズを「良心の指導者」と呼んでいた（愛情半分の呼びかけだったが）。マイルズもハリーを可愛いがり、この若い心理学者をサポートしようと尽力した。ハリーの金が底をつきはじめた――とはいえ、実家にさらに援助を求めるのは気が引けた――とき、マイルズはハリーに仕事を与えた。マイルズはパロアルトの自宅のガレージでラットのコロニーを飼育していたので、ハリーは一日の授業が終わると教授の家に駆けつけ、ラットを用いた実験の手伝いをした。教授の家族とも親しくなった。ただし親しくなりすぎはしなかった、と記している。「マイルズ博士の愛くるしいお嬢さんが、ときおり高校からの帰りに立ち寄っておしゃべりをした。博士は、このプラトニックな関係を深めないようにとやんわり注意した。博士は娘にもっと高い望みを持っていたし、彼女の方もそうだったろう」

ハリーは気分を害することもなかったし、実のところ、そう気にもしていなかった。彼にとっては、高校生を追いかけるよりもスタンフォードでうまくやっていくことの方がずっと重要だったのである。兄のロバートは、ハリーがフェアフィールドで思いを寄せた少女たちのことでよくからかったが、スタンフォードでは、彼は真剣な交際をしようとはしなかった。彼はもはや「イスラエル家万歳」のハリーではなく、心理学を何よりも優先してひたすら集中するハリー・ハーロウへと変身しようとしていたのだ。その姿勢はまた、死ぬまで変わることはなかった。そして、マイルズが彼を支援してくれたことから、研究仲間も家族になれるということを学んだのである。

　ハリーの指導教官であったストーンは、温かくも、世話焼きでも、親身でもなかったが、科学者の中の科学者だった。ストーンは、実験に対するときとほぼ同じ態度で学生に接した。つまり、強硬なまでに断固として、正しく扱ったのである。彼は動物モデル〔ヒトの疾患や生理メカニズム解明のための動物実験〕の熱烈な信者で、その研究のほとんどはウサギやラットを用いておこなわれていた。脳のダメージがウサギの性行動に及ぼす影響について研究し、アルビノのラットの性的反応に食餌が及ぼす影響について調べ、去勢されたラットの学習能力について、脱出させるには食物と水のどちらの方がより効果的かを調査した。ストーンは骨の髄まで客観的で、几帳面で、慎重だった。物事の細部をひとつずつ検討し、科学的な証拠を積み重ねていく注意深い科学者であるとして、広く尊敬されていた。

　ハリーは彼とまったく性格が合わなかった。

　ストーンは、良い研究者とは「科学の領域を一インチずつ前進させる者のことである」と学生によく言っていたが、ハリーはその考え方が大嫌いだった。彼は飛躍を望んでいたのだ。一インチずつなんてクソくらえ、ストーン先生は科学の探究を一石《ストーン》ずつ進めていくのさ、といつも駄洒落で揶揄した。ストーンが望んでいるのは秩序ある科学だけだった。後に、博士研究員《ポスドク》としてハリーと共同研究をおこなうことになるウィリアム・メイソンにはこんな記憶がある。ストーンのもとで研究をしていたあるとき、とてもあわてていた彼は、何でもいいから手近な紙に自分の発見をメモしようとした。ストーンは不快感もあらわに彼を呼びつけて、こう言った。「メイソン、紙くずにデータを記録するなんてことはしないものだ」

ハリーには、何年経っても忘れられない出来事があった。「研究室のアクシデントで死ぬほど流血しているときに、廊下で彼と出会ったんだ」。ストーンはすぐに、ある実験について細かいディスカッションを始め、器具のデザインや実験計画の詳細について説明した。その間、ハリーは、「いつになったら、この手や白衣にべったりついた血に気づくのだろうかと考えていた。そしてようやく、彼は見下ろして言った。『おや、ラットに噛まれたのかね?』。わかるだろう? 彼は秩序正しい人だからね、人が死ぬほど血を流しているなんてことにはビックリしないのさ」

いずれにせよ、確実に言えるのは、ストーンなら小さなラットの噛み傷から瀕死の重症をでっちあげたりは絶対にしないだろうということだ。事実はご想像のとおりだろう。ハリーに作り話の技を教えはしなかったけれども、事実を正確に積み上げること、きちんとした研究をすることに敬意を払い、終生遵守すべしと教えたのは、まぎれもなく彼だった。弟子たちは口を揃えて、ストーンは冷淡な性格の持ち主ではあったけれども、良い科学への愛があふれていたと述べている。彼はそれを教えることにも尽力した。ハリーと師は、互いを尊重する関係を続けた。ストーンは「比較心理学と生理心理学」誌の編集委員を退任したとき、後任にハリーを推薦した。ストーンが亡くなったとき、学者として弔辞を書いたのはメイソンだが、彼に対して「君のリンカーン風の文体で恩師を讃えたまえ、メイソン」と励ましたのはハリーだった。何年も経った後でも、ハリーはストーンとラット噛みつき事件を笑い話にしていた。ある雑誌のインタビューでは、恩師は基本的にはいい人だから、「出て行って、ラットをこっぴどく叱りつけてくれたんじゃないかな」と語っている。

ストーンはハリーの博士論文を指導した。ラットの赤ちゃんの食餌行動に関する一七〇ページに及ぶ論文である。まさにストーンらしい研究で、子ラットが何を、いつ、どこで、どのように飲むことを好むかをあますところなく徹底的に研究していた。ハリーは、ストーンの「心遣いと助言、またこの研究に興味を持つように常に励ましてくれたこと」に対して丁寧に謝辞を述べている。しかし、ハリーの学友で心理学者のロバート・シアーズによると、その博士論文のせいでハリーは生涯変わることのないラット研究嫌いになってしまったのだという。ストーンの指導下で「退屈なラット問題」に何時間も取り組んだせいで、「ハリーはラットと統計解析の両方に永遠に嫌気が差してしまった」のだ。

ハリーもそれに同意している。スタンフォードで――ストーンの研究室とマイルズのガレージで――一生分のラットを見た、と常々言っていた。「私はサルの心理学者だと思われているようだが、ラットの研究に費やした時間は、現役の心理学者二人分を足し合わせたよりも長いと断言できる」。学術雑誌の編集委員を引き継いだときには、「ラットの論文を押しつけようとしても、反撃する用意はできている」と公言した。そして死ぬまで、ラットを使った心理学研究のことを「ネズミ学」としつこく呼びつづけた。

それでも、「アルビノラットの食餌反応と行動パターンに関する実証的研究」というタイトルの論文の奥底には、ハリー・ハーロウの将来が仄見える。シアーズが指摘しているとおり、その発見自体に目新しいところは何もない。この長時間を費やした研究でわかったのは、ラットは味がまずまずであるかぎり、母乳以外の液体を飲み込むということだった。まずいと感じれば、ラットはすぐに吐き出してしまう。ハリーの研究では、ラットは牛乳、牛乳の希釈液、砂糖水を飲んだ。もし他に飲むものが何もなければ、オレンジジュースやタラの肝油ですらイヤイヤながらも受け入れた。キニーネの苦味と、薄い酸性溶液のピリッとする味、食塩水の辛味は常に拒絶した――つまり、吐き出して、逃れようともがいたのである。

おそらくもっと肝心なのは、ラットの赤ちゃんは常に「母親の世話」を必要としていることに、ハリーが気づきはじめたという点だろう。食物の適切な摂取量を決めるのもそのひとつだ。最初の牛乳テストで、ハリーは三時間ごとに牛乳を与えたのだが、それではまったく足りなかった。赤ちゃんラットの一匹は栄養失調で死んでしまった。狼狽した彼は、与える頻度を二倍に増やした。今度は多すぎた。子ネズミたちは喜んで牛乳を飲み干したが、一〇日目までに飲みすぎのせいですべて死んでしまった。親であるということは――たとえ科学研究で、ラットの母親の代わりにエサを与えるだけの代理だとしても――いつ「もう十分」と言うべきなのかを含め、明らかに知識と経験が必要とされていたのである。そこでまた別の疑問が湧いてきた。

自然な欲望や飢えをなくしてしまうような、食物摂取を抑制する条件があるのだろうか？ ハリーは簡単な温度実験をいくつか試みた。ラットの家族をガラスの床に置いて、床を氷で冷やしたり、電熱パッドで温めたりしてみたのである。冷たくしすぎると、摂食プロセスが止まってしまうことがわかった。小さなラットは凍えると、食べなくなってしまう。麻痺して動けなくなってしまったかのようだった。しかし、面白いことに、床を温めても食餌行動は改善されなかった。子ネズミたちはただ身を寄せ合って、ぬくもりの中でうずくまってしまう。子ネズミは周囲の温度以外の何かによって、気遣われ誘導される必要があったのだ。後になってわかったことだが、母ネズミは、子ネズミが食事をしている間、自分の体と巣の間に子どもをぎゅっと押し込むのである。ぬくもりと、家族でできた大きなパンケーキみたいにぎゅうぎゅう詰めになっているという感覚が、空腹感を呼び起こすのに一役買っているらしい。

科学者たちは点眼器を利用して、子ネズミの喉にミルクやジュースや砂糖水を流し込むことはできたが、そのガラス器具は、母ネズミの下に押し込まれるという単純な行動ほど有効ではなかったのである。

次の一連の実験は、関係者がその潜在的な可能性を真に理解していたかどうかは不明だが、まさしく非凡だった。ハリーもストーンもその結果について追試はしなかったが、母性の証拠として忘れがたいものだった。ハリーは、網目状の仕切りでラットの親子を隔てる器具を作った。その仕切りには小さな穴が開けてあって、生まれたての子ネズミだけはなんとかくぐり抜けられるが、母ネズミは通り抜けられない。子ネズミは網目の向こう側でうろたえて途方にくれ、目的もなくグルグルと這いまわっていた。しかし対照的に、母ネズミにははっきりとした目的があった。必死になって子どもを取り戻そうとしたのである。怒ったように仕切りに噛みつき、小さすぎる穴を無理やり通り抜けようとした。仕切りが取り除かれたとたん、すぐさま子どもを集めはじめた。母ネズミは飢えていようが、目の前に食べものが誘いかけるように置かれていようが、まず子どもたちを安全なところへと集め、それから食事を始めるのだった。

母を子にひきつける絶対的な引力とも言える、この強力な反応の背後には何があるのだろうか？　感覚刺激に対する単純な反射だろうか？　ストーンの指導のもとで、ハリーは雌のラットの卵巣を切除し、盲目にし、嗅球を取り除いた。目が見えなかろうが、ホルモンを奪われようが関係なかった。母ネズミたちは、断固として子ネズミの方に這っていった。いくぶん動きが鈍くはなったものの、子どもを求める本能は、北を指す方位磁石のように絶対的な力を持っていた。

ハリーの博士論文の表紙を見ると、堅苦しいタイトルのすぐ下にもうひとつ、まったく違った意味で著者の未来を示唆する手がかりが見つかる。論文の著者名が、アイオワ州フェアフィールドのハリー・

フレデリック・イスラエルではなく、カリフォルニア州パロアルトのハリー・フレデリック・ハーロウになっているのだ。「イスラエル家万歳」を完全に消し去ったこの変身を理解するためには、ハリーの夢の強さと、ルイス・M・ターマンの桁外れな存在感と影響力について、正しく認識する必要がある。

ターマンは、心理学というまだ新しい分野の有名人だった。自分でそれがわかっていたし、仲間もわかっており、大学もわかっていた。病気にでもかかろうものなら、スタンフォード大学事務局は非常に心配した。一九二六年、ターマンがインフルエンザのために東海岸への旅行をキャンセルしたとき、学長のレイ・ライマン・ウィルブールは、「具合が良くないと伺って心配しておりますが、ご自愛なさっていることをうれしく存じます」という気遣いの手紙を書き送った。一九二〇年代のスタンフォードにおいて、ターマンはただ有名で革新的な研究者であっただけではなく、権力者でもあった。心理学部は「彼」のものであり、末端の学生に至るまで、全員がそのことを知っていた。

ターマンを純然たる独裁者と描写すれば、誤解を招くだろう。マイルズと同様に、彼は学生たちを大家族の一員のように考え、気を配り、拍子抜けするくらいに優しかった。大学院生のジェシー・リントンが最初の子どもを産んだとき、ターマンと妻のアンナは病院へ見舞いに来て、夫婦とも赤ちゃんを抱きたがった。リントンが師をからかって、「男の人はもぞもぞ動く小さな赤ん坊なんか渡されるのは好きじゃないでしょう」と言うと、ターマンは「それは君の勘違いだよ」と答えて、赤ちゃんを抱きしめたという。彼は学生たちの業績を称えてピクニックへ連れ出した。自宅で毎週ゼミをおこない、興味がある者なら学部生でも受け入れた。魅力的で、よく話を聞き、よく励まし、誰かに見どころがあると少しでも思えば、それをもっと伸ばすようにどこまでも後押しした。「ターマンはストーンとはまったく違った」とハリーは言う。「彼は創造性のある人間を見出そうとしていたし、そのことをすごく誇りに思っていた」

ハリー・イスラエルがスタンフォードにやってきたころには、ターマンは四十代半ばに差しかかり、赤毛には白髪が混じり、顔には素敵なしわが刻まれ、健康は不安定だったが、彼はまっすぐ前を見据えていた。ターマンの専門は、人の知能に着目した研究だった。知能を「測定する」テストは、一九世紀末にアメリカ合衆国とヨーロッパの両方で登場しはじめた。そのようなテストは、心理学が正確で、裏づけのある、定量化できる科学へと成長しているのを証明することにもなる、と多くの心理学者は考えていた。

ターマンは、人間の可能性を評価するための研究道具のひとつとして知能検査を用い、目的に合わせて修正した。フランスの心理学者、アルフレッド・ビネーが創案した初期のバージョンはもっと教員向けのもので、特別授業が必要な子どもを識別し、必要に応じたより良い教育を与えるための手段だと考えられていた。しかし、ターマンの考えは違った。それほど同情的でなく、おそらくもっと臨床的な見方をしていたのである。彼はもっと純粋に分析能力に特化したテストに作り直した。改訂版では、三角形の角度を考える能力や、異なる速度で駅に近づいている二台の電車についての有名な問題などを解く能力を測定する。ターマンは、生徒が適切な教育を受けているかどうかを判断することにはあまり興味がなかった。関心があったのは、生まれつきの知能や、難しい問題を解くことができる生来の才能だった。いつの日か、自分のテストを使って、社会が人々を才能に応じて分類できればいいと願っていた。そうすれば、子どもたちは才能に応じた教育が受けられるようになるだろうし、賢い者はもっと賢くなれる。教え方の改善が重要な問題だとは思っていなかった。正直なところ、人には生まれつき才能があるかないかのどちらかしかないと信じていたからである。

彼が改訂したビネー式知能検査は、スタンフォード・ビネー式知能検査として知られるようになった。現在使用されているすべてのIQテストやSAT（大学進学適性試験）は、このテストから派生したものである。ターマンが考案したスタンフォード・ビネー式テストでは、被験者は「天才」「明晰」「平均」「特別」の四つのカテゴリーのどれかに分類され、それぞれのグループで能力の範囲が設定されている。スタンフォード・ビネー式知能測定尺度でIQ三〇以下であれば、重度の知的障害を持つ精神障害とされた。数値が上がるほど軽度になり、知的障害とされないためには七〇台に乗る必要があるが、七〇〜七九ではまだ精神遅滞のボーダーライン（当時の心理学者は「精神薄弱」と呼んだ）とされた。言い換えるなら、七九以下は「特別」グループに属する。八〇台から、基本的知能がある（つまり平均的）とされる。一〇〇くらいから「明晰」の領域に入っていき、一四〇以上だと抜群に優秀、すなわち「天才」とされた。

今日では、IQテストは主に分析能力を測定する限定的な検査だと考えられている。いま振り返ってみると、ターマンやIQに携わった心理学者たちはエリート主義者だし、あるいはそれよりタチが悪いと言えるかもしれない、と多くの心理学者も認めている。低得点者を表す「愚鈍」という言葉を生み出したのは、知能テスト信者だったヘンリー・ゴダードである。ゴダードは移民を批判する悪質な発言を繰り返し、ユダヤ人や東欧からの移民の「知能の低い」遺伝子が、北部ヨーロッパの優良な遺伝子を薄めてしまうと主張した。知能テストの支持者たちは、「精神薄弱者」を断種して、次世代の低能者を生み出さないようにすべきだと論じ、支持を得た。ターマン自身も、遺伝的な優良性は社会全体の優良性につながると記述している。

ターマンはまた、いわゆる「エリート」に関する難題にも積極的に取り組んでいた。とても賢い人たちは、まるでミルクからクリームが浮いてくるように、その他大勢の中から自然にトップに躍り出るのだろうか？　それとも何か特別な支援が必要なのか？　ハリー・イスラエルがスタンフォードにやってくる数年前、ターマンは天才についての長期研究を開始している。まず手始めに小学校の教師にアンケートを送付して非常に優れた児童を見つけてもらい、それからその児童と兄弟姉妹に知能検査を実施した。ターマンが選んだ子どもたちは皆スタンフォード・ビネー方式でIQが一四〇以上であり、値が一九二の者もいた。三六三人の男子と三一三人の女子から成る主要グループは、他のテストにも合格しなければならなかった。

天才児は筆記試験だけでなく実生活でも優れているべきだと考えていたターマンは、内気などの不利な性格や、跛行《はこう》や吃音などの障害を持つ子どもをふるい落とした。アンケートでは、「分別、先見の明、意思の強さ、ユーモア、陽気さ、大集団を好むこと、人気、寛大さ、正直さ、常識、活気」が問われている。彼が探していたのは、卓越したいと望んでいる子どもだった。アンケートに回答するとき、そうした欲求がどんなものかわからない場合もあるだろうと想定したターマンは、「一番になるために全力を尽くすこと」という説明をつけている。

ハリーがスタンフォードにいた当時、「自信」が時代の風潮だったことは間違いない。ターマンは、自分が選んだ学生が飛び抜けて頭が良いことを期待していたし、そうなるように注意深く選択した。お気に入りのひとりはナンシー・ベイリーだった。後に、彼女はカリフォルニア大学バークレー校でもっとも著名な児童心理学者となり、認知発達についての研究で、最終的にターマンの研究をはっきり否定することになる（ベイリーは、子どもの育て方こそがIQに影響するらしいと示した。愛情のない母親に育てられた男児は、テストの得点が徐々に落ちていく。女児も低迷するが、特に厳格に押さえつけられ、しつけられている場合には、それが顕著となる）。ターマンは、学生が自分の意見のすべてに同意することを求めてはいなかった。望んでいたのは、彼らが優れた科学者になることだ。議論に勝ちたいのなら、なおさら優れた科学者にならねばならない。ベイリーは、ターマンが完全主義者になることを教えてくれたと認めている。彼女によると、彼は自分の仕事の細部までこだわり、学生がうまくやればいつでも褒め称え、「ずさんな仕事に対しては、とても批判的」だった。

ある大学院生などは、一年間、学位論文に取り組んだにも関わらず、ターマンからは「その論文のできは水準以下だから、書き直さなければならない」としか言ってもらえなかった。本当の科学者は休みなど取らないというのがターマンの主張だった。この地位にのぼりつめてからも、しょっちゅう深夜まで働いていた。心理学者のロバート・バーンリューター（彼もターマンに目をかけられていた弟子のひとりだ）によると、「彼はいつも知識の限界ぎりぎりのところを研究していた」。そして、自分の弟子たちにもその限界に挑戦することを求めた。「ターマンはたいてい一回のゼミで二、三度、さらに研究が必要になるような指摘をした。そのおかげで、私たちはその研究に深い関心を持つようになり、何かをしなければならないという気持ちになった」とバーンリューターは述べている。

ターマンの学生は、彼に認めてもらうために、「何か」を必死でやろうとした。おそらくハリーは他の学生よりもずっと、自分が師匠に好印象を与えるのは期待薄だと思っていたことだろう。自分は頭が良く、クリエイティブだと（そして、ときには滑稽だと）わかっていたが、それをスタンフォード在学中に実証することなどできるのだろうか？　ハリーはこの大学では、アイオワの田舎の医者のなりそこないの息子にふさわしく、すっかり内気でおずおずとした態度をとるようになっていた。そのころ、彼は自分をこんなふうに描写している。「内気で、ずいぶんロマンティックな人生観を持ち、青春から身を退いている。ともすればドアを開ける前に、ドアにごめんなさいと謝りかねない」。そして謝ってみればわかるのだが、彼にはごくわずかな発話障害があったので、ターマンのエリート学生研究からは間違いなく外されてしまうだろう。子ども時代からRの発音に問題があり、そのために会話は、ときに「ラビット」を「ワビット」と発音するエルマー・ファッド〔一九三〇年代のドジで天真爛漫なアニメキャラクターで、きちんとした発音ができない〕みたいな滑稽な印象になる。それを恥じていた彼は、マヌケに見えるよりも黙っている方を選ぶことが多かった。その内気さと発話障害が理由で、彼はターマンの天才児研究に参加することはできなかったし、ターマンはそれを嫌というほど知らしめた。

ハリーは修士課程に進んだとき、「ターマン先生にオフィスに呼ばれて、君は頭はいいが内気すぎるから、おそらく一生人前で話すことはできないだろう、と言われた」。Rは、その問題をさらに悪化させるだけだった。「君が非常に多くの聴衆の前でうまく話せるようになるのは永遠に無理だから、将来は短期大学で教えるのがいいだろう、とターマンは強く勧めてきた」。ターマンは、その職に就くのに必要な条件をわざわざ秘書に調べさせている。すると、短期大学で教えるために必要な教育課程のいくつかをハリーが取っていなかったことが判明した。「その結果として、私は博士号を取る羽目になったのだ」

一九三〇年にハリーが大学院を修了するとき、ターマンは再度彼を呼んだ。彼はいまだにハリーの将来のことを案じていた。今回は、彼の姓のせいでネガティブな影響を受けるかもしれないことが問題だった。「イスラエルという名前のため、ユダヤ人差別のせいでまともな大学教師の口は見つけられまい、と彼は言った」。ウォルター・マイルズはさまざまな大学にハリーのことを推奨したが、いつでもその宗教的背景について問われていた。ある大きな州立大学の学部長はマイルズに向かって、その若い心理学者がどれほど優秀だろうとも、イスラエルなどという姓の人間はけっして雇わないと言い放っている。本来ならば見識があるべき大学ですら、このような有様だった。ハリーはしばしば、本当に信じられないというふうに、一九三〇年代の差別の根深さを思い起こした。「自分が迫害されたと言うつもりはない。そうされたわけではないのだからね。でもイスラエルという名前のせいで、そして内気な少年だったせいで、私は確かに差別を知ったのだ」。イスラエル一家はユダヤ人ではなかった。「何世代にもわたってキリスト教徒だった。叔母のひとりが一七五三年までさかのぼってこの名前を調べたところ、先祖のひとりがユダヤ人墓地に眠っているのがわかった」。ハリーは反ユダヤ主義に我慢ならなかったので、改名の話をするときには、その点をできるだけはっきりさせようとした。イスラエル一族に知性があるのは、遠いユダヤ人のご先祖のおかげだろうとさえ言った。「わが一族がどこから明晰な頭脳を受け継いだのか、常々疑問に感じていたのさ」

ハリーが本当にユダヤ人なのかどうかはどうでもいい、とターマンは言った。名前がユダヤ人のように見えることが問題なのだ。「もはや絶望的だとしても、来年には君のために何らかの場所を用意してやる、ともターマンは言った」。しかし結果として、スタンフォード大学のさらなるサポートは必要なかった。ターマンとの会話の直後、この若き心理学者がまだ学部長の提案について思案しているときに、一通の採用通知が舞い込んできたのである。ウィスコンシン大学がハリー・イスラエルに一行の電報を送り、「二七五〇ドルの年俸で、ウィスコンシン大学のアシスタント・プロフェッサー〔准教授に続く講師・助教に相当する職位〕職を受けますか?」と尋ねてきたのだ。ハリーは一も二もなく、荷物をまとめて一目散にウィスコンシンへと向かった。もうちょっとで、ハリー・イスラエルのままカリフォルニアを去るところだった。

しかし、ターマンはそれでもハリーの姓が気がかりだった。ターマンはウィスコンシン大学宛てのハリー・イスラエルの推薦状の中で、ハリーの名前がユダヤ的であると認めたうえで、イスラエル博士は「そうした
ユダヤ人」ではないと保証している。彼はハリーをオフィスに呼び、こう話した。職を得たことはまことに喜ばしいが、イスラエルという名前はやはりよろしくない、ネガティブな印象を与えすぎる。この名前はきっとこれからも足を引っ張りつづけるだろう。ハリーは平凡でない、偉大な未来を望んでいるのではなかったか？　もちろん、望んでいた。高校の卒業アルバムに、将来の望みは「有名になること」と書いたハリー・イスラエルである。どうにかしてターマンを喜ばせたい、短期大学の教師で終わる人間ではないことを証明したいと熱望してもいた。それに、「ユダヤ人に対する差別を見てきたので、自分の息子や、特に娘にはそれを体験させたくなかった」。わかりました、新しい名前をください、とハリーは言った。ターマンは、少なくとも自分の家系に属する名前を選ぶようにと提案した。二つの候補を思いついた。叔父の名前のクローウェルと父親のミドルネームのハーロウ。「ターマンはハーロウを選んだ。私が知るかぎり、指導教授に名前をつけてもらった科学者は私だけだ」

そのニュースがフェアフィールドに届いたとき、スタンフォード大学は卒業式のプログラムを印刷しているところだった。博士課程修了者のリストの中には、カリフォルニア州パロアルト出身のハリー・F・ハーロウという新しい男の名前があった。ハリーは一度だけ、改名を後悔していると親しい友人に漏らしたことがある。イスラエル一家に六四分の一の血しか流れていないユダヤ人のご先祖ではあるが、その人物に対する冒涜であるように思えるというのだ。そう語ったのは、彼がスタンフォードを去って長い年月が流れた後のことで、第二次世界大戦が終わり、「どんな人にも害を及ぼさない、ただ馬鹿馬鹿しいだけの差別というものが存在する」という空想（本当に人々が信じていたかどうかはわからない

が）はアドルフ・ヒトラーによって終止符が打たれていた。ハリーの対策法は、いつもながらにジョークだった。「サイコロジー・トゥデイ」誌のインタビューで、こんなふうに語っている。「そんな具合で、私はハーロウになった。私ひとりだけじゃないと思うよ。あるとき、ハーロウ家の祖先を調べているという男から電話がかかってきた。そこで、悪いが私は改名したのだと告げた。すると彼はこう答えたのさ。『なんてことだ、またか！　ハーロウという名前は改名するほどにすごい価値があるんだな』」

もちろん、名前を変えても人は変わらない。ハリーに師事していたもっとも有名なポスドクのひとりで、現在カリフォルニア大学の心理学者であるウィリアム・メイソンは、何年も経ってから、どちらが本当のハリーだったのだろうと訝しむ。ウィスコンシンの熱狂的な改革者ハリー・ハーロウか、アイオワ出身の内気で孤独なハリー・イスラエルか。「本当はどんな男だったのだろう？　実に複雑だ」とメイソンは述べる。だが、忘れられかけたハリー・イスラエルのときから、常に一貫しているものがある。勝ち目のない戦《いくさ》でも勝てるということを、彼は理解していたのだ。非常に不利だったのに、予想を裏切って、彼はスタンフォード大学出身の心理学者となった。簡単に敗北宣言をしてはいけないという信念ゆえに、彼はキャリアを通じて非常に挑戦的な研究テーマをいくつも選んでいくことになる。人気のないものを好む傾向は、ついには彼を「愛」の研究へと導いた。二〇世紀半ばの心理学界で、それがどれほど勝ち目のない戦だったかを知るには、日常生活の一部である愛に対して、根深く厳然たる抵抗があったことを知っておく必要がある。心理学者は、子どもを抱くことに断固反対していた。医者は、親子であっても密着しすぎるのは良くないと否定していた。その背後には、孤児院や病院での経験や、死んでしまった子どもや赤ちゃんから得た教訓などが積み重なった歴史があった。慎重な実験や詳細なデータ、行動に関する数値上の計算が、感情は不必要で重要ではないと証明していた。ハリー・ハーロウをはじめとする若造の心理学者の前には、何十年もの間に積み重ねられた研究の分厚い壁と研究者の大群が立ちはだかっていた。しかしながら、もちろんそれは、彼を魅惑してやまない挑戦にすぎなかったのである。

2　人の手に触れてもらえない

現代の心理学者は明らかに愛を抑圧しており、数多くの有名人や一般人の態度とは著しく対照的である。

ハリー・F・ハーロウ『愛の本質』（一九五八年）

孤児院にまつわる腹立たしさ、信じがたさ、恐ろしさをひとことで表すならば、「赤ちゃん殺し」という言葉に尽きるだろう。

いつの時代もそうだった。一八世紀のヨーロッパの記録がそれを物語っている。フィレンツェにあったオスペダーレ・デッリ・インノチェンティ（無垢の家）という孤児院では、一七五五年から一七七三年の間に一万五〇〇〇人以上の赤ちゃんが収容されたが、一回目の誕生日を迎えるまでに三分の二が死亡した。同じころのシチリアでは、あまりに数多くの孤児が死ぬので、孤児院の門に「ここでは子どもたちが公費で殺されている」という標語を彫刻すればどうか、と近隣のブレシアの住民が提案している。一九世紀のアメリカの孤児院の記録からも同様のことが読み取れる。たとえば、ニューヨーク州バッファローにあった、寡婦や孤児や乳幼児を保護する聖メアリー救護院の記録によれば、一八六二年から一八七五年の間に二一一四人の子どもが収容されたが、半数以上の一〇八〇人が到着から一年以内に死亡している。生き延びた子どもの大半には、母親が一緒にいた。「子どもたちを養育するために、シスターたちは食べものを与え、換気し、清潔にするなど、可能なかぎり注意を傾けて世話をした。しかし、大半の子どもたちは死んでしまった」

それでも、赤ちゃんや幼児や児童、さらには青年までもがどんどん孤児院にやってきた。まるで、必死に希望を見出そうとするボロ布をまとった子どもが延々と続く、終わりのないパレードのようだった。孤児院では、子どもがひとり死ねば、次の子どもが入所できた。

そこで働く医者たちは、ひたひたと打ち寄せる波のような、目に見えない微生物と格闘していたが、当時はその存在を知る由もなかったし、理解することもできなかった。コレラやジフテリア、腸チフス、猩紅熱などが孤児院に蔓延していた。体力を消耗する激しい下痢が頻発し、人の排泄物の臭いが充満していた。それを掃除しようとしても、配管は不具合だらけで、熱湯も十分でなく、石鹸さえも足りない有様なので、うまくいかなかった。もちろん、抗生物質やワクチンなどはなく、水も牛乳も殺菌されていなかった時代なので、感染が猛威を振るうのは孤児院に限った話ではない。アメリカでは、一八五〇年から一九〇〇年の間に生まれた子どもの四分の一以上が、五歳になる前に死んでいる。だが、まるで虫眼鏡が太陽光線を集めて紙を焦がすように、孤児院には感染症と病原菌が集まり、凝縮されていた。どうやら孤児院は子どもを育てるよりも、病原菌を育てる方が得意だったらしい。小児科医が何人か集まれば、すぐさま孤児院での恐ろしい話が始まったことだろう――そして、実際そうだった。

一九一五年、ニューヨークの医師ヘンリー・チャピンは、「幼児施設の正確な統計を求める嘆願書」と題する報告書をアメリカ小児科学会に提出した。チャピンはアメリカ国内の一〇の孤児院について調査したのだが、その記録は、近年や現在の基準からすると信じがたいものだった。ひとつを除くすべての孤児院で、収容された子ども全員が二歳までに死亡していたのである。チャピンの同僚の医師たちは立ち上がった――憤ったからではなく、彼のよりもひどい情報を教えるために。フィラデルフィアのある医師は、苦々しげにこう述べた。「私はこの町の孤児院に関わる光栄に浴したが、そこに収容された一歳未満の乳児の死亡率は、滞在期間に関わらず、一〇〇％だった」。また、ニューヨーク州オールバニーの医師は、自分が勤務したある病院では、赤ちゃんが病棟に到着するとすぐさま「手の施しようがない状態」とカルテに記入することになっていたと暴露した。また、バルチモアの施設に収容された二〇〇名の子どもの追跡調査によると、ほぼ九〇％が一年以内に死亡していた。生き残った大半は脱出した子どもたちで、親戚のもとへ送られたり、里親に引き取られたりしていた。チャピンは、その後のキャリアのすべてをかけて、捨て子を引き取る里親制度を創設するために活動した。彼の考えでは、里親は必ずしも温かく親切である必要はなかった――即座に子どもが死んでしまうことさえなければ、それでよかったのだ。

もちろん、チャピンの時代でも、ルイ・パスツールやアレクサンダー・フレミング、エドワード・ジェンナーらの研究のおかげで、医師たちは自分が格闘しているのは「微小の病原体」であることがわかっていた。しかし、その目に見えない感染がどんなメカニズムで広がるのかがよくわからなかったので、感染はひたすら広がっていたのである。そこで、病原菌を人から人へ伝染させまいとした医師たちによる論理的な対応が、「隔離の原則」だった。人と人とを引き離し、健康な人たちから病人を隔離する。その原則は、コロンビア大学のルーサー・エメット・ホルトをはじめとする当時の専門家によって推奨された（いや、喧伝されたという方が正しいだろう）。ホルトは、子どもの感染を封じ込めることが自分の大義だと考え、当時の小児科の第一人者として、家から感染症をなくすように親たちを叱咤激励した。よく覚えておきなさい、清潔にすることはまさしく神を敬うことです。また忘れてはなりません、医師の基準から見てあまり清潔でない親は、病原菌を持っているかもしれないのです。ホルトは、父母は子どもに近づきすぎてはならないと主張した。

それ以前のアメリカでは、両親はたいてい小さな子どもと同じ部屋や、同じベッドで寝ていたのだが、ホルトは陣頭に立って、子どもを別室で寝かせる改革運動を推し進めた。赤ちゃんを親の寝室で寝かせてはなりません。良い育児に必要なのは、良い衛生状態と清潔な手、ごくわずかな触れ合い、そして空気と太陽と空間です——あなたがた両親から離れた空間が必要なのです。それはすなわち、愛情あふれる身体的接触もご法度ということだった。ホルトは問いかけた。子どもにキスするほど悪いことがあるでしょうか？　両親たるものが、唇という悪名高き感染源で赤ちゃんに触れることを本当に望んだりするでしょうか？

親たちはそのような接触禁止に疑問を抱いただろうが、ホルト一派は抱かなかった。一八八八年に刊行された『妻のためのハンドブック』（赤ちゃんをうまく扱うためのヒント集）の中で、医師のアーサー・アルブットも、母親との接触によって感染症が持ち込まれるおそれがあると警告し、本当に赤ちゃんを愛しているなら注意深く距離を保つべきだと述べている。子どもは「死ぬためではなく、生きるために生まれてきた」のだから、触れる前には必ず手を洗い、過剰な接触で「甘やかして」はならない。そうすれば、「それ」——その本では、赤ちゃんは常に「それ」と呼ばれている——は成長し、「社会に役立つように」なるだろう。

捨て子たちがぎゅうぎゅう詰めになっている孤児院では、病気の子どもを隔離するなど無理な話だったし、そもそも捨て子が社会の役に立つことを期待する人などいなかった。それでも、孤児院の管理者は受け持ちの子どもを生き長らえさせようと手を尽くした。ベッドに枠をつけてできるだけ離し、可能なかぎり隔離しているのだと主張した。医師の命令で窓は常に開け放たれ、寝場所の間隔が空けられた。食事は手早く与え、衣服は必要最低限で取り替えるなど、必要なとき以外は子どもとできるだけ接触しないようにした。上から蚊帳がかぶせられ、清潔な哺乳瓶が横に結わえつけられた無菌ベッドに赤ちゃんは寝かされた。子どもたちは文字どおり、人の手に触れられずに過ごしていたのである。

二〇世紀初頭の医学界では、超がつくほど清潔で、無菌状態で覆われた赤ちゃんが病気予防上の理想とされており、それ以上を望むなら安全な子宮へ戻すしかないと言われていた。ドイツでは医師のマーティン・クーニーが、未熟児のためにガラス製の保育器を開発した。彼の「子ども孵化器」には、製造業者も医者も興味を持った。当時、未熟児はいずれ死んでしまうのが常だったので、親の多くは子どもを手放し、医者に渡していたのである。そうした医師はクーニーに未熟児を譲り渡すようになった。保育器を宣伝するために、クーニーはガラス製の箱に入った赤ちゃんをずらりと展示する世界ツアーに乗り出し、手始めにイギリス、それからアメリカへと向かった。一九〇二年にニューヨーク州バッファローで開催されたパン・アメリカ博覧会で、赤ちゃんたちが披露された。それから二年にわたって、赤ちゃんコレクションははるか西のネブラスカまで旅し、何度も繰り返し展示された。その後、クーニーはコニーアイランドに落ち着き、そこで五〇〇〇人以上の未熟児を育てることに成功する。一九三〇年代になっても、ときどき赤ちゃんを展示しており、一九三三年のシカゴ万国博覧会では、マイケル・リース病院から赤ちゃんを借り、保育器の未熟児を見せるチケットを売り出した。博覧会の記録によると、その年に扇の舞で有名なダンサーのサリー・ランドに次いで金を稼いだのは、彼の展示だった。箱の中の赤ちゃんは医学の奇跡だった。一昔前までは死んでいくしかなかった未熟児が、生きているのである。唯一の問題は、子どもを引き取るように母親を説得するのがとても難しいことだ、とクーニーは述べている。奇妙なことに、母親はガラスの向こう側にいる自分の赤ちゃんに、何のつながりも感じないらしいのだ。

無菌と隔離が病院業務の第一使命となった。その結果、コレラや激しい下痢、原因不明の発熱などは徐々に減っていった。それでも子どもは病気にかかったが、もうそれほど不可解なものではなくなった。昔からウイルス（はしかやおたふく風邪など、今ではワクチンで予防している）はいたし、厄介な細菌性疾患（現在でも私たちを悩ませている肺炎や呼吸器感染症、ひどく痛む耳感染症など）も存在していたのだが、いまや医師は、既知の感染症であっても隔離がもっとも適切な処置だという立場をとるようになった。人との接触が、健康の最大の敵なのだ。目に見えない病原菌が、人々のまわりを不吉なオーラのように不気味に飛びまわっている。当時の医師の報告はまるで、すべての人が危険にさらされている安全地帯のない戦闘地域の説明のようだった。シカゴの医師ウィリアム・ブレネマンは、病棟における医療従事者の緊張感の欠如が、いかに危険であるかを訴えた。看護師は病気になっても長期欠勤が許されないので、自身の病気を病院に持ち込んでいる。研修医は、自分の「風邪や咳、喉の痛み」が脅威であることを理解していないようだ。医師ですら、病気にかかったときでも「黒いボタンを一番下まできっちり留めた長い白衣」さえ着ていれば、感染とはまったく無関係だといわんばかりの顔をしている、とブレネマンはこきおろした。医師や看護師が出入りしつづけるのに、どうして病院から病気を締め出すことができようか？

シカゴ子ども記念病院に勤務していたブレネマンは、少なくとも感染可能性という点では、小児病棟は強制収容所とほとんど変わらないと考えていた。第一次世界大戦の捕虜収容所に、連鎖球菌に感染した捕虜の兵士がうようよいたのを彼は思い出した。小児病棟はそれとあまり変わらないのではないか？そこで検査してみると、その病院の医療関係者一二二名のうち一〇五名から、致命的な肺炎を起こすことで有名な連鎖球菌が検出された。「第一次世界大戦時の収容所で、連鎖球菌が何を引き起こしたかはよく知られている。人が密集し接触が集中する点で似たような状況にある小児病棟で何が起こるか、すぐにわかるはずだ」。子どもが病院で過ごす時間は可能なかぎり短い方がよいというのがブレネマンの方針であり、子どもをできるだけ速やかに両親のもとへ、親がいなければ養護施設へ返した方がよいと医師たちにも強く勧めた。入院しなければならないときは？　子どもをベッドに押し込み、すばやく包み込んで、看護師でさえ、できるかぎり近づいてはならない。

ニューヨークのベルビュー病院の小児科医ハリー・バックウィンは、一九三〇年代の小児病棟の様子を次のように描写している。「大きく開放的だった昔の病室は、相互感染の危険性を減らすために、細かく仕切られた部屋へと変えられた。マスクと帽子をつけて消毒した看護師や医師が、細菌をまき散らさないように注意しながら動きまわっている。両親の訪問は厳禁となり、病院のスタッフは幼児に最小限しか触れずに対応した」。ある病院では、「吸入弁と排出弁、それと介護者が手を入れる筒状の管のついた箱を考案した。幼児はこの箱に入れられ、ほとんど人の手に触れられることなく看護された」。このような基準で考えれば、「完璧に健康な子ども」とは、ひとりぼっちで完全無菌状態になるまで磨き上げられたベッドの中に寝ている女の子で、そばに来るのは、手袋とマスクをつけて、薬と殺菌牛乳とよく洗浄された食品をさっと渡す大人だけ、ということになりかねない。

スタンフォード大学のロバート・サポルスキーは、次のように書いている。「当時人気のあった二つの考え方が重なり合うところで、病院や孤児院は機能していた。ひとつは是が非でも消毒や無菌状態を徹底しようという信仰であり、もうひとつは、小児学科界（その構成員は圧倒的に男性が多かった）が抱いていた、ある信仰である。彼らは、幼児への接触や抱擁、可愛がって育てることなどは、感傷的な母性に基づいた愚かな考えだと信じていたのだ」。そして、完璧な無菌状態を求めていたのは、医者だけではなかった。人間行動の研究者が協力できる味方であることに気づいたのである。無菌の祭壇を崇拝していた医師たちは、抱きしめたり優しくなだめたりすることは、とにかく子どものためにならないとはっきり保証していた。保護カーテンの後ろ側に閉じ込めるのは、子どものためになることとなのだ。

おそらく、南カリフォルニア生まれの心理学者でアメリカ心理学会会長だったジョン・B・ワトソンほど、そのことを強調した者はいないだろう。現在では、ワトソンは愛情という害悪の撲滅運動を先導した科学者として知られている。「子どもを可愛がりたいという誘惑にかられたら、母の愛は危険な道具であることを思い出しなさい」とワトソンは警告した。子どもを抱きしめたり愛撫したりしすぎると、その幼年期は不幸になり、悪夢の青春時代を迎えることになるだろう——あまりにひどく歪んで育つと、結婚生活に適応できない大人になるかもしれない。驚くほど短期間でそうなりかねないのだ、とワトソンは警告した。「間違った扱い方をしたせいで、いったん子どもの性格が損なわれてしまったら、そのダメージから回復できる保障がどこにあるというのか？　そのようなことがたった数日で起こってしまうのだ」

この推定によれば、母親が可愛がることほど、子どもにとって悪いことはない。可愛がるとはすなわち、あやし、抱きしめ、甘やかすことである。それは子どもを軟弱にするレシピであり、強い性格を阻害する戦術だ。溺愛する両親、特に女親は、子どもを「軟弱で、引っ込み思案で、怖がりで、警戒心の強い、劣った者」にする。ワトソンはまるまる一章を割いて「過剰な母性愛の危険性」について書き記し、あからさまな愛情は必ず子どもを「軟弱」にすると警告した。子どもを抱きしめる親は、結局のところ、泣き虫で無責任な依存心の強い人間のクズを作ることになるのだ。ワトソンは研究者としてキャリアの大半をジョンズ・ホプキンス大学で過ごし、母親の愛についての見解を示したときには、全国的に有名で尊敬される心理学者になっていた。雄弁で、情熱的で、決然としており、この分野で非常に影響力のあるリーダーで、弟子は「ワトソン派の心理学者」と呼ばれていた。彼と同様に弟子たちもまた、子どもを甘やかすことは八つ目の大罪ともいうべき忌まわしいものだと考えるようになっていた。「ワトソン派の心理学者は、母親の愛が及ぼす影響は強すぎる（そして有害すぎる）と考えたため、まず母親の力を和らげることに注力した」と、ニューヨークの精神科医デイヴィッド・リーヴィは一九三〇年代末に記している。

ワトソンは、感情はコントロールされなければならないと信じていた。感情は厄介で、複雑である。感情の制御方法の解明こそが、科学者のなすべきこと、理性的な人間のなすべきことだ。そこで、彼は感情について熱心に研究に取り組み、感情も他の基本的な行動と同様に操作できるということを示そうとした。赤ちゃんを押さえつければ、怒りの感情を引き出せる。それは単純な事実であり、科学に精通すれば、観察し、計測し、コントロールすることができる。冷たく聞こえるだろうが、それこそが彼の意図だった。多くの同僚と同様にワトソンも、心理学は正真正銘の科学であり、物理学のような信頼性と冷たいまでの正確さを持つ学問であることを証明しなければならないという思いに突き動かされていた。

当時の心理学は、一九世紀にできたばかりの未熟な科学だった。そのときまで――おそらくダーウィン以前――は、人間の行動は哲学や宗教が扱うものだと考えられていた。物理学や天文学や化学は真面目な研究に値する科学だとみなされていたが、それらにはすでに数百年の歴史があった。アメリカ心理学会の創設者のひとりであるハーヴァード大学のウィリアム・ジェイムズですら、心理学は科学ではなく、科学志望にすぎないと述べている。

子どものころ、母親にあちこちのテント・リバイバル〔テントの中でおこなわれる熱狂的なキリスト教の伝道集会〕に連れまわされたワトソンは、信者の汗臭い熱狂を思い出すだけで怒りがこみ上げてきた。そこで、自分の専門から霊的なものを（そしてもちろん感情も）、すっかり洗い流してしまおうと決意した。何年も後にハリー・ハーロウは、「彼ほど感情を冷淡に取り扱った人はいない」と述べている。ワトソンは当時、科学的な心理学は「より健全な生活の基礎」を構築する方法である、とひたすら主張した。一九一三年の講演で提案した、行動を考察するための厳密なガイドラインは、今でも「行動主義宣言」として知られている。

「行動主義的な観点からすると、心理学は完全に客観的で経験主義的な自然科学の一分野である」と彼は主張した。その目的は、行動を予測し、コントロールすることだ。「この方法では、内観はまったく重要でないし、意識にも価値はない」。心理学者は測定可能で修正可能なものだけに専心すべきだし、動物に反応を条件づけるのと同じ方法で、人間も条件づけできるはずだ。その原理は、子どもに対してもっともダイレクトに適用された。ワトソンの心理学は、ハリー・ハーロウが後にとることになる親密な関係に注目したアプローチとはほぼ正反対だった。ワトソンは、親や教師や医師をはじめとする大人は、子どもを条件づけ、訓練することに集中すべきだと論じた。大人の仕事は、子どもに正しい刺激を与え、正しい反応を誘発することなのだ。

ワトソンは、ベストセラーになった一九二八年の著書『子どもと乳幼児の心のケア』で、こうしたことを強く主張した。イギリスの哲学者バートランド・ラッセルは、科学的価値のある初の育児書だと絶賛した。ワトソンは、「アメーバを研究する科学者」と同じように子どもを研究したので成功したのだと自賛した。「アトランティック・マンスリー」誌はかけがえのない本と評し、「ニューヨーク・タイムズ」紙は「人間の知性の歴史において新時代の扉を開くもの」と論じ、「ペアレンツ」誌は教養あるすべての親の必読書と述べた。

今日の目から見ると、教養があろうとなかろうと、ワトソンが「親」というものに我慢がならなかったことは明らかだ。彼は赤ちゃん牧場を作るのが夢だと述べている。何百人もの赤ちゃんを両親から引き離して、科学の原理に従って育てるのだ。彼によれば、母親にはどの子が自分の子かわからないので、それゆえ子どもをダメにしてしまうことがないから理想的だという。啓発的で科学的なアプローチを採用して、子どもに対する感情的な反応をコントロールしなければならない、とワトソンは主張した。親は単純かつ客観的な条件づけのテクニックを用いて、子どもの育成に携わるべきである。もし親たちが助言を無視して、愛情あふれる子育てを選んだとしたら？　彼自身の言葉によると、「過剰にキスされた子どもには、深刻な障害が待ち受けているだろう」。ワトソンは、子どもだけではなく親にも「しつけ」が必要だと主張した。彼の指導は明確だった。泣いても抱き上げるな。喜びのために抱きしめるな。よくがんばったら頭を軽く叩いてやれ。握手せよ。額にキスしてもよいが、本当に特別なときだけだ。子どもは生まれ落ちたその日から、自立に向かって後押しされなければならない、とワトソンは述べた。しばらくすれば、「感傷的で感情的なやり方で子どもを扱ってきたことを激しく恥じるようになるだろう」

ワトソンは心理学界の英雄であり、軽薄な心理学をハードサイエンスに変えようとする彼の努力はもてはやされた。また、その研究は病気予防のための「接触禁止」というポリシーとうまく辻褄が合ったので、医学界でも英雄になった。当時の医師はまた、愛情とはいわば女の子的なものであり、より分別のある男性によって厳格にコントロールされるべきだとも考えていた。『妻のためのハンドブック』は、母親の感傷的な性質は欠点であると、にべもなく言い捨てている。著者のアーサー・アルブット博士は、甘やかすことに断固反対する立場をとっていた。甘やかすとは、彼の定義によれば、赤ちゃんが泣いたときに抱き上げること、腕に抱いて眠らせることである。「『それ』が泣いても放っておきなさい。そうすればすぐに、揺すったりあやしたりしてもらわなくても眠ることを覚えるだろう」。ルーサー・ホルト博士も同様のスタンスをとっており、著書『子どものケアと食事』は大成功をおさめ、一八九四年から一九三五年の間に、一五刷まで版を重ねた。ホルトは厳格な科学的育児法、すなわち子どもの調教を信じていた。ホルトによると、子ども時代の目的とは、大人になる準備をすることである。子どもを成熟させるためには、揺すってあやしたり、泣いているときに抱き上げたり、かまいすぎたりといった「悪質な慣習」を実行してはならない。子どもが大きくなっても気を緩めてはいけない、とホルトは訴えた。さらに大きな子どもたちを抱きしめたり、過剰に甘やかしたりすることにも反対していた。

現在では、なぜこのような軍隊みたいな育児法に従う人がいたのかと不思議に思うし、また間違いなく（というか、そう願わずにはいられないのだが）、当時も多くの親は耳を貸さなかったことだろう。しかしながら、ホルトやワトソンをはじめとする当時の学者には、並外れた影響力があった。彼らのメッセージは、「科学の力は世界をより良くする」という新しい信念――ほとんど信仰と言えるほどだった——に支えられていたのである。人々の生活に革命をもたらす技術の力は、具体的で目に見えるものだった。家々に電気が引かれるにつれ、ガス灯が姿を消していった。自動車がブーブーとにぎやかに道路を走りはじめ、電信と電話が世界をつないだ。ミシンや洗濯機、織機が登場し、人間の手でやるよりも明らかに速く上手に仕事をこなした。それゆえ、科学が私たち人間自身も改善してくれるだろうと考えても無理はなかったのである。

子育てに科学的基準を導入しようと社会に訴えた研究者は、ジョン・ワトソンひとりだけではない。クラーク大学の先駆的な心理学者、G・スタンレー・ホールも子育て分野に参入している。一八九三年、ホールは全米児童研究協会の設立に助力した。彼自身は思春期研究が専門であり、思春期に困難にぶち当たる原因のひとつは、幼少期に両親や教育者が失敗したせいだと想定していた。ホールは、彼が「青年期精神」と呼んだものや、その精神が持つすばらしく創造的な想像力には感嘆していたが、それはしつけや道徳教育と、それらを指導する厳しい権威的存在を必要とすると述べている。

一八九六年、二〇〇〇人が集まって、母親による科学的な子育てという概念を信奉する全米母親協議会が結成された。その講演でホールは、ヴィクトリア時代的な「愛の鞭」による子育てを強く勧めた。子どもを抱きしめるのを減らして、もっと罰しなさい。絶えざる「しつけ」が必要なのです。講演の後、「ニューヨーク・タイムズ」紙は社説で、「一世代の子どもたちが全員、適切に生まれ育てられたとしたら、いかに多くの病がこの世から消え失せることだろうか」と熱弁を振るっている。講演を聴いた女性たちは、その考えを広めようと意気込んで会場を後にして、こう主張した。もう自由な子育てなどいらない。本物の専門家が、科学で知恵を得た賢明な男性がいるのだから、親はその意見を拝聴すべきなのだ。一八九九年、母親協議会議長のアリス・バーニーはこう宣言した。「無垢で無力な子どもたちが、毎日毎時、教育のない無知な親の犠牲になっている。もう素人の母親の時代は終わった」（ちなみに、母親協議会は変遷と発展を経て、最終的にはＰＴＡに組み込まれた）。

科学的な指導を求める声が非常に高まったため、連邦政府は児童局を労働省内に創設し（つまり、子育ては職業となったわけだ）、専門家のアドバイスを提供する事業に乗り出した。児童局はルーサー・ホルトを「育児」という小冊子《パンフレット》の首席アドバイザーとして迎え入れた。一九一四年から一九二五年の間に、労働省は三〇〇〇万冊のパンフレットを配布している。歴史学者のモリー・ラッド－テイラーの『政府のやり方で赤ちゃんを育てる』というすばらしい題名の著書によると、児童局は一年間に一二万五〇〇〇通もの子育て支援を求める手紙を受け取っていたそうだ。児童局局長のジュリア・ラスロップは、どのパンフレットも「この国の平均的な母親に向けて書かれたもの」だと述べている。彼女は、政府が医師に取って代わろうとしているのではないと強調した。「医師や看護師の領域を侵すつもりはまったくない。すべての母親が自分自身や子どものために知っておくべき衛生や正常な生活について教えようとしているのだ」

「育児」誌は、おくるみの作り方から出生届の提出の仕方まで、ありとあらゆることを取り上げていた。オムツやハイハイ用の囲い（現代ではベビーサークルと呼ばれるもの）、半熟たまごや牛肉のすり身などの食事、歯みがき、看護、運動、そしてもちろん、「習慣、訓練、しつけ」も論じられていた。つまり、「賢いお母さんなら、赤ちゃんは良いスタートを切ることができる」のである。

連邦政府の専門家によれば――赤ちゃんのケアには、親子の双方に厳格なしつけが必要です。赤ちゃんにキスをしてはいけません。特に、口へのキスは厳禁です。あなたは細菌をまき散らし、不道徳だと思われたいのですか？（この部分は、明らかにルーサー・ホルト自身の口から出た言葉だろう）。政府もまた、母親が子どもを抱っこして揺らしたり、一緒に遊んだりしないよう注意を促した。「親が赤ちゃんと遊んではいけないという規則は厳しいと思えるだろうが、これは間違いなく安全なのである」。くすぐったり、揺らしたり、笑いかけたりなどして遊ぶと、赤ちゃんは落ち着かなくなるだろう。落ち着かない赤ちゃんはダメな子だ。「赤ちゃんを完全に放置せよと言っているわけではない。すべての赤ちゃんには、『母親によるケア』が必要だし、それをたっぷり受けるべきである」。連邦政府の専門家のいう「母親によるケア」とは、赤ちゃんを落ち着かせるような姿勢で静かに抱くことである。腕が疲れたら、すぐにやめなければならない。赤ちゃんは、けっして大人の邪魔になってはいけないのだ。もう少し大きな子ども、たとえば六ヵ月の子どもには、ベビーベッドで静かに座っていることを教え込むべきだ。さもなければ、母親は常に子どもを見守り、楽しませなければならなくなる。専門家の意見によれば、それは重大な時間の無駄だ。赤ちゃんには小さいうちから「しつけ」をしなければならない、とパンフレットは結論づけている。「良いことをすれば笑顔を見せ、悪いことをすれば立ち去りなさい。赤ちゃんは無視されるのが嫌いなのです」

大学もまた、知識のない親に科学的な助言を与えるようになったが、研究機関なので、ジョン・ワトソンや実験心理学を重視する当時の風潮を反映しがちだった。今読むと、ペットの訓練ガイドブックに妙に似ており、母親は幼児に「待て!」の命令がすぐ出せるようにと書かれている。ミネソタ大学児童福祉研究所が出版した『子育てと訓練』というガイドブックシリーズの著者たちは、「訓練」とは「条件反応」だとアドバイスし、次のように断言している。赤ちゃんに微笑みかけるとき、母親はただ「刺激」を与えているだけだ。赤ちゃんが微笑み返しても、愛情を表現しているわけではない。微笑みに対して「反応」するように条件づけられただけなのだ。

さらにミネソタ大学のガイドブックは、条件づけが強力なツールであることを認識すべきだと述べる。たとえば、子どもが転んでケガをしたとしても、母親や父親はけっしてめそめそするように条件づけてはならない。いつも抱き上げて慰めていると、そのように条件づけられてしまう。ガイドブックの助言によると、ケガなど歯牙にもかけなければ、「やがて転んでも、勇敢に笑い飛ばす行動が条件反応になるだろう」。ワトソンは、赤ちゃんには恐れ、怒り、愛（または愛情の兆し）というたった三つの感情しかないと明言し、ミネソタ大学の心理学者たちもそれに同意した。また、望ましくない恐怖反応をうっかり条件づけてしまうこともあると警告している。一例として、罰として子どもを暗い部屋に閉じ込めるという習慣を挙げ、それはやめた方がよいと勧めた。暗闇が怖くなるように子どもを条件づけるだけだからである。厳しく叱ったり、ピシャリと叩く方がよっぽど好ましい。科学者たちはまた、両親は子どもの安全について心配しすぎないようにと提言した。恐怖は恐怖を条件づける。「恐れ知らずの子どもに育てたければ、母親自身の人生からも恐れを消し去るように努力しなければならない」。ワトソンは、撫でられたり触られたりしたときの喜びと赤ちゃんの愛を同一視しており、そのような愛情が過剰になると、子どもの道義心が軟弱化してしまうと考えていた。ミネソタ大学の心理学者たちも同様だった。そのガイドブックによれば、子どもを無視したり無関心になったりすると問題が起こる可能性は、ない、あるとはいえ、「そのような問題は、愛情を表現しすぎたせいで生じる過剰依存に比べて、悪質なものではない」

それはまさに思いがけない偶然であり、絶妙なタイミングだった——パズルのピースがぴったり合うみたいに、さまざまな考えがぴったり合致したのだ。医学が心理学を補強し、心理学が医学をサポートした。感染に対する潜在的な恐怖、衛生という神の助け、愛情で子どもをダメにしてしまう恐怖、科学の売り込み、専門家から学びたいという親の欲求、それらすべてが一緒になって、子育てにもっとも冷ややかな時代ができあがったのである。一九三〇年代の終わりごろ、ある小児科医は憤慨してこう書いている。「几帳面な母親たちが、赤ちゃんを撫でてもかまわないかとしょっちゅう医師に尋ねてくる。母親はぼんやりと感じているのだ。赤ちゃんを可愛がったり、愛したり、優しく揺すったりするのは良くないことで、売り物のクラッカーの箱のようにセロファンで包んで、『人の手に触れられず』に完全に隔離して育てることが、自分たちの惨めな義務なのだ、と」

それでも、彼らが子どもたちを救ったのは間違いない。一九三一年にシカゴ子ども記念病院のブレネマンは、小児病棟の死亡率は一〇〇%でなく、平均三〇%になったと報告している。それでも、もっとも弱く小さな子どもたちは、死ぬはずのないときに病院で死につづけていた。完璧に衛生的な病室に収容されては、どういうわけか消えていくのだった。子ども記念病院では、乳児は幼児の七倍の速さで死に、頑として減らない三〇%の死亡率の大半を占めていた。ブレネマンは、病院で生き延びた赤ちゃんは「看護師のお気に入り」だったとも記している。病院の規則に反することだが、他の子よりも多く抱きしめられていたのだ。看護師に子どもをほんの少し「可愛がる」ように頼むと、病気が好転することもあったという。

ニューヨークの小児科医ハリー・バックウィンは、病棟の小さな子どもたちの様子を記述し、隔離処置に関する論文に「幼児における孤独」という題をつけた。フランスの研究者たちは、完全な「母親の排除」は病院では問題かもしれないと示唆しはじめた。オーストリアの心理学者カタリーナ・ウルフは、「本当の母親が病棟に入ることを許可すれば、子どもの生存率は上がるかもしれないと提言した。彼女は、「本当のリスクは、最良の設備と最高の衛生状態の施設にあるのかもしれない。それらは子どもの周囲を殺菌することに成功したが、同時に子どもの心も殺菌してしまったのだ」と主張した。当たり前のこと？そう、現代では。しかし、当時、そんなことは絶対にありえない話だった。

心理学は、子どもには愛情も母親の世話も要らないと宣言したのではなかったか？　完璧に殺菌された衛生的な環境が子どもに危険かもしれないなどと思いつく者がいようか？　まったく馬鹿げている。実際、ウルフやバックウィン、ブレネマンの考えは、あまりにも馬鹿げていて、滑稽で取るに足りないとして、心理学界ではほぼ無視された。後に、イギリスの精神科医ジョン・ボウルビーが、母親の世話と精神の健全性との関連性に関する研究論文を収集したとき、一九二〇年代の欧米の研究誌からは五本しか見つからなかった。一九三〇年代ではたった二二本。その代わりに、何千もの問題児に関する論文が見つかった——不良少年少女、非摘出子、浮浪児、放置児童などだ。後に判明したように、放置はさらなる放置を生み出した。ある医師は次のように書いている。「放置された赤ちゃんは、時間が経つにつれて、その不運な環境に適応していく。そのような赤ちゃんは手のかからない良い子になり、ますます放置されるようになる」

皮肉なことに、戦争は物事を変える。この場合、近年で最大の世界的戦争だった第二次世界大戦が事態を変えた。小さな紛争では、心理学の自信をたいして揺るがすことはできなかっただろう。もっとも、研究者の目を引いたのは、ある間接的な影響である。この戦争では、爆撃でヨーロッパ中の都市が破壊された。ドイツが夜間に空襲し、連合国側がそれを迎え撃った。ロンドンはどの街区も爆破され、ドレスデンは焼夷弾によって焼け野原と化した。あちこちで火事が燃え広がり、家屋や道路が壊滅状態になるなか、多くの親が子どもを守るために疎開させようと決意した。子どもたちは標的となる大都会を急いで離れ、田舎の友人や親戚、親切なボランティアの家に預けられた。イギリスだけで七〇万人以上の子どもが、親と再会できるかどうかもわからない状態で疎開させられた。「歴史はとんでもない実験をおこなった」と、ライデン大学のJ・H・ヴァンデンベルクは述べている。こうした子どもが精神的な影響を受けたことは否定できなかった。安全で、保護され、世話され、しつけられていたが、完全に心が傷ついていた。

オーストリアの心理学者カタリーナ・ウルフは、その症状を列挙している。子どもたちは無気力で、周囲に対して無関心になった。家からの便りを聞くことにすら無関心だった。また、おねしょをしはじめた。夜は暗闇の中で悪夢に震え、日中はいつも寝ぼけているように見えた。両親を恋しがって泣き、一緒にいられない家族を思って嘆き悲しんだ。そして夜になり、暗闇と悪夢が訪れると、他の誰でもなく、ただひたすら母親を求めた。心理学にはまったく予想外の事態だった。ウルフが論じていたのは、優しい家庭に預けられ、よく面倒をみてもらっていた裕福な子どもだった。清潔で、きちんとした食事が与えられ、病気に感染しない環境にいることは明々白々で、まったく、これ以上ありえないほど清潔なのだが、そんなことは関係なかった――子どもたちは病気だった。医師が病棟で見慣れている、慢性的な感染症のようなものに冒されていたのである。良質で清潔な住居が、常に健康を約束してくれるわけではないらしい。疎開児童が求める家とは、科学とは縁のないものだったのだ。

そのころまでに、バックウィンは医学誌を激しく非難していた。彼はベルビュー病院の「この病棟に入る前には、必ず二度手を洗うこと」という標示に、「この新生児病室に入ったら、必ず赤ちゃんを抱き上げること」という新しい文言を付け加えた。一九四四年、戦争の真っ最中に発表した論文では、入院している赤ちゃんは驚くほどイギリスの疎開児童に似ていると述べた。入院中の幼児は動かず、静かである。ものを食べず、体重が増えない。にこりともしなければ、甘え声も出さない。痩せて青白く、ある意味でとてもいい子である。そう、簡単に無視して放置できるほどいい子なのだ。呼吸でさえ、控えめな吐息のような音なので、息をしているかどうかわからないくらいだ、とバックウィンは書いている。何ヵ月も発熱が続く子どももいる。そのくすぶりつづける熱は、どんな薬を飲ませても、医師がどのような処置をしても下がらない。だが、不思議なことに、家に帰ると熱は消えてしまうのだ。時代の先を行きすぎた（軽く三〇年は早かった）医師のバックウィンは、ベルビュー病院の上司から支持を勝ち取り、病気が長引く場合には、母親が子どもと一緒にいてもよいことにした。彼の指摘によれば、母親がそばにいると、致命的な感染症の割合が一九三八年より一〇％も低い三〇～三五％に下落したという。しかもそれは、薬や抗生物質が広まる前のことだった。

「母親は邪魔になるどころか、看護師をひとりの患者の看護から解放したし、いつも他の赤ちゃんの世話を手伝ってくれた」。しかし、バックウィンとベルビュー病院は、医学界という大海原に浮かぶ孤島だった。一九四〇年代の標準的な病院の方針では、子どもの入院がどれほどの長期にわたっても、両親の訪問は一週間に一時間以内に制限されていた。新生児の看護に関する教科書は、まだルーサー・ホルトの意見に基づいて、病原菌への激しい恐怖をあおっていた。専門家は、乳幼児に必要最低限の手当だけをすることや、訪問者を排除するという方針を推奨しつづけていた。ある未熟児病棟に関する調査によれば、一九七〇年代になっても、親が子どもを見舞うのを許可している病院はたった三〇％にすぎない。さらに、子どもに触れることを許可しているのは、その半分以下だった。

バックウィンは、赤ちゃんは感情を持つ生きものであり、食物を欲するのと同様に、感情的な接触を欲するのだと論じた。もちろん、医者にふさわしい言葉で表現している――「情動過程の生理的要素は、乳幼児の身体の健康にとって必要不可欠だと考えられる」。そして彼は大胆にも、これは病棟内だけの話ではなく、さらに重大な問題を孕んでいるかもしれないと提言した。孤児院や保護施設も無菌主義を貫いている。入院する子どもが病棟で過ごす期間は、数日間か数週間、ときには数ヵ月になることもあるだろうが、孤児院の子どもは何年も施設で過ごすのだ。バックウィンは問題を説明するために、些細な現象とも捉えられかねない、ある単純な例を挙げた。彼が注目したのは微笑みである。彼によれば、ほとんどの赤ちゃんは二ヵ月から三ヵ月の間に両親に微笑み返すようになるものだ。「ところが、かなり長期にわたって施設で過ごした赤ちゃんは、そうならない」。つまり、微笑みを返さないのだ。時間があれば、彼や看護師がそう反応するように誘導することもできただろうが、それは自然なものとは言えず、そんな時間があるわけでもなかった。施設でさらに長く暮らしたら、いったい何が起こるのだろう？　赤ちゃんのときに誰も幸せにしてくれなかったら、その後、幸せになれるのだろうか？

ニューヨークの医師ウィリアム・ゴールドファーブも、孤児院にいる子どもの運命を案じていた。孤児院はいわば病院の拡大版で、清潔、秩序、自己管理、しつけが重視されていた。子どもの健全な発達において愛情は不要で、むしろ有害かもしれないと心理学が宣言したせいで、子どもにぬくもりを与えるという無駄なことに時間を割く人はいなかったし、そもそも孤児は望まれざる存在だった。孤児院では、子どもは食事や衣類を与えられ、管理され、褒められ、罰せられ、無視された。しかし、子どもを抱きしめて愛情を持って接するようにという規定はなかった。それどころか、子どもたちが互いに親しい友だちになるのさえ禁じることが多かった。そのような人間関係は時間の無駄であり、問題が起こりやすいというのだ。ユダヤ・ファミリー・サービスという組織が街で数ヵ所の孤児院を運営しており、ゴールドファーブはそこを担当していた。彼が診た子どもたちは、爆撃から逃れた疎開児童に似ていた――無気力で、受動的で、何よりも困ったことに、他人を寄せつけようとしない空間を自ら拡大しているようなのだ。往々にして、友人を作るどころか、他人を思いやることすらできないらしい。一九四三年に彼は、「人間関係が異常に欠如すると、正常に成長しようというもっとも強い動機が抜け落ちてしまう」と記している。自分の家にいれば、たとえ両親が冷淡だったり厳しかったりしても、少なくとも何らかの感情の交流のある関係が紡がれる。関係性を皆無にすることは、子どもに与える害のうちで最悪のものだ、とゴールドファーブは主張した。それは、空っぽの瓶の中で子どもをひとりきりでしゃべらせる生活をさせるようなものだ。したがって、ひとりきりにされる時期が早ければ早いほど、その悪影響は大きくなる。「幼少期に施設で孤独な経験をすると、それは子どもに永続的で有害な心理的影響をもたらす」と彼は述べ、その影響はあらゆる次元に及ぶと指摘した。

さらに、ニューヨークを拠点としていた研究者、デイヴィッド・リーヴィとロレッタ・ベンダーは、同じ都市のコミュニティに属している科学者として、そうした主張を支持し、見解をともにした。バックウィンと同じく、ロレッタ・ベンダーはベルビュー病院で働いていた。彼女は新設されたばかりの小児精神科で科長を務めていたが、患者の多くは孤児院からやってきた。「彼らは人間関係にひどく戸惑い、途方に暮れている」とベンダーは述べている。彼らはしばしば空想の世界へと迷い込んだ。その空想がそれほど醜悪でなければ、一種の避難所の役割を果たしていると考えられたかもしれない。だが、子どもたちが思い描いたのは、怒りで熱く、死のイメージで冷たい世界だった。もしこれが孤児院の子育てを物語るものならば、孤児院は健全らしきものを何ひとつ育んではいない。

リーヴィは正反対の側に興味を抱いて調査を始めた。一九三〇年代末にワトソンによって激しく非難されていた、過保護な母親について研究しはじめたのである。母親にずっと見張られている子どもと、母親のいない孤児という両極を比較しようと考えた彼は、家庭の庇護のもとに厳しく締めつけられている不幸な子どもを数人見つけることができた。逃げ出したくてたまらない子もいれば、ほとんど口を利けないほどに内気な子、傲慢で特権意識を見せびらかす子もいた。一方、彼の会った孤児の大半は、無口か自暴自棄で、同時に気力がないことも多かったが、彼らの多くはしゃきっとして、礼儀正しいマナーを身につけていた。リーヴィは幾度も、その磨き上げられた愛想の良さに何か引っかかるものを感じた。おそらく、誰もが感じていたのではないだろうか。孤児たち、特に長期にわたって孤児院で暮らした孤児は、パーティーで出会う行儀の良い他人みたいだった――完璧なマナーで礼儀正しく接するが、心の中では完全に相手に無関心なのである。そうした品行方正な振る舞いのおかげで、養子に迎えられることもあった。しかし、必ずその関係から生まれる愛情をくじき、寒々としたものにしてしまう。希望に満ちていたある養母は、一年間かけて養子から人としての温かさを引き出そうと努力したが、結局、その少年を孤児院へ返してしまった。もう十分に罰せられたように思います、とその女性は述べている。

「成長する生物に不可欠の栄養の欠乏症が生じるのと同じように、感情生活の欠乏症が生じるなんてことがありうるだろうか?」とリーヴィは首をひねった。

もちろん、このような懸念はまだ研究誌や科学的な討論といった学問の世界だけにとどまっていた。バックウィンが雄弁に語った孤独な子ども症候群には、「施設症」という名前がつけられた。しかし、それにどんな意味があったというのか? 大半の人々は、施設症で苦しむ子どもの姿など見たこともなければ、病棟に入院して数週間で急激に悪化する赤ちゃんを観察したこともなかった。バックウィンは、絶望に満ちた吐息のような子どもの呼吸のことを書き、孤独な赤ちゃんがしぼみはじめて老人のような姿になってしまうまでの、胸が張り裂けるような様子も描写した。強い意志を込めて、言葉を尽くして、できるかぎりのことを書き記した。しかし、彼の言葉がどれほど怒りと失望感にあふれていようが、結局は医学誌に書かれたものでしかなかった。それを読んで議論するのは、ごく少数の選ばれた人だけなのだ。迷える子どもの代弁者は、状況を変えるために、もっと幅広い聴衆のことを考える必要があった。

科学者は、自分の属するコミュニティの中で働き、自分たちの専門用語で話し、自分たちだけの雑誌に発表することを好む。しかし、改革を推し進める活動家になるには、学問の枠を越えていかなければならない。ジョン・ワトソンはそのことを完全に理解しており、驚くほど効果的に利用していた。孤児を診ていた研究者たちは、ようやくそのことに気がついた。システムを変えるには、世論の力が必要なのだ。文字どおり、人々に問題を見せなければならない。そんなときに突如、孤児に必要なものを見つけようとしない世間の状況を打破するために、フィルム映像の力を利用するという案が浮上したのである。とりわけ、そうした手段に訴えようとしたのは、ウィーンの精神科医ルネ・スピッツとスコットランドの医学者ジェイムズ・ロバートソンだった。スピッツとロバートソンはそれぞれ別の大陸にいて、それぞれ別の目的を持っていたが、どちらも言葉ではこの戦いを制することはできないと考えた。どちらも映画撮影用のカメラを入手し、子どもたちにいま何が起きているか、正確に人々に見せようと決意したのである。

スピッツはウィーン生まれのユダヤ人だったので、ヒトラー率いるドイツ軍がヨーロッパを席捲するにつれて、オーストリアからフランスへ、フランスからニューヨークへと逃れていった。それまでは、オーストリアのカタリーナ・ウルフと共同で、小児病棟の無菌問題について研究していた。ニューヨークでは、ハリー・バックウィンやウィリアム・ゴールドファーブといった人たちの陣営に加わり、情熱を燃やして研究を続け、一九四五年には「施設症――幼児期における精神状態の発達についての研究」という論文を執筆した。科学用語にくじけずに読むことができたら、二つの群の子どもを四ヵ月間比較したその論文の内容に引き込まれることだろう。どちらの子どもも環境に恵まれていなかった。ひとつの群は、両親によって孤児院に置き去りにされた幼児や赤ちゃんで、もう一方の群は、女子刑務所に付設された保育園に通う子どもだった。

スピッツが説明する孤児院の様子は、バックウィンの研究を知っている人にはおなじみの光景である。輝くばかりに清潔で、子どもたちは、吊り下げられたシーツで隔てられたベビーベッド——スピッツの言うところの「独房」——の中に寝かされていた。孤児院では一般的な方針として、子どもへの「接触禁止」が遵守されていた。手袋とマスクをした係員がせわしなく動きまわり、食事の世話をし、薬を配る。とはいえ、子どもたちに見えるのはいつでも天井だけだった。感染症に対する「非の打ちどころがない」防衛態勢にも関わらず、子どもたちはひっきりなしに病気にかかった。スピッツが来訪したとき、孤児院には八八人の子どもがいて、全員が三歳未満だった。彼が去るまでに、二三人がひどい感染症で死亡した。

対照的に、刑務所の保育園は、ごたごたした騒々しい遊び場であり、大きな部屋にはおもちゃが散乱し、子どもたちはしょっちゅうぶつかっては転んでいた。そこでは、母親が自分の子どものそばについて、一緒に遊ぶことが許されていた。監獄生活から離れて一息つけるからか、母親はできるだけのことをした。あるいは、抱擁やくつろぎがたっぷりある場所にいたかっただけかもしれない。そして、スピッツの研究の期間中、そこでは子どもがひとりも死ななかったのである。子どもの死亡がすべて孤独のせいだというわけではないが、孤独は確かに危険であり、健康を害する要因であると認めるべきである、とスピッツは主張した。

「孤児院では、子どもたちは母親どころか、母親の代理すら与えられていない」とスピッツは述べた。

八名の子どもにつき一名の係員がいたので、彼はそれを「たった八分の一の看護師」と名づけて、次のように論じた。「独房」の問題は、退屈であるとか、変化がないとか、認知刺激の機会がないということではない。もちろん、すべてそのとおりだし、いずれも良いことではないが、子どもにとってもっとも深刻な問題は、誰も彼らを愛してくれない、好意も持ってくれないということである。微笑みかけたり、ちょっと抱きしめたりしてくれる人すらいない。これこそが――人との接触や愛情から隔離してしまうことが――感染症と戦う子どもの力を破壊してしまうのだ。スピッツの論点は、単純なひとことに尽きる。子どもが生きるために、愛は必要不可欠だ。そのためにまず必要なのは母親だ、と彼は考えた。とはいえ、愛情あふれる介護者や、その子どもに実際に興味を持っている人など、「八分の一の看護師」以上の役割をしている他者を排除したりはしなかった。彼の考えによれば、こうした人たちはすべて医学的に必要なのだ。「子どもたちが苦しんでいるのは、彼らの知覚世界に人間の仲間が誰もいないからだと考えられる」と彼はきっぱり述べた。仲間がひとりもいない人生とはどんなものだろうか？自分の存在を歓迎する人が誰もいない家は、家と呼べるのだろうか？

しかし結局のところ、スピッツの論文はささやかな興味と控えめな注目しか集めず、現在進行中の議論に付け足された――しかし、その議論はどこにも行き着く先のないものだったのだが。

そこで、スピッツはさらに激しい戦いに臨んだ。子どもを映像フィルムに記録することにしたのだ。孤児院に入所する場面から開始して、何週間もの間、カメラで撮影を続けた。一九四七年、スピッツは怒りを煮えたぎらせながら、その画像の粗い白黒フィルムを低予算の短い無声映画に仕立てあげた。この映画は心理学研究の古典となり、挿入される文字画面には、共感のこもった憤懣やるかたない言葉が並んでいる。彼は単刀直入に、この映画を『悲嘆――子どもたちの危機』と名づけた。映画の冒頭で、ジェーンという名のまるまると太った赤ちゃんが、実験者にキャッキャッと笑いかけ、周囲の人たちに笑顔を振りまき、抱っこしてもらおうと手を伸ばしている。一週間後、ジェーンはベビーベッドの中に座って、ひっきりなしにまわりを見まわしては、母親を探している。にこりともせず、スピッツに抱き上げられると、手に負えないほど泣きじゃくり、止めどなく涙があふれだす。続いて、「とびっきりのおませさん」という文字画面が出て、別の女の子が映し出される。その七ヵ月の赤ちゃんは、スピッツの顔を楽しそうに撫でまわし、彼の手を握っている。数週間後、その子は活気をなくし、笑いもせず、目の下には隈ができている。もはやスピッツを見上げもしない。そっとベッドから抱き上げると、必死にしがみつくので、彼が立ち去るときには無理に引き離さなければならない。泣きつづける女の子をそのままにして、カメラは別の赤ちゃんを映し出す。その男の子は横になったまま空を見つめ、こぶしを顔に押しつけている。別の女の子は縮こまり、震えて、指をしゃぶっている。ここで映る文字画面の文章は短く、問題の核心をついている。「治療――赤ちゃんに母親を返してやる」

スピッツは、その映画をニューヨーク中のあちこちの医師学会に持っていった。心理学者ロバート・カレンが幼少期の他者とのつながりの重要性について論じた『愛されること』という説得力ある本によれば、ある有名な精神科医は目に涙をためてスピッツのところにやってきて、「なんでこんなことをしてくれたんだ」と言ったという。そして、この映画を契機に、ようやく母子関係についての議論が噴出した。スピッツの言うとおりなのか？　過去五〇年の精神医学は、そんなにも間違っていたのか？『悲嘆』が制作されてから八年経っても、議論はくすぶりつづけていた。批判する側は、あの映画は感情に流されすぎで非科学的だとして、幾度となく論駁した。一九六〇年代後半になっても、スピッツが正しかったかどうかをめぐって議論が戦わされていた。しかし、彼が正しく理解していたように、こうした嘆き悲しむ子どもたちがいるという事実を見逃すことはもう不可能だった。

このころには、別の映画も出まわっていた。病院で治療を受ける子どもを撮ったジェイムズ・ロバートソンのドキュメンタリー映画である。こちらも低予算の短い映画だった。ロバートソンによれば、制作にかかった費用は約八〇ドルだという。スピッツの映画とは違うストーリーだったが、ある意味で同じ話でもあった。ロバートソンが注目したのは入院した子どもで、両親から置き去りにされたと感じると何が起こるかを明らかにしようとしたのだ。もちろん、まだ週に一度の短い訪問しか許されなかった時代のことである。彼はその映画を『二歳児、病院に行く』と名づけた。

当時の子どもにとって入院とは、事実上、家や家族や友人など、病気の子どもを安心させて支えてくれるすべてから隔離されることに等しかった。ロバートソンのカメラが追ったのは、ローラという名前の落ち着いた幼い女の子である。ロバートソンによれば、あまりに落ち着いた子どもだったから、その性格のせいで実験が無意味になるのではないかと不安になったという。実際、ローラはすんなりと病院のベッドに横になった。しかし、翌週には両親に家に連れて帰ってほしいと懇願し、次の週には一緒にいてほしいと訴え、その次の週にはほとんど反応しなくなった。両親が彼女を置いて帰るときに、ただ唇を振るわせるだけだった。そして映画の最後には、彼女は凍りついたように静かで無反応になっていた。数ヵ月後にローラは家へ帰り、安心を取り戻した。ロバートソンの映画を見たローラは、母親に向き直り、怒ったようにこう言った。「どうしてあんなふうに私を置き去りにしたの？」

ロバートソンはこの映画をイギリスの三〇〇人の医療関係者に見せた。最初の反応は、激しい怒りだった。病院関係者は、個人攻撃されたように感じたのだ。多くの人がこの映画の上映禁止を求めた。「すぐさま、この映画は信頼性に欠けるとして攻撃された」と、ロバートソンは当時を振り返る。「私が記録を捏造し、医学界を中傷したというのだ」。一九五三年、ロバートソンは世界保健機構（WHO）の相談役となり、アメリカにその映画を持ち込んで、六週間にわたってあちこちで上映した。しかし、ここでもやはり映画に反発するぶ厚い壁にぶち当たった。まるでジョン・ワトソンとルーサー・ホルトの亡霊が、怒りに満ちて立ち上がったかのようだった。それによれば、ロバートソンが記録したのはイギリスに限定された問題であり、「アメリカの子どもはそれほど甘やかされていないので、隔離されてももっと我慢できる」。そして、彼の単純な解決策――親と子どもが一緒にいられるようにする――は、お門違いだとして拒否された。

しかし、その映画とそこに隠されたメッセージを気に入った、たぐいまれな支持者も得られたのである。その名はエドワード・ジョン・モスティン・ボウルビー、一九〇七年生まれで、准男爵の息子である。王室に仕える外科医だった父親は、伝統的な上流階級の流儀で息子を育てた。つまり、ボウルビーは八歳まで乳母に育てられ、その後は全寮制の学校へと送り込まれたのである。それは幸せな経験ではなかった。後に、イヌでさえ寄宿学校に入れるつもりはない、と妻に話している。父親は、息子が自分を継いで医者になるのを望んでいた。ボウルビーは従順にケンブリッジ大学医学部に入学したが、とうとう反旗を翻し、言われたとおりに行動することを拒絶した。大学を中退し、問題を抱える児童のために数ヵ所の学校で二年間働いたのだ。そのときに、何らかの安定を得ようと壮烈なまでにもがき苦しむ子どもの姿を見て、精神医学の道へ進むことに決めた。一九二九年、精神分析の訓練を受けるためにユニヴァーシティ・カレッジ病院の医学部へ入学し、やがて頭の切れる思慮深い精神分析家になった。だが、彼が本書で重要な役割を演じるのは、それ以上の存在になったからだ――彼は才気あふれる理論家になり、世界屈指の社会活動家になったのである。

当時、すべての精神分析家はひとりの男に師事していた。その名は、ジークムント・フロイト。ボウルビーが精神医学の勉強を始めたとき、フロイトは七三歳で、ウィーンの裕福な地域に住んでいた。しかし、続く一〇年間で、ナチスは彼の家も財産も出版所も蔵書も没収した。妹たちは全員、収容所のガス室で殺害された。フロイト自身は、妻と子どもたちとともに一九三八年にイギリスへ亡命したが、再び帰ることなく、安全な土地に到着して一年のうちに癌で亡くなってしまった。しかし、不幸な晩年の数年間ですら、フロイトの影響力は強大だった。もちろん、死後六〇年以上が経った今でも、その影響力はまだ残っている。ボウルビーの時代には、さぞ強かったことだろう。まるでフロイトのぼんやりくすんだ姿がいまだにそこに佇み、誰かの間違いや彼の理論に対する疑念に眉をひそめ、難色を示しているかのようだった。娘のアンナ・フロイトも、彼の影響力を維持するのに一役買っていた。彼女は第二次世界大戦後のイギリスでもっとも有力な精神分析家のひとりとなっていたのである。だが、フロイトの考えはそもそも十分に強力だった。永遠に精神分析界に挑みつづけられるほど、強力で刺激的だった。フロイトの死後、何年もの間、彼の考案した概念――潜在意識や性的抑圧、空想世界の力など――がそっくりそのまま残っていた。彼のおぼろげな姿は徐々に薄れていったものの、完全に消え去ってはいなかった。

ボウルビーは、フロイト理論の中で現実に関係する箇所に関しては、あまりにも無理があると感じた。フロイトの説明によれば、「大人の無意識の大半は、心の内面でまどろむ子どもでできている。その子はより良い人生を夢見て想像している。あまりに強く夢見るために、大人もときどき両者を区別できなくなる」。子どもにはもちろん区別できない、とフロイトは示唆する。言い換えると、子どもは現実の出来事よりも想像の世界の影響を受けやすい。だから、親が実際に子どもにおこなうことは、子どもが心の中で親について知覚し、欲望し、想像することに比べれば、たいして重要ではない。たとえば、母親にとって子どもに触れることは愛情の証かもしれないが、子どもにとっては性的な夢想になる。子どもが性的虐待を受けたと報告しても、それは欲望の表れにすぎないかもしれない。誘惑されたという記憶は、実際にはそうだったらよかったのにという願望の記憶かもしれない。性的な夢想は、同量の想像と願望から紡ぎ出される。フロイトによれば、幼い子どもには異性の親と性交したいという強い性的願望があるが、現実がそれと関わる必要はまったくない。

　フロイトは、最初に築かれる絆に意味がないとは言っていない。最晩年に、母親との絆は「唯一無二で、一生変わることがないもの」であり、他のあらゆる人間関係の原型であると述べている。その一方で、その唯一無二である関係がまったくの現実である必要はないとも述べている。子どもは、母親がしたと感じたことや、夢で見た母親や、さらにはなかなか消えない性的願望にも影響されることがある。スピッツは、赤ちゃんには母親が必要だと説いた。ゴールドファーブは、幼い間に愛情を学ばねばならないと説いた。バックウィンは、赤ちゃんは感情のある生きものだと主張した。しかし、こうした医師たちが母親と子どもを実際に一緒にいさせるために専門家のサポートを求めても、フロイト派の精神分析家のコミュニティが力を貸してくれることはなかった。アンナ・フロイトはこんなふうに説明したことがある。「私たちは、現実世界で起こっていることではなく、それが頭の中に映しだされたものを扱うのだ」

　そのようなわけで、ジョン・ボウルビーは精神医学を学んだときに、「個人の現実の経験を体系的に研究することは、分析医が持つ適正な関心の範疇外だとみなされている」と気づいて呆然とした。そして、自分はそのやり方ではやっていけないと気づくのに、それほど時間はかからなかった。環境に適応できない児童と一緒に過ごしたおかげで、現実の生活の力を信じるようになっていたのだ。親が（もし親がいたとすればの話だが）子どもをどのように扱うのかが非常に重要だと彼にはわかっていた。一九四八年、ＷＨＯで働いているときにボウルビーは自分の立場を明確にし、「母親のケアと精神衛生」という報告書の作成に取りかかった。彼はその報告書に、意見を同じくする同志を集結させた。バックウィン、ゴールドファーブ、スピッツ、ベンダーをはじめとする諸研究が、ボウルビー自身の所見を含めて、ひとつにつながったのである。

ボウルビーを知る科学者たちは、彼が典型的な英国紳士であり、ときに傲慢で、性格も口調も皮肉っぽく、感傷的でなく、見るからにクールだったと記憶している。しかし、ＷＨＯの報告書では、彼は激烈だった。電線を流れる電気のように、どのページでも怒りがうなり声をあげていた。「母親業とは、当番制でできるようなものではない。互いの性格を変化させる、生きた人間同士の関係なのだ。正しい食事とは、カロリーやビタミンの供給以上のことが求められる。もし食事が有益なものなら、われわれはそれを楽しむべきだ。同じように、母親業も一日に何時間という尺度で考えるべきではない。母と子の双方が一緒にいる喜びという尺度でのみ考えるべきなのだ」

フロイト派が好んだもうひとつの考え方は、赤ちゃんの最初の絆は、総体としての母親ではなく、その乳房と結ばれるというものである。したがって、乳児は個人そのものと人間関係を築く精神的能力を欠いているし、ひとりの人間という概念を持つことさえできない、というのだ。フロイトは母親の愛について書いたとき、母乳を与える乳房が赤ちゃんの最初の性的対象であり、「栄養の欲求を満たすものへの愛着が愛の原形である」とも説明している。ボウルビーがかつて師事していた、熱心なフロイト派の精神分析家メラニー・クラインは、乳児の生活でもっとも重要な「存在」は乳房であるという説に賛同していた。乳房との関係が、子どもと母親とのつながりをいわば規定するのである。これがフロイトの発達理論における「口唇期」であり、食物と淡い性欲が混じり合ったものだ。第二次世界大戦後、戦争で家から引き離された子どもを研究したアンナ・フロイトは、子どもは母親を愛するかもしれないという考えを、もっと積極的に論じるようになった。しかし、その絆が愛情から始まるとは考えていなかった。「子どもはまず食事、つまり母乳に対する愛着を形成し、そこから発展して、食事を与えてくれる人への愛着となる。食事に対する愛が母親への愛の基礎となるのである」

これは、条件反応に関する心理学の教義（お腹がすいた赤ちゃんがいる。飢えという動機が満たされると、母親と食事を連合するように条件づけられる）と見事にぴったり合致した。母親と乳房は同等であり、良い母親とは、良い食事を意味するのだ。ここでもまた、人間行動を定義する諸見解が完璧に一致したのである。フロイトとその信者は、食物と空想が重要だと確信していた。主流の心理学は、愛情あふれる母親の子育ては不適切だし、子どもは訓練できるし訓練すべきだと固く信じていた。医師たちは、健康と感情が何らかの形で関連していることを頑なに信じようとしなかった。カリフォルニア大学デイヴィス校の心理学者で、社会関係の専門家であるウィリアム・メイソンは言う。「今では信じられないことだが、私が最初にハリー・ハーロウの研究室で働きはじめたころには、『赤ちゃんと母親の関係は、ひとえに授乳に基づくものである』というのが心理学の有力な説だった」

映画が作られ、議論が湧き起こり、報告書が書かれたが、一九五〇年代後半になってもなお、心理学の世界では赤ちゃんと母親の間に愛はなかった。ジョン・ボウルビーはとうとうしびれを切らし、次の論文を出版した。いや、次の爆撃を開始したと言った方がいいだろう。その論文は「子どもと母親の結びつきの本質」というタイトルで、日々の暮らしでの接触と愛情に完全に基づいて論を進めていた。それはまた、母と子の関係性についての彼独自の理論を提示した初の試みでもあった。現在では、それは愛着理論として広く知られている。愛着理論の基本的な概念は、愛されることが大切だということだ。そしてそれ以上に重要なのは、誰に愛され、誰を愛し返すかということである。哺乳瓶を持つ温かい体さえあればよいのではない。それは愛の対象にはなりえないのだ。私たちは特定の人を愛し、その人に愛されなければならない。子どもと母親との結びつきの場合では、母親が赤ちゃんを愛し、それを赤ちゃんが知っていることが重要なのだ。とても幼いころの愛は、抱きしめてくれる温かい腕のように触れることができ、夜に子守唄を歌ってくれる優しい声のように耳に聞こえるものでなければならない。

もちろん食物は重要だが、人と人との関係性は食物を基にして構築されるのではない、とボウルビーは述べた。哺乳瓶を持ってきてくれるという理由だけで、その人を好きになったりしない。食物を与えてくれるからといって、その人を探し、その人にしがみつき、その人が去るときに泣きじゃくったりしない。欲望を序列化すれば、それは下位の方に位置する。心理学用語で言うなら、二次的動因である。一次的動因は愛だ。愛情が最初にある。ボウルビーによると、健康で健全な赤ちゃんは、親がそばにいることを欲し、そのために働きかける。「多くの乳児や幼児の本能的な反応は、大人を確実にそばにいさせるためのものである」。赤ちゃんは愚かではない。自分をいちばん見守ってくれるのが誰かを知っている。愛着理論によると、乳児の行動の大部分は、母親か父親をターゲットにしている。しがみつき、つきまとい、泣き、笑うのは、そしておそらく「アーアー」と甘え声を出したり、「バブバブ」と声をあげたりするのも、すべては親にしっかり結びつこうとする子どもの本能的な行動の一部なのだ。

ボウルビーは、そこには進化論的な要素もあると言う。なぜなら、両親の近くにいれば、子どもの生存率は確実に高まるからだ。そうした行動をせずに、両親の関心を失ってしまったら、「子どもは死んでしまうだろう。特に、人類進化の始まりの地である太古のサバンナで生まれた子どもは生き延びることができなかっただろう」。明らかに食物は生存の必須条件だが、それは親子関係の副産物である。赤ちゃんは、母親がそばにいれば食物をもらえることを知っている。しかし、それだけではない。母親が近くにいなければ、食物を得られないだけではなく、捕食者や寒さ、夜間のあらゆる危険からも守ってもらえない。論理的に予測するなら、それゆえに私たち人間は両親が突然いなくなることを恐れたり、失望すら感じたりするように進化したのだろう。もし赤ちゃんが孤独に苦しんでいるように見えたなら、それがまさしく現実なのだ、とボウルビーは述べた。

子どもを突き離して放っておいても、規律正しい大人のミニチュア版になるわけではない。そこで目にするのは、スピッツの映画ですすり泣いていた子どもや、ジェイムズ・ロバートソンの映画で両親の手にしがみついていたローラや、バックウィンが紹介した仕切られたベッドの中で縮こまって暗い顔をした赤ちゃんなのだ。ボウルビーの研究によれば、もう少し成長して、よちよち歩きの幼児になっても、この欲求はまったく減らないという。もう少し大きな子どもは、もう少し物わかりがよいというだけなのだ。彼らには母親のことがよくわかっている。母親に置き去りにされれば嘆き、不在を悲しみ、帰ってきてほしいと懇願する。ボウルビーの理論では、それは暗闇や大きな音、知らない人、暗い森を怖がるのと同様に、子どもの自然な反応なのである。もし赤ちゃんが呼びかけても返事がなければ、その子は自分で自分の面倒をみて、自分で自分の身を守らなければならなくなる。これが、ゴールドファーブが孤児院育ちの感情的に冷淡な子どもの中に見たものの一端だろう。彼らが感情的に距離を置くのは、おそらく自己防御のためだろうとボウルビーは考えた。そうすれば、嘆きや喪失感を和らげることができるからだ。しかし、それは有害なことでもある。なぜなら、「絶望だけでなく、愛をはじめとする感情も人格から切り離してしまうからだ」

ボウルビーの見解は、彼の知っているほぼ全員を怒らせてしまった。アンナ・フロイトは彼を完全に追放した。嘆くという感情が持てるほど乳児に「自我《エゴ》が発育している」という点に、彼女は強い疑念を抱いたのだ。クラインは、赤ちゃんが悲しそうに見え、「抑うつ」段階を通過することは認めたが、それは母親を恋しがっているのではなく、正常な発育なのだと述べた。彼女の主張によれば、ボウルビーが見ているものはすべて性的緊張に対する反応であり、おそらく去勢に対する恐怖と、威圧的な両親に対する怒りだろうと主張した。英国精神分析協会が愛着理論とその創始者をあまりにも目の敵にしたので、ボウルビーは会合に行くのをやめてしまった。「彼の論文は読まれず、引用されず、見られなくなったので、彼は精神分析の世界に存在しないことになってしまった」とカレンは述べている。

さしあたり、子どもに同情的な勢力はすべて立ち往生したかに見えた。気高い主張だったが、無駄骨に終わったという気配が漂いだしていた。たぶん、それがハリー・ハーロウの研究意欲を駆り立てたのだろう。すぐに何かが起こったというわけではない。ハリー・ハーロウがスタンフォード大学を卒業したときには、ジョン・ワトソンはまだ君臨していたし、まわりを見ても、若きハーロウ教授に一目置く人などいなかった。スタンフォード大学にはいなかったし、そして後にわかるように、彼が新しく移ったウィスコンシン大学にもやはりいなかった。愛の名誉にかけて旗じるしを掲げるためには、改名だけでは足りず、それ以上のことを成し遂げなければならなかった。自分の言葉に耳を傾けてくれるように、他の心理学者を説得しなければならない。自分の意見の重要性も証明しなければならない。彼は思いも寄らない道筋をたどり、それらの目的を追求することになる。動物園で実験し、研究所を手作りし、サルの知能の研究に熱中するようになり、ついには心理学界とケンカするしかない、いや、しなければならないと確信するに至るのである。愛と愛情の名誉を守るのに、なぜそんな奇抜な方法を選んだのかと問う人もいるだろう。しかし、ハリー・ハーロウに平凡という言葉は存在しないのである。

3 アルファ雄

われわれは愛という言葉を口にする。しかし、愛の力が顕現するのを見ないかぎり、愛を使う力と喜んで愛を受け入れる心を授からないかぎり、愛について何がわかるというのか？

スタンフォード大学メモリアルチャーチの北東の壁に刻まれた言葉

スタンフォード大学とウィスコンシン大学では、地形も自然もまったく異なる。まず水辺を比べれば、マディソンにあるウィスコンシン大学のキャンパスからは、太平洋のくっきりとした海岸線の代わりに、木々に囲まれた湖が見渡せる。はっと息を呑むような眺望というより、きれいで美しい眺めだ。夏にはメンドータ湖に風に吹き寄せ、さざ波が立ってきらきら光る。冬になって、その波がカチカチに凍りつくと、超のつくほど熱心な釣人がやってきて、灰緑色に凍ったでこぼこの湖面にドリルで穴をあけ、冷たい水に釣り糸を垂らす。水面に映るキャンパスの様子は、湖の風景とともに変化する。木々の生い茂った丘は、秋には燃えるように真っ赤になり、長い長い冬には灰のように白くなる。雪や氷や湖に吹きつける氷混じりの風がお定まりの季節になると、ハリーは同じ季節のスタンフォードを懐かしく思い出す。昔の侮辱や軽蔑すら、温かな黄金色を帯びてくるのだった。「スタンフォードのやつらは、私をカリフォルニアの短期大学に就職させようとしたんだ。でも、ウィスコンシンに冬が来るたびに、そうしてくれてりゃよかったのにと思うよ」

しかし、本当のカルチャーショックは、氷混じりの風でもなければ、キャンパスが優雅なイタリア建築から頑健な砂岩造りの建物に一変したことでもなかった。スタンフォードの高度集中プログラムとウィスコンシンののんびりしたやり方の違いこそが、まさにカルチャーショックだったのである。ハリーがマディソンに到着したとき、心理学部に在籍する教員は四人で、博士課程の学生の受け入れは一年に三人ほどだったので、管理棟の地下に押し込んでおけるほどの小所帯だった。誰にも気づいてもらえないのに、有名な心理学者になろうという意欲を持ちつづけるのは難しいことだ。実際、ハリー自身も、キャンパスに到着したときに心理学部を見つけられなかった。

大学は新任教員に迎えをよこさなかったし、彼は場所がわからない場合に備えて地図や案内書を持っていなかった。知っていたのは、管理棟の名前だけだった。「すみません」と彼は通りすがりの二人の学生に尋ねた。「バスコム・ホールはどこでしょうか？」。二人は彼を見た。背が低く、痩せて、丸顔の童顔で、くるくるカールした黒髪のハリーは二五歳には見えなかった。学生のひとりが答えた。「悪いけど、わからないな。僕らも新入生なんだ」。彼に存在感はなかったが、幸いなことにバスコム・ホールにはそれがあって、キャンパスの上にぬっと姿を現していた。その管理棟は、大学でいちばん急勾配の丘のてっぺんに建っており、植えつけられて間もない芝生やわずかに残った森や湖畔を見下ろしていた。地元産の淡黄金色の砂岩造りの多層建築で、正面にはギリシャ様式のどっしりとした白い柱が並んでいた。

ハリーは御影石の階段を上り、正面玄関に入るとすぐに、壁に案内板を見つけて安堵した。白黒の建物案内には、「一四号室　ハリー・F・ハーロウ」とあった。曲がりくねった通路を進んで地下へ行くと、自分の部屋が見つかった。その狭苦しい部屋へ入って、デスクの後ろの椅子に深々と腰を下ろすと、「教授になるのだというワクワクするような昂揚感を初めて覚えた」。そのとたん、出し抜けにまたドアがバタンと開いて、もじゃもじゃに乱れた黒髪の若者がにゅっと顔をのぞかせ、がっかりした表情でハリーを見つめた。

「まさか、まだ来てないんじゃないだろうな」とその学生は叫んだ。「とにかくすぐに始めなきゃならないし、何をしたらいいかわからないから、来るのをずっと待ってるのに。君、ハーロウとかいう新任がいつ来るか知ってるかい？」

「知ってるよ」とハリーは答えた。

どうやら、ウィスコンシン大学で一目置かれるのは、予想よりもずっと難しくなりそうだった。しかし、ウィスコンシン大学で真面目に講義を聴いてもらうために、彼はどこでも通用する、人から一目置かれる極意を学ぶことになるのである。学部生を対象にした心理学の授業の初日に、彼はうっすらとそのことに気づいた。心理学部では、その体験は俗に「オオカミの群れに投げ込まれる」と呼ばれていた。

授業の最初の日に、四〇〇人以上の一年生と二年生の前に立ったハリーは、幼いころからの内気のせいで、すっかり気後れしてしまった。舌はもつれ、Rの音が抜け落ちた。口ごもりながらRを発音しようとしたが、無駄だった。Wに聞こえた。「ライト」と言おうとすると、「ワイト」になった。数名の学生がブーイングをした。彼の回想によれば、「最初のブーイングはごく小さいものだったが、だんだん大きくなってきた」。授業の終わりには、ヤジと笑い声で彼の声はほとんどかき消されてしまった。何か言いたかったわけではない。ただ、そこから逃げ出したかった。

後になって彼は、この授業はもっとも重要な学習経験のひとつだったと述べている。しかし、そのときは悩み傷ついた。二一世紀の現在、私たちは人と人の違いに対して寛容になろうと腐心しているので、つい忘れてしまうのだが、かつてはそのような違いに対する不寛容が文化的に許されていたのだ。たとえばターマンは、価値のある有能な階級と価値のない愚鈍な階級のどちらかに人間を二分しようとしたが、当時それを疑問視する人などほとんどいなかった。スタンフォード・ビネー式知能検査で、相対的に数値が低い人々をターマンが「精神薄弱」と呼んだことは先に書いたが、それはまだ婉曲な表現だったのである。「精神欠陥」や「軽愚」、さらには「有害な者」と呼ぶ人までいた。足の不自由な人は「びっこ」、ホームレスは「ルンペン」、しゃべれない人は「阿呆」と呼ばれた。そして、実在するエルマー・ファッドたち、つまり、ハリーのようにしばしばRの発音に苦労する人は、「マヌケ」と呼ばれた。

当初、状況は絶望的だと思われた。神経質になればなるほど、Rに対する恐怖で舌がもつれてしまった。ハリーはオオカミどもをなだめるために、別の方法を試すことにした。主に「リーダーズ・ダイジェスト」誌から面白い小ネタや冗談を探し出しては、講義の合間に差し込んでみたのである。学生はその話に笑ったが、発音に対するブーイングもやめなかった。そこで、とうとう彼は、学生が本当にブーイングするための対象を与えることにした――最低の駄洒落を飛ばすことにしたのだ。そもそも、ハリーは駄洒落中毒だった。言葉遊びは朝飯前で、それ自体が純粋な楽しみだった。彼が駄洒落を言うと、学生はうめき声をあげた。彼はさらに駄洒落をたたみかける。駄洒落が不愉快になってくると、うめき声はブーイングへと変わった。駄洒落はどんどんひどくなり、ブーイングはどんどん大きくなった。し

先生が下手で話にならないと思ったら、学生がブーイングをするというのは、よくあることだったのだ。

かし、ブーイングは増えはしたが、それはジョークに対してだった。いずれにせよ、リラックスすれば、Rにつまずくことは少なくなる。話すペースを落として落ち着いたリズムを取り戻すと、間違いであるWは現れないようになることもわかった。かつて同僚が、彼の声を「冷蔵庫のレタスみたいにパリパリして冷たい」と評したが、彼はそのような独特のわかりやすい話し方を身につけていったのである。

そのうちに、息をすることや詩を書くのと同じくらい自然に、ハリー・ハーロウの口から駄洒落が出てくるようになった。大学から蒸留水の料金を請求されると、「ジョウ留水の価格がジョウ昇中」という警告を自分の掲示板に貼った。動物を使ったあるテストで雄の方が良い結果を出すのはなぜかと学生に訊かれると、「テストの基準がオスにオスすめだからさ」と切り返した。ハリーはRの発音問題を完全に克服することはできなかったが、そのうちに、気にしないということを学んだ。ターマンの予想に反して、全米を代表するほどの話し上手になれたのは、学部のオオカミどものおかげだと認めてさえいた。「基礎心理学を講義すること。それが、話し下手と内気を克服する最高の治療法である」と述べている。

実は、その他にも感謝しなければならない人がいた。オオカミどもを食い止める方法を一緒に考えてくれた仲間がいたのである。それは心理学部の大学院生クララ・メアーズで、急速に友人以上の関係になっていた。会衆派教会の牧師の娘であるクララは、ブーイングのような残酷な行為には我慢がならず、ハリーがオオカミどもとの戦いを制したときにはとても喜んだ。そして、「たったひとつの問題点は、駄洒落をけっしてやめなかったことね」と言ってはハリーを笑わせた。二人は自然なサポート体制がとれているようで、友人も、同僚も、家族も、みんなが二人の関係を応援した。ハリーのかつての指導教授ルイス・ターマンもそのひとりである。実は、ハリーとクララ・アーネスティン・メアーズの友情には、狭い世界ならではの奇妙な巡り合わせがあったのだ。彼女はただ優秀な大学院生であるだけでなく、ターマンの天才児研究のオリジナルメンバーのひとりでもあったのである。

クララは小柄で、思いやりがあり、活発で、母親の言によれば、「まるで可愛い子ネコみたいで、悲しんでいる彼女なんてとても考えられない」。丸顔に大きな茶色い目で、早口でてきぱきとしゃべり、笑い声は渓流のせせらぎみたいだった。一九〇九年七月八日にネヴァダ州のリノで生まれ、一四歳のときに兄のレオンとともに天才プロジェクトに参加しないかと誘われた。メアーズ家の五人の子どもの末っ子で、いちばんの自信家だった。母親は、ターマンがおこなったアンケートに次のように回答している。クララは四歳で読書を始めた。五歳で詩を読みはじめたが、そのときのお気に入りは一七世紀の詩人ウィリアム・ブレイク。一一歳まではイギリスの詩人を好んだが、次第に一九世紀のものへと興味が移り、現在ではロバート・ブラウニングを好んで読んでいる。お気に入りの趣味は読書。以上。しかし、彼女の才能は、文学だけにとどまらなかった。ブラウニングのファンになるころには、姉たちの代わりに代数の宿題をやってあげていた。

母親にとって唯一の不満は、クララがあまりにも家事に無関心であることだった。「クララはなるべく他の誰かを説得して、家事をやらせようとします。自分は手仕事ではなく頭脳で生きていくつもりだと言うのです」。料理は、もしそれがクリエイティブなものならば、喜んでやろうとした。だが、家事や繕い物、日曜日のお決まりの夕食作りは？　聡明な娘は退屈のあまり、家から出て行ってしまうのだった。「家事については、誰かを雇うつもりのようです」と母親のアーネスティン・メアーズは悲しげに記している。

野心的な生徒だったクララは、一五歳で高校を卒業し、サンフランシスコのベイエリアにある私立女子大学のミルズ・カレッジに進学した。そこで彼女は自らの才能を認識しはじめる。一九二八年には両親への手紙に、適正試験でクラスでトップの成績をとったことを報告している。「すごいと思わない？もちろん、これまでの経験から、自分が平均よりも優れていることはわかっていたけれど、実際にどれくらいのものなのかはわかってなかったわ」。彼女は大学院へ行くことを決心した。一九三〇年、ハリーが教員として赴任したのと同じ年に、彼女はウィスコンシン大学で心理学部の研究助手も務めるようになった。最初に受けた授業のひとつが、ハリー・ハーロウによる大学院生向けの感情に関する演習だった。彼女はそれが気に入った——いや、もしかしたら、彼のことが気に入ったのかもしれない——ので、彼の次の授業にも登録した。それは夕方におこなわれる生理心理学の演習だった。「私が生理心理学でAの成績をとりはじめたとき、ハリー・ハーロウは家まで送ってくれるようになった」と彼女は述べている。

クララの社交的な親しみやすさのおかげで、ハリーは生来の内気さからうまく抜け出すことができた。二人は一緒にパーティーへ出かけ、一緒に夕食をとった。激しく競争心を燃やしながら、テニスやブリッジ、スカッシュをプレイした。クララはハリー以上に負けず嫌いだった。「クララは試合で負けるのが大嫌いなのですが、ハリーはそのことを笑い飛ばすのです」と母親は記している。そしてクララ自身も、幸せだとターマンに告白していた。ハリーといると、彼女は自分自身でいられるように感じられた。彼は「成績を褒めてくれるが、常に最高点をめざせと仕向ける父親みたいに、いい成績を求めたり、勧めたり、過大評価したりすることがない」。ハリーといると、ありのままの自分でいられる幸福感が突如湧き上がってくるのだった。彼女の両親は、その幸福が目に見える形で現れているのに気づいた。「彼女の目には、何か特別な光やきらめきがあります。うちの長女は美人でしたが、今のクララは長女よりもずっときれいです」と、メアーズ夫人は楽しげにターマンに手紙を書いている。

ハリー・ハーロウとクララ・メアーズは一九三二年五月七日、ミルウォーキーで結婚した。ターマンはすぐさま祝辞を送り、クララの「すばらしい遺伝的素質」と「アメリカでもっとも生産力のある若き心理学者のひとり」とが結ばれるのをお慶びしますと新郎新婦に伝えたのだった。実のところ、ウィスコンシン大学の問題さえなければ、新婚生活は祝福ムード一色で始まったに違いない。

当時のほとんどの研究機関の例に漏れず、大学には親族採用に関する厳格な規定があった。つまり、配偶者の雇用を認めなかったのである。文字にすると、この規定は特に差し障りがないように思えるが、実情を見ると、けっしてそうではない。一九三〇年代には、大学教員はほぼ全員が男性だった。つまり雇用から締め出されるのは、たいていは夫ではなく妻だということなのである。クララが有望な心理学者であることも、著名なルイス・ターマンによって並外れた秀才だと認められていることさえも関係なかった。クララの指導教官は、博士課程を中退するように勧めた。これから心理学の仕事ではハリーが常に優先されるのだから、研究を続けても時間の無駄だろうというのである。何年も後になっても、クララの中には憤懣がふつふつと沸いていた。心理学のキャリアを失い、ついには自分とハリーは知的に対等であるという気持ちもなくしてしまった。彼女はハリーも同じように感じているのだと思っていた。彼女が自信を取り戻し、また、二人の関係を信じる気持ちを取り戻すのには長い時間がかかることになる。

しかし、当時はどうだったのだろうか？　当時、彼女はそれなりに幸せだった。二人は愛し合っていたから、彼女は大学を辞めてしまった。そして、ハリー・F・マンチェスターという、マディソンでは格式のある地元の百貨店で、衣料コーナーの販売員として働きはじめた。実際、クララはここでもターマンが見積もった能力評価に応えた。半年の間にドレスのチーフバイヤーへ昇格したのである。彼女はおしゃれな洋服が大好きで、着こなしについてアドバイスすることを楽しんでいた。また、給料にも満足していた。気前よくできるくらいの額を稼いでいたので、毎月いくらかを実家に仕送りした。引退した牧師には、ドレスのバイヤーほどには小遣いがなさそうだったからである。クララは、ターマンが実施したある調査で、自分自身の好きなところは「ユーモアのセンスがあること、……トラブルを深刻に受け止めすぎず、しかもきちんと向き合うところ」だと挙げている。彼女は、この思ってもみなかったキャリアの変化に対して、ベストを尽くすことに決めた。ファッションについて勉強し、身だしなみの完璧なお手本になろうとした（彼女は、自分の嫌いなところはひどく完璧主義であることだと記していた）。

それでもクララは、ターマンに明るい調子で手紙を書いている。「教授を夫に持つ身では、学問の世界でキャリアを積める可能性はほとんどありません。現在は、さまざまな交渉や要求をこなすビジネスの方により魅力を感じています」。そしてターマンの返事は、働く女性に対する当時の見解を見事に反映していた。「既婚女性がそのようなキャリアを持つことは、本当にすばらしいことだと思う。ただ、君が早く休暇をとり、子どもを産んでくれることを願っている。君にもわかっているだろうが、私は天才児研究の参加メンバーが増えるのを楽しみにしているのだ」

一方で、ハリーが抱えていたジレンマは、心理学のキャリアをあきらめることではなく、どうにかしてキャリアを始めなければならないということだった。大学はオフィスを提供してはくれたが、ただ学部生の授業をさせるばかりで、実験室も研究資金も与えてくれなかったのだ。スタンフォードにいたときには、ラットの実験室があるらしいと聞かされていたが、学部長に尋ねてみると、取り壊しが決定したというのである。そのうえ、それに代わる施設を作る予定はいっさいないことがわかった。彼は途方に暮れた。実験するための手段を何ひとつ持たない実験心理学者になってしまったのだ。いまや彼は研究すべきことがない研究者であり、ラットのいない動物心理学者だった。まるで望遠鏡のない天文学者、一瓶の蒸留水だけで研究する海洋生物学者みたいなものだった。

もっと後になると、ハリーはラット研究（彼の好みの言い方では「ネズミ学」）を皮肉っては悦に入り、掃いて捨てるほど軽口をたたいた。しかし、当時の彼にとっては、ラットの実験室が消えてしまったのは冗談どころではなかった。彼はラットを使った研究しか知らなかったのである。ラットを用いた研究こそが行動研究の王道だった。もちろん、ウサギやモルモット、イヌ、ネコが使われることもあったが、信頼性のある実験となると、心理学界ではラットしか認められなかった。実際、ラットの行動が研究できないなら、人間の行動について言えることなどほとんどないというのが当時の常識だったのである。

一九三九年に、ハーヴァード大学の心理学者ゴードン・オールポート（白髪で威厳のある、正真正銘の過激派）がアメリカ心理学会の会長に就任したときは、まさにラットの天下だった。オールポートは、ジョン・B・ワトソンを支持する情熱的な行動主義心理学者がやってきて、挑戦的に質問してきたときのことを回想している。その男は、実験対象としてラットを使ったら明らかにできない心理学的な問題をひとつ挙げてみろ、と迫ってきたのだった。そのとき、オールポートはあまりにも面食らったので、例を考えつくのにしばらく時間がかかってしまった。ようやく、それもためらいがちに、「読書障害？」と言うにとどまったという。

オールポートは、客観的な科学を実践するのに、ラットを用いた研究が「すばらしく適している」ことを十分認めていた。けれども客観的であることが真実であるとは限らない、とも付け加えた。人間の行動が物理学や化学のような「無機的な」方法で扱えるとは、彼にはどうも納得できなかった。人間は非常に複雑なのに、ラットを用いた研究に依存すると、人間を単純化しかねない。「人はなぜクラヴィコード〔中世の鍵盤楽器〕や大聖堂を作り、なぜ本を書き、なぜミッキーマウスを見てゲラゲラ笑うのか」と、オールポートは会長演説で述べた。「ラット研究はそれを説明できるだろうか?」

現在という見晴らしの良い地点から顧みれば、なぜ昔の心理学者たちはラットの行動から人間の行動を（あるいは人間の行動からラットの行動を）完璧に説明できると考えたのだろう、と疑問に思うに違いない。彼らは、「愛とは信頼できないものだ」と主張する科学者たちと同じ道筋をたどり、そう考えるようになったのだ。どちらの考え方も、少なくとも部分的には、心理学を本物の科学にさせたいという二〇世紀初頭の並々ならぬ意欲から生まれたのである。心理学から不純物を取り除くために（つまり、オールポートが「物理学の無機質さ」と呼ぶものを手に入れるために）、心理学界のリーダーたちは、測定や定量化ができない行動は捨て去ろうとしたのである。

どうやってラットの愛を測定するのか? もし実験の条件を厳格に管理するならば、心理学者は実験操作が可能な実験動物を使って、綿密に設計されたテストをおこなわなければならない。そのためには、動物がたくさん必要になるかもしれないし、ほとんど必要ないかもしれない。目の見えない動物と目の見える動物を比較したり、子どもと大人を比較したりすることもあるだろう。ラットなら、ほとんど無限に手に入れることができて、躊躇行動の時間をすべて測定し、反応をすべて確認し、心拍数をすべて数えることができる。もちろん、問題はその心拍をどう解釈するかである。オールポートが問題視したのは、研究者がその問題を避けていることだった。彼らは問題に向き合う代わりに、人間であろうとネズミであろうと、すべての行動は刺激－反応という状況に縮約できると示唆したのである。つまり、ラットは大半の状況で（おそらく読書障害は除く）、人間の強力なモデルになりうるということだ。ワトソン流に言えば、「行動主義心理学者は、動物の反応というひとつの枠組みを得ようと努力するなかで、人と獣を区別する境界線など存在しないと認識するようになる」のである。

　神経化学や分子生物学、画像技術などが使えるようになった現在でも、科学者は脳をブラックボックスと呼んでいる。すばらしく複雑であり、驚くほど柔軟であり、ときには透明で、ときにはまったく不透明である。そうした高度な技術のなかった二〇世紀初頭には、そのボックスは計り知れない真っ暗闇に満たされているかのようだった。

　ワトソンは、内的感覚とは何かということについて――その背後にあるメカニズムについては言うまでもなく――意見が一致する心理学者を見つけるのは、たった四人ですら不可能ではないかと考えていた。「ジャーナル・オブ・アメリカン・サイコロジー」誌を創刊したクラーク大学のG・スタンレー・ホールは、一九世紀末の心理学の専門性の欠如について激しい非難の論文を書いている。後にルイス・ターマンの指導教官になるホールは、精密な科学研究の数をもっと増やしたがっており、子育てに関する自分の研究がその好例だと（少なくとも彼自身は）考えていた。彼は自分の雑誌に投稿される論文にいつもイライラさせられていた。あまりにも多くが、精神生活や夢のお告げや予言の研究というべき代物なのに、「執筆者は心理学研究だと考えていた」からである。そのような論文は「まったく批判精神に乏しく」、無価値である、と彼は不満をぶちまけた。「科学専門誌は、正確で科学的に重要な研究のみを載せるべきだ」

　一九〇九年にジョン・ワトソンはジョンズ・ホプキンス大学の教授に就任するが、そのころ彼は、アメリカの心理学はブラックボックスについて経験から割り出した推測をするだけで、本物のデータを何ひとつ生み出すことのない山師の学問になってしまうのではないかと危惧していた。ワトソンは、実証可能な事実と検証可能な仮説を求めていたのである。彼はアメリカの心理学に絶望し、ロシアの心理学へと傾倒していった。ロシア人もまた、扱いづらい脳に苛立っており、問題を単純化しようとしていたのだ。一九世紀後半にロシア心理学界でもっとも話題になった本が、『脳の反射』だった。著者のI・M・セーチェノフは、思考とは肉体的反射の一部であり、脳は鋭敏に反応する筋肉にすぎないのではないかと提言した。セーチェノフの思考に対する実用主義的《プラグマティック》なアプローチは、さらに実用主義的な若いロシア人研究者の一群を生み出した。その中でもっとも有名なのが、神学校をやめたイヴァン・ペトローヴィチ・パヴロフという学生だった。

パヴロフは研究を愛していた。学生向けのエッセイに、「科学は人に全人生を捧げることを要求する。そして命が二つあったとしても、それでもまだ足りないのだ」と書いたことがある。彼のキャリアは、消化についての綿密な研究から始まった。その研究で消化のメカニズムをきわめて明確に解き明かしたので、一九〇四年にはノーベル賞を受賞することになる。彼のいちばん有名な研究は、そこから論理的に発展したものだ。消化の研究にはイヌが使われていた。パヴロフは、イヌがそばに食べものがあるときだけでなく、実験技師が近づいてくる足音を聞いたときにもよだれを垂らすのに気がついた。靴が床に当たって立てる鈍い音を聞くと、なぜイヌは唾液を出すのだろう？　もしかすると、それは精神的な反射のひとつなのではないだろうか？

やがてパヴロフは、「条件反応」の科学を確立した。イヌは、食事と足音を関連づけることを学習していたのだ。パヴロフは残りの人生を費やして、そうした条件づけ行動に関する実験をおこなった。ワトソンが心から感銘を受けたのは、パヴロフがイヌの脳の中で何が起こっているかを推測しようとしなかったことである。それは内的過程なので、測定できないと考えたのだ。イヌが足音を「認識している」ということすら認めなかった。認識という脳の活動は検証できないので、「不必要に推論を巡らすことになる」とパヴロフは主張した。彼はイヌを条件づけて、音に反応してよだれを垂らすようにさせられることを証明した。それは、脳は訓練できるということを意味しており、それ以上でもそれ以下でもない。この秩序だった観察に基づいた科学こそ、まさにジョン・ワトソンがアメリカの心理学に求めているものだった。ワトソンは、パヴロフのことを思い浮かべては、「どんなに偉大なものでも平等に扱おう」と心に誓うのだと述べている。

この信念のもっとも極端な例として、ワトソンは一九一三年に、咽頭が思考を司っているのではないかと提言している。科学者はその活動を測定することができた。人間が話し出す前の数秒から数分間（知性によって長さが変わる）、咽頭は激しく振動するのである。喉が痛いとき、人はそれほど明晰には見えないし、理路整然としてもいないだろう、と彼は同僚に説いた。ワトソンはシカゴ大学の友人に書いた手紙をこう締めくくっている。「君がどこにいようとも、何をしていようとも、私はいつも君のことで咽頭を震わせるよ」

動物は単純だが、人もまた単純である、とワトソンは主張した。イヌはよだれを垂らすが、私たちもよだれを垂らす。ラットと同様に私たちも、条件づけられた習慣を身につける。人間が高等で動物が下等だということはない。すべては原理に従っており、すべては刺激と反応によってコントロールされ、動機づけられている。この論理に従えば、ラットは容易に利用できる人間の代替物だったし、ワトソンはラットを研究対象にするのを好んだ。しかし、第一次世界大戦後（興味深いことに、ハリー・ハーロウがジレンマに陥っていたのと同じころに）、彼のラットの実験室は大学によって閉鎖されてしまった。心理学の単純な実験の対象として、次にふさわしいのはおそらく人間の子どもだろう、と彼は友人に語っている。

パヴロフは、イヌがメトロノームの音を聞くと、よだれを垂らすように条件づけることができた。それならば、赤ちゃんが何らかの合図に対して反応するように条件づけられるはずである。ワトソンは、恐怖などの感情を単純に条件づけることから開始した。いきなり動いたり、急に支えを取り除いたりすると（たとえば、赤ん坊の下の毛布をぱっと取り去るなど）、赤ちゃんを怖がらせることができる。赤ちゃんの腕を押さえつけると、怒りを誘発することができる。また、彼によれば、撫でることで愛を条件づけるのが可能だという。しかし、パヴロフのイヌのように赤ちゃんを条件づけて、予期せぬ刺激に対して反応するように訓練できるだろうか？　この問いの答えとなる研究は一九二〇年に発表され、いまだに「アルバート坊や」の実験と呼ばれている。

アルバートは、当時九ヵ月のまるまるとした赤ちゃんで、ベテランの軍人のように穏やかで落ち着いていた。毛布を引っ張り取られても動揺しなかった。ワトソンはアルバート坊やの前に奇妙なものを次々に差し出した。人なつこい白ネズミ、元気のいいウサギ、イヌ、お面をかぶったサル、お面をかぶっていないサル、ふわふわの綿花。燃えている新聞紙を出したこともある。坊やはただ喉を鳴らして、興味深げに見ていた。動物を可愛がり、炎をあおごうとした。

しかし、彼は大きな音を怖がった。実験者がハンマーで鉄の棒をガンガン叩いて、耳元で金属音を立てると、坊やはびくっとして、手が宙に浮くのだった。金属音を立てつづけると、すすり泣きはじめた。ワトソンは、対象が近寄るたびに金属音を立てることによって、ラットのような危険でない対象を怖がるようにアルバートを「条件づけ」できるかどうかを調べることにした。ワトソンは、倫理的にいくぶん躊躇したと認めている。研究者が故意に何度も小さな子どもを怖がらせてもよいのだろうか？　しかし、いずれにせよ、「荒波から守ってくれる環境である家庭から出て行けば、即座に」人生は厳しくなるものだから、と考えて自分を納得させた。

陽気なアルバート坊やは、月齢一一ヵ月のとき、柔らかいマットレスで覆われたテーブルの上に座らされ、一匹のラットを見せられた。ほんの束の間、顔が輝いた。しかし、ふさふさした頭を撫でようとして手を伸ばすと……バン！　と頭のそばで金属棒が音を立てた。坊やはうつ伏せになって泣き、マットレスに顔をうずめた。同じことがもう一度おこなわれた。ラットが現れると同時に、金属で金属を打つ強烈な音が鳴った。それが何度も何度も、とうとうアルバート坊やがラットを見ただけですすり泣くようになるまで繰り返された。「ラットが現れたとたん、赤ん坊は泣きはじめた。それとほぼ同時に、さっと左を向いて倒れ込むと、四つん這いになってハイハイで逃げ出した。あまりにすばやかったので、テーブルの端に着く前に捕まえるのが難しいほどだった」。実験から一年経ってもなお、アルバートはふさふさの毛を見せられただけで泣き出した。

アルバート坊やは、ワトソンの主張をすべてはっきり示してくれた。人間と動物の間に本質的な違いはなく、すべての行動（少なくとも説明する価値のあるすべての行動）は、単純な条件反射として説明することができる。ワトソンはそれ以上、赤ちゃんを研究しなかった。彼の行動主義を支持していた信者たちも、たいして研究しなかった。する必要がなかったのである。赤ちゃんの代わりにネズミを、ネズミの代わりに赤ちゃんを使えることが証明されたのだ。後に、アルバートが恐れたのは果たしてラットだったのだろうかという疑問の声があがった。記録フィルムには、子どもをかなり手荒に扱っているジョン・ワトソンの様子が映っていたから、もしかするとアルバート坊やは彼のことを恐れていたのではないか？　また、ひとりの子どもに対する一回の実験だけで、何かが本当に証明できたと考えるべきではないと指摘する批評家も出てきた。科学者は子どもをあんなふうに扱ってはならないと考える人もいた。だが、ワトソンはそれらをまったく取り合わなかった。「子どもが何百人も餓死し、いかがわしい場所やスラム街で育っていくのを、社会はずっと平然と見過ごしてきた。それなのに、忍耐強い行動主義心理学者が子どもの実験研究を試みて、系統的な観察を開始したならば、ただちに批判が始まるのである」

ハリーは、後に「ワトソンの禍《わざわい》」を槍玉にあげるようになることから考えても、間違いなくワトソンを批判する側にいた。彼はアルバート坊や研究の影響があまりにも大きすぎると考えており、「ひとしずくのデータ」が理論の洪水を生み出していると形容した。彼の考えでは、子どもについてワトソンが発表した誇大な見解は、危険と言えるほどに誤っていた。彼はワトソン派の寒々とした環境で育てられる子どもたちが心配だった。「この一世代を見れば、この国の主要な精神病院で、ワトソン流に育てられた赤ちゃんが入っていない病院はひとつもない」。それだけでなく、アルバート坊やであろうと誰であろうと、人間のすべての行動がラットの行動と比較可能であるとは思わなかった。「心理学研究の実験対象として、ラットを軽視したことは一度もない。事実、ラットには欠点がほとんどなく、問題があっても実験者に知識があればたいてい解決できる」

ハリーが心理学を始めたころのラット研究の重要性を考えると、もしウィスコンシン大学からラットの実験室を与えられていたなら、彼もそんな研究者のひとりになっていたことだろう。彼は当時流行っていた動物研究をしたかったので、その場しのぎの施設でなんとかしようと尽力した。もし首尾よくいっていたなら、ネズミ学を続けていただろう。医学部から研究用に部屋をひとつ提供されていたが、狭すぎて、ハリーはラットのケージにつまずいてばかりいた。その後、別の建物の屋根裏にある二部屋が与えられたので、夏までそこで過ごした。しかし、夏が来ると屋根裏は、ハリー曰く「ほとんど太陽と同じ温度に達した」。ラットの脳が丸焼きになりそうな高温で、実験者の脳も焦げてしまいそうだった。そのようなわけで、今度は管理棟の地下にある自分のオフィスのそばの小さい二部屋にラットのケージを置こうとした。

バスコム・ホールは、威厳のある堂々とした建物だった。少なくとも、上の階にある大学本部の事務室はそうだった。だが、心理学部が入居している窓のない地下は、箱のような小部屋に区切られており、換気が悪かった。ハリーが使っていた小部屋は、ちょうど男子学生部長の事務室の真下にあった。ラットの寝床の強烈な匂いが立ち上り、すぐさま大学本部から、「不快なネズミ臭が階上へと漂っている」と通知が来た。学生部長とのミーティングを待っている学生たちは、居心地悪げに窓から外に身を乗り出すようになった。この最後の事実は、ハリーのユーモアのセンスをちょっぴり（いや、強く）刺激した。

何年も経った後、サルの研究者として名をあげたハリーにとって、そうした若いころの研究のための努力の数々は、すこぶる面白い話の種になっていた。だから、バスコム・ホールからラットが追い出されたという話を友人みんなに話したが、ネタはそれだけではない。彼は当時、自分のアパートの隣にある男子学生寮の地下にいた数匹のネコも研究対象にしていた。まず、弱い電気ショックを与えるように配電した箱の中にネコを入れる。そしてハリーと助手の学生がベルを鳴らすと、ネコは軽い電気ショックを受けるという実験だった。しばらくすると、ネコはベルの音を聞いただけで箱から飛び出すようになった。パヴロフのテクニックに基づいた古典的な研究だった。「このプロセスは条件反応と呼ばれる」とハリーは述べ、こう続ける。「しかし、一匹のネコは少々繊細すぎた。ベルを鳴らすと、箱から飛び出ただけでなく、地下の窓からも飛び出して、ひたすら遠くへ逃げつづけたんだ」。教授と学生は、階段を駆け上がって寮の玄関から外へ出て、ネコを呼び、次第に息を切らしながら通りを走って追いかけた。しかし、「実にすばらしい条件反応だった。少なくとも、ネコを見失うまでに優に二・五キロは走ったんだからね」

ネコの研究の後、ハリーはカエルでも同様の実験を試みた。両生類もベルの音や点滅する光に反応するように条件づけられるかもしれないと考えたのだ。それに間違いなく、捕まえるのはカエルの方が簡単だ。ハリーは光を点滅させたり、ベルを鳴らした後に、カエルの足に軽いショックを与えてみた。しかし、カエルの場合には、両者の間に連合は起こらないようだった。ショックはショック、ベルはベル。明らかにそれが両生類の状況判断だった。

カエル実験の結果にあまりにも憤慨したので、ハリーはある日、聞き手がいれば誰にでも怒りをぶちまけはじめた。学部生のクラスでもこう話した――膨大な時間を使って証明したことと言えば、カエルが馬鹿だということだけだ。すると、学生のひとりがたまたま学生新聞「デイリー・カーディナル」の記者だったので、翌日、ハリーの話が記事になっていた。「ハーロウ教授は、カエルが動物の中でいちばん馬鹿だと述べている。……ハーロウ教授の実験によれば、カエルは何ひとつ学習することができないらしい」。ジャーナリストなら、そう書くのが当然だろう。その翌日、地方新聞が学生新聞の記事を書き直して掲載した。そのときには、「カエルはいちばん馬鹿だと科学者が発見」という見出しがついた。

この話が今度は通信社に取り上げられた。通信社の記事では、科学者がいかに納税者の税金を無駄遣いしているか、実のところはカエルの方が科学者よりも賢いのではないか、という一連の社説へと変わっていた。「なぜだかわからないが、このちょっとした情報があまねく知れ渡ってしまった」とハリーは自叙伝に記している。「国中のあちこちにいる親戚は、私が突然、不名誉な有名人になってしまったことに驚いた。同僚は面白がるか皮肉を言った。そのうちの二人は、精神科医に診てもらえと勧めてきた」

本当に、カウンセリングを受けた方がよかったのかもしれない。だが結論からいうと、失意のどん底にあった彼は、カウンセリングの代わりに近所の動物園にサルを見に行ったのである。実際には、その提案をしたのはクララだった。二人がディナーパーティーに出席して、食後にペアを組んでトランプのブリッジゲームをしているときのことである。ハリーはそのとき、自分の実験室が持てないことばかり話していた。くどくどしゃべってしつこかった。そこで、向かいに座っているパートナーが言った。じゃあ近所の動物園のオランウータンを調べてみたらいいのに。ネコやカエルやラットのことなんか忘れて、本当に興味深い霊長類のことを研究すべきだわ。後になって思えば、クララはこう言っていたのだろう、とハリーは述べている——そんなに悩むのはやめなさい、今にすべてうまくいくから、と。彼女は、オランウータンはラットより（そして人間より）ずっと魅力的だと考えていた。

ヘンリー・ヴィラース動物園は、マディソン市にある日陰の多い小さな園で、ウィングラ湖という小さな湖を背にしており、木々やケージに囲まれた親しみやすい散歩道のように設計されている。当時のハリー・ハーロウをちょっと思い浮かべてみよう。二〇代後半だったが、まだまだ童顔で、学生からずっと学部生に間違えられていた。彼はむっつりした顔でケージの前に立ち、肩を落とし、ポケットに手を突っ込んで、オランウータンをじっと見つめている。すると、オランウータンたちが見つめ返す。霊長類はそんな行動をする。彼らも興味があるのだ。ハリーはじっと考えている。考えに考えて考えている。……いったい自分はこんなところで何をしているのか？　……さらに考える。……でも他に何があるっていうのか？　そしてとうとう、こう考えるに至る。……少なくとも、あのオランウータンはかなり魅力的だな。

そのおおらかな雄ザルはジグスという名前で、非常に怒りっぽいマギーという雌ザルと一緒のケージに入れられていた。二匹のオランウータンの名前は、当時人気のあったマンガの登場人物から採られていた。家族向けのコメディの連載マンガで、女房の尻に敷かれた気のいいジグスと、麺棒を振りまわすかんしゃく持ちの女房のマギーが主人公だった。もしかしたら、この二匹の年老いたオランウータンがマンガのモデルだったのかもしれない。ハリーは、「この一五年間で、これほど優しく親切なオランウータンはどの動物園にもいなかっただろう」とジグスのことを評している。一方、マギーは「ジグスを品行方正にさせることを心に誓い、それだけしか頭にない」。老いた雄が何か気に障ることをするたびに（ハリーが見るかぎり、それは数分に一度は起こるのだが）、マギーは彼を叩いた。通路に立って眺めていた若き心理学者は、同情して顔をしかめた。そこで、園長のフレッド・ウィンクルマンに、標準的な知能テストをいくつかジグスに試してみたいので、その間、妻から離してもかまわないかと尋ねてみた。おそらく、ウィンクルマンも同情していたのだろう。許可してくれた。

こうして、ハリー・ハーロウと呆気にとられた学生たちの、キャンパスからヴィラース動物園までの一・六キロの遠足が始まった。テストをおこなうために、彼らはさまざまな道具を持ち込んだ。テーブル、トレー、ブロック、パズル。ジグスに与えた課題の中には、保育園の子どもにはおなじみのものもあった。ある形のブロックを正しい穴に入れるというパズルである。二つのオーク材の台座があり、ひとつには四角い穴が、もうひとつには丸い穴があいている。ブロックも二つあって、ひとつは四角いブロック、もうひとつは丸いブロックだ。

ジグスはこれをとても気に入り、丸いブロックを丸い穴に入れることをすぐに覚えてしまった。丸いブロックが四角い穴にも入ることも気づいた。四角いブロックを四角い穴に入れることも学んだ。だが、四角いブロックが丸い穴に入らないことがわかると、すっかり困ってしまった。彼はその問題に取り組んで、何時間も入れたり出したりした。結局、その年老いたオランウータンはテストを始めてから約一年後に死んでしまった。ハリーは心から悲しみ、こうコメントした。「ジグスは、少なくともウィスコンシン大学にいる大半の学生よりも高い知的好奇心を見せて死んだ」

ハリーと学生たちは、トミーという名前の大きな雄のヒヒで実験を続けた。トミーの気性は優しいには程遠く、テストを間違えずにさっさとやるのを好んだ。そして間違えると怒り狂った。研究者はテスト用の実験台を組み立て、そこに置いた逆さのカップの下にエサを隠す。トミーの課題は、どのカップにエサが隠してあるかを覚えることだった。すぐに見せてもらえるときはいい。しかし、記憶の長さを測定するために、すぐに見せてもらえないときもあった。心理学ではこれを「遅延反応実験」と呼ぶ。トミーにしてみれば、エサ探しを待たされることになるわけで、彼はそれが大嫌いだった。トミーは並外れて大きなヒヒで、体重は四〇キロを超えていた。中程度の大きさのヒヒでも、ものすごい大暴れをすることができる。トミーはカップを投げ、台をつかんでケージのバーに投げつけた。テストが続けば、大暴れも続く。ハーロウ教授もトミーもどちらも引こうとはしない。カップが宙を飛びつづけた。

その後、ヒヒはひとりの女子学生にひとめぼれした。少なくとも、ハリーはそう解釈した。「ベティーを一目見て、女の子だとわからないはずがないからね」と彼は説明する。もしくは、ベティーがあからさまにトミーに親切だったからかもしれない。彼女はトミーにブドウを与えたし、彼が腕を伸ばしたときには手や手首を撫でてやった。トミーに腕のグルーミング（毛づくろい）もさせてやった。これは、多くのサルによく見られる友情のジェスチャーである。すると、ベティーがテストしている間は、トミーは自分の番を待たなければならないときでもあまり暴れなくなった。ケージのバーを揺らし、床を叩きはしたけれども、実験器具を壊すことはなかった。こうしてトミーはそつなくテストをいくつもパスしていき、ハリー・ハーロウはサル研究の虜《とりこ》になっていった。

断固としてやりつづけるジグス、友だちを喜ばせようと一生懸命のトミー、そしていばりちらすマギーにさえ、ハリーは当時の一般的な心理学が示唆するものよりも、ずっと複雑で興味深い行動を見出した。彼はそこに個性や絆を見たのである。ヘンリー・ヴィラース動物園で、怒りっぽいヒヒと温厚なオランウータンとつきあって、彼はようやくラット研究に背を向けたのだった。「問題なのはサルじゃなくて、人間の好奇心なんだ。だから、私の研究ではラットでなくサルを使う。サルは本当にヒトによく似ているからだ。ラットはベティーに恋なんかしないだろう?」とハリーは語った。この動物園で過ごした最初の日々が、どれほど自分の興味に影響を与えたことか、と彼はときどき思い巡らした。そして、もし望みどおりにラットの実験室が手に入っていたら、自分はどんな道に進んでいたのだろうか、とも思うのだった。もしそうだったら、母性愛について研究することにはならなかっただろう、とハリーは言う。「どんなにがんばって空想しても、ラットの代理母など想像できないからね」。地元の動物園で過ごすうちに、ハリーは自分が馬鹿みたいだとあまり感じないようになってきた。それどころか、実に幸運だと感じるようになっていたのである。

彼は初めて受け持った大学院生にも恵まれていた。ブルックリン生まれで、既成概念にとらわれないエイブラハム（エイブ）・マズローという学生の担当になったのだ。師弟には、行動主義心理学の近年の動向に懐疑的であるという点で連帯感が生まれていた。マズローは日記にこう記している。「行動主義の成し遂げたことは大きい。私を心理学へと導いたのは、ワトソンのすばらしい研究だ。しかし、そこには致命的な欠点がある。研究室では具合が良くて役に立つが、研究室から出るときには、白衣と同じように、脱いで置いていくしかない。つまり、家で子どもや妻、友人と一緒にいるときには、役に立たないのだ。……もし研究室で動物を扱うように、家で子どもを扱ったなら、きっと妻に目玉をくり抜かれるほど激しく責め立てられるだろう」。確かに自分の妻ならそうしかねない、とマズローは思っていた。

マズローがもっとも関心を持っていたのは、人間の行動だった。心理学の使命とは、人が自らの可能性を最大限に引き出せるように手助けをすることだと信じていた。人間は最良のものを秘めている（愛情、優しさ、思いやりに満ちている）ことを信じて疑わなかった。ウィスコンシン大学で博士号を取得して間もなく、「人間は皆、根は善良なのだ」と日記に記している。もし悪いおこないをするとしたら、そこには原因があるはずだし、それを突き止めれば助けることができるはずだ。「それを証明するためには、不愉快や意地悪や卑劣といった表面的な行為の奥底にある動機を突き止める必要がある。動機がわかれば、その結果として生じる行動には腹が立たなくなる」。人間の良識に対して迷いのない信頼を抱いていたマズローは、後に人間性心理学運動の創始者となり、一九六〇年代の反体制文化《カウンターカルチャー》の有名なヒーローになった。死後何年も経った今日でも、影響力のある心理学者である。

一九三〇年代初頭、マズローはハリー・ハーロウとともにヘンリー・ヴィラース動物園で研究していた。意外なことに、彼はそれが気に入っていた。ある日のこと、マズローはサル実験の何かにえらく興奮して家に帰ってきた――ハリーと同様、人間行動との類似点に突然気づいたのだ。あまりに熱狂していたので、「うちの赤ちゃんで実験しないでよ、と妻から猛烈な注意を受けた」という。日を追うごとに、ハリー・ハーロウとエイブラハム・マズローは、サルとサルの能力にますます感心するようになった。そこにはすごいものがあった――社会関係があることに気づいて、愕然とするほど驚いたのである。感心したのは、サル同士の関係だけではない。動物と自分たち、科学者と研究対象との関係についても考えるようになった。もし動物モデルを使って心理学研究をするなら、感情があって賢くて複雑なサルの方が、迷路を走るラットよりもずっと理屈に合うはずだ。二人はそのことに少しずつ気づきはじめた。

サルが近縁だと考えると、ハリーにはたくさんの疑問が湧いてきた。実際のところ、サルには何ができるのだろうか? どんな問題を解くことができるのか? どれくらい人間の能力に近づくことができるのか? マズローは最初に担当した課題、サルを用いた「一万回に及ぶ退屈な遅延反応実験」について詳細に記している。ヒヒのトミーを苛立たせた実験とよく似たものだ。テストは次のようにおこなわれた。マズローがエサをサルに見せる。お腹をすかせたサルが見ている前で、二つのカップのどちらかの下にエサを隠す。それからサルを待たせて、時間をおいてからエサを探すのを許可する。一秒、二秒、一〇秒、三〇秒、六〇秒……と、その日に決めた時間だけ、サルを待たせるのだ。サルの記憶がどれほど良いかを知るためである。五秒待たせたときには、どのサルも正しいカップを選んだとしよう。それでは、三〇秒ではどうだろう? もっと長くしたら? そんな具合に進めていくのだ。その後、さまざまな詳細についても分析する。年齢は関係するのか? 種は? 性別は?

重箱の隅をつつくような細かい点はともかく、マズローはサルが課題に病みつきになることに気づきはじめた。動物園のサルたちは、パズルに対して人間と同様の取り組み方をしているようだった。課題をすぐに解決できなければ、サルはパズルをいじくりまわして、どうすればうまくいくか試行錯誤を始めた。それは間違いを見つけて修正するまで続く。まるでパズルをする間中、自分のやり方でいいかどうか考えているようだった。彼らは驚くほど目的志向だった。ここでも、近縁であるヒトと同じように、勝つことにこだわった。彼らはゲームに勝つのが好きだった。ゲームに勝つと、サルはマズローを見上げる。にやりと笑っているようなので、思わず彼も笑い返してしまうのだった。「ラットのときにはありえなかったことだが、私は個々のサルが好きになってきた」と書いている。それに、彼はハリーのことも好きだった。ハリーは彼よりほんの三歳年上なだけで、友人よりもさらに気が置けない存在だった。彼らは一緒に遅い夕食をとり、仕事の話をし、今後の研究がどうなるだろうかと考えた。

しかしマズローは、ウィスコンシン大学は好きではなかった。心理学部に広がっている考え方は狭量でつまらなく思えたし、優先すべきだとされていることもつまらなく思えた。彼はこんな不平を述べている。「ここで重視されるのは、ただ人より成功することだけだ。二本の論文を書けば優秀、四本だと二倍優秀だということになる。明らかに、何もかも数字でしか判断されない。論文の数と心理学者としての『質』がそのまま直結されるのだ」。彼は、将来もっとも有望なのは、地元の動物園の地下室で研究している自分の師だと考えていた。「ハリー・ハーロウは非常に優秀な才能の持ち主である」と日記に記している。

もちろん、ハリーはマズローにも勤勉であることを求めた。ルイス・ターマンの基準が体に染み込んでいたので、ハリーは博士論文のために厳密な研究をするべきだと主張した。革新的な調査をしたのだから、それをまとめるだけではいけないのかとマズローは抗議したが、ハリーは新しい研究の方が間違いなくもっとすばらしくなると太鼓判を押した。

マズローは社会関係について博士論文を書いた。誰が権力を持っていて、誰が持っていないのか？彼は動物園で長い時間を費やして、新生児から年寄りまで、またクモザルからヒヒまで、三五匹のサルを観察し、支配行動と服従行動だと思われるすべての行動を記録した。仕上がった論文は、まるで独裁者になるためのガイドブックのようだった——そして、階層《ヒエラルキー》が社会的動物の行動にどんな影響を及ぼすかが証明されていた。

組織の中では、はっきりと勝者と敗者が認識されていた。マズローの指摘によれば、権力を持っている雄、つまりアルファ雄は、たいていの場合、自分の思いどおりにする。いつでも他のサルからエサを横取りする。下位の者にはいばりちらす。相手が挑戦的だと感じたら、ケンカを始める。そして、いつでも雌を物にすることができるのだった。アルファ雄は、ほぼ確実に父親になり、遺伝的な成功が約束されている。下位の者たちの行動は、それとはまるで正反対である。地位の低い雄ザルは、権力のある雄ザルがのし歩いている間、縮こまっている。攻撃されても、求愛している雌ザルを横取りされても、受け身である。彼らの行動はただひたすら保身的で、挑戦を受ければ、ただ逃げる。これでは遺伝的に輝かしい未来は望めないだろう。

マズローは、支配者と奴隷のパターンがさまざまな種で見られることに気づいた。そして、上下構造がほとんどのサルの社会を（サル、類人猿、そして言及されてはいないが、疑いなく私たち自身の社会も）規定していると結論づけた。さらに最近の霊長類研究によると、サルの序列は大企業や軍隊の階層構造と驚くほど類似しているという。もし支配によって社会の秩序がコントロールされているのであれば、性的関係でさえ、愛情ではなく権力によるものだと仮定できるかもしれない、とマズローは述べている。残念なことに、この点も、人間社会で見られる行動のひとつであることは間違いない。

サルがこうした何かとリスクの多い社会の底辺をうまく渡っていくためには、ハイレベルの社会的スキルが必要であることがわかった。サル同士が実にうまくつきあっているのを見て、マズローは目を見張った。彼によれば、野生の霊長類は、目の合わせ方やジェスチャーのやりとりだけで関係を築くことができるのだという。彼らはボディーランゲージを解読することができる。くまなくお互いを調べてから、丁寧なグルーミングを始めるか、あるいは急いでそこから立ち去る。そのような絶妙なやりとりが、さまざまな動物に見られる。そうすることによって、互いに危害を加える血なまぐさい戦いはたいてい避けられるのだとマズローは指摘した。

アルファ雄が、若い挑戦者の雄を脅かすだけで追い返せるなら、叩きのめす必要はない。結果的には戦いを先送りしただけかもしれないが、その時点では、いずれのサルも肉体的に無傷のままだ。もちろん、完全な社会階級行動を観察するためには、動物園の群れの個体数では不十分である。しかし、群れで暮らす霊長類が、膨大な数の（しかも不安定な）社会関係の勢力図を必ず理解しなければならないことは明らかだった。その勢力図での自分のポジションが気に入らなければ、そこから移動できるかどうかを知る必要がある。若く野心的なサルにとって、その決心をするときに何よりも重要になるのは、大人になる前に殺されることなく、上位のサルに挑戦できるかどうかだ。それが可能でなさそうなら、生き延びて成功する秘訣とは、言うまでもなく、他者とうまくやっていく方法を学ぶことだ。

マズローはこう結論した。大半の人にとって、他人と仲良くやっていくことこそ、長い――そして、おそらくは幸せな――人生を歩む術なのである。

ハリーはマズローの成果を手放しで喜んだ。彼に言わせれば、優位に関するこの研究は、それまでの権力関係に関するどの研究よりも優れていた。しかもマズローは、それを小さな動物園で、研究費を持たない教授のもとで成し遂げたのである。「何も持たずに研究しても偉大な新発見をする、それこそが創造性である」と彼は書いている。

しかしながら、そうは言っても、ハリーは何も持たずに研究することに嫌気が差してきていた。彼もマズローも、サルが並外れた動物であることを知っていた。しかし、他にはほとんど誰もそのことを知らなかった。その当時、国内の霊長類研究センター同士のネットワークはなかった(後に、ハリーはそのネットワーク作りを支援することになる)。ハリーが欲しかったのは、もはやラットの実験室ではなく、霊長類の実験室だった。一日置いてもらうためには、自分用の動物を集め、自分の実験を管理する場所が必要だった。いつまでも地元の動物園から研究結果を報告するわけにはいかない。マディソンに着任してから、すでに二年の月日が流れていた。いまだに大学は、どのような形であれ、ハリーに研究場所を提供する気はなさそうだった。ついに彼の堪忍袋の緒が切れた。科学の辺境で研究するしかなく、サル山の心理学者になるのならば、きちんとした山が欲しかったのである。

ハリー・ハーロウがどのようにしてウィスコンシン大学で最初の霊長類研究所を建てたかという話は、決意(と狡猾さ)の証として、いまだに語り継がれている。

一九三二年、大学はとうとう廃墟となった建物を彼に提供した。ハリーの言によれば、この贈り物は「ミルウォーキー鉄道の線路の向こう側の貧しい地域にある、八メートル平方の二階建ての建物だった」。元は森林局の所有で、箱や木枠などの木製品を検査するための建物だった。内部は、鉄筋コンクリートの柱が林立する迷路のようだった。細い杭もあったが、いちばん大きな柱は高さが約五メートルで、断面は横二メートル×縦一メートルもあった。床にも、バラバラのパイプ管がごろごろ転がっていた。大学は、リフォームの資金や建築の支援を要求しないかぎり、建物をハリーの好きなようにさせておいた。彼は気にしなかった。とにもかくにも、自分の場所が手に入ったのだ。「その建物がめちゃくちゃすばらしく見えた」と彼は述べている。

ハリーは新しく入ってきた大学院生のポール・セットレージを説得して、建物の修復を手伝わせた。彼はマズローの友人で、心理学で何をしたいのかがまだよくわかっていなかったので、こうしためったにない形で心理学に参加できることをとても喜んだ。彼と教授は大きなハンマーをかついで、未来の研究所へと行進していった。ハリーはまずごろごろ転がるパイプや林立する柱を一掃しようとした。小さな柱を二本、なんとか粉々に砕くことはできたが、大きな柱にはひびを入れるのがせいぜいだった。翌日、ポールは物理学を専攻している従弟のウォルター・グレサーを連れてきた。三人はさらに数本の柱を砕いた。次の日、ポールとウォルターは空気圧式ハンマーを持ってきた。

一週間も経つと、ハリーも手伝いの学生たちも学者らしからぬ風貌になった。誰もがコンクリートやほこりや汗でドロドロになった。現場がきれいに片づくころには（ハリーの見積もりでは、片づけたパイプ管をつなげれば、優に三〇〇メートルを超す）、ボディービルダーのようになっていた。ハリーはたくましく盛り上がってきた腕の力こぶと分厚い胸板に目を見張り、「われわれの研究がどれほど抽象的になろうとも、出発点はコンクリート（具体的）そのものだった」と言って笑った。建物改造が終わるころには、グレサーは、心理学は（それにおそらくはハリー・ハーロウも）物理学よりずっと面白いと考えるようになり、専攻を変更した。

ハリーは、初期の弟子たちが霊長類研究所で研究しただけでなく、それを建てたことに感謝を込めて、「最近は、大学院生はあんなことをさせられたりしない」と言ったことがある。しかし、皆でその箱工場をリフォームし終えたものの、すぐにそれでは小さすぎることがわかった。大学は建物の増築を認めることも資金を出すことも拒絶した。けれども、またもやハリーは抜け道を見つけ出した。その古い建物のまわりにはかなり広い空き地があったので、野外ケージくらいは設置してもいいんじゃないかと学生のひとりが提案したのである。ハリーがプレハブを建てるための材料の援助を大学に要請してみたところ、今回は公式な承認がもらえた。

それさえ手に入れば、しめたものだった。ケージにはやはり水をかけて流すためのコンクリートの床が必要だ、とハリーは説き伏せた。地面に直接セメントを流し込むわけにはいかない。というわけで、石炭殻を一五センチ敷き、砕石を一〇センチ敷き、それからセメントを流し込んで、すばらしく頑丈な土台を作った。実に重労働だったが、ハリーは担当していたクラスのアメリカンフットボールチームのメンバー数人を説得して、手伝ってもらった。「彼らは勉強面であまり芳しくなかったからね」。ハーフバックやフルバックの選手たちがセメントの袋を持ち上げて歩きまわるのは、「とても美しい眺めだった」。こんなに良いコンディションなのだから、今シーズンは負け知らずに違いない、とハリーは確信したという。

こんなすばらしい土台を作ったんだから、同じくらいしっかりとした骨組みを作ってもいいんじゃないか、とハリーは考えた。ドアや窓をつけられるような、間仕切りのついた骨組みにしない手があるか? そこで、ハリーと学生たちは骨組みを作り、それから壁を断熱材で覆った。すると今度は、屋根のことが心配になってきた。なにしろ、ウィスコンシンにはたくさんの雪が降るのである。そこで、固くて頑丈な屋根を葺いた。そうすると、壁の断熱材と屋根のせいでケージは真っ暗になり、中がまったく見えなくなってしまった。「中が見えない観察ケージなんて何の役にも立たない」。ハリーはそう言って、壁に窓のための穴を開けた。そうこうするうちに、ドア用の穴を開けるのも妥当であるように思えてきた。

それから、またハリーは心配になってきた。炎天下では、ケージがひどく暑くなるんじゃないか？唯一の解決策は、もっと良い断熱材で覆うことだ。そこで、断熱パネルを下見板で覆った。「下見板にはかなり金がかかったから、ペンキを塗っておこうと考えるのは無理もない話だろう」。すると今度は、屋根に貼ったタール紙が剥がれてきた。そこで、石綿スレート板で屋根を葺き直した。その屋根板は、偶然にも二〇年の保障つきだった。新しい建造物は研究所の建物のすぐそばにあったので、そこにつなげる廊下を作るのは理にかなっていた。そこで、研究所のメンバーたちは残りのコンクリートや木片で廊下を作り上げてしまった。「完成したとき、野外ケージがあまりにも本物の建物のように見えたので、びっくり仰天したよ」

大学側もびっくり仰天した。ハリーは「非常にとげとげしい通達」を監査役から受け取った。そこには、州の基準を満たさない木造建築物を建てるのは間違いなく違法であると書いてあったが、ハリーは動じなかった。ちょうど学長にサルを一匹（学長の息子のペットとして）貸すことにしたばかりだったのである。学長本人がサルを取りに来たとき、ハリーと学生は屋根の上に座って釘を打っているところだった。「私たちはまずシャツを着て、それから学長ととても和やかに会話した。われわれの見るかぎり、大学職員全員が実験室を建てたとしても、彼はまったく気にしなさそうだった」

そこでハリーは監査役に説明の手紙を書いた。このプロジェクトはちょっと収拾がつかなくなっております。ところで、話は変わりますが、規定に合わせるためには、電気配線と、暖房と、照明と、換気扇がどうしても必要です。大学の電気技師がやってきて換気扇に配線していると、ハリーは床のコンセントにも電気を引くようにと説得した。翌年、この新たな増築部分は正式にキャンパスマップに掲載された。

研究所はまさに、草ぼうぼうの庭のあるボロ家といった様相を呈していた。ハリーはまたもや自分のポケットマネーで生垣を作ることにした。そうすれば、いくらかは研究所（とサル）のプライバシーが守られる。フェンス沿いにツタやブドウを植え、さらにスイカズラ、藤、ライラック、レンギョウ、松、ポプラを植えた。「夏には中からは外が見えず、外からは中が見えなかった」

そこは居心地のいい、くだけた場所だった。うまくやっていくためには、教授を含めた全員が雑務をこなさなければならなかった。ハリーは、学生がお金に困ったときは、折りたたみベッドを広げてそこで寝ることを許してやった。ある夏、ポールとウォルターはほとんど一文無しになってしまったので、研究所に引っ越してきて、パンと学内の湖で釣った魚で糊口をしのいだ。たまにサルにも食べものを分けてやった。ガンディという名のクロクモザルはあまりにも魚好きだったので、そのうちに裏庭で一緒に昼食をとることを許されるようになった。ハリーによれば、「夏の終わりには、ガンディはハーヴァード大学の卒業生顔負けのテーブルマナーを身につけていた」という。

サルの小さなコロニーは徐々に発展していった。ガンディをはじめとする、南米の樹上に棲むすばしこいクモザル。同じく南米熱帯雨林に生息するオマキザルが数匹。かつては手回しオルガンの大道芸でよく見かけたやつだ。アジアのサルもいた。なかでも、インドから来た丈夫なアカゲザルは、最終的には実験室の主要な住人となった。サルたちは体格も色もさまざまで、互いに強い猜疑心を抱いていた。捕獲者に対しても同様の猜疑心を抱いているようだったが、敵意はなかったようだ。ハリーは一度、うっかりサルのケージに閉じこめられてしまったことがある。たまたま通りかかった三人の休暇中の水兵が叫び声を聞きつけ、ドアの蝶番《ちょうつがい》を外してくれたので、ようやく外に出ることができた。サルたちは、ハリーのことを非常に変わった同居人だと考えたらしい。というのも、その騒動が終わるまでずっと、彼のためにできるかぎり広いスペースを空けてくれたのである。

また、ときおり（というには、あまりにも頻繁にではあるが）サルは脱走した。研究者よりもずっと巧妙にケージから逃げ出した、とハリーは記している。最初のころは、少なくとも一匹は、外の木の上にサルがいるのが当たり前だったという。六匹ものアカゲザルがキャンパスの周辺地域を一週間以上も脅かしたこともある。レストランのキッチンを襲撃したり、木の上から通行人に向かってどんぐりを投げつけたりしたあげく、アパートの二階の部屋を探索しようと、ぞろぞろ列になって窓を通り抜けたところで、とうとうお縄になったのだった。

その時点でハリーが持っているものと言えば、格好の話のネタがどっさりと（一週間に及ぶサルの逃亡劇の間に、カナダから「サルに酒を飲ませろ」と助言する手紙が届いた）、サルの知性について真に説得力のある研究がいくつかだった。それまで、彼は主として動物園での小規模な実験しかしてこなかった。ここに来てようやく、自分ができることを（それ以上に、サルができることを）誇示する場所が手に入ったのである。彼には壮大な実験計画があった。自分を取り巻く行動主義心理学者やラットモデル育ちの心理学者を納得させるような、組織的でコントロールされた研究をおこなうのだ。自分の実験室が完成したからには――粗末でつぎはぎだらけではあるが、確かに存在していた――、考える脳の謎に挑戦しようと彼は固く決意していた。もちろん、どのように実行に移せばよいかはまだわからなかったのだが。

4 好奇心の箱

困難をものともせず、恐れもせず、率直に問題に立ち向かえば、未来の理論心理学は常識に追いつき、ついには追い越すことすらできるはずだ。
ハリー・F・ハーロウ（一九五三年）

マディソンのハリーの小さな実験室には、三匹のオマキザルのグループがいた。かつては手回しオルガンの大道芸でよく見かけた、体が柔らかく、明るい目をしたサルである。三匹はそれぞれ、カプチン、シナモン、レッドと名づけられた。なんと言っても、彼らは賢かった。

これほど小さな群れだったにも関わらず、三匹の雄には、マズローのいう「支配の序列」ができあがっていた。ボスザルはカプチン、シナモンが二番手で、レッドが三番目だった。カプチンは優しいサルではなく、いばっていて、欲張りで、食べものを溜め込んでいた。いちばんのごちそうを自分のものにし、他のサルの食べ残しまで自分のものにした。シナモンには分け前をやったが、さらに下位であるレッドにはやらなかった。いつもお腹をすかせていたレッドは、エサを得るためには何でもした。カプチンが忙しいときに用心深く忍び寄り、盗まれた夕食をこっそり取り戻した。

ある夏の朝、ハリーと人類学専攻の学生レランド・クーパーは、ぼんやりとカプチンの野外ケージのそばに立っていた。そのとき、レッドはちょうどゴミ漁りに繰り出していた。ふとっちょで告げ口屋のシナモンはレッドを待ち伏せていて、脅しの金切り声をあげ、大声でカプチンを呼んだ。どうやら、レッドの堪忍袋の緒が切れたのだろう。レッドはケージの床にあった棒をつかみ、シナモンに怒りの一撃を与えた。そして、アルファ雄のカプチンが向こうからのしのしと割り込んでくると、レッドは「それまで棒を攻撃に使うことなど知らなかったのに」、彼のことも殴った。

ひとたび武器の威力に気づくと、レッドはそれを忘れなかった。後にクーパーは、レッドと仲間のオマキザルが五匹のいかついアカゲザルと一緒のケージに入れられたときに起きた出来事について報告している。アカゲザルの方がオマキザルより体が大きく、頑丈で、意地悪だった。彼らは徐々に弱い者いじめをしはじめ、二匹の小さなサルをぐるりと取り囲んだ。クーパーによると、レッドはまた棒を拾い上げて、まわりに向かってそれをブンブン振りまわした。アカゲザルはとても敏捷なので棒を当てることはできず、彼らは腹立たしげに届かないところへとジャンプしてしまったが、それでも、それ以降は棒の届かないところにとどまり、レッドたちを放っておいてくれた。

棒を振りまわすオマキザル、レッドの物語のもっとも興味深い点のひとつは、ハリーがそれを公表するまでに非常に長い期間を要したということである。観察されたのは一九三六年のことだったが、その報告が発表されたのは一九六一年だった。彼は、「論文の著者たちが、自分の評判が確立する前にこの奇妙な観察を報告するのをためらったせいで、発表が遅くなってしまった」と説明している。ハリー・ハーロウが霊長類研究所を建てた当時、動物の知性という言葉は矛盾した表現だった。なんといっても、当時は条件反応や単純で反射的な脳という概念が主流の時代だったのである。動物が「棒は有用な武器である」と判断したとなれば、思考や推定ができるということになる。一九三〇年代に、そのような認知能力がサルにあるなどと報告すれば、「観察がずさん」か「考えが甘い」のどちらかの烙印（あるいは両方）を押されるのがオチだったろう。

ハリーが慎重になるのは珍しいことだった。たぶん、慎重というよりはむしろ、ある種の計算が働いたのだろう。彼は、サルが当時の専門家が認めるよりも頭が良いことを知っていた。問題は、どうやってそれを証明するかだ。それ以前にも、多くの科学者が似たような逸話をもとに議論を展開していたが、同僚を納得させることはできなかった。一九世紀には、動物に知性があると提言しても、感傷的であるとか、証拠より逸話に基づいているとして片づけられていた。二〇世紀初頭、きわめて優秀な心理学者の中には、チンパンジーに問題解決能力があることを強く示唆する研究をした者もいたが、他の動物の知性に対する世間の偏見を覆すには至らなかった。その中には、有名なアメリカの心理学者ロバート・ヤーキーズや、ドイツのゲシュタルト心理学者ヴォルフガング・ケーラーなどがいる。ケーラーは一九〇〇年代初頭に、ケージに入ったチンパンジーの頭上にバナナを吊るすという、一連の有名な実験をおこなった。バナナを取るためには、サルはケージの中に散らばった箱を積み重ね、その上に乗ることを考えつかなければならない。ケーラーは、これこそ正真正銘の「アハ体験」〔ハッと答えがひらめく体験〕であり、チンパンジーには洞察力があると主張した。ケーラーの研究は、今日では先駆的なものとして認められているが、当時は主張を通すのに苦労した。行動主義心理学のリーダーたちは、人間の行動を他の動物に焼き直したとして彼を非難した。ハリーの弟子だったエイブ・マズローは、成功した心理学者は議論に耳を貸そうともしないと不満を述べ、日記にこう記している。「今はゲシュタルト心理学を軽蔑するのが流行りだから、皆そうするのだ」

はみだし者のハリーが、さらにのけ者になることなどたやすいことである。そのようなわけで、彼が自分の主張を通すためには、優れたサルの物語や、気の利いた逸話以上のものが必要だった。サルの知能を検証する、組織的で、客観的で、信憑性のある方法を考案しなければならなかったのだ。彼はそれをめざして慎重に研究していたのだが、二つの出来事のせいで、その論争に真っ向から飛び込む羽目になった。その出来事とは、ひとつはニューヨークへ行ったこと、もうひとつは堪忍袋の緒が切れたことである。

一九三九年、ハリーは特別研究員として、コロンビア大学人類学部で一年間研究することになった。ハーロウ一家は、新学年度の開始に合わせてマンハッタンへ引っ越した。ニューヨークからの招待は、まさしく時宜を得たものだった。ハリーはそのころ、研究に関して落ち着かずにイライラしており、近いうちに何かが起こるような気がしていた。クララは第一子を身ごもっていた。母親業を楽しみ、将来のことを考える良い機会であると考えた彼女は、ニューヨークで数ヵ月を過ごすことにした。いつものように決意を固めて、母親に手紙を書いている。「たぶん、私はまた仕事に没頭することになるでしょう。でも、それは家族の計画をきっちり固めてからのことです。子どもを産むのに六週間の休みしかとらない女性には賛成できません。まずは自分の子どものことを完全に理解したいのです。そうすれば、子どもの人生のどの部分を人に任せて、どの部分を私が見るべきかがわかるでしょう」。ロバート・メアーズ・ハーロウは一九三九年一一月一六日に生まれ、ハリーもクララも虜になった。クララによると、赤ちゃんは「食べちゃいたいくらい可愛い」し、ハリーは赤ちゃんに見惚れて、普段より何時間も多く家で過ごすようになった。

そう、少なくとも、クルト・ゴールドシュタインが講義しにやってくるまでは。

ゴールドシュタインは当時有名なヨーロッパの神経学者で、熱心で、優秀で、情熱的だった。彼の研究は、精神衛生の問題と冷徹な臨床研究を融合させたものだった。ドイツ出身の彼は、第一次世界大戦後、頭に傷を負った兵士を助けようとして長時間必死で働いた。そして、脳の損傷に対処するうちに、脳がどのように組織化しているかを理解したいと思うようになった。そうすれば、どのように脳を治療すればよいかがわかるはずだ。頭部のどこを負傷すれば、どんな記憶障害や運動障害が生じるのかを確定しようとして、彼は負傷した兵士を忍耐強くテストした。どんなダメージを受ければ、数字がうまく扱えなくなるのか？　何によって言葉が失われるのか？

ゴールドシュタインは、脳に損傷を受けた兵士の反応はあまり融通が利かず、柔軟性に欠けるということを発見した。彼らは「具体的学習」と呼ぶもの（すなわち、丸暗記や覚えている事実の単純な列挙）はこなすことができた。しかし、たとえば数字の順序や形のパターンを変えるといった、論理的に考えなければならない問題には手こずった。まるで変化に対する知覚がほとんど麻痺してしまったかのようだった。ゴールドシュタインの用語で「抽象的態度」と言われるものを失っていたのだ。彼らは自分の答えを調整することができなかった。思考プロセスが硬化し、「固まって」してしまったかのようだ、と彼は述べている。

一九四〇年初頭、ロバート・ハーロウ坊やがまだ生後数ヵ月のころ、コロンビア大学でゴールドシュタインによる連続講義が始まった。年老いた神経学者はすぐに、有名な具体的知能と抽象的知能の区別について語りはじめた。だが、彼の話は脳の損傷にとどまらなかった。その同じ線引きを使って、人間と他の霊長類を切り離したのである。人間の脳と他の動物の脳は共通の起源を持つと考えるダーウィンの進化論を、ゴールドシュタインは完全に受け入れることができなかった。彼はコロンビア大学の講義で、サルは知的により低いレベルにいると断言した。サルは繰り返しによる機械的な学習はできるが、複雑な学習や抽象的推論はけっしてできない。サルは生まれつき、脳に損傷を負った兵士程度の能力しかない。ヒト以外の霊長類は具体的学習しかできない。分析的な知性を持つことができるのは人間だけだ。

　ハリーは講義を聴いている間、ふつふつと不信感が湧いてくるのを感じていた。ハリー曰く、ゴールドシュタインは刺激的な講師だが、ヒト以外の霊長類については完全に間違っている。ハリーはもう八年間もサルを観察してきたのだ。サルが自分なりに問題を推理し、課題を何度も考え直すことをハリーは知っていた。それはまさに、レッドが棒を使って自分の身を守ったときにやってみせたことではないか？　その他にも、パズルに挑戦したジグスや、正解すると喜んだトミーなど、事例は数え切れないほどある。ウィスコンシンに帰れば、生まれつきの技術者みたいなサルもいる。そのオマキザルはある簡単なテストで、ケーラーのチンパンジーと同じように、棒と箱で建物の壁とうまくバランスをとって、科学者が屋根から吊した食べものをとったのである。ハリーは自分の動物に成り代わって腹を立てていた。友人への手紙にはこう記している。ゴールドシュタイン先生が、サルには具体的《コンクリート》な思考プロセスしかないと本当に信じているのなら、先生の方こそ「固い頭《セメント》」の持ち主だ、と。

　夜、家に帰ると、ハリーは赤ん坊を抱いて話しかけながら、リヴァーサイド・ドライブにある小さなアパートの中を行ったり来たりした。ハーロウ坊やの夜の子守唄は、心理学の歴史に関する長い長い講義だった。夕食前には、頑迷固陋《がんめいころう》な科学について、クララと議論を繰り返した。実際、後にハリーの息子のひとりは、「仕事の話が毎日の暮らしのＢＧＭだった」と述懐している。ハリーはゴールドシュタインの主張を注意深く精査した。そして、とうとう完全にラット心理学の世界観に我慢できなくなった。

そこには単純な脳と単純な行動しか存在せず、他の種に対する先入観と無知が横行している。ハリーには、心理学者が他の種の能力を否定することによって、結局は自分自身の能力を否定しているように思えた。

反論することがどれほど難しいか、ハリーにはわかっていた。ジョージ・ロマネスやケーラーをはじめとする一流の科学者たちが説得に失敗し、ワトソン派の行動主義やパヴロフ派の条件づけ理論が席捲していたというだけではない。科学者は何世紀もの間、動物はそもそも能なしであると主張しつづけてきたのだ。ヒト以外の種を条件づけたり反応させたりすることはできるだろう。しかし、彼らが考えたり、感じたり、分析したり、悲嘆することはけっしてありえない。一七〇〇年代、フランスの哲学者ルネ・デカルトは動物を機械になぞらえた。彼によれば、動物はけっして人間のように思考することはできない。動物は魂のない生きものであり、けだものという機械である。チャールズ・ダーウィンが進化論を唱えたときですら、そのような考え方が残っていた。ダーウィンは、人類と他の種の脳の仕組みは共通のはずだから、両者は共通の能力を持っているに違いないと明快に示唆した。ゴールドシュタインはそれを行き過ぎと感じ、進化論を完全に無視することにしたのである。だが、ダーウィンの信奉者にとっても、長きにわたって人間だけが保持してきた複雑な脳というものが動物にもあるという考えを完全に受け入れるのは難しかった。

知的な動物という考え方は、特にアメリカではひどい目にあった。このテーマについて書かれた本のうち、もっとも有名なのは一八九八年に出版された『動物の知性』だが、そこでは「動物にはまったく知性がない」とおおむね結論づけられていた。著者であるニューヨークの心理学者エドワード・ソーンダイクは、イワン・パヴロフを支持していた。彼によれば、動物を訓練して（あるいは条件づけして）

知性があるように見せることは可能だが、それは本物の知性ではない。彼が考案したもっとも有名なテストは、ネコを箱に入れて、逃げる能力を測定するものだ。箱はネコには少し窮屈で、イライラして逃げ出したくなるような大きさで、逃げ出せる仕掛けが設けられている。扉がついていて、ネコがボタンを押すか、紐を引けば開くようになっているのだ。扉を開けた報酬として、箱のすぐ外にエサが置かれた。その報酬の効果を強めるために、ネコは空腹にさせてある。実験では、ネコが逃げ出すのに要する時間を計測した。

箱に入れられてしばらく経つと、ネコは押したりぶつかったりするうちに、偶然紐に引っかかったり、ボタンを踏んだりする。次に箱に入れられたときには、ネコはもっとすぐにボタンのところに行った。何度も箱に入れられるうちに、逃げ出すのにかかる時間はどんどん短くなった。実験を何度か繰り返した後、数匹のネコは箱が閉じられるのとほとんど同時に紐を引っ張るようになった。

そうしたネコは賢いのだと考える人もいるだろう。だが、ソーンダイクはほぼ正反対の結論を出した。ネコの行動は思考の証ではなく、「動物の自然な衝動がたまたま成功したもの」にすぎない。ソーンダイクはさらに、動物行動の「法則」を発展させた。「効果の法則」は、「箱の中のネコ」実験から生み出されたものである。それによると、もしある行動によって満足を得たり、不快が取り除かれたりすると、その行動は結果と「連合」する。言い換えると、ネコが紐を引いて箱が開いたなら、そのうち紐を引くことと箱が開くことが連合するのだ。二つ目の法則は「練習の法則」といい、何度も起これば起こるほど、行動と結果の「連合」は強められるというものだ。つまり、ネコは自動的に紐を引くようになるのである。ソーンダイクは最初、このいくぶん機械的な一連の行動を「刻印行動」と呼んでいたが、後に「強化」という言葉を好んで使うようになった。この言葉は現在でも心理学や動物訓練の用語として使われている。彼の考えでは、この法則は物理学の運動の法則やエネルギーの法則に匹敵するもので、生物を時計みたいに正確に予測可能なものにする第一歩だった。

愛することも考えることもできない機械仕掛けの動物は、ジョン・B・ワトソンのような初期の行動主義心理学者の教義とうまく合致した。しかし、さらに大きな弾みをつけたのは、ハーヴァード大学を卒業した研究者で、おそらくハリーの世代でもっとも有名な心理学者であるバラス・フレデリック・スキナーだった。世界的にはB・F・スキナー、友人にはフレッドと呼ばれたスキナーは、動物には感情がないという断固たる信念を持っていた。かつて、彼が愕然としたことがある。木の実を夢中で食べるリスを見た友人が、リスはどんぐりが「好き」なんだねと言ったのだ。言うまでもなく、そんなことはありえないとスキナーは返答した。動物が何かを好きになることはない。好きというのは感情だが、リスには感情などないからだ。スキナーは自らを新行動主義心理学者と称し、それまでの科学を洗練させた新しい心理学の作り手だとを自認した。

その理念を追求するために、スキナーはソーンダイクの箱を進化させた装置を作り出した。それは後に「スキナー箱」として有名になる。その立方体の箱は防音で、バーかレバーがついていた。ラットがレバーを押すと、エサが落ちてくる。ハトがバーをつついても、やはりエサが出てくる。ラットとハトは、押し、つつき、食べた。スキナーの予測どおりで、非常に説得力があった。第二次世界大戦中、スキナーはこの箱を使って、標的をつつくようにハトを訓練することに成功した。彼は、ハトをミサイルの先端のノーズコーンに格納すればミサイル誘導に使える、とアメリカ軍を説得しようとしたが、失敗に終わった。言うまでもないことだが、エサが出てこなくなると（給餌装置はときどき故障した）、ハトはすぐに興味を失い、バーを押したり標的をつついたりしなくなってしまったのだ。だいたい、エサが出てこないなら、なぜつつく必要がある？　このやる気のなさをスキナーは科学的見地から高く評価し、これはまさしく古典的なパヴロフの減衰曲線のとおりだと指摘した。しかし、条件づけ行動の消去を示すパヴロフの美しい計算のせいで、軍当局は、ミサイル誘導システムとしてのハトは信頼性に欠けるという結論に達したのだった。

ハリー・ハーロウはスキナー箱の信者ではなかったし、ともすれば箱のことで皮肉を言った。「ハトの訓練にこれほど効果のあるテクニックは他にない」というのが彼による要約である。自分の脳がハトくらいの大きさまで縮んだとしても、まだ条件づけができると知って安心したよ、とへらず口を叩いた。その一方で、うまい冗談も思いついた。「学んだり考えたりするのにほとんど脳は必要ないとわかってよかった。私が老いぼれたら、この発見が支えになってくれるだろう」

ハリーはこのような実験の信憑性を疑ったわけではない。彼は古典的条件づけの研究をおこなっていたし、それがうまくいくことを知っていた。ただ、そのような反応がすべてであるとは考えていなかった。「私たちの感情的、個人的、知的性格は、ほとんど無限にある刺激‐反応関係をただ足し合わせたものではない」。彼には仲間がいた。特に彼のような若い懐疑派の連中は賛同してくれた。ハリーはこうした新しいグループの科学者たちに自分の考えを話したが、その中に、カナダ人心理学者のドナルド・O・ヘッブもいた。今日では、経験が脳に与える影響について、先見の明ある理論を提唱したことで有名である。だが、一九四〇年代には、ハーロウとヘッブはせいぜい前途有望なはずれ者というところだった。ヘッブはひどく憤慨して、こう宣言したことがある。当時の心理学みたいに不明瞭で要領を得ないものになるくらいなら、脳の仕組みについて（現実のアイディアを支持して）間違う方がよっぽどましだ、と。

当時の流行は、ブラックボックスである脳ではなく、測定可能な行動だった。ソーンダイクやスキナーが主流だった。当時の心理学理論の重鎮だったイエール大学のクラーク・ハルは、刺激と反応が性格を規定するという考えに基づき、行動を予測する包括的な理論を打ち立てた。人々はハルの言葉に耳を傾けた。彼は穏やかな声で明晰に語る献身的な科学者で、多くの仲間に愛され、尊敬されていた。ある分析によると、学習と動機づけに関する一九四〇年代の全研究のうち、七〇％がハルの本や論文を引用していたという。

ハルの理論は非常に幾何学的で、くっきりした構造を持つ明快なものだった。「動因低減説」としばしば呼ばれる彼の理論の基本的な考えは、私たちが満たそうとしたり減らそうとしたりする動機や欲求（動因）によって、行動が生み出されるというものだ。ハルの理論には、一七の系と、一七の公準、さまざまな定理や証明や公式がある。ハルが考案した定評のある方程式は、刺激（S）、動因（D）、反応（R）、習慣強度（sHr）、そして強化の数（N）と絶食時間（h）から成っており、次の公式にまとめられている。

$$sHr = h \times N \times R$$

言葉で表現するなら、習慣強度（行動の動機づけの強さ）は、食物を与えられなかった時間と、強化の数（食物の量）と、その状況への反応を掛け合わせたものと等しい。さらに言い換えると、非常にお腹をすかせたラットは、バーを押すことによってエサが与えられると、非常に強いバー押下行動を発達させる。そして飢餓状態が強いほど、その行動の動機づけは強くなる。

そのメッセージはおなじみのものだった。バーを押すラットは条件づけられた動物であり、知的思考を示しているのではなく、飢餓という動機に反応しているのである。ソーンダイクやワトソンやスキナーの繰り返しだった。しかし、心理学者には、ハルの理論が心理学を次のレベルへ押し上げるものに見えた。彼の理論は多くの実験を統合し、結果を秩序だった方法でまとめていた。検証可能な理論を提出するという科学の古典的な概念にも従っていた。アイオワ大学のケネス・スペンスをはじめとする実験心理学の先駆者たちは、実験室と学生を総動員してその複雑な計算を検証することに没頭した。「ハルの理論は真に科学的だったから、私はハル派になった」と、テネシー大学の心理学名誉教授ウィリアム・ヴァープランクは、二〇世紀半ばの学生時代を振り返って述べている。

ハリー・ハーロウはこの理論を支持したか？　もちろん、まったく支持しなかった。スペンスとハルは、ハーロウ教授について憤りの手紙を何度も交わしていた。ハーロウ教授はこの理論を信じていないばかりか、不必要に批判的であるようだ、というのが彼らの意見だった。ハリーは譲らず、「ハルの真実」だけが真実のすべてだと考えている人々を皮肉った。「ハリーは理論家ではなかった」とヴァープランクは言う。「彼は頑固な経験主義者だ。自分の直感だけに従い、自分が発見したことだけを発表した」。時を経た現在、九〇歳を過ぎたヴァープランクは、理論についてのハリー・ハーロウの考え方に賛同するようになった。もしかしたら彼より過激かもしれない。「理論は心理学の災いだと思う。理論を一掃してしまえば、何かを知ることができるかもしれない」

実のところ、ハル以外の理論一般については、ハリーはそれほど悩まされたわけではない。ハルの見解は、動物を本当の姿よりも馬鹿で単純に見せる研究に依拠している、とハリーには思えたのだ。流行の実験をやってみても（スキナー箱でさえも）、動物の脳が複雑な状況にどのように対処するかについては、ほとんど何も理解できない。単純な訓練技術で操られただけの「空っぽの生命体」を発見すれば行動を定義できるなどと、心理学者は本当に信じているのだろうか？　脳には（そして私たちには）それ以上の何かがあるのではないか？

　ハリーが反対していたのは、動物の能力をテストすることではない。特定の行動を見つけるために使う装置を考案することにも反対していない。彼はスキナーやワトソンやソーンダイクと同様に、熱心な実験主義者だった。実験室で集める証拠の力を信じていた。しかし同時に、実験対象に対して人為的に限界を定めてしまう心理学者が多すぎるとも考えていた。バーやボタンを押すのに、実際にはどれくらいの知能が必要だろうか？　当時の標準的な迷路のひとつは、T字型だった。ラットは長い一辺を走っていって、右か左に曲がる。それがどれほど難しいというのか？　ラットがさっさと走るのを観察して、どれほどのことがわかるというのだろう？　ラットが速く動けることを証明するのに意義があるのか？　装置は動物が頭をひねるくらい難しくなくてはならない。彼が求めていたのは、ケーラーの箱とバナナ問題のような一度の実験で済んでしまう問題ではなく、科学界のさまざまなテクニックを超越した、サルに難題を押しつけて解かせる体系的な方法だった。彼は、ゴールドシュタインが人間の患者におこなったテスト方法を採用して、その基準をサルの知能に応用しようと考えた。

　彼とクララとロバートはマディソンに帰ってきたとき、二つの計画を立てていた。ひとつはプライベートなもの、ひとつは仕事上のものだ。まず、ハーロウ家は新居を建築する予定で、このプロジェクトを監督するのはクララだった。一方、ハリーは自分のおんぼろ実験室に直行して、あらゆる科学的スペック満載の刺激的な装置をデザインしようとしていた。ハリーの研究室から発表された最初の論文は「サルのための検査装置」に関するものだが、装置を愛する心理学者、B・F・スキナーがその発表を推薦したということは特筆に値するだろう。

最終的に、その装置はウィスコンシン一般検査装置（ＷＧＴＡ）と正式に名づけられた。そのデザインは、霊長類研究では本当に有名になった。ＷＧＴＡの複製品は、機械化されたりアップデートされたりしてはいるものの、いまだに世界中の霊長類研究所で見ることができる。後にハリーに師事した大学院生アラン・シュライアーは、ブラウン大学に職を得たときも、オリジナルの装置で研究したことがあるのをずっと誇りに思っていた。シュライアーは彼の愛車、一九六六年型フォルクスワーゲン・ビートルのナンバープレートに、66ＷＧＴＡという文字を入れた。二年後に新車を買うと、ナンバープレートは68ＷＧＴＡに更新された。古いナンバープレートは、「これを見れば、ロードアイランド州もすばらしい装置を思い出すことでしょう」という手紙を添えてハリーに送られた。

初代ＷＧＴＡの仕組みはこうである。各辺約六〇センチの立方体のケージに、厚さ約二センチの硬いオーク材の床板が敷いてある（硬材の床板は当時安かった）。ケージのひとつの面はスライド式のパネルで覆われていて、パネルはロープと滑車の装置で上げ下げできる。サルはケージの中に座って待っている。これから何が起ころうとしているのか、興味をそそられているようだ。パネルが引き上げられると、ケージの前には金属棒で縁取られた台がある。研究者は棒の上にトレーを置いてスライドさせれば、簡単にサルのすぐ前までトレーを進ませることができる。トレーにはテスト道具やご褒美をたくさん載せることができ、サルはケージのバーの間から手を伸ばして、テスト道具をつかんだり、捨てたり、それについて頭をひねったりすることができる。もちろん、ご褒美を受け取ることもできる。サルが一連の問題に取り組み終わると、科学者はトレーを置き換える。サルから見て台の奥には、小さな観察窓がある。そこには一方からしか見えないスクリーンが設置されているので、その向こう側から科学者はサルに見られることなく観察できる。WGTAは非常に優れたデザインであり、それについてはB・F・スキナーとハリーの意見が珍しく一致した。

WGTAのすばらしさは、それ以外のところにあった。ハリーの実験室には、まだ十分な数のサルがいなかった。当時、アメリカ国内に繁殖センターなど存在していない。サルは見つけるのが難しく、値段が高いうえに、捕えられた後は劣悪な状態で輸送されたので、到着時には半数が死んでいることもしばしばだった。ハリーは、自分が飼っている数十匹の元気なサルは、純金と同じくらい貴重だと考えていた。そのようなわけで、彼はサルを大事に飼いつづけた。サルを飼いつづけるのならば、ラット研究を基本にした動物実験の標準的なルールは捨てざるを得ない。ラットの研究は、ラットの無限供給を原則としておこなわれている。条件づけ反応をテストする心理学者は、テストのたびにこれまで実験に使ったことのないラットを使いたがった。もしラットが別の実験ですでに条件づけされていたら、次の研究でその影響を取り除くのは難しい。だから、ラットはまずリサイクルされなかった。かつてハリーは一般的な心理学実験を、四八匹のラットが巻き込まれる集中砲撃になぞらえたことがある。「統制は完璧、結果は重要、そしてラットは全滅」

もし実験室にサルがうじゃうじゃ流れる川でもあれば、ハリーも同様のアプローチをしたに違いない。しかし、彼には小さなプールしかなく、放水する余裕などなかった。限られた数の実験動物しかいないのに、やってみたいWGTAテストは無限にあった。四八匹のサルに一度でも「集中砲撃」を実施すれば、実験室に残されるのは無数の空っぽのケージだけだろう。そんなことは考えもできなかった。だから、集中砲撃という「決死」の実験の代わりに、一度の実験にサルを四匹ずつ使い、それを交代させながら数限りなく研究したのである。最初にひとつの問題を課し、それを徐々に難しくしながら、何度も何度も問題を与えていった。ラットと違って（以前の研究で使ったネコとも違って）、サルが経験を積み重ねていくのは避けられなかった。その結果、ＷＧＴＡはサルを賢くするにとどまらず、小さな天才すら生み出しているようだった。サルたちは知識に基づいた決断をすばやく抜け目なく下すようになった。そのことには、テストを実施していたウィスコンシンの心理学者だけでなく、誰もが驚かされた。「もしラットを使うネズミ学の習慣に従って、多くのサルにわずかな問題しか解かせなかったなら、動物が学習方法を学べるということに気づかなかったかもしれない」とハリーは述べている。

それはチャンスでもあった。彼はそのチャンスを生かして、実験動物をすぐに殺してしまうことを糾弾した。実験動物を生かしておくことには利点がある、とハリーは同僚の心理学者たちに説いた。たとえ皆さんがラットの行動であらゆる人間の行動は解明できると固く信じているとしても、一般的な実験の「一度やれば抹殺」というやり方には欠陥がある。なぜなら、人はふつう、一度にひとつの仕事をして死んでしまうなんてことはないので、従来の実験のやり方では、人についてはうまく説明できないからだ。これまでの心理学の慣習では、短命のネズミについては新たな理解を広げられるだろうが、そこそこ長生きして小さな経験を積み重ねる人間や他の動物の理解についてはほとんど役に立たない、と彼は示唆した。

サルの数が足りないうえに費用もかかるため、ハリーは手に入る霊長類の中では安価で豊富なインド産のアカゲザルに頼るほかなかった。そのこともまた、並外れた幸運の一端を担うことになったのである。アカゲザルはけっして美しい部類のサルではない。リスザルのようなバレエダンサーみたいな体も持たなければ、ティティモンキーのような愛らしいふわふわの姿もしていない。むしろアカゲザルは、製鉄所に通う丈夫で腕の確かな労働者のようなサルだ。目と目の間隔が狭く、長い鼻が特徴的で、ゴワゴワした金灰色の毛が、コーヒー色の用心深そうな四角い顔を縁取っている。主に森林に棲んでいるが、ほとんどどこでも居住可能だ。彼らには、どこに行こうとその土地をうまく利用するというたぐいまれな能力がある。市街地を颯爽と通り抜け、古い寺に住み着き、畑を襲って食料になるものは何でも取った。

このようにアカゲザルは回復力が強く、適応力に富み、そしておそらく研究者にとって何よりも重要なことだが、入手しやすかった。このように広範囲に散らばって生息しているので簡単に見つけることができ、収集しやすいという点で、研究用としては理想的なサルだった。現在でも、アカゲザルは研究にもっともよく使われているサルである。現代医学は彼らに負うところが大きい。血液型のRh因子（陽性と陰性）は、アカゲザルを使って研究された。ちなみにRh因子のRhは、アカゲザルの英語名（Rhesus）に由来する。一九五〇年代、世界中が先を争ってポリオワクチンを発見しようと必死に研究していたとき、科学者たちはアカゲザルを船や輸送機にぎっしり詰め込み、運んできては試験に使った。あまりにも大量のサルがインドからかき集められたため（その数は優に一〇〇万匹を超える）、一九六〇年代初頭、絶滅を恐れたインド政府は輸出を禁止した。

ハリーは当初、アカゲザルがどれほど賢いかに気づいていなかった。彼らの適応能力は、いくぶんかは私たち人間と同じように、すばやく抜け目のない知性に基づいている。現在の霊長類研究では、アカゲザルは簡単な計算ができ、シューティングゲームを驚くべき正確さでプレイできることがわかっている。彼らは、ハリー・ハーロウには思いも寄らなかった能力を持っているのだ。だから、ハリーは二重に幸運だったわけである。サルがほんの少ししか手に入らなかったことも、その大半がアカゲザルだったのも幸運だった。そして後になって、愛と絆の研究を進めるときに、彼はまたまた幸運に恵まれるのである。というのも、アカゲザルは私たちと同様、地球上のどの動物よりも強い絆を持つ種のひとつなのだ。ここでもまたアカゲザルのおかげで、ハリー・ハーロウは最適なタイミングで最適な動物を使って実験することになるのである。

WGTAを用いた初期の実験は単純なものだった。人間が受ける大半の知能テストは記述式だが、幼い子どもや脳に損傷を受けた成人を対象とした数種のテストだけは、絵や物体（つまり、ブロックの絵か実物のブロック）を用いて実施されている。ゴールドシュタインはそのようなテストの開発に携わっていた。サルのテストはすべて、先述の取り替え可能なトレーに置かれたテスト道具を用いておこなわれた。たとえば、二つのブロックが置かれたボードかトレーをサルに見せる。ここでは、ずんぐりした青い立方体と細長い緑色の直方体があることにしよう。ボードは平らで、穴が等間隔で並んでいる（小石を使うアフリカのボードゲーム「マンカラ」のゲーム盤みたいに）。

研究者はこれらの穴を「エサの井戸」と呼んだ。実験者がその穴の上に立方体や直方体を置けば、その中の食べものやご褒美は見えなくなってしまう。もしサルが「正しい」ブロック（ここでは立方体ということにしよう）を選べば、その下に隠されているレーズンやピーナッツを見つけることができる。直方体の下にはそのような幸運はない。必然的に、ご褒美を見つけることが正解を見つける糸口になる。立方体と直方体はボード上のあちらこちらに動かされる。完全にランダムに隅や真ん中へと移されるので、サルは正しいブロックを選ぶために、何度もやり直さなければならない。立方体、立方体、また立方体。サルが正解である立方体を常に選ぶようになるまで、何度も何度もやりつづける。

正解できるようになると、新しいテストが始まる。次は直方体だ。あるいは、新しい組み合わせでやらせてみる。青い球と先のとがった紫色の十字型で、今回は十字型が正解。それからまた別のテスト。

そしてまた別のテスト。

それでは、数匹のサルに何度も繰り返しブロックを選ばせることが、なぜ重要だったのだろうか？もしこれが単なる試行錯誤ならば、科学者がパターンを変更するたびに、サルは同じような手探りの過程を経て正解にたどり着くはずだ。立方体を選ぶのにいつも三〇回挑戦しなければならないのなら、直方体や十字型や球に変更されたら、同じく三〇回かそれ以上は挑戦しなければ正解にたどり着けないはずである。しかし、そんなふうにはならなかった。それどころか、どんどん速く、どんどん正確に答えを出すようになった。ハリーの実験室でしばらく過ごすうちに――つまり、一週間のうちに何百回ものテストをこなすうちに――サルは一度か二度やってみるだけでパターンを理解できるようになった。もしエサが青い立方体の下にあったら、それが答えである。次のテストで、青い立方体からは何も出てこず、赤い三角形の下にご褒美があったら、サルは考え直す。最初は変更されたことを理解するのに、何度か（たぶん六回かそこら）挑戦しなければならないだろう。しかし、さらに経験を積むと、サルは一回間違えただけで、研究者がトレーを取り替えるやいなや、立方体から三角形に選び変えられるようになった。「そうこうするうちに、サルはこの種の状況に直面すると、完璧な洞察力を示すようになった。一回の試行で問題を解いてしまうのだ。最初のテストで正しいブロックを選べば、その後に間違えることはめったになかった」。そして、もし間違ったブロックを選んでしまったら、すぐに選び変えた。ハリーはこう述べている。「これは、とりとめもなく『何か』を選んでいるのではない。サルは学習したことについて、測定可能なはっきりした考えを持っているのだ。子どもなら、こう言うところだろう。『ああ、数字を足せばいいんだね。やり方は知ってるよ』」

実際、サルたちには問題が簡単すぎるようになってきたので、ハリーと学生は問題を難しくすることに決めた。今度は三つのブロックから選ばせることにした。ハリーが「仲間はずれテスト」と呼んだこの問題は、ゴールドシュタインが分析能力を証明できると考えていた種類のテストだった。トレーには三つの「エサの井戸」があり、そのうちの二つの上には同じブロックが置かれ、三つ目には他の二つとは異なるブロックが置かれた。このテストでは、仲間はずれのブロックの下にだけエサが隠されている。たとえば一回目のテストでは、四角いブロックが二つ、円錐がひとつ置かれているとしよう。サルは円錐を選ばなければならない。次に、円錐が二つと四角いブロックがひとつにパターンが変わる。すると、今度の正解は四角いブロックだ。サルはここで、捉えがたい重要な相違を理解しなければならない。ここで重要なのはブロックの形ではなく、他の二つのブロックとの関係性である。最初のテストでは円錐は仲間はずれだったが、二番目のテストでは二つ揃っていた。形と関係の問題を解くのが難しいのは、関係を分析する能力が必要になるためだ。それでも、やはり何の問題もなかった。ハリーのサルたちは、しばらくは困惑しながらやっていたが、すぐに仲間はずれテストに熟達した大家のようにやり遂げた。

彼らがあまりに優秀なので、ハリーは次にサルとヒトとの比較を考えはじめた。この明るい目をしたサルたちを、テストの初心者と比べたらどうなるだろう？　たとえば、幼い子どもとなら？　この考えがあまりに魅力的だったので、ハリーは共同研究のために、マーガレット（ペギー）・キーニーという児童心理学者を新たに雇うことにした。彼女は子どもを集めて、同じような四角いブロックと円錐の問題を解かせた。子どもたちはご褒美として、ピーナッツやレーズンの代わりにビーズや小さなおもちゃをもらった。この研究では、意図的に頭の良い子どもを選ぶことにした。キーニーは一七人の子どもを集めてひとつのグループにした。二歳から五歳まで、ＩＱが一〇九～一五一という比較的高い値の子どもたちで、それまでに仲間はずれテストをやった経験はまったくなかった。子どももサルもパズルを解かなければならない。どちらのグループも最初のいくつかの問題には手間取ったが、徐々にパターンを理解していき、その後はほとんど間違えることなく、すごい勢いで問題をこなしていった。「特に最初のうちは、サルの方がうまくやることもあった。慣れてしまえば、たいていは子どもの方がパターンを見つけるのが速かったが、そのプロセスは基本的には同じだった」とハリーは書いている。サルには人間と同じ分析能力があるのは間違いないとハリーは断言したが、サルの限界まで能力を発揮させられたかどうかについては判然としなかった。

サルがブロック同士の関係性を理解できるのだとすれば、もっと捉えがたい記号も理解できるのではなかろうか？　ハリーと学生はWGTAのトレーの上に、複雑な関係の問題を次々と並べていった。今度は、重要なのはトレーの色である。あるテストでは、トレーにブロックが三つ載っている。赤いU字型と緑のU字型と赤い十字型だ。トレーがオレンジ色の場合、色が仲間はずれである緑のブロックを選ばねばならない。しかし、トレーがクリーム色の場合は、形が仲間はずれの十字型のブロックを選ばねばならない。当然ながら、これはサルにいきなり解ける問題ではない。しかし練習を重ねて、「この二種類の学習をしてしまうと、サルはトレーの色をヒントに正しい選択ができるようになり、何度繰り返しても失敗しなくなった」とハリーは記している。

これとちょうど同じタイプの問題が、ゴールドシュタインの研究で、脳に損傷を負った患者には非常に難しいことが判明した問題である。そこで、ハリーは改めて、脳の限界を設定するのは馬鹿げていると考えはじめた。WGTAに挑んだ彼のサルたちは学習し、教育によって賢くなっていった。難しいがやりがいのある学習をする生活は、サルの生まれ持った能力を拡張しているようだった。だとすれば、もっと直接的にゴールドシュタインのやり方を採用してみたらどうだろうか？　健全な脳を持つサルが分析能力を獲得できるのであれば、脳に損傷を負ったサルはどうなのだろう？　損傷を負った脳にも改善する可能性があるのだろうか？　この新たな異端のアイディアを試すのにぴったりのサルが、たまたまハリーに飼われていた。

彼の実験室には、解剖実験の使いまわしのサルが数匹いた。以前に右脳と左脳の比較研究に用いられたために、二つの大脳半球のどちらかひとつを失っていた。サルを大事に飼いつづけるという方針に従って、ハリーはこれらのサルたちにもきちんとエサをやり、健康を維持していたのである。彼は半分しか脳を持たないサルたちにWGTAテストをやらせてみることにした。例によって、そのようなサルはほんの数匹しかいなかったため、「半脳除去」のサルたちも、トレーやブロックや形や色の問題を何度も何度も学ぶことになった。そして、あらゆる予想を裏切って、サルたちはある程度まで学習したのである。半脳のサルは他の仲間に比べるとゆっくりではあったが、トレーを取り替えながらテストしていくうちに、だんだん速く正確にテストをこなせるようになった。

ハリーのチームは、「教育された」半脳のサルと、脳に損傷はないが教育されていないサルとを比較した。新米たちがしっかり学習するまでのほんの短い栄光の間は、脳に損傷のあるサルの方が頭が良さそうに見えた。最初のころのテストを比較すると、問題をこなすのは彼らの方がずっと速かった。「この状況では、訓練された半脳のサルと訓練されていない完全な脳のサルとを比べると、半脳のサルの方が優れているようだ」とハリーは記している。それに続いて、この結果からすると治療効果があるのかもしれない、と考察している。「さらに重要なことだが、なぜ教育を受けた人はそうでない人より、年を重ねても能力が衰えにくいのか、これらのデータはその理由を示しているかもしれない」。教育を受けた人間として、ハリーはそのアイディアが気に入っていたが、さらに重要だと考えたのは別の理由がある。生まれついての天才などいない、と実験結果が訴えているように思えたのだ。「脳は思考するうえで必要不可欠だが、何も学んでいなければ、どれほど優秀であろうと役に立たない」

それは、まったくすばらしい考えだった。すべての人が将来性や可能性を秘めており、適切な先生や家庭、さらには図書館によってさえ、それを引き出すことができるというのである。もし私たちの脳があまり優秀でないとしたら、まだ必要なものを受け取っていないだけのことなのだ。ハリーのWGTAはB・F・スキナーの認めた装置ではあったが、それから得られた結果は、最終的にスキナーと完全に相反するものとなった。この装置が示したのは条件づけではなく、学習だったのである。ハリーのサルたちは、バーを押すラットや標的をつつくハトとはまったく異なっていた。当然ながら、ハリーの研究結果は非難を浴びた。さまざまな批判のうち、厄介なものがひとつあった。これらの実験では、すべてのサルに報酬としてエサが与えられている。それではスキナーのハトと同じではないのか？　サルは賢そうに見えるが、もしかすると単に違う方法で条件づけされているだけではないか？　もしそうなら、この結果には、ハーロウ教授の奇抜なアイディア以外に目新しいところは何もない。

現在の心理学の実験では、エサという報酬は、科学者がコミュニケーション・ギャップを埋める手段として使われることもある。人間の被験者をテストする場合なら、正解だと知らせるために星印や点数を使えばいい。それを見て、私たちは喜んだり褒めたりする。しかし、サルが相手の場合、どうやってそれが正解だと伝えればよいのだろう？　ウィスコンシンの科学者たちは、動物研究の伝統的な手法に則ってエサの報酬を与えた。そのせいで、ハリーには証拠があり、サルがテストにどんどん熟達していったにも関わらず、「サルは本当はエサという刺激に反応していたにすぎない」と批判される隙を与えてしまった。つまり、サルが特に賢いわけではなく、うまく訓練されたことが証明されたにすぎないと解釈される余地がまだ残っていたのである。

ハリー・ハーロウが複雑な知性の働きを実証していることを本当に証明したいのならば、その批判に対する答えを出さなければならない。そこで、彼は動機そのものについて考えはじめた。飢餓、喉の渇き、避難、安全などといった、よく知られている生存のための原動力があることは確かである。しかし、人の場合には、それ以外にも同じくらい強い原動力がいくつもある、とハリーは考えていた。それらがあるがゆえに、人間は他の種と一線を画した存在になっているのだ。私たちは、愛や怒りなどの感情や、幸福の追求といった幻想に突き動かされる。驚異の念や探究心、勇気、好奇心にも駆り立てられる。この最後の「好奇心」という、押しが強く、むずむずして抗しがたい力についてハリーは検討しはじめた。

ハリーが特に気に入っている話には、サルの生まれつきの好奇心の強さが示されている。ある日、ハリーは夜遅くまで実験室で働いていた。帰ろうとしたとき、誰もいない建物にいつも電灯が点けっぱなしになっていると管理室から苦情を言われていることを思い出した。ハリーはきちんとスイッチをオフにして、駐車場へと出て行った。車に乗り、方向転換して帰ろうとしたとき――また電灯が点いているのに気づいた。彼は車を停め、建物に戻って再度電灯を消した。しかし、今回は外に出て行かなかった。ただ暗闇の中で静かに立って、じっと待っていた。突如、電灯がまた点いた。いちばんそばにあるケージのバーの下でするりと動く尻尾がちらっと見えた。それは、クモザルの「グランマ〔おばあちゃん〕」だった。彼女は明らかに、自分の長く器用な尻尾で電灯のスイッチをオンにするのを楽しんでいた。

しかし、どうやってそれを習得したのだろう？　そして、なぜ？　尻尾でスイッチを押したところで、食べものも水ももらえないし、撫でてもらえるわけでもない。ハリーはグランマが電灯を点けたのを見て、アカゲザルを使った綿密な実験のときと同じくらい大喜びした。まさに好奇心が上首尾に終わった良い例ではないか？　グランマはずっと興味を持っていて、それを解き明かし、報酬を得た。その報酬とは新しいスキルだった。実験室の明かりを点けるスキル。それ以外の何でもない。サルにとっても、パズルや問題を解くこと自体が報酬なのではなかろうか？　年老いたオランウータンのジグスが四角いブロックの難題を解こうと熱心に取り組んでいる姿を思い出して、彼はそう思うようになった。ジグスの興味をそそったのは、食べものの報酬ではない。彼はただゲームに勝ちたかったのだ。ハリーとペギー・キーニー（まだ彼との共同研究を続けていた）、そして研究を続けるうちに夢中になってしまった学生たちは、気づきはじめた――意外なことに、行動主義による条件づけの基本となる食餌報酬は、少なくとも霊長類に関してはまったく必要でない場合がほとんどだ、と。

このような考え方はあまりにも異端だったので、ハリーは追及するための装置が必要だと考えた。そして考えついたのは、複雑な仕掛けのあるパズルだった。木のブロックに留め金がついており、その留め金がフックで留められ、そのフックがピンで留められている。その仕掛けを開けるためには、留め金とフックとピンを決まった順序で開けなければならない。四匹のサルが二つのグループに分けられた。片方のグループにはパズルを与えるが、報酬は与えない。もう一方のグループにはパズルを与え、正しく動かすたびに報酬のレーズンを与える。条件反応理論によると、パズルを解くように訓練することができるのは、レーズンを与えるサルのみである。しかし、結果はまったく逆だった。レーズンをもらえなかったサルの方が、驚くほど明らかに優秀だったのである。

要するに、エサとパズルを一緒に与えると、サルの気が散るのだ。言うまでもなく、サルはレーズンとピーナッツがもらえれば満足だ。だが、お腹がすいていると、パズルに集中するのが難しくなる。レーズンをつかんで口に詰め込むと眠くなってしまい、完全にパズルに対する興味を失ってしまう者もいた。お腹がすいていないサルは、喜んでご褒美を受け取るものの、レーズンを頬袋に詰め込んで残しておき、留め金やピンに取り組みつづけた。もっとも効率的にパズルを解いたのは、エサの邪魔が入らなかったサルだった。彼らはただ座って、パズルに取り組みつづけた。この結果を矯《た》めつ眇《すが》めつ眺めてみても、「研究者がパズルを解くようにアカゲザルを条件づけた」と結論するのは不可能である。

エサのために学習するという考え方がそもそもナンセンスだ、とハリーは述べている。私たち自身も霊長類である。もし霊長類が飢えを満たすためだけに学習するのだとすれば、食べものにあふれているこのアメリカで何かを学ぼうという動機がある人などほとんどいないはずだ。ヒトであろうが、サルであろうが、学習するのは興味や好奇心があるからだ――ときには、それは二枚目のパイを欲しがる気持ちよりもずっと強力なものとなる。頬袋をレーズンでいっぱいにしながら、それでも難解なパズルに取り組みつづけるサルのことを、ハリーは同僚に話したくて仕方なかった。

「彼は実験室で収集した研究データにひどく興奮し、それは皆に伝わった」と、当時ポスドクで現在はシカゴ大学の心理学教授を務めているロバート・バトラーは言う。初めてハリーの研究室に来たとき、バトラーは選択を誤ったと思いはじめていた。最初の心理学の授業がどれもまったく面白くなさそうだったのだ。「なんで心理学の博士課程なんかに進んでしまったんだろう、と思っていたよ。あまりにも退屈だったんだ。実験研究によって立派な科学になろうとするあまり、心理学は保身的になりすぎていた。しかし、ハリーはそんな考えを完全に変えてしまった」

バトラーは、WGTAを用いた遅延反応実験を実施するよう命じられた。三〇秒かそこらの適切な遅延期間を待っている間に、バトラーの好奇心が首をもたげはじめた。スライドパネルが開くのを待っている間、サルが何をしているのかが知りたくなってきたのだ。そこで、ケージの中のサルの様子が観察できるような角度で鏡を取りつけた。サルの方も自分を見ることができるなど、彼は考えもしなかったし、仮にサルが見たところで、何か問題があろうとは思いもつかなかった。しかし、突然テストの成績が落ちはじめた。サルたちがテストでしくじるのだ。しばらくして、ようやくバトラーは気づいた——サルにとっては、鏡で彼を見る方が面白かったため、トレーに興味を失ってしまったのだ。ブロックを分類するのをそっちのけにして、鏡の中のおかしな顔を観察していたのである。長年にわたり、科学者はサルに興味を持って研究してきたが、サルの方も同様に科学者に興味を持つなど考えてもみなかった。サルたちはトレーの上のご褒美のエサに見向きもせず、斜め向きの鏡に映った顔をただ観察していた。

バトラーは再び、好奇心を調べる実験について思案しはじめた。

そして、彼はハリーの研究室で最初の科学実験箱を作った。バトラーが作った立方体の箱には、青と赤の二つの可動式のパネル窓がついている。箱の中にいるサルには、外の音は聞こえるが、音を出しているものは見えないようになっていた。外で何が起こっているのか、彼らは知りたがるだろうか？　サルが正しいパネル窓を押すと（つまり正しい色を選択すると）パネル窓が三〇秒間開き、サルは外の世界をのぞき見ることができた。正しい色を選んだことに対する報酬は、こののぞき見だけだった。サルは窓を開くだろうか？　本当にそんなことが起こりうるのだろうか？

ある実験では、サルは日の出から最後の大学院生が研究室を出て行く夜ふけまで、ずっと色つきのパネル窓を上げていた。別の実験では、バトラーは窓の外においしいフルーツが載ったトレーを置く代わりに、シュッシュッポッポと走る電気仕掛けの電車を置いてみた。サルはもちろん食べものを好み、明らかに貪欲な目でフルーツを見つめた。だが、電車には取り憑かれたようになってしまった。まったく見たことがない電車の虜になったのだ。あれはいったい何だろう？　よくわからない。もう一回、見なければ！　まばたきするまぶたのように、窓は開いたり閉じたりした。

バトラーが最初にこの箱のことを提案したとき、ハリーは懐疑的だった。しかし、ハリーは自分でもよく言っていたように、しょっちゅう間違うのである。彼はこんなふうにバトラーに言った――箱がうまくいくとは思えないが、やるだけやってみればいい。しかし、バトラーがテストを実施し、行動の動機は好奇心以外の何ものでもないという結果が出たとき、バトラーによると、ハリーは「有頂天になった」。アイディアがあまりにも優秀で、結果があまりにもすばらしかったため、バトラーの友人の中には、急いで公表するようにと忠告した人もいた。実際、多くの教授が自分の担当する学生のアイディアを横取りすることは有名だった。ところがなんと、ハリーはあらゆる発見にバトラーの名前をつけてまわったのである。その装置は「バトラー箱」と名づけられた。「私が名づけたのではない。スキナー箱に対抗して、ハーロウがそう命名したのだ」とバトラーは説明する。ハリーの考えでは、バトラー箱はラットが押すバーに対する完璧な反撃だった。バトラーの発明品は間違いなく、動物に好奇心があることを示していた。彼らには自発的な思考能力があり、科学者が誘惑のエサをちらつかせるかどうかに関係なく、彼らはその能力を行使した。

これは科学が日常の常識に追いついた美しい例だ、とハリーは好んで口にした。それが彼の好みに合う心理学だった――実験室の中だけではなく、現実の世界でも意味をなす心理学だ。彼はこんなふうに述べている。「新行動主義を信奉し、また父親（あるいは母親）でもある心理学者たちについて非公式に調査した結果、全員が自分自身の子どもには好奇心という強い動因があることを観察していた。二次的動因によって行動が引き起こされていると真剣に考えている者などひとりもいなかった。彼らはひどく思い入れたっぷりに、しばしば写真も使って自分の子どもの行動について細々《こまごま》と語って聞かせた後、足取り重く研究室へと向かい、独房のような環境の中で、ネズミの知的プロセスについて研究するのである」

ハリーはバトラー箱がとても気に入ったので、知能の研究をしなくなってからも残しておいた。それは賢明な選択だったことがいずれ判明する。母親の愛に興味を抱きはじめたとき、ハリーは赤ちゃんザルをその箱の中に入れ、柔らかい布でできた代理母を外に置いた。彼は、サルがおもちゃの電車や見知らぬ科学者に夢中になることを知っていた。しかし、赤ちゃんザルが母親の顔を見るために執拗にパネルを開けつづける姿とは並ぶべくもなかった。小さなサルは何度も、何度も、何度も、繰りかえし、繰り返し、しまいには観察している大学院生がひとりまたひとりと全員居眠りしてしまうまで、パネルを開けつづけた。ある実験では、赤ちゃんザルは母ザルを一目見るために、一九時間ぶっ通しで窓を開けつづけた。もしかしたら、実際にはもっと長かったかもしれない。というのも、最後の学生が窓の開け閉めを観察しているうちに寝てしまったからである。赤ちゃんザルがあまりにも母親を見ることに固執したため、ハリーはバトラー箱を「ラブ・マシーン」と呼ぶようになった。

その小さなサルの目が母親を心配そうに探し求めるのを見たら、愛とははっきりとした目に見える力であり、母と子どもの間にぴんと張られた実体のある糸であると考えずにはいられないだろう。脳を含めたあらゆるものに影響を及ぼすほど、愛は強力だと信じるようになるかもしれない。もしあなたがそうしたサルを観察する科学者だとしたら、飽くことなき窓の開閉や、その隙間からのぞく真剣な小さな顔が、何かを語りかけているように思いはじめるかもしれない。

5　愛の本質

成長とはむごいものだ
独身者にとっても恋人同士にとっても
愛が実を結ばぬ長い時間を経て
気がつくと二人は結婚している
ハリー・F・ハーロウ『恋人同士』（制作年未詳）

すでに数名の反抗的な科学者が、愛と知性は文字どおり点と点を結ぶようにしてつながっていると主張していた。彼らは動物研究者ではなく、孤児院や施設の子どもたちと直に接する医者や心理学者だった。社会的な知性と認知的な知性はおそらく関係しているだろう、と彼らは示唆した。愛情を受けずに育った子どもは、他者とつながりを持つ能力を失うだけではすまないかもしれない。隔離や孤独は、脳を別の面でも鈍化させるかもしれない。そして、その鈍化はスタンフォード・ビネー式知能検査の結果にも現れるかもしれない。

そのような考え方に反対する人たちにとって（ルイス・ターマンは間違いなくそのひとりだった）、そうした概念はまったく馬鹿げたものだった。感傷的で、不安を煽っている。愛されることが脳の健全な発達に影響するのだとしたら、愛情や育児は、呼吸と同じくらい生命にとって本質的なものだということになるではないか？　もしそれが本当ならば、私たちは孤独や隔離、親や家庭での不測の事態に対して、あまりにも脆弱なのではないか？

ターマンは、脳がそのような不安定な構造であるとはまったく考えていなかった。彼の思い描く人間の脳とは、遺伝子によって刻まれ、高度な生物的要因によって磨かれて完成した大理石の彫刻のように、きらきらと光り輝いていた。クララ・メアーズ・ハーロウのような、優れた遺伝子を受け継いだ人間は「すばらしい遺伝的素質」を持っているので、生まれつき頭が良いだろう。そうでない人は、平均的であるか、もしくはそれより出来が悪くなる運命である。良い遺伝子を受け継いだ子どもは、知能検査で良い結果を出す。それほど輝かしくない遺伝子を受け継いだ子どもは、良い結果を出さない。ターマンの考えでは、頭の良い子どもが劣悪な環境のせいで出来が悪くなることなどありえなかった。温かく愛に満ちた家庭と愛のない家庭の違いといった、環境による影響についても、ほとんど考える余地はなかった。

そのような価値観のせいで、成長の遅い赤ん坊には厳しい判断が下された。標準曲線よりも成長が遅れているようであれば、赤ん坊を施設に入れることを勧める小児科医もいた。そうすれば、両親はより優秀な子どもを得ることに賭けられる。一九三〇年代にもっとも有名な小児科医だったアーノルド・ゲゼルは、そのようなアプローチを推奨することで評判だった。イエール大学の心理学者だったゲゼルは、赤ちゃん医学の世界では今なお有名である。彼は発達予定表の開発に取り組んだパイオニアだった。そのスケジュール表を見れば、いつ子どもが微笑み、寝返りを打ちはじめるべきか、献身的な両親はあらかじめ知っておけるのである。乳児の発達傾向はとても強固なので、育児方法はたいして重要ではない、というのがゲゼルの口癖だった。赤ん坊は遺伝子の命ずるままに育っていくのだから、「私たちの慣習上の良いものからはたくさん恩恵を受けるけれども、無知蒙昧からは、私たちが頭で考えるほどには不利益を受けない」

ゲゼルは非常に幼い赤ん坊を養子にすることに反対していた。里親になる両親は、赤ん坊の脳に生まれつきの欠陥がないことがはっきりするまで待つべきだと考えたのだ。施設に入ることで欠陥が助長されるなど、彼は想像もしていなかった。しかし、少し成長した孤児を診断してみると、里親が期待したほどには利発でないことが多かった。同じくイエール大学の精神科医であったミルトン・センは、ゲゼルがいつも施設の子どもを精神薄弱と診断するせいで、彼らが養子として迎えられる道が絶たれてしまう、と不満を訴えていた。センは精神遅滞の予防策として、早い時期の養子縁組を推奨していた。ゲゼルはすぐさまそれに応戦し、センは子どもの発達を理解していないと批判した。

しかし、あちらこちらで不愉快な研究結果がいくつも出ていた。ニューヨーク市では、ある辛口の精神科医が、愛情とＩＱについてきわめて不可解な発見をしたと発表した。それは、市のユダヤ人孤児施設の子どもたちを研究し、社会的発達と知能の発達を評価しようとしていたウィリアム・ゴールドファーブという研究者だった。社会的な孤立は子どもが他者と心を通わせる能力に恒久的な影響を及ぼすのではないか、という懸念を最初に抱いた研究者のひとりである。彼は孤児院で育った子どものＩＱを追跡し、里親に育てられた子どものＩＱと比較した。彼の発見は、優秀な資質は遺伝的に受け継がれるという概念を完全に覆すものだった。

孤児院や里親に子どもを預ける母親は、学歴や経歴のアンケートに記入しなければならなかった。「かなり重要なことであるが、職歴を比べてみると、孤児院に子どもを預けた母親の方が、里親に子どもを預けた母親よりもはるかに優れていた」とゴールドファーブは主張した。これは、優秀な両親からは優秀な子どもが生まれると信じるターマンの見解をわざと真似た発言である。主旨がわからなかった人のために、ゴールドファーブはもう一度念を押した。施設の子どもたちの母親は、概してより高い社会階級の出身である。予定外の望まない妊娠の結果、子どもが生まれたのだ。一方、養子になった子どもの多くは、それほどたいした家庭環境の出身ではなかった。育児放棄《ネグレクト》や両親の死、置き去りなどの理由で養子にやられていたのである。

知性の遺伝法則に従えば、孤児院の子どもの方が、養子になった子どもに比べて間違いなく頭が良いと予想される。実際、「孤児院の子どもの母親の方が、知能の面でも優れていると考える人がいるかもしれない」とゴールドファーブは述べている。しかし、彼が発見して報告したことはそれとは正反対だった。全体的に見ると、養子になった子どもの平均ＩＱは九六だったが、孤児院の子どもの平均ＩＱは七二で、精神遅滞カテゴリーに分類される数値だったのである。孤児院の子どもは優柔不断で、好奇心が弱く、探究心がなかった。母親はおそらく賢く優秀であるだろうに、その子どもたちにいったい何が起こったのだろう？　ゴールドファーブは、施設の殺菌第一で温かみのない養育のせいで能力が衰えたのだろうと考えた。実際、施設はとても質素で人手不足で、子どもは無菌室のような環境で育てられていた。事細かに順序が決められた遊び、多くの雑用、そして最低レベルの教育。そのような世界で、子どもが知的に育つとは想像しがたい。

しかし、ゴールドファーブは、孤児院の養育には他にも良くない影響があるのではないかと危惧していた。それは明白なものではないが、確かに存在する、と彼は感じていた。施設の子どもの多くはあまりにも無関心なので、まるで子どもの影のようだ、と彼は報告している。彼らは物静かで内向的だった。きちんと起きて集中することすら難しく、ほとんどテストにならない者もいた。問題は、彼らに興味を持つ者が誰もいないことである、と彼は述べた。施設の養育者は、子どもに関心がないように見える。だが、それは意外なことだろうか？　何の気持ちもかき立てない子どもに対して、興味を持つ大人がいるだろうか？　この問題の根底には「ニワトリが先か、タマゴが先か」という問題が奇妙な形で潜んでいる。子どもに対する愛情がその子への興味を生み出すのか、それとも興味を持つから愛情が生まれるのか？

孤児に関して言えば、興味と愛情は一本のロープのように固く絡み合っており、もはや切り離すことはできない、とゴールドファーブは考えていた。彼によれば、人は皆、赤ちゃんですら、感情と欲望の塊なのである。私たちのポジティブな感情は、他者との相互交流の中でもっとも成長し、私たちが他者にどう反応し、他者が私たちにどう反応するかによって育まれていく。赤ちゃんや子ども、そして大人ですら、興味を持って反応してくれる人が少なくともひとりは必要なのだ。私たちは、自分を大切に思ってくれる人が耕した土壌のうえですくすくと成長するのである。特に赤ん坊はそのような刺激を必要としており、そのお返しに一生懸命相手を喜ばせようとするのだろう。赤ん坊は大人の真似をして、甘え声や微笑を返す。そうした日常の交流が、積極的で自信を持った子どもに育つためには不可欠なのだ。そのような愛情のこもったやりとりがなければ、こうしたポジティブな反応は発達しない。それがゴールドファーブの考えだった。外見は健康な子どもに見えたとしても、内面が発育不全なのである。養育してくれる人との強い絆がない孤児院の子どもは、他の子どもたちに囲まれた一種の奇妙な孤独の中で、ただ大きくなっているだけなのだ。

ゴールドファーブは、施設の子どもたちには「満たされることのない愛情への渇望」があると考えた。彼らは誰からも気にかけてもらえないため、誰のことも気にしないことで自分を防衛していた。他者を避け、仕事や挑戦を避けた。知的な生活を送るために必要な技能と思われる読書や数学も避けたが、そうした分析力を試す問題がスタンフォード・ビネー式知能検査には組み込まれている。それなら、検査結果はいったい何を表しているのだろう？　精神遅滞や知性の欠陥を示しているのだろうか？

アイオワ大学の児童福祉研究所がこの問題を取り上げた。一九三〇年代後半、アイオワ大学の心理学者たちは時代に先駆けて、遺伝と環境の相互関係に焦点を当てたのである。そこでゴールドファーブと非常によく似た位置にいたのが、ハロルド・スキールズという物腰の柔らかい著名な心理学者だった。彼の研究は、言語発達に注目して始まっていた。また、施設で育った子どもについても研究し、スタンフォード・ビネー式知能検査をおこなって、成長とともに言語能力がどう変わるか追跡調査をした。彼が興味を持った（そして危惧した）ことは、ゴールドファーブを悩ませたものとまったく同じだった。言語能力の数値のグラフを調べると、スキールズが予想していたような通常の上昇曲線が見られなかったのだ。施設にいる期間が長ければ長いほど、子どもの言語に関するＩＱは下がっていった。

どんな角度から結果を検証してみても、施設の子どもが絶望的なまでに自分を不要だと感じていることだけは変わらなかった。スキールズもまた、愛されず注目されないことが知的機能を阻害するのではないかと考えはじめた。そこで、彼は簡単なテストをやってみることにした。倉庫みたいな孤児院にいる未就学児のグループを、一日数時間、フレンドリーな保育園へと通わせたのである。そして、一年間ずっと施設にいた幼児と比較した。施設の外の保育園に通わなかった子どもたちは、通常どおりＩＱが低下した。保育園に通わせた子どもたちはどうかというと、彼の報告によれば、言語能力のＩＱが突然ぐんと上昇することはなかった。しかし、下落もしなかった。彼らの数値は変わらなかったのである。それゆえ、数値がどんどん低下していく孤児たちと比べれば、保育園に通ったグループの子どもたちはずっと頭が良いように見えた。

保育園ではその場かぎりの愛情がちょっと与えられたにすぎない、とスキールズは考えた。もし自分の考えが正しく、愛情が重要なのだとしたら、自分がすべきことは、母親のように育ててくれる「何か」を子どもに与えることだ。子どもたちの母親はずっと前にいなくなっているのだから、優しく愛情にあふれた母親代わりが必要なのだ。こう考えたスキールズは、非常に奇抜な、そして危険とも言える実験をおこなうことにした。二歳六ヵ月未満の一三人の子どもを孤児院から引き取り、もう少し年上の「精神薄弱」の少女のための施設へ入れたのである。少女たちのスタンフォード・ビネー式知能検査の数値は、境界線となる八〇未満だった。スキールズは、明らかに世話好きで、優しい性格の少女を注意深く選び出した。子どもたちはひとりずつ、年上の少女に(数名は施設の介護者に)「引き取られ」、彼女らが母親の役割を担うことになった。少女たちは「母親」になって、担当した子どもを抱きしめ、キスし、一緒に遊び、そばにいて安心させた。一九ヵ月の間に、母親を与えられた幼児の平均IQは、スタンフォード・ビネー式知能測定尺度で六四から九二へと上昇した。言い換えれば、「精神遅滞」から「平均的知能」へ跳ね上がったのである。やはり、孤独には脳を鈍化させるらしい「何か」、いまだに解明しえない「何か」が確かに潜んでいるのだ。

しかし、それはいったい何なのだろう? 晩年、ハリー・ハーロウは、他のどんな心理学者よりも真っ正面から社会的孤立の影響についての研究に取り組んだ。だがその当時は、まだ意識の隅で気になっている程度だった。愛と孤独が持つ力は、学術的に興味深い問題であると同時に、厄介な問題でもあった。彼にはその問題に取り組む準備ができておらず、まだ実用的な知能の問題に夢中で取り組んでいた。だがもうじき、孤独のもたらす影響について、彼は個人的に注目せざるを得なくなるのである。孤独について研究する準備はできていなかったものの（それもまた時間の問題ではあったのだが）、愛のない生活の厳しさを学ぶ運命が近づいていた。

人間は施設で暮らすと孤独になる。だが、家族に囲まれていても、孤独になることがあるらしい。この時期、ハリーにとって仕事は人生でもっとも大切なものだった。彼の知能研究は認められはじめていた。ようやくターマンも感心して、かつての弟子はアメリカ心理学会のトップの座にのぼりつめるだろうと予想さえした。人生でもっとも大切なものは何か、その判断を誤っていたとハリーが認めたのは、ずっと後年になってからのことだ。彼は退任後に、愛を正しく理解する難しさについて語っている。私たちは教えられ、教育を受けることはできるが、それでもさまざまな心の試練を通して手さぐりで進んでいかなければならない。そのためには科学よりもさらに大きな力が必要なのだ、と彼にしては珍しく認めている。「人は自力で多くを学ばなければならない」とハリーは簡潔に述べた。「愛の重要性に関して言えば、キリストはほんのさわりの部分を教えてくれただけだ。残りについては、神が良かれと思うように、自分で少しずつ学んでいくしかない」

ハリーの長男であるロバートは、両親の結婚生活が破綻しはじめたときのことを覚えている。良い時期と悪い時期をつぎはぎしたパッチワークのキルトみたいだった。ハーロウ一家はメンドータ湖のほとりに家を建てた。その長方形の家は、水面できらきら踊る光を窓からいっぱいに受け、とても美しかった。週末の朝には、ハリーとクララは一緒にコーヒーを飲んだ。当時ボビーと呼ばれていたロバートは、両親のそばに置かれた小さな木の椅子に座っている。その椅子は、かつてはボビーの母親のもので、背もたれの部分に名前が書かれていた。ロバートはいまだにそれを「クララの椅子」と呼んでいる。クラの椅子に座った金髪の五歳の少年は、できるだけ静かにして、両親の話に耳を傾けていた。「いい子にしていれば、両親は私をそばに呼んで、スプーン一杯ずつコーヒーをくれた。とてもマイルドだったから、たぶんクリームがたくさん入っていたんじゃないかな」。彼は物静かな少年で、控えめないい子だったから、何度もコーヒーをもらった。母親は彼を完璧な子どもと呼んだものだ。

クララは相変わらず社交的だった。ハーロウ家では、よくブリッジの会やディナーパーティーが催された。ボビーは階段に座り、「ブリッジのカードをシャッフルする音を聞いていた」。カードを切るシュッシュッという渇いた音のほかにも、いろいろな思い出がある。夏の間は湖で泳いだ。母親のために道路のタールから灰皿を作ったが、真っ黒のドロドロに溶けてしまった。パパは家事や芝生の手入れが大嫌いだった。家族全員が病気になってしまった一週間もあった。ポール・セットレージは、ニューヨークに戻っていた友人のエイブ・マズローへの手紙にこう書いている。「最近、ハリーは大変みたいだ。ボビーがおたふく風邪にかかり、それがクララにうつって、ボビーはそれから二度も病気になった。その間、ハリーが家事全般を受け持ったんだけど、彼自身も風邪をひいてしまって、かなりしんどかったみたいだ。この間なんて、立つのもやっとだった。男にはある程度の忍耐がつきものだね」

一九四二年一二月一〇日、ハリーとクララの二人目の息子のリチャード（リック）・フレデリックが生まれた。ボビーの思い出は、そのときからあまり幸せなものではなくなっていく。子どもがもうひとり増えただけなのだが、その負担のせいでハリーは対処できる限界を超えてしまったらしい。彼にはもうエネルギーが残っていなかった。当時、彼は研究に取り憑かれており、実験室が家のようだった。セットレージは、ハリーが明らかに変化し、研究に完全にのめり込むようになった様子を見て、マズローにこう語っている。「ハリーはかつてないほど必死で働いている」。新たな強烈な意欲が湧き上がっていた。そして、家庭での新たな義務のせいで、ハリーは骨身が削られ、まるで細い針金が伸ばされてますます細くなっていくような気がしていた。クララが言うには、リックが生まれてわずか六ヵ月ほどで、ハリーは家庭と距離を置くようになった。「彼はますます仕事に没頭し、家では無口になり、会話をしなくなった」。週末も含めて毎日、朝早くに起きて家を出てしまい、遅くなるまで実験室から帰ってこなかった。

たまりかねたクララは、せめて週末くらいは一緒にボビーを連れていくべきだと言い出した。少しは息子と一緒に過ごすべきよ。実験室で過ごすのだとしても、まったく一緒に過ごさないよりはましだわ、というのである。成長して父となったロバート・イスラエルは、箱工場を改造した実験室に通ったときのことを今でも覚えている。「そこに連れていかれて、父がスライドパネルを上げ下げしたり、パズル問題を準備したりして実験するのを見ていた。あそこにいるのは好きだったよ。その辺をうろうろできたし、いつでもサルにエサをやってよかった。ドライフルーツの入った容器とピーナッツの入った容器があって、ひとつかみもらえるんだ。父がエサのやり方を教えてくれたので、引っ掻かれることもなかった」。二人はクララが想像していたような親子らしいことは何ひとつしていなかった。たとえ息子を連れてきたとしても、実験室にいるときのハリーは研究のことしか頭になかったのだ。「父は私に話しかけなかった。実験室にいるときには自分の研究に集中していたんだ。それでも快適だったよ。父がそこにいたからね。彼の世界にいられて幸せだった。三歳年下の弟には、小さいころの父の思い出はひとかけらもないと思うよ」

後で悔やむことになるのだが、あるときかんしゃくを起こしたハリーは、もう君を愛しているのかどうかわからない、とクララに告げた。君が僕を愛しているかどうかもわからない。だいたい、君は僕を愛したことがあったのか？　突然、彼は一四年間の結婚生活すべてに激怒して、彼女に疑問を投げつけた。まったく見知らぬ他人のように見えた、と彼女は述べている。湖岸の家は居心地の悪い場所となり、ハリーとクララはほとんど口をきかなくなってしまった。物静かなボビー少年は家の中を忍び足で歩き、よちよち歩きをするようになったリックは、知らない人を見るような目で父親を観察した。ハリーは突然、同僚や友人と一緒にいるときに結婚生活について何も語らず、仕事に関する会話しかしなくなってしまった。手紙には快活に、研究上の問題と成果だけが書かれていた。何度かそのようなやりとりをした後、不審に思ったルイス・ターマンが、なぜクララの話が手紙に出てこなくなったのかと尋ねた。彼女に捨てられたのかい？　それに対して、ハリーは心理学のニュースでいっぱいの手紙をよこした。

一九四六年八月一四日、クララは離婚届を出した。地方裁判所への申請書には、困惑と嘆きが長々と綴られていた。ハリーの帰宅はどんどん遅くなり、子どもとの時間を少しでもとってくれるように懇願しても、夕食をすっぽかした。集まりの時間に遅刻して、恥をかかせた。彼女に対してもボビーやリックに対してもイライラしていた。クララや二人の小さな息子が何を尋ねても、「無視し、拒絶するようになった」。彼女は沈黙と敵意の中で暮らし、ずっと不安だった。父親からこんなふうに追い払われる子どもたちを見ていられなくなった。抜け出したいというのではなく、もう耐えられなくなってしまったのだ。

ハリーはいっさい弁解しなかった。彼としては珍しいことに、反撃しようとしなかったのだ。クララは二人の息子の親権を勝ち取り（一九四〇年代でも現代でも珍しいことではない）、争うことなく財産分与をおこなった（これはめったにないことだ）。湖岸の家は二万ドルの評価額で売りに出され、売却金は平等に分与された。住宅ローンを支払い、契約手数料を差し引いて、二人はそれぞれきっちり七四七三・四六ドルずつ受け取った。それ以外は何でも欲しいものを取ればいい、とハリーは言った。怒りと不安と悲嘆に暮れたクララは、残ったものをすべて取った。離婚決裁書によると、ハリーの衣類やヘアブラシ、ハンカチなどの所持品を除いて、家具、照明器具、クッション、絨毯、工芸品、ストーブ、冷蔵庫、洗濯機、掃除機、食器、ガラス製品、銀製品など、ありとあらゆるものを取っている。彼らは一〇〇〇ドル分のAT&T〔アメリカの大手電気通信会社〕株と八〇〇ドル分の戦時公債を保持していたが、ハリーはすべて売り払い、その売却金の半分を彼女に渡した。また、五〇〇〇ドルの生命保険証を引き渡し、その保険料を払いつづけることに同意した。訴訟費用を全額支払うことにも同意した。息子たちが成人するまで、今後三年間は月に一五〇ドル、それ以降は月に一〇〇ドルの養育費を支払うことにも同意した。息子たちが毎年ハリーを訪問すること、それにかかる費用を支払うことにも同意した。訪問の際、クララの予定に便宜をはかることにも同意した。親元から親元へ安全に移動できるように、クララに協力することにも同意した。手続きにはちょうど三週間かかり、一九四六年九月六日に離婚が成立した。クララはすぐにマディソンを去り、弟のレオンがいるロードアイランドへ息子とともに引っ越した。

セットレージはマズローに手紙を書いている。「エイブ、ハリーが最近離婚したのを知っているかい？けっこうショックだったよ。僕らには青天の霹靂《へきれき》だったんだけど、しばらく前から気づいてた人もいたらしい。ハーロウ一家は、時とともにますます仲良くやっている感じだったのに。僕はなんて鈍感な心理学者だろう」

ハリーはひとりぼっちとなり、当面は心理学が愛人となり、妻となり、家族となった。不都合な子どもたちも、生活をかき乱す不穏な結婚生活もなくなった。しかしながら、そんな生活が好きではないと気づくのにたいした時間はかからなかった。よくよく近くで見てみれば、心理学は尽くす価値のある連れ合いではなかった。とりわけ、結婚生活の失敗を受け入れ、静まりかえった家に慣れようとしている男の助けにはまったくならなかった。ハリーは再び小さなアパートで暮らし、時間はたっぷりあった。こうしたせいせいした自由で空虚な日々の中で研究に没頭していると、自分の仕事がどれほど冷え冷えとしたものになってしまったかがしみじみと感じられた。その当時、おそらくウィスコンシン大学心理学部以上にそれを感じさせるところはなかっただろう。

ハリーの所属する心理学部がバスコム・ホールの地下へと押し込まれていたのは、もはや遠い昔のことだった。今では、心理学者たちはきらきらと輝く景色を望むメンドータ湖岸の一等地の建物に入居していたが、そこはキャンパスの中でもっとも水漏れが多く、じめじめした場所でもあった。ラットの実験室もいくつかできたのだが、どれも地下にあったため、「暴風雨のたびに漏水したので、自分の器具のところまで水の中をジャブジャブ歩いていかなければならなかった。たまった水の量はそれほど多くはなかったけれど、電気器具を使いながら水の中に立っているのは、あまり心地良いものではなかった」と心理学教授のリチャード・キーゼイは回顧する。

おそらく、この慢性的な湿気が、600 N. Park の雰囲気に影響を及ぼしていた。これは心理学部の住所なのだが、文字の並びがちょっと不運だった。送り主が封筒に宛先を走り書きすると、アドレスが「グーンパーク（GOON Park）」に見えてしまうのである〔GOON はバカ、マヌケという意味〕。そうした間違いはしょっちゅう起こっていたらしい。「郵便配達人はどこに配達すればいいいか、いつでもちゃんと知っていたよ」と言って、キーゼイは皮肉っぽく片方の眉毛を上げて見せた。「グーンパーク」は、心理学部の非公式のニックネームとなった。そうなった理由のひとつは、その名前が心理学部の気まずい人間関係を反映しているように思われたからでもある。互いに口をきかない者、研究を盗作したと同僚を非難する者、他の同僚が分をわきまえているかを確認することに日々を費やし、承認リストに載った人だけが学部の談話室でコーヒーが飲めるように手配する者など、さまざまな教員がいた。

有名な心理学者のカール・ロジャースは、かつてウィスコンシン大学の心理学部でもっとも不幸だった者として、数十年経った今でもその名が挙げられている。ロジャースは、来談者中心療法を考案した。彼の意図は単純明快だった。心理学者がいつも患者よりも物事をわかっているとは限らないのだから、セラピストは患者の言うことによく耳を傾けなければならない。現在では広く受け入れられている考え方だが、当初は奇妙で受け入れがたいアイディアだった。数多くの心理学者が、新しい柔軟なカウンセリングをすべきだというロジャースの意見に抵抗を示した。なにしろ、人間の行動の専門家として訓練を受けてきたのだから無理はない。熱心な専門家の集まったウィスコンシン大学では、ロジャースが人間性心理学運動に賛同したことは、さらに罰当たりだった。一九六〇年代、ロジャースと大学院時代にハリーの研究室にいたエイブラハム・マズローは、どちらもその運動のリーダーとなり、心理学はネガティブな感情や神経症よりも、人間の可能性の方に常に重きを置くべきだと訴えた。

今にして思えば、ロジャースが二〇世紀半ばのウィスコンシン大学心理学部にあまり溶け込めなかったのは当然のように思える。心理学部がまだハルのような数学的な行動モデルに追従していた時代に、彼は思いやりや良識について語っていたのだ。数学志向でない学者は、しばしば標準レベル以下として扱われた。学部のせいで、自分のような人間(と大半の学生)はずっと脅されているような気持ちにさせられている、とロジャースは不平を漏らした。ロジャースは教授会に出席する代わりに、コメントを吹き込んだテープレコーダーを置いておくようになった。七年間の勤務に終止符を打つ直前の一九六四年に学部に提出した報告書の中で、ロジャースは同僚の教員に対して、もはやこの場所には我慢ならないと断言している。ウィスコンシン大学の心理学教授たちは方法論にとらわれ、他人の揚げ足取りばかりしているため、「意義深い独創的な考えが生み出される可能性は皆無である」とロジャースは非難した。

それ以前にも、ウィスコンシン大学心理学部の行動主義への取り組みは無味乾燥すぎるのではないかと危惧しはじめている人もいた。冗談半分ではあるものの、心理学部は「経験論の砂嵐が吹き荒れる干からびた場所」と呼ばれるようになっていた。学生が卒業するためには、普通では考えられないほど難解な数式の試練を乗り越えなければならなかった。オレゴン大学の心理学者で、かつてウィスコンシン大学でアシスタント・プロフェッサーを務めていたマイケル・ポズナーは言う。「学位を取得するためには、どの学生も必ず方法論の試験を受けなければならない。私はその採点を担当していた。ある年、前もって試験問題に目を通すと、非常に複雑なグレコ・ラテン方格（オイラー方陣）による実験方法の作成が出題されていた。そんなものについて論じている文献は見たことも聞いたこともない。必死になって参考文献を探すと、学部長の執筆した話題にもならなかった論文がひとつだけ見つかった。おかげで私はテストの採点ができたわけだが、もちろん学生は事前に問題を見せてなんてもらえないからね……。そんなことは誰でも当然知っておくべきだ、ということなんだろう。言うまでもなく、試験はかなり緊迫した事態になったよ」

ハリーにしてみれば、心理学部の数学に対する妄執ぶりは、誤っているばかりか、うんざりだった。当然ながら、ハリーはまさに数字の悪夢を見ていた。スタンフォード大学から電話がかかってきて、「学部時代に受けた統計学の試験が不合格だったため、君は実は博士号を取得していない」と言われる夢を繰り返し見るのだと友人にこぼしている。彼は一度に四匹しかサルを使わない自分の実験方法に満足していた。誰にでも理解できる単純な統計は「常識と同じくらい説得力がある」と言うのが常だった。常識とは、ハリー・ハーロウにとって良い科学の基準のひとつとなっていたのである。

「ウィスコンシン大学では、学位論文を書く場合、非常にシステマティックでなければならなかった」と、ミシガン大学の心理学者で、ハーロウの研究室で博士号を取得したロバート（ボブ）・ジマーマンは言う。「だから、よし、これからサルで明度弁別に関するシステマティックな研究をするぞ、と心を決めた。そして、美しい実験計画を思いついた。黒と白の四角、濃いグレーの四角、薄いグレーの四角を使うんだ。とてもシステマティックで、とても統計的で、とてもウィスコンシン的だ。それを見たハリーはこう言ったよ。『こりゃあ、世に出ないままで終わること請け合いだな』」

もちろん、グーンパークすべてが統計への強迫観念や敵意に満ちた振る舞いばかりだったわけではない。心理学者たちはひとつのコミュニティを形成していた。同僚同士で夕食やピクニック、カクテルパーティーが催されたが、いざこざがいろいろあるため、主催者は招待には慎重にならなければならなかった。ウィスコンシン大学のある心理学者は、自分のいちばん良い研究結果が同僚に盗まれていると確信していた。「この研究泥棒どもめ！」と告発する彼の叫び声がホールに響き渡ることもあった。当時の心理学部教員の妻は、違う派閥に属しているメンバー同士が顔を合わせないように招待客リストを作成するよう心がけていた。ハリーはパーティーに出席して、誰にも負けないくらい酒を飲んだが、またもや自分が部外者であるように感じはじめていた。テープに録音したメッセージを残したりはしなかったものの、教授会での存在感は薄くなってゆき、それ以外のことでもあまり目立たないようになった。「彼は無愛想だったわけではない。ただ愛想良くなかったのさ」とある同僚は語っている。ハリーはパーティーには参加したが、すべてのパーティーに参加したわけではなく、特に乗り気な様子でもなかった。ポズナーはそんなハリー・ハーロウの姿を覚えている。パーティーでポズナーにぶつかったこの著名な心理学者は酒のお代わりを頼んだのだが、明らかに楽しんでない様子だった。「飲みものを取りに行くのは嫌だったけれど、頼まれるのは嫌じゃなかったよ」

ハリーは空っぽになった自宅とひどくピリピリした学部の中で、どんどん孤独になっていった。感情的な孤独は子どもを変えてしまい、脳にも影響を与えるのではなかったか? 孤独は成人の科学者も変えてしまうのである。この非常に寂しく孤独な期間は、ハリーをより頑固に、より辛辣にした。かつてクララ・メアーズが惹かれた優しい面持ちの彼は、もうどこにもいなくなってしまった。彼は自衛のためにいっそう皮肉になった。一緒に酒を飲む友人は減り、その代わりにひとりで飲むことが多くなった。ひとり取り残されたと感じるあまり、どうしようもないほどとげとげしくなることもあった。例のぼろの実験室をハリーが私物化していると心理学部の同僚たちが不平を言ったとき、彼は建物に「心理学部霊長類研究所」という看板を掲げて如才なくやり過ごしたので、さらに同僚の不評を買った。しかし、その看板について聞かれたときには、如才ない答えは口にしなかった。「彼は、『あのろくでなしどものご機嫌をとるためにやったのさ』と言ってたわ」と、長年の業務アシスタントで編集者で友人でもあったヘレン・リロイは言う。

もし何らかの支えを得ようとするのなら、ハリー・ハーロウが私生活を立て直さなければならないのは火を見るより明らかだった。彼はまさにそれを身をもって学習しているところだった。そして後に、忘れがたい詳細な実験で、その教訓を明らかにすることとなる。その教訓とは、「私たちはひとりぼっちでいるようにはできていない」。孤独は罰でしかない。社会的動物(間違いなく私たちはその一員である)は、他者との関わりと結びつきにあふれた花壇でしか生きられないのだ。大きな庭でなくともよいかもしれない。伝統的な家族が必要であるとも限らない。しかしながら、私たちの大半は、基盤となる良好な人間関係が少なくともひとつは必要なのだ。そして、これが後に愛着理論（アタッチメント理論）として結実することになる。

ハリーがもっとも恋しがったものは、パートナーとの結婚生活だった。今では、自分には誰かが——心理学のパートナーになるだけでなく、それ以外のことでもパートナーになれる誰かが——必要であることがわかっていた。結婚当初のクララがそうだった。クララと結婚したとき、共通した興味のおかげで彼らの関係はさらに輝きを増した。「彼は仕事のことを考えながら目覚める男だった」と長年の友人は語っている。そのような自分を受け入れるばかりか、賞賛さえしてくれるような人が彼には必要だったのである。しかし、遠くに探しに行くまでもなかった。研究者仲間だったマーガレット（ペギー）・キーニーが、ちょうどそこにいたからである。彼女の方も聡明なパートナーを探していた。

ペギーは優雅な顔立ちに澄んだ青い目とつややかな黒髪を持つ、美しい女性だった。色白で、きれいな高い頬骨をしており、豊かな唇には明るい赤色の口紅を好んで塗っていた。「マーガレットをデートに誘おうとする男は大勢いたよ」と弟のロバート・キーニーは言う。男たちは彼女の美貌と頭の回転の速さに魅了されたが、彼女がそれに応えることはめったになかった。「姉が唯一崇拝していたのは知性だった。彼女は男たちを手厳しく拒絶した。馬鹿には我慢ならなかったんだ」。姉のペギーがハリー・ハーロウにどれほど感銘を受けたか、ロバートはよく覚えている。講義のとき、彼の言葉の隅々まで知性があふれているのよ、と弟に語っていた。

ペギーは三人姉弟の長女で、セントルイスの労働者階級の家庭で育った。父親は地方新聞の植字工で、母親は婦人帽の職人だった。両親とも、子どもがすばらしい偉業を成し遂げることを願っていた。キーニー夫婦は、子どもたちのお尻を叩いて勉強させた。監視するのは簡単だった。一家は父の建てた小さな平屋に住んでいたからだ。真ん中の子どもだったロバート・キーニーは後に、強制的に親密な暮らしをさせられたせいで、姉弟全員が他者と距離を置きたがる人間になったのではないか、と考えるようになった。「プライバシーはほとんどと言っていいほどなかったが、実際には私たちは皆、ひとりでいることを好む人間だったんだ。自立していて、内面から突き動かされる人間だった」。

キーニー家の子どもたちは、三人とも成績優秀に育った。ロバートはハーヴァード大学に行って経済学で博士号を取得し、プリンストン大学に職を得て、経済学教授として生涯を過ごした。末っ子のドロシーは、セントルイスにあるワシントン大学で原子物理学者になった。ペギーはワシントン大学で修士号をあっという間に取得し、アイオワ大学に行って、ケネス・スペンスのもとで子どもに関するハルの条件づけ理論を学んだ。「姉は、心理学が科学であることを示す厳格なデータに非常に興味を持っていた」と弟は振り返る。ペギーは一九四四年に卒業して、ミネソタ大学でアシスタント・プロフェッサーになった。二年後、ウィスコンシン大学で職を得て、ハリー・ハーロウの研究チームに加わった。二人は自然と協力し合い、ハリーの最初の結婚がダメになった後、その関係はおのずと親密なものへと変わっていった。

離婚から一年半後、ハリー・ハーロウはマーガレット・キーニーと結婚した。結婚式は一九四八年二月三日にアイオワ州のアナモサという小さな街でおこなわれた。州外で結婚したのには、実は戦略的な理由があった。「逃亡したとも言えるわね」とヘレン・リロイは言う。当時、アイオワ州はすぐに結婚できる場所だった。ウィスコンシン州で求められる血液検査や待機期間が必要なかったのだ。二人はほとんど誰にも知られることなく、州を越境することができた。ハリーは、アイオワ州にいた家族を式の立会いに招待しなかった。結婚式を秘密裏に挙げたのには戦略的な理由があり、すべてはウィスコンシン大学への対策だった。大学当局はまだ、親族を採用しないという厳格な方針を貫いていた。クララを大学院から追い出して百貨店の仕事へと追いやった、例の方針である。ハリーとペギーは、アイオワ州でこっそり結婚すれば大学の監視網に引っかからないで済むだろう、と望みをかけたのだった。

二人はウィスコンシン州に戻ってからも共同研究を続け、共同で発表した。職場では、互いに冷静な態度で仕事に徹した。ただし、一緒に住んでいるのを隠すことまではしなかった。新婚夫婦はキャンパスの近くに小さなアパートの一室を借りた。隣人の記憶によれば、ハリーは彼らを招いて一杯やりながら、研究のアイディアについて語っていたという。結婚のニュースが明るみに出るのは時間の問題だった。そして、それが知れたとき、大学側は彼らが予想して恐れていたとおりの反応をした。ペギーがすでに一人前の心理学者であり、自分の実力でその職を得たということはいっさい関係なかった。事務局は、二人のうちのどちらかが心理学部を辞めなければならないと言い張った。ハリーとペギーのどちらにも、ハリーが辞めるという選択肢は念頭になかった。ロバート・キーニーによれば、「二人はどちらも、ハリーが有名になることを望んでいた」。またもや、ハリー・ハーロウの妻はウィスコンシン大学を辞職したのである。

しかしペギーには、クララにはなかったプロフェッショナルな強みがあった。心理学の博士号を持っていたし、非常に優秀な科学者であるという評判も得ていた。ペギーは今でも自分を心理学者だと考えていたし、ハリーもそう思っていた。彼は、ペギーは科学者として失うには惜しい人材だと考えていた。ともあれ今回は、大学当局をうまくかわす準備ができていた。彼はペギーに霊長類研究所内にオフィスを与え、研究室の非公式な編集者にしたのである。彼女は長時間かけてハリーや弟子たちの論文を推敲した。ハリーの昔の指導教授であるカルヴィン・ストーンは「比較心理学と生理心理学」誌の編集委員を引退するとき、ハリーを後任に指名した。ハリーは二度目の結婚の二年後の一九五一年に編集委員を引き継ぎ、すぐに二度目の妻を編集助手として雇った。ペギーはとても無慈悲な編集者だ、とハリーはいつも言っていた。ペギーを納得させるためには、自分の書いた原稿でさえ直すのに数週間かかることもあるんだ、と学生に話している。あるとき、彼はペギーに却下された論文をしばらく隠しておいた。一ヵ月後、書き直したと言って、もう一度彼女に見せた。今度はそれを気に入って、受理してくれた。ハリー曰く、たまには記憶障害もいいものだ。

弟子たちの記憶に残るハーロウ夫妻の姿は対照的だった。二人でホールを一緒に歩いているのを見ると、ハリーは小柄でやせ細っていてむさくるしかったが、ペギーは姿勢が良く、スリムで、きちんとしていて、ハリーより背が高かった。ほとんどの場合、二人は別々のオフィスで働いていたが、彼が苛立たせると、ペギーの声が廊下中に鋭く響き渡った。「気に食わない編集作業を彼がやらかすと、彼女は悲鳴をあげるみたいにして名前を呼ぶんだ」とボブ・ジマーマンは彼女の声を真似て、裏返ったかん高い声で言った。「ハーーリーーー! あなた、私の言ったことを聞いてなかったのね!」

研究室の学生やスタッフは、ペギーがクララとはまったく違うことを知った。クララは、ハリーが受け持っている大学院生のためによくピクニック用の弁当を作ってくれたが、フレンドリーで気さくな雰囲気はペギーの流儀ではなかった。何より、彼女の実家の流儀がまったくそうではなかったのだ。ハリーは彼女をペギーと呼んでいたが、両親や弟妹はマーガレット(幼いころは、母親と区別するために「リトル・マーガレット」)と呼んでいた。研究室での彼女はクールで堅苦しく、無愛想に感じられることもあった。研究室で温かく迎えられることに慣れていた若い科学者の中には、彼女の態度に傷つき、嫌悪感を抱く者もいた。そのころ研究室にいた学生は当時を振り返り、「氷のババア」とにべもなく言い捨てた。

ときおり、ハリーは学生やスタッフとペギーの間を仲裁するために呼び出された。ペギーのオフィスのせいでもめごとが起こることもあった。彼女は小さなデスクランプしか点けず、支障をきたさない程度の小さな温かい明かりの下で仕事をしており、蛍光灯の冷たくまぶしい光をずっと嫌っていた。学生と一緒にオフィスを使わざるを得なくなると、頭上の蛍光灯を点けたがる学生との間でもめごとが起こった。カリフォルニア大学の心理学者で、この研究室のポスドクだったビル・メイソンによると、ある日、特にひどかった口論を仲裁しようとしたハリーは、ちょっと助け船を出したがあきらめて退散した。廊下を歩き去る背中を追いかけてくる小言に素知らぬ顔をしながら、ハリーは「かなりがんばったんだけどね」とビルにこぼした。

彼とペギーは二人の子どもをもうけた。パメラ・アン・ハーロウは一九五〇年九月二〇日に生まれた。ペギーは娘の誕生を手放しで喜んだ。「長年にわたる実験研究や臨床研究が、パメラのことを『本当に可愛い』と感じる特別な気持ちをペギーから奪い去ることはなかったようです。これはまず間違いないでしょう。私にすれば、普通の赤ちゃんに見えるのですが」と、ハリーはターマンに手紙を書いている。同じ手紙に、ペギーははるかに感傷的なひとことを添えている。「ハリーが言うとおり、私は一ヵ月の娘にすっかり参っています。元気な赤ちゃんで、両親が望むよりも少しばかり速く学んでしまうのですが、私たちは赤ちゃんが『いい子すぎること』なんて望んでいないのです」。三年後に、二番目のジョナサンが生まれたときにも、ペギーは同様に大喜びした。

赤ちゃんのことを書いたその添え書きからは、研究室で普段見せている姿よりもずっと温かで優しいペギー・ハーロウの一面が垣間見られる。研究室では、彼女は学者としての威厳を保つために熱心に働いた。家庭ではそれを脱ぎ捨て、子どもたちとともに笑い、遊ぶことができた。大方の見方では、ペギー・キーニー・ハーロウは、人間関係を限定していたようだ。ほんのわずかな人しか愛さず、自分にとって重要な人だけにエネルギーを注いだのである。妹のドロシーには定期的に手紙を書いていたが、母親への返事を書くのはたいていハリーだった。ウィスコンシン大学が保管しているハーロウに関する文献ファイルには、義母であるマーガレット・キーニーに宛てた分厚い手紙の束がまだ保存されており、手紙はどれも「お母さんへ」で始まり、「ハリーより」で終わっている。ペギーの弟のロバートは今でも、ハリーがどれほど母親に優しかったかを思い出す。また、姉のペギーがどれほどすばらしい母親だったかも覚えている。「姉は心から子どもたちを愛していたんだ」

ペギーはもともと家庭向きの人間ではなかった。そもそも、家事は彼女にとって最優先事項ではなかったのだ。結婚したときも、料理の仕方を知らなかった。しかし、レシピを切り抜いて勉強し、練習し、健康的な献立を考えた（もっとも、子どもが病気のときは、アイスクリームソーダをベッドで食べさせてやった）。彼女は家をきれいにしておこうとはしなかった。家を訪れた学生によると、家具は埃だらけで、そこらじゅうに書類が山と積んであったそうだ。彼女もハリーも常に仕事を家に持ち帰っていたので、書類が積んであったのは予想に難くない。たいてい家のあちこちに大学のプロジェクトの書類が散らばっていた。「整理するために、書類の山と格闘する時間なんてまったくなかったの」とパメラは言う。今からすれば、ハーロウ家の散らかり方は、両親が共働きで子どもがおり、優先事項が決まった家庭では普通のことだろう。一九五〇年代の主婦の基準から見れば、家はピカピカではなかったかもしれないが、それはペギーがいつも子どものために時間を作っていたからだった。

時間があるときには、ハリーも育児に挑戦した。彼にとって、子育てはペギーが考えているよりもずっと面白おかしいものだった。ジョナサンに車のシートベルトのつけ方を教えようと奮闘した話を友人に披露するのが大好きだった。カリフォルニア大学バークレー校の児童心理学者ドロシー・エイコーンは、学者の中でもっともハリーと親しかった友人のひとりである。彼が自分の子育ての技について得意になって笑っていたのを今でも覚えている。「この話のネタになる出来事があったのは、シートベルトが初めて車に導入されたときのことよ。シートベルトの使い方をジョナサンに教えようとしていたハリーは、二人で車に乗り込んで尋ねたの。『さて、車に乗って最初にすることは何だったかな？』。するとジョナサンは、『ドアを閉める』と答えたんですって。なんてすばらしい答えだ、って感嘆したそうよ」。エイコーンは、笑いをとる才能のおかげで、ハリーはうまく子どもの相手ができたのではないかと考えている。「彼にはすばらしいユーモアのセンスがあって、どうすれば子どもたちの興味をひけるかを知っていたわ。私の息子に酒場でよくやるコインゲームを教えたこともあったわね――私はあまりうれしくなかったけど。でも彼は楽しんでいたし、子どもを面白がっていたんだと思うわ」

ハリーとペギーは、動物園の近くにある一九二〇年代に建てられたゆったりした家を購入し、晴れた日の夜には、娘を連れて公園に散歩に出かけて、星を探した。どちらも星座にはくわしくなかったけれども、いつでも北斗七星を見つけることはできた。ハリーはパメラに口笛の吹き方やナイフで鉛筆を削る方法を教えた。パメラは今ではもう口笛は吹かないが、鉛筆はナイフで削っている。ハリーは日曜日の朝には子どものためにオレンジを準備して、グレープフルーツのようにスプーンですくいやすい形にきれいに切り分けてやることもあった。ジョナサンによると、ハリーは子どもたちにブリッジを教え、テニスを一緒にプレイしたこともある。学校のピクニックにも参加し、研究の合間に遊んだ。「まあ、そんなところかな」とジョナサン・ハーロウは言う。「実際、父には娯楽がほとんどありませんでした。朝も昼も夜もずっと研究室で過ごしていて、夕食のために家に帰ってきても、いつも研究室に戻って働いていました。母は児童心理学者でしたから、本当に子どもが欲しかったんだと思います。でも父にはすでにクララさんとの間に子どもがいたので、私たちにそれほど興味があったとは思えません」

もちろん、これは一九五〇年代の話である。当時、家族に深く関わり、家事をした父親がどれほどいただろうか？ 衣服を作り、病気の子どもを看病し、余った時間を家で過ごすのは母親の役目だった。それでも、ジョナサンのコメントには一理ある。最初の結婚生活とその後のひとりで暮らした期間に、ハリーは気づいたのだ——あまり一般的ではないけれど、別のやり方で家族を作ることもできる、と。彼はそのもうひとつの知的な家族の方に多くの時間を割くようになり、ときにはより愛しく、身近に感じることもあった。

彼が築いたもうひとつの家族とは、研究室の人々だった。メンバーは大学院生、ポスドク、献身的なスタッフと幅広く、彼は世界中のどこよりも、その家族といるのを好んだ。彼が身をもって学んだように、個人的な関係はいつかは壊れ、消えてしまうこともある。しかし、霊長類研究所に行けば、いつも喜んで耳を傾けてくれる人がいて、するべき仕事があり、数学志向の同僚との会話から逃れられる居場所があった。そこには常に語り合うべき面白いアイディアがあり、心理学の法則を次々に打ち破っていく動物がいた。

そのころから、学生の記憶に残る彼の姿は、好感半分おかしさ半分といったものになっていく。彼はさらにやせ細ってガリガリになり、さらにやつれ果てたように見えた。今にも倒れそうな様子で、しょっちゅう霊長類研究所の廊下をせかせか歩きまわり、急ぐあまりに前につんのめりそうになっていた。

「ハリー・ハーロウの歩き方は普通じゃなかった」と、かつて大学院生だったジョン・グラックは記している。「腰を変に曲げた歩き方だから、ひっくり返らないために足をすばやく前に出さなきゃならなかったんだ」

ボブ・ジマーマンがウィスコンシン大学の研究所にやってきたとき、新しい指導教授に会うなら、直接会議室に行くようにと言われた。「四、五人の人がいたけれど、誰にも会ったことはなかった。ひとりはクルーカットの男性、もうひとりはスーツを着た貫禄のある男性。そして、背の低い男がいた。眼鏡をかけて、シャツをだらしなく着て、なんて言うんだっけ、ウエストがゴムのデニムのズボン……とにかくそれを履いていた。この男が、口にぶらさがったタバコから灰を落としながら歩いてきて、『ハリー・ハーロウだ』と言って手を差し出した」

ハリーは生まれてからずっと、一風変わったところがあった。幼いころはアイオワの頑健実直な文化になじめず、月に行く列車を夢見るような風変わりな子どもだった。大学院生のころはノートに詩を書き散らし、言われたことに皮肉な対応をするひねくれた学生だった。ウィスコンシン大学での出来事——動物園での研究から最初の結婚の失敗に至るまで——はすべて、彼の生まれつきの変人気質をさらに強化していった。四〇代後半に差しかかったころの彼は、上り調子の心理学界のスターである自分が他人の目にどう映ろうと、まったくおかまいなしになっていた。スタンフォード大学時代には自分の詩を隠していたが、今では夜のうちに学生の机に置いていくこともあった。

ハリーはステータスシンボルにあまり興味がなく、衣服や車、家にはさして関心がなかった。たくさん稼ぐのは好きだったが、その金を使うことには興味がなかったのだ。将来のために貯蓄するのが好きだったペギーのせいで、この傾向はさらに強まった。アシスタントで友人でもあったヘレン・リロイは、ソビエトから来訪した科学者を迎えに、湖に面した優雅なホテルへハリーと一緒に行ったときのことを覚えている。二人はハーロウ家の茶色とクリーム色のシボレーに乗って、さっそうとホテルの車回しに入った。それはハーロウ家の唯一の車で、一〇年近くも乗っており、表面はボコボコであちこち錆びていた。リロイはこう振り返る。「私たちがリッチなアメリカの資本主義者だと思われなかったことだけは確かかね」

ハリーは車や洋服のことをまったく気をしていなかった。頭の中に湧き上がるさまざまなアイディアに夢中になりすぎて、外見について思い巡らすことなどめったになかった。それどころか、そのときに自分が身につけているものすら覚えていなかった。出張に行くたび、国中のあちこちに帽子やコートやマフラーを忘れてきた。彼のファイルには、衣類を忘れていなかったかと友人やホテルに問い合わせた手紙が数多く残っている。リロイはたまに彼のことが心配になった。ハリーがどんどんクズ屋から出てきたみたいな身なりになっていくのが気がかりだったのだ。ちょっとした用事を片づけに行ったある日、それを痛感させる出来事が起きた。彼が口座を持っているファーストウィスコンシン銀行は、いつも午前中にコーヒーとドーナツを顧客に振る舞うので、ハリーは朝のうちに銀行に行くのが好きだった。二人がコーヒーテーブルのそばに立って話していると、銀行員が声をかけた。「ハーロウ先生、少しお伺いしてもいいですか?」

ハリーがそちらへ歩み去ると、ヘレンの横に立っていた女性がささやき声で尋ねてきた。「あれがハリー・ハーロウさん?」。ヘレンはうなずいた。

女性は、ハリーの薄っぺらいコートを差し示して言った。「コーヒー目当てで入ってきた通行人かと思ったわ」

リロイはいまだに思い出すと笑ってしまう。ハリーはそれを面白がって、ジョークにせずにはいられなかった。印象に残りさえすれば、奇妙であってもかまわないと思っていたのだ。「みんなに覚えてもらいたかったら笑わせればいいのさ、なんて言っていたわ」とかつて大学院生だったローナ・スミス・ベンジャミンは言う。彼は他人に好印象を与えることに無頓着だったが、それと同様に研究所にも無頓着で、裏庭は草ぼうぼうで、壁は剥がれていた。彼はそれを誇りに思い、好んでいたので、もしウィスコンシン大学が半ば強制的に改修させなければ、たぶん永遠にそのままにしていただろう。ハリーの知るかぎり、研究所の改修は彼の研究を支持しておこなわれたわけではなく、その外見に反対する声があがったせいだった。近くにあった工学部が、裏庭のことを目障りだと苦情を言ったのである。学長が研究所を視察し、ハリーにボロ屋を一刻も早く取り壊すようにと伝えた。「ひどくショックを受けた」とハリーは書いている。「これは私の花嫁なんだ。花嫁はみんな美しいものだ」。それでも、彼は喜んでこれまでよりも大きな建物とその改修費用を請求し、大学は結局、彼に新しい建物（今回はチーズ工場の廃墟だった）と補修費用を与えた。この二つ目の研究所に庭はなかったが、前のものより三倍以上は大きかった。

一九五〇年代初頭に完成した新しい建物に、彼は自分が気に入ったメンバーを集め、いわばクリエイティブなラボ・ファミリーを作り上げた。スタッフや学生が一流大学出身かどうか、完璧な業績があるかどうかなどは気にしなかった。研究室は、研究に興味を持ち、彼が面白いと思った人ばかりになった。彼はさらに、友人から推薦された学生や自分が気に入った学生、ただ純粋に賢いと思った学生を集めていった。

現在、ペンシルヴェニア州立大学の有名な行動遺伝学者であるジェラルド・マクラーンは、ウィスコンシン大学に行くきっかけになった出来事を覚えている。彼が学部生のときに通っていた小さな大学《カレッジ》に、ハリーが講演をしにやってきたのだ。講演の後、アレゲニー・カレッジでマクラーンを指導していた教授が彼をハリーのところへ引っ張っていって、こう言った。「ハリー・ハーロウさん、あなたは私のことをご存じないけれど、この少年を大学院生として迎えなければ、ひどく損すると思います」。マクラーンによれば、「ハリーは面白がっているようだった。僕にいくつか質問をして、五分後にはこう言った。『わかった、私のところにいらっしゃい。大学に電話して、入学することになったと言えばいい』」。マクラーンは笑う。「僕は願書さえ出してないんだ」

そこでは、「基本的には、何でもやりたいことをするように奨励された」と現在ニューメキシコ大学の心理学教授であるジョン・グラックは言う。「ハリーは学生に研究の割り振りをしなかった。研究室には莫大な研究材料があるから、それを活用するように、ということなんだ」。何か光るものがあれば、彼はいくらでも実験の機会を与えた――実際、機会が多すぎて、研究室でどの学生が何をしているのかわからなくなることもあった。ある学生は、博士論文を完成させて、分厚い論文の束をハリーに手渡したときのことを覚えている。教授は立ち止まり、手にした論文を調べて言った。「よろしい。これでやっと、今まで君が何をしていたかがわかる」

ハリーのもうひとりの研究アシスタントだったマーヴィン・レヴァインは、ハーヴァード大学のB・F・スキナーの研究室出身だった。レヴァインが在籍していたころ、スキナーはハトだけを使って研究していた。かの偉人は研究室にはめったに顔を出さず、管理人に指示を出し、不在時にはそれに従うように命じていた。その指示を軍隊のように正確に実行しなければならないことは、どの大学院生も知っていた。スキナーは、研究室が格式ばったやり方で整然と運営されるのを好んだ。ハトをどのようにしてケージから出し、どのようにしてケージに戻すのかというガイドラインさえ文書化されていた。だから、レヴァインは「責任を持てる範囲については、すべて個々の裁量に任せる」という流儀のハリーの研究室にやってきたとき、冷水を浴びせられたようなショックを受けたのを覚えている。

最初は一見、無秩序状態のような印象を受けるかもしれない。ハリーは長年にわたって、臨床心理学の学生も、筋金入りの実験主義者も、学習という問題に興味を持ち、感情に魅了され、動物同士の関係を不思議に思う学生も引き受けてきた。自分が何に興味を持っているのかわからない学生も受け入れた。霊長類研究所の常任スタッフは、心理学や経済学や文学や音楽の学位を持つ者や、ジョン・グラックが好む表現を使うなら、「好奇心という学位を持つ者」で構成されていた。

ハリーは、学生の優秀なアイディアも、風変わりなアイディアも、失敗に終わったアイディアもすべて支援した。大学院生の中に、レナード・ローゼンブラムというニューヨーク育ちの非常に独創的な者がいた。ハーロウ研究所に在籍中、ローゼンブラムはサルを怖がらせる機械仕掛けの頭を発明した。動物の恐怖反応を研究しようとしていたのだ。「僕は恐ろしい顔を作ることにした。そのために、バルサ材を使って頭を彫り出し、蝶番で動くあごを作り、その中に歯をつけた。あごを閉めていると見えないんだけど、開けるとむきだしになるんだ。それともうひとつ、耳がパタパタ動くようにした。スイッチを押すと、あごが開いて、耳が後ろでパタパタ動くんだ」

ローゼンブラムは、この理論的には恐ろしい顔を車両の上に装着した。おもちゃの列車みたいに、小さな線路の上を走らせたかったのだ。線路はプレイルームに敷いてあって、彼はすでにその部屋で一群のサルを研究中だった。だが、彼がその頭を披露したとき、サルたちはあくびをした——熱心な学生による新実験に慣れきっていたのだ。「ハリーが実験してきたサルどもは、二、三度走らせても、ほとんど気にも留めなかった」とローゼンブラムは続ける。彼はもっと演出が必要だと思った。「注意をひくためにブザーをつけたんだけど、導線は絶縁せずに、むきだしのままだった。ハーロウ教授に見せて許可をもらうことにしたんだが、許可をもらうのはそう簡単じゃない。面と向かって、公然と申請するんじゃダメだ。そこで、彼をうまく丸め込んで見せることにした」

二人はプレイルームに並んで立って、頭が線路の上を動き出すのを見ていた。前進すると、むきだしの導線が線路に当たって火花が散った。ブレーカーが落ち、部屋が真っ暗になった。ローゼンブラムは、教授のカミナリが落ちるだろうと身構えた。外に通じるドアが静かに開き、光を背にしたハリーのシルエットが佇んでいた。「とても面白いね、ローゼンブラム君」

「それだけだった。彼は出て行って、それについてその後いっさい触れることはなかったし、僕は何の罰も受けなかった」。今でも、ローゼンブラムは思い出すたびに思わずにやりと笑ってしまう。だからといって、ハリーが間違ったアイディアをいつまでも続けさせたわけではない。ローゼンブラムには、その思い出もある。ハリーの研究室に入った最初の年、彼は迷路の中でサルの社会的活動をテストすることにした。傑出した迷路にしたかったので、ものすごいのを作り上げた。それは部屋全部を占領し、壁までぎっちり迷路だらけになった。サルたちは迷路の中をうろうろして、ぼんやりした様子できょろきょろしたが、社会的活動の面で特筆すべき違いは見られなかった。「何ヵ月やってもうまくいかないままだったが、僕は粘り強く取り組んだ。ハリーは何も言わなかった。

だけど、ある日、彼がやってきて言ったんだ。『ローゼンブラム、ハンマーを持ってきて、これを取り壊してしまえ』。『取り壊すですって?』と僕は聞き返した」。そのときのショックを思い出して、ローゼンブラムの声がうわずった。「彼は言ったよ。『そう、取り壊すんだ。やめどきを知らないとな』」

そのときも、それで終わりだった。「そのことで僕を責めたりしなかったし、実際、彼は正しかった――やめどきが肝心なんだ。間違ったやり方に固執しているかぎり、いつまで経っても正しい方法はわからない。苦い教訓だったよ。僕はとてもきまり悪くて、恥ずかしい思いをした。でも、彼はそんなふうには考えなかった。それはもう済んだことなんだ。僕にとっては厳しいけれど大切な教訓で、今でも忘れない」。ローゼンブラムはニューヨーク州立大学で先駆的な研究を続け、ブルックリンの霊長類行動研究所を指揮し、子どもの社会的発達を調査している。

「ハリーは、挑戦することはけっして罰しなかった」とローゼンブラムは続ける。「落ち込んでいる人にはできるだけ同情的であろうとした。しくじった人間にはけっして背を向けなかった」。ハリーは人を助けることもあった。大学院生のケネス・シルツは、心理学部の統計学の試練を乗り越えることができないでいた。シルツが中途退学したとき、ハリーはすぐに研究室での仕事を与えた。ローゼンブラムをはじめとする多くの学生が、ケネス・シルツが研究室で飼育や世話の仕事を担当していたのを覚えている。ハリーが公然と賞賛の言葉をかけることはあまりなかったかもしれないが、ケネス・シルツは「自分たちはうまくやっている」とよく言っていたそうだ。「ハリーが担当した元大学院生で、今は亡きこの愛すべき男は、何年もハリーのもとで働いた。彼はハリーの飲み友だちであり、研究室の管理人のようなものであり、研究者であり、大学院生の兄でもあった」とローゼンブラムは語る。

兄という言葉は、その関係を表すのにぴったりの言葉だ。ハリーにとって、研究所は家族だったからである。たいていの場合、彼には研究所の家族が最優先だったので、学生にもそう考えることを求めるようになった。大学院生は子どもができると、よく研究室に連れてきた。毛布に包まれ、オフィスや休憩室で眠っている赤ちゃんの姿を覚えている人は多い。「研究室に来た最初の年、感謝祭のために家に帰るのでミーティングには出席できません、と言ったの。するとハリーは私をしげしげと見つめて、『そういうことはすべてあきらめなければならないよ』と言ったわ」と、現在はユタ大学にいるローナ・スミス・ベンジャミンは思い出す。

ハリーがいつでも実験室にいるので、いったい家に帰っているのだろうかと皆は不思議に思いはじめた。「悪い意味じゃなく、ハリーは特異だった」と、当時ウィスコンシン大学医学部の生理学教授だったリチャード・ウルフは言う。ウルフはプロジェクトをいくつかハリーと共同でおこなった。「ハリーは、みんなが一週間に七日、実験室に通うべきだと考えていた。ある月曜日の朝、私の研究室にやってきて、こう言うんだ。『君、昨日来てなかったよね』」

ハリーは、いつでもそこにいるということを誇りにしていた。誰よりも長く実験室で過ごすことに競争意識すら抱いていた。ハリーがもっとも目をかけていたポスドクのひとり、ジーン・〝ジム〟・サケットは、最初に実験室に入室できるように、目覚まし時計をセットしていた。「ハリーと私は、どちらが先に霊長類研究所のドアを開けるかを競っていたんだ。どちらも早起きで、私は五時か五時半に行くことがあったし、ハリーも五時か五時半には来ていた。言葉にはしなかったけれど、どちらが最初に来てドアを開けるかは、ほとんどゲームだった。最初に着いた人が研究所のドアを開けるんだからね」「夜に実験室に行けば、必ず彼もいるんです」。グラックはこんな文章を前の指導教授に書き送っている。

彼は夜中に廊下をうろうろして、大学院生のデスクに愛のポエムを置いていったり、ドアをチェックしたり、話し相手を探したりします。訪ねて来た人みんなに、手術準備室の脇のポットでぐらぐら沸いている真っ黒のコーヒーを勧めます。そして、アリの行列みたいにグネグネした走り書きで余白や隅が埋め尽くされた原稿を読むように勧めます。もし相手がついていけなくなったり、彼が興味を失ったりすると、重ねた手を枕にして、机に突っ伏してしまいます。

疑問が頭の中を駆け巡ります。寝てしまったのかな？　何か馬鹿なことを口走ったかしら？　しゃべりつづけた方がいいのかな？　そっとついて、大丈夫かどうか確かめるべきだろうか？　しばらくすると、ハリーの頭が突っ伏すのに慣れてきます。それはメッセージなのです——もう私の用は済んだ。仕事に戻りなさい。

それがうまく伝わらなければ、もっと無遠慮になることもあった。学生の休憩室をのぞき込んで、質問ひとつでカードゲームを中断させるのだ。「うまく進んでいるかい？」という声の調子が嫌みたっぷりなので、部屋はすぐに空っぽになった。ある学生には、「君にはオフィスがあるんだろう？」とピシリと言った。学生が無言でうなずくと、「じゃあ、そこを活用したまえ」

しかし、たいていの場合、彼はただそこにいて、学生と話をし、そばに置いたコーヒーは冷めていった。無造作に指にはさんだ火のついたタバコからは見事な輪を描いて煙が立ち上り、灰がどんどん赤くなって指にじりじり近づいていく。大学院生は、今にも熱い灰が指に当たるんじゃないかと固唾を呑んで見守ったものだ。流行遅れのボコボコの車に乗り、帽子やマフラーを忘れてくるのと同じように、会話やアイディアに気をとられると、その瞬間に自分が持っているもののことを忘れてしまうのである。ヘレン・リロイは、科学会議に出席していたハリーを、吸いかけのタバコやくすぶっているタバコをたどって見つけ出したことがある。とはいえ、少なくとも彼はいつもタバコを灰皿やゴミ箱に捨てていた。

だが、ある朝のこと、彼が実験室のゴミ箱にタバコを捨てると、ゴミ箱が炎に包まれた。リロイはさっと火にコーヒーをかけて消し止めた。ハリーは話すことに夢中で、炎には気づきもしなかった。

彼はコーヒーとタバコとアルコールで生きているようだった。それまで以上に酒を飲むようになっていて、家に帰ってからだけでなく、近所のバーや仕事のミーティングでも友人や学生と一緒に飲んだ。出張のときには、しょっちゅうバーボンかスコッチの酒瓶を持っていって、ホテルの部屋にストックしておいた。ご存じのように、当時の心理学界では、蒸留酒は今日のワインのようにふんだんに飲まれていたから、ハリーは少々度が過ぎていたというだけの話だ。「みんな昔みたいにパーティーをしなくなった」と、かつてハル派の学者だったウィリアム・ヴァープランクは寂しそうに言う。「一九六〇年代初頭までは、会議にはアルコールがあふれていた。今では、心理学者のミーティングでは部屋が指定されていて、そこにある有料のバーで酒を買わなきゃならない」。彼の声にはうんざりした気持ちと過ぎ去った昔への哀惜がにじんでいた。

「一九三〇年代、四〇年代、五〇年代には、大学がホテルにとった部屋に集まったものだ。みんな自分でボトルを持ち込むか、誰かのをくすねていた。大勢が廊下に座り込んで酒を飲んだりしゃべったりして、たまに部屋に戻る。みんなしばらく酔っ払っていたよ。だけど今では、どうしようもないほどフォーマルなんだ。まるで会計士の集まりみたいだよ。みんなあまり飲まなくなり、あまり腹を割って話さなくなってしまった」。当時を体験した心理学者の多くは、ヴァープランクと同様、心理学の面白かった時期は過ぎてしまったと感じている。「僕の友人なんかは、内臓がきれいなままで死ぬなんて何の価値もないと言っているよ」と、ハリー・ハーロウの旧友のひとりは語る。やはり彼の声にも昔を懐かしむ気持ちがあふれていた。「今では僕たちみんな、口にすること、考えること、やることすべてにあまりにも神経質だ。昔はもっと面白くて……そう、楽しかった。もっと刺激的な時代だったのさ」

ハリーの流儀は、喫煙や飲酒や矢継ぎ早の会話が当たり前だった当時と波長が合っていたし、いろいろな意味で、それを超越していた。アルコールは彼の人生になくてはならないものになりつつあった。酒を褒め称える詩を書いているほどだ。

クローバー・クラブは気立てのいい女
ウォッカはがみがみ女
コーンウイスキーは昔の恋人
スコッチウイスキーは新しい恋人

彼は実験室で疲労困憊すると、近くの居酒屋まで夕方の散歩をするのが習慣だった。「ハリーが散歩に誘ってくれれば、どこに行くつもりかすぐにわかったものさ」とジマーマンは言う。「ハリーが入ってきて、誰かを捕まえて言うんだ。『散歩に行こうか』ってね。たいていはビールを一杯頼んで、腰を下ろす。しゃべることもあるし、ひとことも口をきかないときもあった。私が研究室に来たのは七月で、九月が最初の散歩だったと思う。ワクワクしたよ。このバーに入ってビールを注文した。そしたら彼が言うんだよ、『二ドル持ってるかい?』って」

今でもジマーマンは思い出すと笑ってしまう。

「彼は私のことをジムと呼んでいた。これにはびっくりしたよ。だって、他の人のことはたいてい名字で呼んでいたからね」と、現在シアトルにあるワシントン大学で心理学教授をしているジム・サケットは言う。サケットはときどき、アルコールの毒気と心理学の夢でハリー・ハーロウが燃え尽きてしまうのではないかと心配になった。「『ジム、街角に行こう』って言うので、街角にあるバーに行った。店を出るまでに私は一杯だけ、彼は三、四杯の酒を飲んだ。車で彼を家に送りながら、胸の中で叫んでいた。『どうしよう、彼は死んでしまう。もうベロベロだ。彼は死んでしまう』」。翌朝、彼は五時に研究室にやってきた。研究室で執筆していたよ」

こうした異常なほど活動的で、自由な発想に富み、睡眠不足でアルコール漬けの日々の中で、ハリー・ハーロウは初めて愛の本質について考えはじめたのだった。彼がそんなことを思いつくなんて、まったく突拍子もないことに思える。彼の研究室は、愛の動機を研究するのにもっともふさわしくない場所だった。ウィスコンシン大学心理学部の辺境地のようなこの研究室の気風は、「仕事が一番、家族は後まわし」なのだ。そして、そうした研究にもっとも似つかわしくないのが、ハリー・ハーロウという男だった。サルと、霊長類研究所と、コーヒーを飲んでカードゲームをしながら討論を戦わす大学院生と、街角のバーで過ごす夜で、彼の世界は回っていた。子どもが起きる前に家を出て行く父親、過去に結婚を失敗している男だった。皮肉屋で、イライラしていて、感傷とは正反対だった。

しかし同時に、ハリーほどその仕事に向いている男はいないとも言えるだろう。彼は非常に客観的で、愛を科学研究の対象と考えることができた。そして、あらゆる可能性を受け入れることができる心理学者だった。独創性を愛する科学者であり、弟子のアイディアを飛躍させるためにあらゆるチャンスを与えようとする教授だった。今でも夜に詩を書き、自分と意見の異なる若い研究者を支援する男だった。自分の間違いを笑い飛ばすことができる男だった。つらい経験を経て、人に合わせたり良い印象を与えたりしようとして気を揉まなくなった。それでも、夢見ることも勝ち目のない戦いを愛することもやめなかった。そして、がっしりしたケンカ好きのアカゲザルでいっぱいの実験室を見つめていた彼は、母親の重要性と子どもの欲求について考えはじめたのである。

6　完璧な母

幼少期に愛情や関心を必要としていたのに与えられなかった場合、それを子どもに返してやることはけっしてできない。

ジョン・ボウルビー『赤ちゃんを置き去りにしてもよいか?』（一九五八年）

とはいうものの、ハリーは一足飛びに愛を研究しはじめたわけではない。研究では、勝ち誇ったトランペットのファンファーレが鳴り響いたりはしないのである。一九五五年には、もっと実際的で差し迫った問題があった。サルの輸入に関することである。彼はそのプロセスに嫌気が差しはじめていた。まず、サルを見つけるのは難しく、高価だった。そして、しばしばひどく衰弱してやってきた。到着するサルはいつも飢えに苦しみ、輸送中の衝撃であちこちぶつかって弱り、「身の毛もよだつような病気」が蔓延していた。熱帯の凶暴なウイルスはすぐに広がった。新入りのサルが同じケージの仲間に病気をうつした。遊び仲間の中で病気は広がり、母親から子どもへ感染した。新しく送られてきたサルのいる実験室は、研究室というよりは病院のようだった。

ハリーは自分でサルを育てることを考えはじめた。この決心が、間接的にではあるが、彼を愛情の科学へ導くことになる。そのとき――健康な子どもを（それがサルの子どもであっても）愛情なしで育てられるんじゃないかと彼が考えはじめたとき――研究所の人々は、彼の頭がおかしくなったのだと思った。もちろん、ハリーのおかしなアイディアには慣れっこだったが、ウィスコンシン州マディソンで繁殖センターを始めるなんて、正気でない証拠だと思った人が大勢いたのである。中西部の気候はインドの穏やかな気候とはほとんど正反対なので、熱帯種を育てるのに適していないと考えられていた。しかし、ハリーはこれまで何回もサルを越冬させてきた。サルを屋内に閉じ込めておきさえすればよいとわかっていたのだ。そのためには、コロニーのサイズを小さくして、屋内に収容できる個体数にとどめざるを得なかったが、それは仕方がない。

さらにもうひとつ、大きな問題があった。彼のやりたいことがどうすれば実現するのか、皆目見当がつかなかったのだ。アメリカには、独自運営しているサルの繁殖センターなど、ひとつもなかった。国内でサルを繁殖するというのは、斬新で思いもつかないアイディアだった。そのことを話題にする人もいたし、実際のところ、カリフォルニアからコネチカットまで、アメリカ中の学者は同様の苛立ちを感じていた。しかし、ハリーが思い描いた大規模なサルの繁殖など、誰も経験したことがなかった。組織的にサルの人工飼育を試みたことがある人はほんのわずかしかいなかったし、それもサルがサルを育てるというやり方だった。それでハリーは怖じ気づいたかって？　そんなことはない。箱工場から研究所を建てた経験に比べれば、繁殖センターをゼロから作ることくらい、たいしたことではなかった。

それでも、まずはウィスコンシン大学の友人たちに相談した。ハリーと大学の同僚たちは、まさに科学者らしい方法でこの問題に取り組むことにした。赤ちゃんザルには何を与えればよいか？　生化学部のウィリアム・ストーンは長い時間をかけて、人工ミルクのテストをおこなった。何年も後に、「霊長類研究所に泊まり込んで、四時間おきに赤ちゃんザルにいろんなレシピを試していたときのことを思い出すと、今でもサルの臭いがしてくる」と語っている。結果として、ストーンは非常にたくさんのデータを集められたので、生まれたばかりのサルに牛の血清を与える免疫的効果に関する論文を発表することになった。彼はまず、砂糖と練乳と水を調合した人工ミルクを作ってみた。それから学生を雇い、人形サイズの哺乳瓶でサルに授乳させた。すべてのボトルは殺菌され、さまざまな種類のビタミンが毎日サルに投与された。その他にも、鉄分を含んだエキス、ペニシリンをはじめとする抗生物質、ブドウ糖、そして「丁寧で手厚く絶え間ない世話」が毎日与えられた。赤ちゃんザルはひっきりなしに洗われ、体重を量られ、検査された。サルが大きくなるにつれ、研究室の飼育係は新鮮なフルーツやパンをエサに混ぜていった。そして例外なく、飼育係はサル同士を引き離した。どのサルも一匹ずつ別々のケージに入れられた。どの赤ちゃんも母親から取り上げられたので、哺乳瓶で授乳するアルバイトが必要だった。ハリーは、あの身の毛もよだつ病気が広がるおそれをなくしたかった。すべてがピカピカになるまで磨かれ、掃除され、殺菌され、拭かれた。

こうしたやり方のモデルになったのは、人間の医学だった。黎明期の小児科医が、孤児院や病院の病気を封じ込めようとして死にものぐるいで実践した、あのやり方である。ウィスコンシン大学の研究者が完璧に模倣していたのは(もし彼らが気づいていたらの話だが)まさに、一九四〇年代にハリー・バックウィンがやめさせようと必死になっていた病院の方針だった。ハーロウと同僚は意図せずして、隔離小児病棟を再現していた。

一九五六年の終わりには、六〇匹以上の赤ちゃんザルが誕生していた。研究室の運営係は、生まれてから通常六〜一二時間のうちに赤ちゃんを母親から取り上げ、きちんと管理された飼育室に入れた。研究室のスタッフは、細心な研究に基づく人工ミルクを人形サイズの小さな哺乳瓶に入れて、二時間おきに慎重に子ザルに与えた。子ザルは健康そうだった。人工ミルクで体重を増やしていき、通常よりも大きく、体重が重く、健康そうに見えた。そのうえ感染とはいっさい無縁だったので、「病気知らずであることは間違いない」とハリーは書いている。しかし、そうした外見は見かけ倒しであることが判明した。ハリーは「それ以外の点では全然まともじゃない」と付け加えた。

サルたちは、ひとりぼっちにされて呆然としているようだった。座り込み、体を揺すり、ぼんやりと遠くを見つめ、親指を吸った。サルたちが成長し、研究者が繁殖のために一緒にしようとすると、彼らは尻込みした。見つめ合ったり、互いにぼんやりと何かを焚きつけようとするかのように、ためらいがちにいくつかジェスチャーをしてみることもあった。しかし、飼育室育ちのサルたちは、互いにどうすればよいのかまったくわからなかった。他のサルの出現に仰天し、異様な毛むくじゃらの未知のサルを見て怯えているようだった。互いに狼狽するあまり、ほとんどが顔も上げずにただケージの床を見つめるばかりだった。「私たちは繁殖《ブリーディング》コロニーではなく、陰鬱《ブルーディング》コロニーを作ってしまったのだ」とハリーはコメントした。

健全に見えるサルたちが、なぜこれほど不健全な行動をするのだろう? 研究者がケージで育てていたのは、明るい目をして頑丈なのに普通ではないサルの一群だった。すべてのサルが情緒不安定だったわけではないが、研究者を眠れなくするには十分だった。追い込まれたハリーは、可能性を列挙してみた。何が間違っているのだろうか? 照明サイクルの問題だろうか? 夜、実験室が明るすぎるのか? 抗生物質が悪いのか? 薬が健全な成長を歪めているのかもしれない。人工ミルクのせいか? 練乳があまり良くないのかもしれない。赤ちゃんザルの糖分の摂取量が多すぎるのか、あるいは不足しているのかもしれない。

ハリーと学生と同僚たちは、コーヒーの湯気の中でブリッジのカードをシャッフルしながら、何度も何度もそれについて話し合い、実験室で夜を明かした。ハリーの研究室のメンバーはまだ増えつづけており、恩師のカルヴィン・ストーンの推薦によって、スタンフォードの大学院生がまたひとり、研究室にやってきた。箱工場に乗り込んできた新顔の若い心理学者は、ウィリアム〔ビル〕・メイソンといった。博士号を取得したばかりのメイソンは、何かがおかしい赤ちゃんザルの問題にすぐにどっぷりとのめり込んでいった。

ビル・メイソンは到着してすぐに、六匹の生まれたばかりのサルの飼育担当になった。すべて研究室が孤児にしてしまったサルで、生後二時間ほどで母親から引き離されていた。現在、多くの霊長類研究所ではサルを番号で呼ぶのが一般的だが、ハリーの研究室ではたいてい名前がつけられていた。メイソンが担当する孤児のうち、いちばん年上はミルストーン〔石臼、重荷という意味〕という名前だった。この子ザルがあまりに騒々しく、くっつきまわる厄介者であったため、研究室の技術者がそう名づけたのである。他の五匹もストーン兄弟に仲間入りして、グラインドストーン、ラインストーン、ロードストーン、ブリムストーン、アースストーンと名づけられた。研究アシスタントのナンシー・ブラゼックが授乳を担当した。二時間おきの授乳に疲れ果てた彼女は、夜間用の哺乳瓶を持って子ザルたちを家に連れて帰った。

メイソンとブラゼックはサルたちと長時間を過ごし、彼らのことをよく理解するようになった。二人は赤ちゃんザルが強く健康に育ってほしいと願った。メイソンは、以前におこなわれていた好奇心の研究をいくつか再開してみることにした。サルが生まれつき好奇心旺盛であることはハリーが証明していたが、メイソンはその性質の出現時期に興味を持った。サルはいつまわりの世界に好奇心を抱きはじめるのだろうか？　疑問を持つように生まれついているのだろうか？　それとも生まれてから身につけていくのか？　ことパズルに関するかぎり、ストーン兄弟の好奇心は生まれつきだった。パズルに取り組めるくらいに成長すると、チビたちはパズルを解くのに夢中になった。この結果から、この小さな霊長類にとって、好奇心は世界に挑むための基本的な手段なのではないかという疑問はさらに強まった。

ストーン兄弟は別のことで、実験室のメンバーから注目されることになった。少しでも床を温かく柔らかくするために、ケージには布オムツが敷かれていた。ストーン兄弟をはじめ、どの子ザルも狂ったようにこの布オムツに執着したのである。オムツをぎゅっと抱きしめるだけでなく、白い布にすっぽりくるまり、誰かが抱き上げようとすると、必死になって布にしがみついた。実験室の周辺で、凧のしっぽみたいに布を引きずった赤ちゃんザルが運ばれていくのを見た人は、さぞびっくりしたことだろう。

この布への執着をうかがわせるものが、一九世紀のイギリスの博物学者アルフレッド・ラッセル・ウォレスの日記にすでに記されている。冒険心に富んだウォレスは、現在ではチャールズ・ダーウィンより先に進化論を発表するところだったということでよく知られている。ダーウィンと同様、進化論が生まれたのは探検旅行のおかげだった。国ごとに奇妙なほど異なり、すばらしく適応した種を調査しているうちに、ウォレスも自然が生物をニッチに適応させる方法について考えるようになったのである。インドネシアを訪問したとき、ウォレスは親をなくしたオランウータンの赤ちゃんをもらった。ウォレスの日記によると、その赤ちゃんはひっきりなしに柔らかい素材に手を伸ばし、ぴったりすり寄っていたらしい（それにはウォレスのヒゲも含まれていたので、痛い思いをした）。赤ちゃんザルと自分のヒゲを救うため、ウォレスはバッファローの皮を巻いたもの（「ぬいぐるみの母」と命名された）を作った。

小さなサルは喜んでそのぐるぐる巻かれた太いもじゃもじゃの皮にしがみつき、手当たり次第にヒゲやシャツに興味を示すことはなくなったという。

もうひとつ、もっと後の時代の手がかりもあった。サルと人間の生体構造の詳細な比較で有名になったイエール大学の研究者による研究だ。くわしい分析をするためには安定したサルの供給が必要だったので、ガートルード・ヴァン・ワーゲネンは小さな飼育室を作り、赤ちゃんザルを育てるテクニックについて洞察力に富んだ記録をつけた。ヴァン・ワーゲネンは、飼育室育ちの子ザルがかごに敷いてある柔らかい毛布に衝動的にしがみつくことに気づいた。彼女の記述によれば、子ザルが毛布を強く握りしめるのは感情的な依存であり、抱きしめることができなければ、正しい摂食反応を発達させられない場合もあるという。ハリーは晩年、彼女に手紙を書いている。「かごに入ったアカゲザルの赤ちゃんのことでは、私はあなたに借りがあります。私の初期の研究は、あなたの研究が示す方向に従って実施しました。それがサルの愛情問題に乗り出すきっかけになったのです」

実のところ、霊長類研究所の研究者たちは、赤ちゃんザルの行動には何か大きなメッセージが隠されているのではないかと考えはじめていた。子どもが必要とするものについて、子ザルは何かを伝えているのではないだろうか？　そもそも、柔らかい布をつかむのはアカゲザルだけではない。オランウータンも然り。チンパンジーが必死で毛布を抱きしめたという事例もいくつかの研究所が報告している。ナンシー・ブラゼックとビル・メイソンは、布にしがみつくサルを見ながら、つかみたいという要求について考えはじめ、このアイディアを別の霊長類にも当てはめてみた。ベビーベッドの中に取り残された人間の子どもが、布団や、枕や、ふわふわしたぬいぐるみを握りしめることは誰でも知っている。しかし、それは何を意味するのだろう？　この布の魔法のようなものには、どんなメッセージが隠されているのか？

メイソンは、ハリーにテストをやらせてほしいと申し出た。たとえば太く巻いた布と、木や針金のような固いものを比べるなど、単純な比較をするつもりだった。そうすれば、赤ちゃんが何を好むのかがわかるだろう。何でもよいからつかむものが欲しいだけなのか、それとも柔らかい触り心地に何か特別な意味があるのかがわかるはずだ。

ハリーはそのアイディアに飛びつき、すぐに気に入った。彼もそこには何かもっと大きな意味が隠れているのではないかと考えていたのだ。おそらく、布と木の違いは、奥に潜む問題の一端を示すにすぎないだろう。なにしろ、赤ちゃんは何よりも布きれをつかむのが好きなのだから。サルたちが布を握りしめるのは、抱きしめる人間（またはサル）がいないときだった。布の柔らかさが、母のするべき何かの代わりになっているのかもしれない。もちろん、現在ではここに父親も含まれるが、これは一九五〇年代の話である。当時は、一般社会でも科学の世界でも、両親が子どもに与えるべきものを象徴するのは母親だった。

もしハリーが正しくて、毛布がいじらしくも妙ちきりんな母親代わりなのだとすれば、心理学界に革命が起きる。もし赤ちゃんザルが、触れられること、抱きしめられること、抱きしめることが重要だと語っているのだとすれば、心理学の本は書き換えられるはずだ。その新しい本の一行目にはきっと、何より重要なのは母親――柔らかい腕で赤ん坊をぎゅっと抱きしめたいと思う母親なのだと書かれることだろう。もしそれが正しければ、ワトソン派や、スキナー派や、ハル派の考え方は間違い以外の何ものでもないということになるはずだ。

研究所製の母親というアイディアが浮かんだのは、デトロイトからマディソンへ向かうノースウエスト航空の飛行機に乗って、窓の向こうに広がるふわふわした柔らかそうな雲を眺めているときだ、とハリーはよく語っていた。「ふと窓の外に目を向けたとき、突然、布でできた代理母が隣に座っているヴィジョンが浮かんだ」と書いている。研究所製の母親人形は、外に浮かぶ雲みたいに柔らかそうで、赤ん坊が本当に求めているものを探るために使えそうだった。ビル・メイソンの提案どおり、比較実験にするべきだろう。しかし、比較に使用する母親の姿は、明らかに母親だとわかるものにするべきだ。サルだけに当てはまるものではないということが、誰の目にも明白でなければならない。

ハリー・ハーロウは、研究室の学生やスタッフにも考えてみてほしいと奨励し、彼らも躊躇せずに意見を述べた。みんな、ハリーが間違っていると考えていた。教授の考えは非現実的だ、と学生が思っていることはハリーにもわかっていた。「空から研究室に急降下した私の熱狂的なアイディアは、次から次へと大学院生の懐疑心や無関心にぶち当たった。だが、とうとう新入りの大学院生のロバート・ジマーマンを説得するのに成功して、やってみることになった」とハリーは述べている。「でも、代理母プロジェクトのときの、乱高下するジェット機みたいなハリーの気まぐれについてはひとこと言っておきたい」と、今では引退してミシガン州ランシングに住むジマーマンは言う。「あのころ、ハリーはいろいろな委員会に出席するために毎週飛行機で出かけていたが、どこかに行くたびに精神科医か誰かに出会って、代理母でやるべき新しいアイディアをもらって帰ってくるんだ。そして、帰ってくるといつでもこんなふうに言う。『なぜこれをやらないいんだ？　ゆりかごを使うべきだと言われたよ。なぜここにはゆりかごがないんだ?』」

ジマーマンは話しながら笑った。彼は、ハリーが一点だけは正しかったと認める。ほとんどの学生は、母親の愛などめめしくて非ウィスコンシン大学的だから、このプロジェクトに引き込まれないように逃げていたのだ。

正直なところ、どの大学院生も代理母プロジェクトには絶対に関わりたがらなかった。ここはウィスコンシン大学だ。ハリーがいくらか助けてくれるとしても、みんな学位論文を委員会に通してもらわなければならない。数字と統計がすべてのウィスコンシン大学で、愛について語るなんてね……。そんなことをしたら卒業できないという思いがまず頭に浮かぶだろう。

私はすでに新生児の学習について研究していたし、その実験ができるようになるのは生後九〇日経ってからなので、それまでは赤ちゃんで特にやることもなかった。だから、このサルたちに投資してやろうと考えて、ハリーと取り引きした。もし学位論文にその赤ちゃんザルを使わせてくれるなら、代理母プロジェクトで働きますよってね。そして、彼はそれがいい取り引きだと考えたのさ。

飛行機で誕生した代理母——もちろん、これはハリーならではの脚色と空想がたっぷり盛り込まれた表現だが——には、プロジェクトに関するハリーのヴィジョンがかなり示されている。そこには、「母性愛《マザー・ラブ》」を研究するという、もっとも挑発的な科学があった。ちなみに当時は、イギリスの精神科医ジョン・ボウルビーが「母親《マザー》」と「愛《ラブ》」という二つの単語を結びつけることを同僚に説いても、なかなかわかってもらえなかったほどである。また、そこには真の可能性を秘めた科学があった。家族や人間関係に対する見方を変えさせ、もっと親密なものに変わる可能性が秘められていた。最初の難題は、それを真面目に考えてくれる誰かを見つけることだった。

そのためには堅実な研究だけでなく、ありとあらゆる手段を講じなければなるまい、とハリーは考えた。自分のアイディアに人を引き込んでいくために長年培ってきたスキルのすべて、ウィスコンシン大学を丸め込んで研究所を手に入れ、同僚を説得してサルはもしかしたら（そう、あくまで「もしかしたら」だが）科学者が考える以上に頭が良いかもしれないと思わせたときに身につけた揺るぎない頑固さのすべてを役立てるのだ。もし傾聴してもらいたければ――そう、彼は本当にそう望んでいた――代理母はハリー・ハーロウならではの大仰なものになるだろう。

スタンフォードからやってきた新入り研究者のビル・メイソンは、自分のこぢんまりしたアイディアが、急激に華々しい主役になっていくことに唖然としていた。「私はそれが突破口であるとか、とてもセンセーショナルなものだなんて思っていなかった」とメイソンは言う。「結論が先にあって、それを実演しようという感じだったんだ」。なにしろ、ウォレスやヴァン・ワーゲネンの前例があったから、研究室のメンバーはみんな、サルが布を好むことを予想しており、これは世論の反応を見る一種の「探り」だと理解していた。ジマーマンは大学院生のローナ・スミスとチームを組んで、二匹の赤ちゃんザルを使った簡単な最初のテストを実施した。子ザルはどちらも巻いた布を好み、針金でできたものをきっぱり拒絶した。「それは信じられないほど明白で、あっと驚くほどだった」とジマーマンは言う。突如として研究室のメンバーは、この調子ならハリー・ハーロウは愛の問題をうまくやってのけるかもしれない、と考えはじめた。

ハリーは最初の実験から、すべてをきちんとしておこうとした。あらゆる詳細を記録し、批判される可能性のあることはすべて明らかにして、答えを出しておく。彼は、子ザルを使ったどの実験にも二人の観察者を置くようにと主張した。間違いがないよう、相手を再チェックするためだ。また、サルの行動を記す詳細な表を考案した。ハリーと学生たちは実験をフィルムに撮影し、布を握りしめる指に至るまで、何時間もかけて一コマ一コマ入念にチェックした。「すべてを完璧にやっておかなければ、即座に拒絶されるのではないかと彼は心配していた」とジマーマンは言う。

ハリーが「母親の愛は子どもの発達に重大な役割を担う」という長きにわたって退けられていた考えを取り上げ、自分の主張に耳を傾けるように同僚を説得した手腕のことを思い出すと、メイソンはいまだに賞賛の念を覚える。「当時の支配的な見解は、赤ちゃんは母親を愛したり必要としたりしているわけではなく、ただ授乳に基づいた関係でしかない、というものだった」とメイソンは言う。「今では馬鹿げているだろうが、当時はそう考えられていたんだ。ハーロウは人々が疑問を持ちはじめているように感じた。そして、疑問を抱いても全然おかしくなかったんだ。有力な見解の方が間違っていたんだからね。サルはただエサのために未知のものを試すのではなく、好奇心があるから、知りたいと思うから試してみる——それが事実だ。彼らには社会性があり、互いに交流する必要がある。どのタイミングで心理学界へ挑戦すればうまくいくか、それを見極めたハーロウの勘はすごかった。もし、その判断を誤っていたら……そう、彼がもっと若くて、あれほど駆け引き上手でなかったなら、悲惨な結果に終わったことだろう。物笑いの種になっただだろうよ」

駆け引き上手であろうとなかろうと、ハリーがまたもや行動主義心理学者と反対の立場をとったことは間違いない。B・F・スキナーはそのとき、幼い子どもを箱の中で育てる実験をおこなっていた。スキナーは実験装置の最初のモデルを自分の幼い娘、デビーのために作った。それはベビーベッドくらいの大きさの「居住空間」だった。「ベビーテンダー」とスキナーが呼んだその箱は、吸音壁と大きな窓とキャンバス地の床でできていた。箱の中の空気は濾過《ろか》され、湿度調整されていた。その中にいれば赤ん坊はとても清潔でいられるので、週に二回しか入浴しなくてもよいのだとスキナーは述べた。部分的に防音されているので、子どもはドアのチャイムや電話のベルに邪魔されることがない──そればかりか、両親や姉の声も聞こえない。デビーは決められた遊び時間や食事のときに箱から出された。「箱のひとつの側面は全面が安全ガラスでできているので、昼間はそこからみんなで娘に話しかけたり、身振りで合図したりできる。私たちが窓越しに娘を見ると、にっこり笑って歓迎してくれる」とスキナーは友人に宛てた手紙で、箱の中で赤ちゃんを育てる利点を強調している。いつの日か、すべての母親がベビーテンダーを使うことを彼は願っていた。スキナーはある小児科医と会話して驚いたと書き記している。その小児科医は、その箱を使えば看護婦の仕事がずいぶん減るだろうから、病院で使ったらいいんじゃないか、と提案した。スキナーは、母親の仕事も減らすことができる、と答えた。すると医者は笑って、こう断言したのだ。母親は仕事が減ることなんて、たいして気にしないさ。母親は愛しているから働くんだ。

「『それでは、この愛とはいったい何なのか?』というのが一般的な反応だった」と元大学院生のレナード・ローゼンブラムは回想する。「それまで研究されていた動物の感情は、恐れ、嫌悪、痛みといったネガティブなものだけだった。動物が愛から行動するなんて、何の根拠もない考えじゃないか?」。ローゼンブラムは不賛成を示すそっけない手振りで、当時の侮蔑に満ちた反応を示してみせた。彼が駆け出しの心理学者だった時代から、長い年月が流れた。彼は最近、ブルックリンにある霊長類研究所(ニューヨーク州立大学の施設)の所長を退任し、今では発生生物学の専門家として国際的に知られており、痩せて、明るい青い目に、白髪混じりの無精ヒゲを生やしている。しかし、情熱を燃やし、ユーモアにあふれ、芝居がかった言いまわしをするところは、ハリーの研究室の学生だったころと変わらない。

「覚えておいてほしい」とローゼンブラムは言う。「ジョン・ワトソンが始めた草創期の行動主義は、裏庭に穴を掘って子どもを放り込み、人生について学ばせるのが大事だと提言した。そして心理学では、愛とは煙や鏡像のような実体のないもので、戯言だった。誰も彼もがハリーにそう言っていたんだ」。もちろん、その点については間違っているとか、まったくの見当違いだとか言われることにはハリーは慣れっこだった。主流派閥のうぬぼれを冷やかすのを楽しんでいるところもあった。そこで、彼はただひたすら証拠を固めはじめた。さらに、その証拠をもっとも効果的に見せるにはどうすればよいか熟考した。ビル・メイソンが、サルが巻いた布をどのようにつかむかを観察したらどうだろうと提案したとき、ハリーはこう答えた。手始めはそれでもいいが、代理母の姿をただの巻いた布以上のものにする必要がある。個性がなければならない。頭と顔が必要だ。もし子ザルに見つめられたら、見つめ返すような代理母でなければならない。もちろん、人間の観察者のことも見つめ返さなければならない。つまり、人にとって何かリアルなものがなければならないのだ。ハリーはみんなに――心理学者だけではなく、母親、父親、叔母、叔父、養父母、祖父母などみんなに――絆や愛情について考えてほしかった。感情や人間関係は研究に値するものなのだと信じてほしかった。

布製の母親に頭をつけるという判断については、今でもハリーの学生たちの間で意見が分かれている。メイソンは、頭は演出上だけの問題であり、サルはどっちみち喜んで布オムツに抱きつくのだから、テストに頭は不要だったと考えている。一方、うまい戦略だったと考える者もいる。元学生で、現在、国立衛生研究所の霊長類行動研究を率いているスティーヴ・スオミは、頭をつけるのは戦略のうえで絶妙な手だったと今でも考えている。「サルにとっては意味がなかったかもしれないが、外の世界に対しては意味があった。人々がこの代理物を見て、母親のようだと思いさえすれば——それと同時に、人間の母親と関連づけてくれれば——母性愛なんてことも議論できるようになるからね」とスオミは言う。

メイソンのみならず、ボブ・ジマーマンでさえも「頭なんかつけたら心理学界中の笑いものになる」と心配したが、ハリーの決意は固かった。そんなときに突然、その意見を発表する場として、第一級の舞台が転がり込んできた。ターマンの予想どおり、ハリーがとうとうアメリカ心理学会の会長に選ばれたのである。ハリーはこの立場を利用し、演壇を叩いて演説することにした。もちろん、話すことはもう決まっていたし、タイトルまで考案済みで、「愛の本質」とするつもりだった。ジマーマンは今でも覚えている。「研究室に帰ってくると、彼は私にこう言った。『ボブ、アメリカ心理学会の会長就任演説の中でも史上最高のやつを書き上げたよ。さあ、データを集めに行こう』」

そこで彼らは、巻いた布の体の上に、何の変哲もない木の球を載せてみた。ハリーはまだ満足しなかった。「顔がない」と言うのだ。そのころにはボブ・ジマーマンはこの代理母作りプロジェクトにすごく協力的になっていたから、必要とあらば喜んで顔をつけようとした。ひょろりと背が高く、黒髪を容赦なく刈り込んだクルーカットのジマーマンを、ハリーはペンシルヴェニアのリーハイ大学から引き抜いてきたのだった。ジマーマンは将来有望で、やる気に満ちた若い心理学者だった。三つの大学院からオファーを受けていたが、ウィスコンシン大学と地域の様子と大学のサポートを伝えるハリーの手紙が「もっとも美しかった」。ジマーマンによると、彼を口説き落とした後、ハリーは手紙を返してほしいと言ってきたそうだ。あまりにうまくいったので、その手紙を翌年の新人採用にも使ってみたいというのである。

ジマーマンは、布製の母親の顔をどうするかという問題を、実験室の実習生で装置作りの天才、アート・シュミットのところに持ち込んだ。ハリー・ハーロウの人材採用のもうひとつの典型例がシュミットだった。彼はもともと地理学専攻で、とんでもなく器用な男だった。七〇代になった今でも敏捷で、がっしりした体格を保ち、趣味のカーレースを楽しんでいる。落ち着いた青い眼に、ゆったりとした微笑を浮かべ、「私は何でも作れる」とさらりと言った。大学費用を稼ぐため、時給九〇セントで霊長類研究所の仕事を請け負い、ケージを修理したり、雨戸を取りつけたりしていた。一九五三年に卒業するとき、ハリーはシュミットにフルタイムで仕事しないかと申し出た。彼は徐々に地理学に対する情熱を失っていたし、ハリー・ハーロウを良いボスだと思っていた。「良い仕事をしていると認めさえすれば、彼はいつでも助けてくれた」という。シュミットの新しい仕事の一部は、若い（ハリーによると、不器用な）研究者の話を聞き、彼らのアイディアを実用的なものに仕上げることだった。

シュミットはバトラー箱を作った。ハリーが見学に来た空軍将校にそれを見せびらかしたときのことは今でも覚えている。


サルの好奇心の強さをテストしていたときのことだ。サルが押すと開くドアがついていて、どれくらいの頻度でそれを押すかを記録することができた。私はドアを開閉する動力装置を作った。ドアはバーンと閉まるんだが、サルたちはまったく賢いもんで、うまくジャンプして避けるんだ。それからまたドアを開ける。大佐が三、四人やってきたとき、私たちは全員、清潔な白衣を着て、箱を準備していた。するとハーロウが言うんだ。「これを作ったシュミットさんです。アート・シュミットが作ったものは、いつでもうまくいくんですよ」。ちょうどそのとき、ドアが故障して動かなくなった。実にきまりが悪かったんだが、ハリーは笑ってこう言っただけだった。「ま、今日以外はね」

とはいえ、その頭部もとても難しかった。「まず、頭は簡単には壊れないようなデザインでなければならなかった」とジマーマンは言う。「サルは非常に破壊的な動物だからね。そして、目がついていなければならない。母親には目がついているだろう、とハリーが言ったからね。それじゃ何で目を作ったらいいだろうか？　そこで、目の材料を探しに人形修理店に行った。人形の目を見たことがあるかい？とても壊れやすいんだ。そこで、『もう少し頑丈なものはないかい？　そこらじゅうにぶつけても大丈夫なやつは？』と訊くと、人形店の女性が答えるには、『ええと、そういうのはずいぶんお値段が張りますよ』。私はこう言った。『金に糸目はつけないよ』」

ジマーマンは、青い目の目尻にしわを寄せて、またにやりと笑った。「すると彼女は言ったよ。『身分の高い方にお仕えしてらっしゃるのね』」

彼らは買い物を続けた。彼らが求めていた目は、壊れにくいというだけではない。サルが不快に感じる目でなければならなかった。布製の母親の顔がいかにもサルに魅力的なものであってはならない、とハリーはシュミットとジマーマンに警告していた。「そうすると、『君の実験は触ることや抱きしめられることには何も関係ないじゃないか。顔が魅力的な刺激だっただけだろう』と言われるかもしれないからね」とジマーマンは言う。抱きしめる効果が否定され、子ザルは顔の見た目が気に入ったから柔らかい方の体にしがみついたのだ、と反論されるかもしれない。「だから、私たちは顔をいろいろな形にいじりだして、サルがどんな反応をするか見ることにした」。その結果、自転車の反射板を目として使うことが決まった。そうすると、顔は虫みたいな目つきになった。「赤い自転車の反射板だった。口は緑のプラスチックでできていて、半月の形に微笑んでいた。耳はアート・シュミットが実験室をうろついて見つけたすごく硬い黒のプラスチックで作った。鼻はカエデの木材で作り、黒く塗った」

シュミットとジマーマンは、頭部に使う木材の種類にさえ苦心した。松材で作った球を試したが、軟らかい木材なのでエネルギッシュなサルたちは粉々に噛み砕いてしまった。ジマーマンはハリーに不平を言った。「ハーロウ先生、サルたちは頭をめちゃくちゃにしてしまいます。作るそばから噛み砕いてしまうんです」

ハリーは彼を見て、顔色ひとつ変えずにこう言った。「子どもは昔からずっと親をめちゃくちゃにしてきたものさ」。頭部には硬い木材を使うことになり、カエデの木でできた岩のように硬いクロケットの球に落ち着いた。

赤ちゃんは親に噛みつき、髪を引っ張り、耳をかじり、肩によだれをたらし、シャツの上に嘔吐する。ジマーマンの指摘によれば、赤ちゃんザルが自分の母親と一緒にいるところを観察すると、やはり母親の毛を引っ張ったり、耳をかじったり、体を引っ張ったりむしったりするという。それらはすべて愛情表現なのだ。もし機会があれば、同じことを父親にもするだろう。これは破壊行動などではない。好奇心であり、接触であり、感情であり、引っ張っても噛んでも許してくれる誰かに抱きしめられるという限りない安心感なのだ。しかし、かつてボウルビーが言おうとしていたように、サルも赤ちゃんも、愛して信頼している人にしかこんな行動はしない。

ハリーの研究室の代理母の中に、頭部をつけたものの、まだ顔が作られていないものがあった。シュミットとジマーマンが微笑みを浮かべる母親の顔をまだ完成させていなかったため、頭部がのっぺらぼうの球のままだったのだ。だから、一ヵ月前に生まれたある赤ちゃんザルは、のっぺらぼうの布製の母親と一緒にされた。ハリーによれば、「その赤ちゃんザルにとって、のっぺらぼうの顔が何より美しいものとなったため、しょっちゅう手や足でそれを愛撫していた」。それが三ヵ月ほど続いた。「赤ちゃんが生後九〇日になるころ、私たちはようやく布の母親を飾るのにふさわしい顔を作り上げ、誇らしげに代理母の体の上に載せた。赤ちゃんはそれを見るや、ギャーッと泣き叫んだ」

小さなサルはケージの隅っこにうずくまり、混乱して震えていた。だが数日後、赤ちゃんザルは解決法を見出した。代理母の体を登っていって、頭を一八〇度回転させ、球の裏側ののっぺらぼうの部分が前を向くようにしたのである。研究者は顔を前に戻した。赤ちゃんはまた後ろに戻した。研究者が戻し、赤ちゃんがまた戻す。「母親の顔を何十回も戻したけれども、一時間かそこらのうちに、子ザルは一八〇度回転させてしまうんだ」。そして、一週間も経たないうちに、子ザルは問題を完全に解決してしまった。母親の頭を外してケージの隅に転がし、無視することにしたのである。そして、何度でもそれを繰り返した。ハリーによれば「あくまでも忍耐強く、淡々と」繰り返したのだった。その行動が何を表しているのか、ハリーにははっきりわかっていた。ボウルビーの理論に従えば、赤ちゃんが特定の母親と絆を結ぶ方法のひとつは、「特定の母親の顔」を認識することだと考えられる。それは絶対的な確信なのだ――これは「自分の」お母さんだ、お母さんがここにいるんだから何も心配ないぞ、と確信することなのである。

赤ちゃんは、誰かれかまわずなつくわけではない。ジョン・ボウルビー、ハリー・ハーロウ、そして増えつつある支持者たちは、それをはっきりさせようとしていた。重要なのは、そうした関係が実際に存在し、赤ちゃんがその特別な相手を見て「この人だ」と認識するということだ。その後におこなわれたウィスコンシン大学の研究によって、ジマーマンが構想しシュミットが作った顔は、まったくサルが好む顔ではなかったことがわかっている。虫のような目をして緑色の口で笑う母親の顔よりも、イヌの顔の方がサルの好みだった。しかし、ハリーにとっては、その嫌悪感も重要なポイントだった。子ザルは母親の顔が好きではなかったかもしれないが、それでも母親を愛したのだ、と彼は言った。のっぺらぼうだろうと、虫みたいな顔だろうと、自分がよく知っている顔でありさえすれば――そう、母親の顔でありさえすれば、どんな顔でもよかったのである。ハリー曰く、赤ちゃんにとって、母親の顔はいつでも美しい。「母親の顔がいかに醜かろうとも、子どもにとっては醜くないのだ」「愛の本質」プロジェクトは、文句のつけようのない、美しく、一目瞭然な形でその絆を築こうとしていた。

アート・シュミットが作ったのは、ビル・メイソンが最初に提案したとおり、一体ではなく二体の「代理母」だった。ひとつは布製の母親で、円筒形の体に丸い頭がついていて、顔には笑みを浮かべていた。体は角材をスポンジゴムで包んだものでできていて、それが小麦色の綿のタオル地の布で覆われており、背後から電球が熱を発していた。理想的な母親と言えるかもしれない、とハリーは言った。「柔らかく、温かく、優しく、無限の忍耐力があり、一日二四時間対応してくれる。そのうえ子どもを叱ることもなく、間違って叩いたり殴ったりすることもない」。もう一方の母親は、四角く平たい顔に、二つの黒い穴の目としかめた口がついていた。そのしかめ面の下には同じく円筒形の体があって、やはり電球で温められていたが、それは針金でできていた。針金の母親は登るには好都合だったが、抱きしめたくなるような代物ではなかった。すべてが金属でできていたのだ。

八匹のサルが最初の代理母実験に使われ、それぞれ別々のケージに入れられた。どのケージでも、布の母と針金の母の二人の母親が子ザルを待っていた。サルは温かく柔らかい布の体か、温かい針金の体のどちらを好むだろうか？　いやいや、ハリーは問題をそう単純にはしたくなかった。四つのケージでは、布の母にミルクがいっぱい入った哺乳瓶が取りつけられた。残りの四つのケージには、「お乳の出ない」布の母と、哺乳瓶を備えつけた針金の母が置かれた。つまり、この実験は母親に関する通説を二つの面からテストしていたのである。もし赤ちゃんが接触に無関心なら、二つの母親の間を平等に行ったり来たりするはずだ。ただし、母子関係が食物を基盤としている場合は別である。その場合には、針金の硬い体でも布の柔らかい体でも大差ないはずなので、赤ちゃんは布の母ではなく、哺乳瓶をつけた針金の母親の方を断然好むはずである。もしそうなったら？　おそらく、愛の本質を探るハリー・ハーロウの研究はそれで終わりになるだろう。

だが、そうはならなかった。赤ちゃんザルとの絆を生み出すのが授乳でないことは、ハリーだけでなく誰の目にも明々白々だった。この母性愛の研究では、針金の母がミルクを滴らせ、足下にミルクの池ができようとも、子ザルは見向きもしなかった。それにひきかえ、布の母には吸い寄せられた。

後に発表された論文には、「布の母の授乳」「針金の母の授乳」と題された、整然として驚くほどわかりやすい二つの小さなグラフが載っている。そこには、平均的な二四時間に、赤ちゃんザルがそれぞれの母親とどれくらいの時間を過ごしたかが示されている。瞠目すべきは、二つのグラフが驚くほど似通っているという点だ。どちらのグループのサルも、生後六ヵ月になるまで、ほとんどの時間（およそ一日一八時間）を布の母とともに過ごしている。針金の母親に哺乳瓶を取りつけたケージの子ザルは、ミルクのために針金の母のところに駆け寄るのだが、食事に時間をかけない。グラフを見れば、子ザルが針金の母の上で一時間も過ごしていないのがわかる。たいていの場合、どの赤ちゃんも布の母の上で眠った。布の母に抱きつき、驚いたときにはギュッとしがみつき、ただひたすら彼女を撫でた。そのグラフには見えない言葉でこう書かれているようだった――食物は生命維持に必要だが、すばらしい抱擁は生命そのものである、と。

これらの結果を当時の心理学用語でまとめなければならないということが、ハリーにはわかっていた。アメリカ心理学会でのかの有名な演説では、こんなふうに表現されている。「これらのデータが明確に示しているのは、接触による安らぎが愛情反応の発達のうえできわめて重要な変数であるのに対し、授乳はたいして重要でない変数だということである」。心理学は何十年もの間、赤ちゃんが母親に結びつくのは、食物の供給源にぴったりくっついて離れないためだ、と主張してきた。だが、心理学者たちは本当にそれを信じていたのだろうか？　幸せそうに親の腕に抱かれている子どもの姿を見たことのある人なら、それがミルクのためだけだなんて信じられるか？　これも心理学の専門用語を使えば、こんな表現になる。「これは、母子の絆の永続性を説明するメカニズムとしては不十分である」。だいたい、哺乳瓶を持っている人と生涯続く絆が結ばれるなどと思えようか？　これまで、この主張が正しいことを証明する良い実験がなかったのだ、とハリーは論じた。そして、彼の研究室がそうした実験を敢行して発見したのは、哺乳瓶が基盤の関係ではなかった。赤ちゃんザルは哺乳瓶ではなく、優しい接触から得られる安心感に反応するということが判明したのである。ハリーは、この研究は完全に人間の赤ちゃんにも当てはまると考えていた。

ハリーはこれを「接触による安らぎ《コンタクト・コンフォート》」と呼んだ。彼は「接触」という言葉を養育上の意味で使っており、「喜ばしい肌と肌の触れ合い」ということだ。「安らぎ」を言い換えれば「安心感」となる。「ヒトであろうとサルであろうと、本物の母親の機能のひとつは（そしておそらく代理母の場合でも）、恐怖や危険が迫ったときに子どもに安心できる場を与えてやることである。子どもは怯えたり病気になったりすると、本能的にそうした避難所を探す。だから、苦悩や不安や危険に直面したときに現れるこの反応が、精神的な結びつきの強さを測るのに使えるかもしれない」と彼は述べた。このアイディアも、親が子どもに安全基地を提供するというジョン・ボウルビーの考えにとても近いものだった。ハリーと学生たちは、その結びつきをさらに追及することにし、親が子どもに安心感を与える方法をもっとうまく定義づけることができないかと模索した。安全な港を提供するためには、何が必要なのだろうか？

「私たちは単純な疑問から始めた」とジマーマンは言う。「赤ちゃんは何をするだろうか？　母親との関係の中で、どのように反応するのか？」。緑色の笑みを浮かべた代理母に対する子ザルの愛着がどれほど強いか、彼らはすでに認識しはじめていた。代理母の体には布の「スモック」が巻かれていて、衛生上の理由から毎日取り替えられていた。代理母を清掃するときには、赤ちゃんザルと母ザルの間のドアが閉じられ、研究室のメンバーがきれいな布に取り替える。その間、子ザルは動揺して泣き叫び、ドアを何度も押し、母を捜してケージの中を歩きまわった。ようやくドアが開くと、赤ちゃんは布の母親にぴったりしがみつき、まるで命綱であるかのようにスモックをぎゅっと握りしめた。

「それならば、子ザルは怖い思いをしたときに母親を見るだろうか？」とジマーマンは尋ねる。「どうか助けて」というくらいせっぱつまって、必死にしがみつくのだろうか？　そのころには、ハリーの大学院生たちはすっかり研究に没頭していた。彼らは、行進しながら小さな金属製の太鼓を叩く小さなおもちゃのクマや、吠えるイヌのぬいぐるみ——「ワン！　ワン！　ワン！」とジマーマンはやってみせてくれた——などを買ってきた。こうしたガタガタ動く、場違いでうるさいおもちゃの目的は、子ザルの恐怖反応を引き起こすことだった。研究者たちはよくやってみたものだ――箱におもちゃを入れて、赤ちゃんザル一匹と布の母一体が入っているケージのそばまで持っていって、箱を開けてクマを出し、太鼓を叩くスイッチを入れる。

「そうした子ザルはまだ生後五日で、ほとんど歩くこともできなかったが、恐怖のあまり空中を飛んで母親に飛びつくものもいた」。手で宙に優雅な曲線を描いて、赤ちゃんが母親に飛び移る軌跡を示しながら、ジマーマンは語る。「生後数週間、そう、三〇日くらい経って、自分の足で立つことができるようになると、みんな布の母に駆け寄って、両手でしがみつき、目を閉じて、温かくて柔らかい体に顔をうずめるようになった」。たちまち、布の母は基地になった。子ザルは彼女の上で眠った。少しは離れて探索することもあったが、いつも急いで戻ってきた。ケージのまわりを探索する間でさえも、振り返っては、彼女がちゃんとそこにいて自分を見ているかを確認するのだった。

今では研究に一二匹のサルが使われていた。ジマーマンとローナ・スミスは、子ザルの実験を一日に四、五回おこなった。研究室のメンバーはハリー好みの統計――小さく簡潔で、直接的で、現実的な統計――に基づいて全体像を描いた。「統計のせいで、代理母の研究をひどく批判する人もいた」とジマーマンは言う。調査対象の集団《コホート》が小さいので、大きな母集団で得られる統計的な深みが欠如していると非難したのである。「彼らに対する私の答えはこうだった――この研究に複雑な統計は必要ない。ちゃんと筋が通っている」

その結果があまりにも揺るぎなく、赤ちゃんと代理母の絆があまりにも明らかであったため、彼らの絆と、それにつきものらしい安心感をテストする別の方法はないだろうか、と研究室のメンバーは考えはじめた。

ビル・メイソンは研究室の小さなスペースを使って、約二メートル四方のサルたちの遊び場を作り上げた。彼はそれを「オープン・フィールド」と呼んだ。そこでWGTAで整然と出されるトレーを超えた課題をやらせてみるつもりだった。パズルや鍵やおもちゃを使って好奇心を研究してみたかったので、サルが探索できる場所が必要だったのだ。ボブ・ジマーマンは、スペースのあり方について考えはじめた。オープン・フィールドを、赤ちゃんザルにとっては少しばかり恐ろしい、見知らぬ小さな世界にしてみたらどうだろう?

ジマーマンは、ゲシュタルト心理学者ジーン・アルゼニアンが一九四三年に発表した論文を読んだことがあった。それはプレイルームで子どもを使っておこなった実験について書いたもので、アルゼニアンは、母親と同じ部屋にいる幼児を何時間も観察し、どのように遊ぶか、母親が出て行ったとき何が起こるかに注目した。「アルゼニアンは、母親には影響を及ぼせる領域《フィールド》があると述べていた」とジマーマンは言う。それは、赤ちゃんが安全に楽しく遊ぶことができる、魔法で守られたような領域だった。安心している子どもは、まるでその魔法をまとっているかのように、安心感の少ない幼児よりも自由で気楽に動きまわることができた。母親が影響を及ぼす領域を実証する手段として、プレイルームは実に有効だとジマーマンは考えた。それなら、オープン・フィールドをアルゼニアンのプレイルームのように使ってみたらどうだろう?　布の母にも影響を及ぼす領域があって、安全な魔法の領域を作り上げているのだろうか?

ハリーがアメリカ心理学会で会長就任演説をした一九五八年九月までに、彼と学生たちは代理母に育てられた四匹のサルを使って、二ヵ月の間、週に二回のオープン・フィールドテストを実施した。ジマーマンの疑問は魔法で守られた幸運の予言のようだった。オープン・フィールドに入ったどの子ザルも布の母に駆け寄り、しがみつき、体をすり寄せ、抱きつくのだった。オープン・フィールドに入った最初の数回は、子ザルは布の母から一度も離れようとせず、ただしがみついて顔も上げない。だがしばらくすると、母親がそこにいてくれさえすれば、子ザルはまわりを見るようになる。興味が湧きはじめたようだ。ほんの少し登ったり、パズルのピースを押したりして母のもとに戻り、しばらく探索して母のもとに戻り、おもちゃに噛みついて、また母のもとに戻る。しかし、研究者が布の母を部屋の外に出してしまって、母親がいなくなると、子ザルは本当に取り乱してしまう。泣き叫び、うずくまり、体を揺すり、手をしゃぶる。「子ザルはいつも母親が置かれている部屋の真ん中に飛んでいって彼女を探し、それから物から物へと急いで走りまわりながら、ずっと泣き叫んでいる」とハリーは述べている。

針金の母は、いないのと同じくらい役立たずだった。針金の母はオープン・フィールドの中にずっと置かれていたが、安心感という点では何も与えてくれない。ビクビクさせる物体がひとつ増えただけだった。針金の母と一緒にオープン・フィールドに入れられると、彼女のところでミルクを飲むのに慣れていた赤ちゃんザルでさえ、置き去りにされた子どもみたいになった。彼らはオープン・フィールドという見知らぬ小さな世界の中ですっかり怯えていた。針金の母が部屋の真ん中に目立つように鎮座していても、子ザルは彼女に背を向け、壁の方を向いてうずくまっていた。

後になってわかったのだが、ハリーの研究所の子ザルたちの行動は、メアリー・ソルター・エインズワースというジョン・ボウルビーを支持する若い心理学者がおこなった見事な研究にほとんどぴたりと合致していた。オハイオ州で生まれ、トロント大学で学位を得たエインズワースは、そこでウィリアム・ブラッツという科学者に師事した。ブラッツは、弟子をはじめとして誰彼かまわず、自分の「安全」理論を聞かせようとするのだが、その主張のひとつが「子どもは両親の近くにいることで安全を得る」というものだった。安全であるという安心感があれば、子どもは外に出て行って世界を探索することができる、とブラッツは説いた。

自分の根底には不安感があるといつも話していたエインズワースは、その理論が非常に気に入り、それをテーマにして博士論文を書いた。一九五〇年、思わぬ偶然が彼女をボウルビーに引き合わせた。夫がイギリスで職を得たので、彼女は夫についていって仕事を探しはじめたのだが、ちょうどそのとき、ボウルビーが助手を求める新聞広告を出し、それにエインズワースが応募したのだった。彼女はボウルビーやジェイムズ・ロバートソン（入院した子どもたちの映画を撮影した研究者）やまだ新しくて危なっかしい愛着研究チームと一緒に三年ほど働いたが、夫が教職を得たので、またもやついていくことになった。今度の行き先はウガンダだった。

何か心理学の勉強になることをしようと心に決めて、エインズワースは部族の村々で過ごしはじめた。最初は観察しているだけだった。彼女はボウルビーとともに働いている間もずっと、フロイト派はやはり正しいのではないか、赤ちゃんはただ授乳してくれる人に結びついているだけで、授乳によってその結びつきが強化されているのかもしれない、と思い迷っていた。しかし、ガンダ村で子どもと母親を観察しているときに、考えが変わった。母と子の関係は完全に特定されていたのだ。「母親が抱き上げると赤ちゃんは泣きやんだ。でも、そこで誰か別の人が抱き上げたら、赤ん坊は泣きやまない」とエインズワースは述べた。村人は授乳や抱っこして寝かしつける役割まで共同でおこなっていたが、結局のところ、ミルクもベッドもその絆を生み出しはしなかった。子どもはいつでも母親を他の人と区別していた。

赤ちゃんは、母親に対しては特別の笑顔を浮かべた。他人には見せない晴れやかな顔で笑うのだ。違った甘え声を出し、すり寄った。母親が部屋を出て行くと赤ちゃんはハイハイしてあとを追い、部屋に戻ってくるとうれしそうに急いで母親の方に這っていた。ボウルビーの理論の重要な点のひとつは、愛着には厳密な関係性（それも互いに影響し合う関係）があるということだ。母親は赤ちゃんに反応し、赤ちゃんは母親に反応しつづけてもらおうとして、できるかぎりのことをする。母親に近くにいてほしいのだ。だから、赤ちゃんは母親にまとわりつき、くっつこうと努力する。その努力の見返りとして、赤ちゃんには安心感が与えられる。笑顔はそのいい例だ。笑顔を見せて、赤ちゃんは母親をもうちょっと強くひきつけようとするのである。「赤ちゃんがより素敵な笑顔をもっと見せれば、もっと愛され、もっと大事にされる。それに疑いの余地があるだろうか？」と、ボウルビーはよく口にした。

ウガンダの村でエインズワースが見たのは、ハリーと学生が実験で見出したのとまったく同じ種類の行動だった。赤ちゃんは母親から離れて、束の間の冒険に出かけた。それから立ち止まり、母親のところまでハイハイして戻って触るか、ただ微笑みかけるかして、母親がまだちゃんとそこにいて見守っているか確認する。エインズワースはこんなふうに述べた。「母親は、子どもが不安にならずに冒険に出るための安全基地を提供しているようだ」。エインズワースもまた、安全の本質について考えはじめていた。良い母親――子どもの世界を落ち着いたものにする母親――は、どんな行動をするのだろうか？ハリーの研究によれば、抱きしめ、慰撫することが安全基地を築くうえで不可欠なのは明らかだった。だからこそ、針金の母はどれほど食物を与えようとも、安心の源にはなりえなかったのだ。針金の母は子どもを拒絶したことも置き去りにしたこともなかったが、そんなことは関係なかった。金属製であるがゆえに、針金の母は心の支えになれなかったのである。

もし、冷たく四角四面だがいつもそばにいる針金の母を、人間に置き換えてみたらどうなるだろう？

ハリーは一度、こんな経験をした。研究に関する講演の後、ひとりの女性がハリーのところにつかつかとやってきて、自分は針金の母のようだと話したのだという。自分の子どもを抱きしめるのが不快だし、手を握るのも嫌いです、とその女性は言った。「もっと悪かったかもしれないよ。そのうえ針金の妻だったかもしれない」とハリーは冗談めかしたが、その話をしたのは、そのような母親が実際に存在することを強調するためだった。針金の母親は、研究室にしか存在しない実験の産物ではなく、育児スタイルのひとつを表しているのだ。そしてたぶん、心理学が給餌と条件づけに固執していたがために、研究者はそのような冷たくよそよそしい育児がどれほど間違っているかを実感してこなかったのだ。

安心感を与えてくれる親なしで生きていかなければならない子どもには、いったい何が起こるだろう？　もし赤ちゃんが親と親密な絆を結べなかったら、大きくて恐ろしい外の世界に乗り出していくとき、何が安心感を与えてくれるのだろうか？　自分を愛し、抱きしめ返してくれる人が誰もいなかったら、幼い子どもは日々の好奇心を満たすための勇気を得ることができるのだろうか？

ハリーの実験で、針金の母と一緒のときに探索するのも触るのも周囲を見ることさえ怖がっていた子ザルは、不安定（または不安定な愛着）の完璧なケーススタディと言えるだろう。数年後の一九六〇年代初頭、エインズワースは実際に子どもを使ってそのような反応テストを始めた。彼女（と夫）はアフリカを離れ、ジョンズ・ホプキンス大学で研究しはじめていた。メリーランドでエインズワースは、ある観察計画を立案した。親に対する子どもの愛着の仕方を観察し、それが安定した関係によるものか、あるいは脆弱な関係によるものかを調べようとしたのである。彼女の「ストレンジ・シチュエーション」テスト（オープン・フィールドテストと概念的にはそれほど変わらない）は、綿密に設計され、詳細に測定された。ハリー・ハーロウやジョン・ボウルビーと同様にメアリー・エインズワースも、心理学界で注目されるためには、研究が徹底的でなければならないことを実感していた。

現代でも使われているストレンジ・シチュエーションテストは、次のようにおこなわれる。母と幼児が一緒に研究室にやってきて、プレイルームに入る。フレンドリーな研究者が二人を温かく迎えて、部屋の隅に座る。おもちゃやゲームの置かれた部屋は楽しげで、明るい色のプラスチックのおもちゃが選び放題なので、部屋に入ると赤ちゃんはたいていハイハイして探索しはじめる。しかし、そこに仕掛けがある。数分後、母親が部屋を出て行くのだ。赤ちゃんは、魅力的だがまだなじんでいない部屋にひとりで取り残される。知らない研究者がひとり残っているだけだ。そして、数分経つと母親が戻ってくる。

赤ちゃんザルがどんなふうに布の母のところへ跳んでいってしがみついたか覚えているだろうか？　たいていの人間の赤ちゃんも、戻ってきた母親の方に突進する。笑って母親にギュッとしがみつく。母親がいないせいで落ち着かず不快な思いをしていたら、赤ちゃんは母親が帰ってくると、さらにべったりくっついて離れなくなる。母親がいない間に不安になり、自分に対する親の反応を試しているようだった。赤ちゃんは特上の安心感を欲しがった――お母さんに会えてうれしいよ、お母さんもうれしい？

母親がいないと、子どもの多くは遊ぶのをやめてしまった。泣く子もいた。涙のあふれる目でまわりを見まわし、部屋中を探しまわり、いなくなった親を求めてドアの方へよちよち歩いた。研究者が部屋にいても、安心する赤ちゃんは皆無だった。もし研究者を見たとしても、その目は疑い深かった。研究者は見知らぬ他人である。いたところで、何の安心も感じられない。

その反応にはいくつかのパターンがあった。母親がいない間も遊びつづけ、母が帰ってきてもリラックスしたままで、ただ顔を上げてニコニコ笑う子もいた。エインズワースは、こうした子どもをすばらしく安定した愛着型と分類した。彼らは母親が帰ってこないことなどまったく心配していないようだった。母親は彼らのために「ちゃんと存在しているのだ」と確信しているのだ。エインズワースは、それとは正反対のタイプも見つけた。針金の母親の子どもではないかと思えるような反応をするのである。そうした子どもは、母親が帰ってきても、安心も喜びも示さなかった。安心を求めるかのように母親の方にハイハイするものの、体をこわばらせて母親から遠ざかるのだ。まったく母のもとに行こうとしない子どももいた。その関係には奇妙な用心深さがあった。子どもは母親を一瞥して目をそらす。ここで「不安定な愛着型」という言葉が生まれた。エインズワースはさらに研究を重ね、不安定な愛着型の子どもを二つの大きなグループ――抵抗型（アンビバレント型）と回避型――に分けた。抵抗型の子どもは抱きしめてもらいたがるが、それでも安心感が得られない。回避型の子どもと母親は少し敵対的な関係にあり、母親が来ても、子どもは目をそむける。

こうした子どもとハリーの代理母実験の子ザルとの大きな違いのひとつは、親との関係だった。赤ちゃんと母親の間にはやりとりや応酬があったのである。エインズワースと学生がこうした親子の家庭を訪ねて観察を続けたところ、安定した愛着型の子どもの母親が、子どもに敏感に反応していることに気づいた。子どもが泣いたり笑ったりするのにすぐ反応し、泣いている子どもをすばやく抱き上げ、愛しげな様子で長時間抱く傾向にあった。抵抗型の子どもの母親は、たいてい気まぐれだった。急いで抱き上げることもあれば、赤ちゃんが泣いていても無関心なこともあった。母親からどちらの反応が返ってくるかは、研究者にも、そして明らかに子どもにもわからなかった。回避型の子どもの母親は、拒絶的な態度をとっていたと言えるだろう。子どもを抱き上げるときは、いつもイライラしていた。怒ったように、いささか乱暴に抱き上げるのだ。肉体的な接触に対する嫌悪感を口にすることもある。エインズワースの録音テープには、子どもが手を伸ばしたときに、「触らないで！」とはねつける声が入っていた。

エインズワースの発見は、ほとんどすべてがワトソンの説と正反対だった。生まれて最初の数ヵ月の間に、赤ちゃんの泣き声にすばやく温かく反応する母親の子どもは、安定した愛着型になるだけではなく、実際に他の赤ちゃんよりも泣かない。一歳になるまでに、注意をひくために泣く必要はないと感じるようになるらしく、その代わりに身振りや表情やバブバブと甘え声を使うのだった。従来の理論の予測に反して、彼らは依存心の強い子どもではなかった。それどころか、自立しているように見えた。反対に、回避型の赤ちゃんは、親からは何も期待できないことを学習したようだった。しょっちゅう、それもたいていはひとりきりで泣きじゃくるのである。彼らは自信なさげだった。打ちひしがれた様子か、さもなければ怒っているように見えた。母親が抱き上げようとすると、子どもは身構えるようにそっぽを向いた。回避型の赤ちゃんがそうして縮こまる様子は、針金の母親と一緒にいながら、オープン・フィールドの部屋でうろたえ、壁に向かって頭を垂れるハリーの子ザルに酷似していた。

ハリーの研究（あるいはそのタイミング）ほど、ジョン・ボウルビーの主張にぴったりの研究があったろうか？　ボウルビーは精神医学や人間行動について主唱するお偉方とは距離を置いて、動物行動学者たちとの会話に多くの時間を費やすようになっていた。その最たる人がコンラート・ローレンツで、後に「刷り込み」――鳥のヒナによる母親への熱烈で本能的な愛着――の研究でノーベル賞を得ることになる。ローレンツは、小さなヒナが最初に見た「母親」に忠誠を捧げることを示した。だから、研究対象だったハイイロガンのヒナが卵の殻を破って出てくるそのときに、ローレンツはヒナをじっと見つめていたので、「母親」になることができたのだった。言うまでもなく、人間の行動と完全に符合するわけではない。当然ながら、ボウルビーの批判者が感心するはずもなかった。「ガンの分析をして何の役に立つ?」と英国精神医学会のボウルビーの同僚のひとりは言った。

しかし、もしローレンツの研究をもっと真剣に検討したなら、そこには無力な赤ちゃんをうまく保護者に結びつけようとする自然の意図が十全に現れていることに気づくはずだ。ガンの場合、愛着は生まれつき備わっているらしい。人間の関係はもっと柔軟で、だからこそもっと難しいのだが、基本的な点は同じだとボウルビーは主張した。母親が重要なのだ。赤ちゃんは母親を必要とする。生まれつき母親が必要なのだ。そんなとき、もっと人間に近い動物を使って実験をおこなったハリー・ハーロウが現れた。ハリーの研究は、まさに同じことを伝えていた。母親は食物を与えるだけの役割だとか、どんな母親でも子どもを癒せるという考え方は、ウィスコンシン大学の実験によって一掃された。ハリーの出した結論は、好むと好まざるとに関わらず、無視できないものだった。

一九五七年八月八日、ジョン・ボウルビーはハリーに手紙を書いた。すでに布と針金の母親を使った研究は始まっていたが、ハリーはあの画期的な演説の原稿をまだ書いていなかった。ボウルビーがウィスコンシン大学の代理母実験を知ったのは、ケンブリッジ大学の高名な動物行動学者、ロバート・ハインドを介してだった。その年、ある心理学の会議がスタンフォード大学で開催され、ハーロウとハインドはそこで長時間にわたって母性について議論したのだった。ハインドはその議論に非常に感銘を受け、イギリスに帰るとすぐにボウルビーに連絡をとった。ハインドの話を聞いて興味をかき立てられたボウルビーは、すぐにハリーに執筆中の論文の草稿を送った。「批判でもコメントでも何でもいただければ光栄と存じます。……あなたのサルを使った母親の反応実験のことを、ロバート・ハインドから聞きました。論文か原稿をお送りいただけると幸いです」

ボウルビーが同封した論文、「子どもと母親の結びつきの本質」は、子どもの側に立って研究者を罵倒したとも言える代物で、ロンドンの精神科医仲間が激怒するのはまず間違いない内容だった。ハリーはイギリスの精神科医とは違って、ボウルビーの主張が気に入ったので、すぐに返事を書いた。「あなたが興味を抱いていることは、私がサルを使っておこなっている母親の反応の研究に非常に近いようです」。そして、代理母に育てられたサルを見に来てくださいとボウルビーを招待した。われわれが目にしているサルと代理母の関係は、研究所の皆の予想をはるかに超えて、ますます強まっているようです、とハリーは書き送った。

ある一連のテストでは、オープン・フィールドの真ん中に置いたアクリルガラスの箱の中に布の母を入れた。赤ちゃんザルは見るからに、母がガラスの向こうにいることが気に食わない様子だった。甘え声を出し、透明のガラスを触りまくって、母親をそこから出す方法を模索した。しかし、最後には母親の顔が見えるだけで良しとするのだった。実験したどの子ザルも、最後には部屋の探索に乗り出し、何か興味をひかれるもの（たとえば小さいパズルとか）を見つけると、それを拾って箱のそばまで持ち帰る。それもできるだけ母親の近くに持っていくのだ。別のテストでは、錠をいくつか外すことができれば、箱が開くようになっていた。子ザルたちはすべての錠を外して母親にべったりくっつけるようになるまで、何度も何度も果てしなく挑戦しつづけた。布の母親からすでに離れて、若者のグループに入った若いサルでさえ、母親を助け出そうと必死になった。布の母親と何ヵ月離れていようと関係なかった。ハリーによれば、子ザルたちはどうやら「しぶとく忘れなかった」らしい。

ボウルビーはすぐにハリーの研究を引用するようになった。後に、しばしばこう述べている。自分の話が真面目に聞いてもらえるようになり、最終的に英国精神医学会に戻ることができたのは、二つの研究のおかげだ。ひとつはメアリー・エインズワースのすばらしい研究であり、もうひとつがハリー・

ハーロウの研究室による議論の余地のない発見である。ボウルビーによれば、この二つの研究の後、「われわれの仮説が本質的に間違っている、と批判する声は聞かれなくなった」

ハリーが一九五八年におこなったアメリカ心理学会の会長就任演説は、戦場での鬨《とき》の声のように響き渡った。怒りに満ち、挑発的だったが、その憤怒にはびっくりするほど詩的なイメージがあふれていた。心理学はなぜこれほどまでに頑迷に盲目でいられるのか、と彼ははっきりと危惧の念を呈した。「心理学者、わけても教科書を執筆する心理学者は、愛や愛情の起源や発達に興味を示さないばかりか、その存在にすら気づいていないようである」。文学者、詩人、小説家によって書かれた本だけが愛に取り組んでいるようだが、それらは大人の愛ばかりに注目している。まるで世界中が結託して、私たちの最初の愛である子どもの愛など重要ではないと装っているかのようだ。

そして、ハリー・ハーロウは布の母親の実験についてくわしく説明する際に、子どもが母親にまとわりつく理由を語るボウルビーの説得力のある説に言及した。まだ予備段階で、目新しく、これまでの議論とは正反対であるが、すべては「母と子の間には深く永続的な絆がある」ことを示している。詩人や小説家は愛についてもっとたくさん、もっと美しく書いているかもしれないが、結局のところ、意欲的な科学者ほど愛を解明できるとは限らない。「こうした作家や大御所たちは子どもや乳幼児から愛を取り上げ、青年や大人に独占させてしまった」と彼は述べ、詩人は心理学者と同じくらい間違っていると聴衆に断言した。そもそもの初めに愛は始まる。そしておそらく、もっとも愛を与え、もっとも愛を求めるのは、子どもなのだ。

7 愛の連鎖

愛情の基本原理に関する理論は、実験が不足していたため、観察、直感、洞察的な当て推量といったレベルで発展した。

ハリー・F・ハーロウ『愛の本質』（一九五八年）

一九五〇年代末に、ジョゼフ・ストーン、ヘンリエッタ・スミス、ルイス・マーフィーという三名の心理学者が協力し、赤ちゃんの科学に関する本をまとめあげることにした。彼らはまず先行研究を集めはじめた。ストーンによれば、研究を次から次へと集めに集めた結果、論文の山があまりにも大量になったので、自分たちは科学を掌握できない「無能な研究者」なのだろうかと心配になってきたそうだ。だが、そのうちに、彼らはこの山積みの研究論文から、あるひとつのメッセージが読み取れることに気づいた――「正真正銘の知の爆発」をうまく活用できたわけである。ここにきてようやく、科学は「受動的な子ども」というそれまでの見方を捨てることになる。すると突然、赤ちゃんは本物の人間になった――感情を持つ人間、それも熱烈な感情を持つ人間になったのである。

そうして生まれた本が『有能な乳幼児』であり、冒頭はこんなふうだ。「数年前のこと、われわれの知人の若い心理学者が、六ヵ月になる初めての息子のオムツを替えていた。そこに妻がやってきて、『そんなに怖い顔をしなくてもいいわよ。赤ちゃんに話しかけて、少しは笑いかけてやってちょうだい』と咎めた。それに対して、われらが友人は姿勢を正してきっぱりと言った。『赤ん坊には僕に言いたいことなどないし、僕も赤ん坊に言うべきことはない』」

そして編者はこう述べる――なんと彼は間違っていたことか、そして科学もなんと間違ってきたことか、と。それに続いて、赤ちゃん専門家による間違った仮説のリストが、二ページにわたって掲載される。編者によれば、「専門文献からほとんど無作為に選んでも、当惑するような仮説をいくつも集めることができた」。彼らが選んだ非常に馬鹿げた科学的な考えをいくつか挙げてみよう。「赤ちゃんは顔を見ることができない」（一九四二年の論文）、「赤ちゃんは自分の周囲のことにほとんど何も気づいていない」（一九四八年）、「新生児は反射を寄せ集めただけのものである」（一九五二年）、「三歳になるまで色を認識しない」（一九六四年）、さらには、「人間の子どもは、生後しばらくの間は機能が剥奪された状態である」というのもあった。要するに、赤ちゃんは能なしだというのである。

一三一四ページに及ぶ『有能な乳幼児』には、愚かで無知な赤ん坊という考え方に対する反論が詰まっていた。編者自身による辛辣な批評に加えて、世界中の科学者による二〇二もの研究や小論がぎっしり詰め込まれていた。どの寄稿者も、子どもに対する従来のイメージを刷新しようとしていた。ストーンとスミスとマーフィーが切れ味鋭く編集したこの本の中では、赤ちゃんはきちんと人を見ることができる。人に注意を払い、人について考えることもできる。この小さな人間は、他者とのつながりを築くために一生懸命に働きかけているのだ。両親は重要であり、そしてもちろん、愛も重要だ。

ヴァッサー大学の児童研究科長だったストーンは同僚とともに、集めた証拠を注意深く吟味した。以前にボウルビーが気づいたのと同様、彼らも議論に説得力を持たせるためには、人間を研究した直接的な証拠だけではなく、きちんと管理された動物研究による間接的な証拠も必要であることに気づいた。しかも、その研究は最高のものでなければならない。だから、彼らは集めた研究の一〇分の一しか収録しなかった。アメリカ心理学会出版からハリー・ハーロウの『愛の本質』が刊行されると、ストーンはすぐにハリーにコンタクトをとった。布の母親の研究（それに加えて、愛と絆を支持する歯に衣着せぬ物言い）のために、ハリーは霊長類研究者の小さなコミュニティから、世間の大きな注目を集める赤ちゃん育児研究の世界へと引っ張り出されたのである。

ハリーはストーンが気に入った。「自然が生み出したすばらしい人間のひとり」と呼んで、彼の赤ちゃん本のために多くの資料を提供したが、ハリーを育児の世界に導いたのはストーンだけではない。その当時は、誰も彼もがハリー・F・ハーロウに電話をかけてきて、彼の意見を聞こうとしているようだった。ハリーは国中の大学で講演し、あちこちの会議や委員会に出席するため、あわただしく駆けまわった。母性愛と赤ちゃんの愛について、科学の世界の外でも話をした。全国放送のテレビや有名な雑誌、新聞や座談会にも出演した。「ライフ」「ニューヨーク・タイムズ」「ロサンゼルス・タイムズ」「ワシントン・ポスト」、AP通信、CBSテレビ、NBCテレビ、BBC——みんなが彼に母子の絆を作り直してもらおうとした。なぜハリーはあれほど効果的に、愛に関する心理学の主流の見解を一変させることができたのだろうか？　その理由のひとつは、彼が大義のために飽くことなく言葉巧みに説いたからだ、とかつての同僚たちは口を揃えて言う。

「ハリーは大胆で、辛辣なウィットに富み、遊び心に満ち、革新的だと定評があった。アカデミックな心理学者にはめったに見られない性質だ」とビル・メイソンは言う。「彼はそうした性質をうまく利用して、ハル派やスキナー派の神聖にして冒すべからざる面々、一九五〇年代の実験心理学の潮流を象徴する中心人物に対する攻撃もやってのけた」。メイソンは、彼の主張が時宜を得ていたと考えている。コンラート・ローレンツや、ボウルビーの同僚のロバート・ハインドや、カリフォルニア大学の心理学者フランク・ビーチといった動物行動学者たちも、同じように従来の考え方に反対する研究を発表しており、それらはどれも誕生して間もないころの経験が重要であることを明らかにしていた。ドナルド・ヘッブもラットの研究で、幼いころの経験が成年時の振る舞いに影響を及ぼす可能性があることを示していた。彼らやハリーの研究は、心理学が融通の利かない学問になりつつあることに不安を覚えていた多くの人の興味をひいた。つまり、当時はいつになく受容力が高まった時期で、心理学の主流の見解について考え直すめったにない機会だったのだ。

かつてボウルビーやそれ以前の科学者は逸話めいた人間の事例を証拠として挙げて、ことごとく反駁されたが、今回は批判する側も、ウィスコンシン大学の研究所が発表した、詳細で見事に図表化された研究を論破することはできなかった。「人間のデータを扱う場合には常に、データに影響を与えた知られざる幼児期の経験が存在するとか、研究目的の要因によって母集団があらかじめ選定されたといって論駁することができる。たとえば、家族と一緒に家にいる子どもたちに比べて、病棟に入院している子どもたちの方が不健康だとしても、入院が病気を生み出しているわけではない、と論じられるんだ」とジョージア大学の心理学者で、長い間サルの社会行動を専門としてきたアーウィン・バーンスタインは説明する。批判者たちは、きちんと管理され、何度も確認された代理母研究の結果をそう簡単にはねつけることはできなかった。つまり、「針金の母は子育てできない」という結果はまったく論破されなかったのである。

「もちろん、ボウルビーは人間の赤ちゃんを針金の代理母の上に置くわけにはいかなかった」と、ウィスコンシン大学における布の母親研究の最初の共同研究者のひとり、ロバート・ジマーマンは言う。それよりも、ジマーマンもメイソンも同意しているように、「科学とは命について明らかにするものである」というハリーの信念が、論旨を相手に伝えるうえで途方もなく効果的だった。ハリーは誰にでも話したし、ランクが上だとみなされていた理論での研究に激しく抵抗した。「ボウルビーはホワイトカラーの科学者だった。ハリー・ハーロウはブルーカラーの科学者だったのさ」とジマーマンは言う。メイソンの分析もそれとよく似ている。「ボウルビーの態度はもっと学者っぽくて、もっと専門的で、もっと読解困難で、『愛の本質』より遠慮がちで、家で話せるような単純なメッセージを伝えてはいなかった。だから、主要なメディアに取り上げられることも、専門家の間で広まることもなかった」。ボウルビーはセールスマンにうってつけの人物ではなかった。科学者にとって、人を説得する才能とは必ずしも称賛され奨励されるものではないのである。こうした点を考えると、ボウルビーのドライで威厳のあるプレゼンテーションは、彼の研究が注目を集める妨げになったと言えるだろう。そして表舞台に出てきたのが、ボウルビーの後ろに控えていたサービス満点のショーマン——科学に対してユーザー・フレンドリーなアプローチをするハリー・ハーロウだ。彼は愛着理論にスポットライトを当て直したのである。

実際のところ、その当時ハリーがエネルギーを注いでいたのは、主張の趣旨を明快にし、人々に自分の話を聞かせ、科学者に話しかけ、CBSテレビの『コンクエスト』に出演し、世界に向かって愛の重要性を語ることだった。彼のスタンドプレイを非難する同僚もいた。だがハリーは、メッセンジャーという自分の役割に夢中になりすぎて我を忘れることはなく、多くの親なら普通に知っている常識に心理学が追いついていくのを見て面白がっていた。科学者の意見に一度も耳を傾けたことのない親なら、良い母は子どもを抱きしめ、良い父は子どもと遊ぶために時間を作るということをとっくに知っていた。ボブ・ジマーマンは、布の母の研究を紹介する最初の講演旅行からハリーが帰ってきたときのことを思い出す。ハリーはにやにやしながら、首を振った。「ボブ、母親たちにはもうわかってるんだ」と、またもや科学が一般常識のあとを追っていることを面白がった。「セントルイス・ポスト・ディスパッチ」紙のインタビューを受けたときには、研究室ではもっといい代理母を新しくデザインすることになるだろう、とジョークを言った。腕の数は一〇本になるだろう。適切な子育てをするには少なくとも一〇本は必要だからね。「その数を教えてくれたのは、ある母親なんだよ」

突如として、ハーロウ教授は育児方法について実にさまざまな相談を受けるようになった。愛についてだけではなく、昼寝からトイレ・トレーニングまで質問は多岐に渡った。一歳の誕生日までにトイレ・トレーニングを完了しなければならないという定説は疑わしい、とハリーは頑強に言い張った。そして、常識とユーモアの釣り合いのとれた、まさしく彼ならではの回答をした。「ごく幼い人間の子どもにトイレ・トレーニングをするにはさまざまな方法がありますが、ひとつだけ共通していることがあります。それは、どれも役に立たないということです」。もう少し大きく成長するまで放っておいて、赤ちゃんがいることをもっと楽しみなさい、とハリーは助言した。「もちろん、マゾヒスティックな母親は、お好きなだけ早く苦行にお入りください」

新生児と母親が一緒にいられるように病院を説得しようという「レッドブック」誌のキャンペーンに論文が引用されたとき、彼はさらに喜んだ。病院のやり方が親のためにも子どものためにも良くないことを示す証拠として、ハリーの研究が掲載されたのである。「レッドブック」は遠慮会釈もなく断言している――「母親の要求と病院の規則が相容れない場合、しかるべき答えはひとつしかない。規則や慣習は母親に譲歩するべきだ」。「ディス・ウィーク」という別のグラビア誌（日曜日の新聞の付録の雑誌で、「パレード」誌と競合していたが、現在は廃刊）は、ハーロウの研究のおかげで、いまやアメリカの医師には霊長類学の教育が必要になったと示唆した。サルはまさしく育児に洞察をもたらしてくれる、とハリーはその雑誌に語った。彼によれば、おそらくもっと重要なのは、「歩くことや話すことを学ぶのと同様、愛することを学習しないまま長い間放置していると、致命的な悪影響が及ぼされる」ということだ。

ストーンは、一九五九年にハリーをヴァッサー大学に招待した。同じ年、カリフォルニア大学バークレー校の有名な児童心理学者ナンシー・ベイリーから、ハリーをアメリカ心理学会の発達心理学部門のフェロー〔優れた業績をおさめた人に授与される称号〕に推薦したという手紙が届いた。彼は喜んで彼女に返事を書いた。「発達心理学に対する私の姿勢は、のめり込んでいるなんて生やさしいものじゃないんです」

ハリーは最初から『有能な乳幼児』に乗り気だった。サル研究が人間の行動を考えるうえで役立つことを人々に知らせたかったのだ。そして、心理学に変わってもらいたかった。彼の代理母の研究はその出発点であり、ストーンが述べたように、「子どもはパン（またはミルク）のみにて生くるにあらず」ということを早くに証明していた。元のまま明快に引用された彼の論文が、心理学の変化のきっかけとならなければ、布の母親の研究は失敗ということになる。当時、華々しい喝采を受けたからといって、ハリーが成功したことにはならない。心理学がその場かぎりの興味にとどまらず、もっと本質的な何かに至らなければ、成功したことにはならないのだ。人気雑誌の特集記事を一時にぎわしただけで終わってはならない。科学者も大衆も、母子の絆は生まれたその日から重要なのだと考えるようにならなければならない。そして、赤ちゃんがそのことを知っているのを認めるべきだ。どうやら心理学者は、母子関係に関しては自分たちより赤ちゃんの方がよく知っているという事実を直視する必要があるようだ。

ストーンと共著者たちは、ハリー・ハーロウの主張する見解へと変化する最初のかすかな気配を確かに感じていた。少なくとも、赤ちゃんが母親とどのように結びつくか（どのように見て、触れて、欲するか）についての科学的な見方には、変化の兆しがあった。『有能な乳幼児』の編者は、次のような考え方が新しいコンセンサスになるかもしれないと考えていた。「赤ちゃんはミルクを与えてくれるから母親を愛するわけではない。より正確に表現するなら、赤ちゃんは母親に『夢中になる』のだ」。確かにここには迫り来る大変革の兆しが感じられたし、たったひとつの絆が持つ力は徐々に認められつつあった。

ごく短期間ではあるが、私たちは夢中で求められる対象になる——完全に愛され、完全に必要とされる——という考え方には、非常に説得力がある。恋が燃え上がる最初のころに、そのような激しさを経験することがあるかもしれない。しかし、人生の黎明期にその究極のつながりを得ることの方が、ずっと重要だと言えるだろう。ストーンや同僚たちによれば、赤ちゃんの世界では、最初にひきつけられる対象は母親である。他の人たちを認識し、大切に思うことを学んだ後でも、母親の顔は無比であり、特別なのだ。たいていの場合、母親の顔はもっとも愛する顔でありつづけるのだが、それには正当な理由がある。母親はいつでもそばにいて、赤ちゃんの世界にいる他の誰よりもよく反応してくれるからだ。

赤ちゃんは消極的な受け身の存在である（哺乳瓶や乳房にただ盲目的に結びついているだけ）という考え方を心理学が手放したとき、親と子の相互交流の可能性が俄然注目を集めるようになった。

ハリーの布の母親に育てられたサルたちは、意外な形でそれを強調することになった。研究の初期には、微笑みを浮かべた抱きしめやすい布の母親は、育児について科学が出した答えであるかのように思われた。しかし、身動きしない布の母親に夢中の赤ちゃんザルは、苦境に陥ることになるのである。ウィスコンシン大学でも他の研究所でも、代理母育ちのサルたちが成長するにつれて、困った状況に陥ることが徐々にわかってきた。代理母実験の追跡取材でマディソンにやってきたニューヨークの記者は、一〇〇匹の異様なサルが完全に混乱している様子を記事にしている。ケージのバーにしがみつき、通りすぎる人に金切り声をあげるサルがいた。自傷行為をするサルもいて、自分の手に噛みつき、自分の毛をむしっていた。「もっとたくさんいたのは、ただただ無関心なサルたちで、ゾッとする光景だった」と記者は述べている。「何時間も何時間も、奇妙にねじれた姿勢で座ったり、ケージの隅にうずくまったりしており、何も見えず、何も聞こえていないようだった」

その中でも最悪なのは、すさまじい勢いで体を揺すったり噛んだりしているサルたちで、針金の母に育てられた子どもだった。しかし、布の母親の子どもたちも予想外に不健全だった。布の母親は温かく、心地良く、いつでも機嫌よくそばにいてくれるように見えたので、最初のうちは、なぜこんなひどい状態になったのか、研究者にもわからなかった。今振り返ってみれば、理由は一目瞭然に思えるだろう。しかし、まだ研究が不確かな当時はそうではなかった。科学はそのころようやく、個々人のつながりや絆について考えはじめたばかりだったのだ。布の母親の子どもたちのせいで、ハリーと学生のチームは、二者の絆にある双方向性について考え直すことを余儀なくされたのである。そうすると、これらの取り乱したサルの本質がはっきり見えるようになった。彼らは、母親に抱きついても、抱きしめられることのない赤ちゃんだったのだ。

科学者でなくてもわかることだが、二人のうちの片方だけが夢中になっている関係の前途は暗い。人間関係を考えてみよう。赤ちゃんから老人まで、どの年齢であろうと、互いが互いに興味を持ったときに人間関係はもっともうまくいく。それなら、行動理論を拡張すれば、そのように非常に柔軟で、複雑で、立場が絶えず変化する関係性をすべて扱えるのだろうか？　そもそも、そうした関係に理論は必要なのか？　子どもの表情を観察し、耳を傾け、同じジョークを一一回目に聞いたときにも笑ってやり、どんな小さな悲しみの兆しにも気づき、落ち着かせてやろうとするとき、それは愛着行動なのか、あるいは健全な相互作用にすぎないのか？　もしかすると、愛着と相互作用をきっちり区別することなどできないのかもしれない。あるいはそうした区別そのものがありえないのかもしれない。ボウルビーが言いつづけていたのは、安定した愛着を築くうえで重要なのは、子どもに対する母親の反応（また、母親に対する子どもの反応）の仕方であるということだった。しかし、背後にある十全な理論のことを気にせずに、相互利益《ギブ・アンド・テイク》の関係について調べるという、まったく別の研究のやり方もある。何が関係性を定義するかについて科学者は初めて論争したのだが、そこでもまた、変化のかすかな息吹が心理学の隅を震わせるのが見てとれる。

「反応性」を調べる非常に興味深い研究の始まりは、相変わらず有益なラットを使った実験だった。これらの研究は、シーモア・〝ギグ〟・レヴァインをはじめとする革新的な行動学者によって、ハリーの母性愛研究と同じ一九五〇年代におこなわれた。レヴァインの研究もまた、『有能な乳幼児』が提示した賢い赤ちゃん像を裏づけている。あらゆる関係には双方向性があると主張しつづけているレヴァインは、母と子の絆はその一部にすぎず、すべてではないと考えている。「愛着理論が本当に気に入ったことは一度もない」とカリフォルニア大学デイヴィス校の精神医学教授のレヴァインは認める。「だからといって、母子関係は重要でないと言っているわけではない。特に、われわれのような種にとってはね」

絆の持つ力について考えはじめたころのレヴァインは、ヘーゼル色の瞳に黒髪で大柄のニューヨーカーで、退屈には我慢できず、次から次へとさまざまなアイディアをめまぐるしく生み出してはふるいにかけていた。一九五二年にニューヨーク大学で心理学の博士号を取得した後、ラットの母子関係の研究に手を出した。視覚と聴覚の研究から開始したのだが、すっかり飽き飽きしてしまった。そこで、実験心理学という仕事からはすっかり足を洗って、セラピストになろうという決心を固めた。そんなときに、シカゴのマイケル・リース病院の精神科医チームで研究する仕事をしぶしぶ受けることになったのだが、そこで出会った数名の同僚は、全米で有数の内分泌学者だった。彼らは、経験していることによって体内の化学反応が変わるという、当時としては画期的なアイディアを調査していた。特に探究しようとしていたのは、神経系で明白に変化するホルモンの経路である。それは非常に魅力的なアイディアだったので、「目の前に新しい世界が開けた」とレヴァインは言う。先輩の研究者たちは、体のストレス反応に興味を持っていた。もちろん、不幸やストレスが病気と闘う能力にダメージを与えることはよく知られている。それは、入院中の子どもたちに見られた現象ではなかったか？　しかし、それがなぜ、どのように起こるのかはよくわからなかった。

レヴァインは動物モデルを使ってストレスに取り組むことに決め、手始めにラットを使った。幼少期の出来事が精神障害の原因となるかどうかに興味があったので、赤ちゃんラットを三つのグループに分けて比較するという非常に単純な実験を考案した。最初のグループ——理論的にはもっとも幸運なグループ——の赤ちゃんは、ケージの中で母親に寄り添ったままにしておく。二つ目のグループのラットは、ケージから一度取り出し、「幼少期の心的外傷《トラウマ》のモデル」として、三分間の微弱な電気ショックを与える。三つ目のグループも同様に三分間ケージの外に取り出すが、別の場所に移すだけにする。比較対照のために、外に出すという「処置」を施すが、電気ショックは与えない。レヴァインは、特に母子関係について考えていたわけではなかった。ただ研究に役立つストレス反応を模索していたのである。彼は政府に研究助成金を申請した。その申請を審査することになったのが、ウィスコンシン大学の痩せた皮肉屋の心理学者、ハリー・ハーロウにほかならなかった。その研究がすばらしく面白そうだと思ったハリーは、八〇〇〇ドルの助成をうまく推薦してくれた。「彼は本当に協力的だったよ」とレヴァインは言う。「彼がサルの研究をしていたのとほぼ同時期だったから、すぐに実験のことをわかってくれたのさ」

レヴァインの考え方は単純明快だった。幼少期にストレスにさらされたラットと、庇護されていたラットのモデルを作り、大きくなってから両者を比較観察するのだ。幼少時にトラウマを体験したラットは神経症に育つのだろうか？　親元でぬくぬくと過ごしたラットは自信満々な大人になるのだろうか？ラットが成長すると、三つのグループすべてに簡単なストレステストがおこなわれた。床の格子に電気を流してラットに電気ショックを与えるのだが、そこから跳び退きさえすれば逃れることができる。結果はすべての予想を裏切った。外に出されなかったラットは、自信とはまったく無縁のようだった。学習するのがもっとも遅く、もっとも自信なさげで、ビリッとする電気ショックにあわてふためき、どうにかこうにか安全な床までよたよた歩いていった。反対に、幼少時に「処置」されたラット、とりわけショックを与えられたラットは、ずいぶん冷静沈着だった。反応が速く、電気ショックから逃げる足取りもしっかりしていて、不安をほとんど見せなかった。研究者を驚かせたのは、このように行動が予想と逆転していたことだけではない。『たった三分でこんな大きな影響があるなんて、そんなことがありうるだろうか?』と、私たちは顔を見合わせた」とレヴァインは当時を回顧する。

一八〇秒の親離れの効果は、生物は環境にうまく対応しなければならないということを改めて考えさせた。明らかに、体は周囲のほんの小さな変化にも反応する。科学者たちは、幼少期にストレスにさらされるという処置によって、ラットの脳の神経回路が変化したのではないかと考えはじめた。その経験自体は短時間だったかもしれないが、知られざる脳の化学作用の微調整によって生じた効果は、驚くほど長続きしたのである。

何が起こっているのだろう? レヴァインにはよくわからなかった。彼はさらに調査を進めることを決め、今度はストレンジ・シチュエーションテストとよく似たテストをおこなうことにした。つまり、研究プロジェクトのラットにオープン・フィールドテストをやらせることにしたのである。ネズミにとっては、遮蔽《しゃへい》物のない広く開けた場所は危険である。避難場所がないため、襲ってくるかもしれない敵に対して常に身構えていなければならない。そこで、レヴァインのテストでは、何もない危険な空間と、見慣れないものやおもちゃが置かれたオープン・フィールド(ハリーの研究室で使われたのとよく似ている)とを交互に設置した。レヴァインの疑問は増える一方だった。ラットは、攻撃されやすい場所に身をさらすとパニックになり、その場で硬直してしまうだろうか? もしその部屋に面白いおもちゃをいくつか置いたら、好奇心をそそられて探索しはじめるだろうか?

ここでもまた、未経験の事態にヘドモドしたのは、母親に庇護されていたラットだった。彼らはぎょっとして硬直し、小便を漏らし、見知らぬ物体を見て震えあがった。後の実験では、砂糖水などの褒美がオープン・フィールドに置かれたが、庇護されていたラットは怖がり、確認することさえできなかった。ご褒美を飲み干したのは処置されたラットだった。処置されなかったラットは、自分の感覚を完全に信頼してよいかどうかわからないようだった。新しいことや違うことが起こると動揺して打ちのめされてしまい、まともな判断がほとんどできなくなった。彼らの脳のチャンネルは、いつでも不安になるようにチューニングされているみたいだった。それに対して、幼少期にストレスにさらされたラットは、気楽なロックミュージックにチャンネルを合わせて聴いてでもいるかのようだった。見知らぬ状況にひるんだりせず、しかもずっと賢そうだった。実験結果は、少なくとも科学者が健全な幼少期というものに関する考えをいくらか改めないかぎり、まったく道理に合わないものだった。

レヴァインと同僚は、赤ちゃんには（ラットの赤ちゃんですら）生活の中に好奇心と相互作用が必要なのだと考えるようになった。ストレスのある相互作用であっても、まったくないよりはましなのだ。この場合のストレスとは、虐待する親といった極端なものではなく、日常生活での緊張感のことだ。本当のところ、非常に愛情深い両親であっても、赤ちゃんにうまくストレスを与えている。赤ちゃんは眠たいときでも、見知らぬ人が見たがれば抱き上げられ、「可愛い赤ちゃんね」とか言われるのだ。本当はアプリコットがほしいのに、裏ごししたほうれん草が口に流し込まれる。汚れていてもへっちゃらなのに、ありがたくもお風呂に突っ込まれる。面白いものが口から取り上げられる。考えてみれば、赤ちゃんの生活とはフラストレーションの集中砲火だ。おそらく、こうした小さなイライラが重なることで徐々に鍛えられ、大きな面倒にも対処できるようになるのだろう。まるで、ストレスシステムに健全な腕立て伏せやベンチプレスを数回やらせるようなものだ。

赤ちゃんラットを移動させると、ストレスホルモンが上昇した。脳はそれに反応したり、反応を調節したり、ストレスレベルそのものを微調整したりせざるを得ない。そうした訓練は脳をより柔軟にするらしく、そのため処置された赤ちゃんラットは後に必要に迫られたとき、うまく適応できたのだ。もっと庇護されていたラットは、「一かゼロか」というストレス反応をするようになったらしい。彼らは迷路にも電気ショックにもほとんど同じように動転したが、後に判明するように、それはそれほど有益な反応の仕方だというわけではない。この実験からレヴァインは、ある程度の困難な経験は、重度のトラウマを残す体験でないかぎり、最適に働く身体反応システムを作るうえで有益である（いや必要ですらある）かもしれないと考えるようになった。

では、母親に保護されるのは悪いことなのだろうか？　これは過保護な母親という昔からある固定観念そのものなのか？　そうではない。二つのグループを注意深く比較すると、外に出ずに親元にいたラットの生活は、けっして母親に手厚く世話される至福の世界ではなかったことがわかる。彼らは赤ちゃんのとき、退屈してたいてい無関心な母親と一緒に箱の中に閉じ込められていた。それはけっして正常ではない。自然界では、母親は動きまわり、食べものを探しに出かける。他のラットが出入りし、異様な捕食者が恐ろしい姿を見せる。常に水と食べものが置かれている小さなケージの中では、世界はずいぶん小さく、張りのないものになる。母親が嗜眠状態になってしまうこともある。それに、処置されたラットも、長時間にわたって母親から引き離されたわけではないことを思い出してほしい。親から離れて過ごしたのは、二四時間のうちのたった三分間だけなのだ。

外に出されずに親元にいたラットの抑制された反応は、「幼少期の経験が制限されたこと」によって生じたのではないかと研究者たちは考えるようになった。つまり、赤ちゃんは特に何もすることがなく、行くところもなく、一緒に閉じ込められている母親はたいてい退屈して無関心だった。彼らは外の世界に対して心の準備ができていなかった。反対に、幼少期に処置を受けたラットは、おそらく「発達途中でストレスを経験することによって鍛えられた」おかげで、情緒不安定になりにくくなったのではなかろうか。後にレヴァインと同僚たちは、情緒的な反応に違いが生じる理由をさらに探っていった。赤ちゃんを束の間（だがすごく効力のある三分間）引き離すと、母親に新たな愛情らしきものが呼び覚まされることもあった。子どもが帰ってきたとき、母親が突如として熱烈に赤ちゃんに興味を抱きはじめたのである。赤ちゃんを舐め、臭いを嗅ぎ、さすり――要するに世話をしはじめたのだ。短い別離は――もしそのせいで本当に愛しさが強まったのなら――実際に両者の関係を向上させることができるようだった。

私たちは皆、研究室のケージの中にいる子ネズミのように動きのない世界で進化してきたわけではない――そのことを運命に感謝すべきだろう。レヴァインは、私たちの体はホルモンシステムに至るまで、困難にうまく立ち向かえるようにデザインされているのだろうと考えている。だが、刺激のない空虚な状態には、あまりうまく対処できない。人間であろうとラットであろうと、私たちは皆、無秩序で混乱した現実の中で進化し、適応してきたのだ。レヴァインはこの点について、次のように雄弁に語っている。

親が赤ちゃんを抱き上げるときでも、子どもが子イヌとじゃれあうときでも、常にいくらかのストレスが生じる。幼いころには、親をはじめとする自分より大きく力の強い人からいろいろな扱いを受ける。それが幼児期の体験のほとんどだ。とても優しく扱われたとしても、ときには感情的なストレスを引き起こすに違いない。そのような経験に無縁なのは、孤児院などの施設で育てられた子どもと、実験室の動物だけだろう。普通の世界では、幼児は不安定な環境の中で次々に変化するプレッシャーや突然の難題に見舞われながら育たなければならないのだ。

二、三年のうちにこのアイディアは、少なくとも二〇世紀半ばにアメリカ中西部に在住していたラット研究者の間では、引っ張りだこになった。インディアナ州のパデュー大学の心理学者ヴィクター・デネンバーグの研究は、まさにレヴァインが発見したことを強調するものだった。すなわち、幼少期のラットの生活にちょっとしたスパイスを加えると、成年期に大きな違いがもたらされ、「幼少期に処置されたラットは、何もされなかったラットよりも冒険心に富み、好奇心が強くなる」というのである。さらにデネンバーグは、それが次世代にも影響を及ぼすことを示した。幼少期に処置された雌のラットは、積極的に育児に携わる母親になるらしいのだ。世話にいそしむ母親のそばで過ごすことになるその子どもたちは、レヴァインの最初の研究で処置されたラットと同じくらい、手際がよくて冷静沈着に育ったように見えた。

レヴァインが学会で研究を発表しはじめると、すぐにボウルビーやスピッツやロバートソンやハーロウと同じ経験をすることとなった。間違っていると決めつけられたのである。一九六一年の国際内分泌学会で彼は自分が発見したことについて発表し、幼児期の経験は成年期の行動に強い影響を及ぼすと論じた。「誰も信じなかった。みんな、気は確かかと言わんばかりの顔をしていたよ」。レヴァインはそれについては達観している。「今にして思えば、みんながそんなふうに考えるのはおかしいけれど、当時はそれが当たり前だったのさ。母子の交流が重要だと考える人間など誰もいなかったが、別に変だとは思わなかった。それが私の知っている世界だったんだ。ただ自分の研究を続けるだけだった。私には自分のデータのことがわかっていた。信頼性も再現性もあり、矛盾がなかった」

レヴァインは、ボウルビーやその支持者の研究と自分の研究とをはっきり区別しているが、その理由のひとつはもちろん、ラットが愛着理論にはまったくふさわしくないモデルだからだ。ラットの世界には、子育てを担う重要な存在が一匹いて、その顔が愛されるなんてことはないのである。雌のラットはホルモンの命令に従って子育てをする。ホルモンが止まれば、子育ても終わりだ。母ラットは、寝床に誰が寝ていようがまったく気にしない。デネンバーグはラットの母親にマウスの赤ちゃんを世話させる実験をおこなったが、母子のどちらにも不満や不安は見られなかった。実をいうと、この研究の面白いところは、ラットに育てられると――ネズミの仲間の中では、ラットは賢く、社交的で、あまりせかせかしていない――とてつもなくすばらしいマウスが育つということである。

「愛着を単純にネズミに当てはめることなどできない」とレヴァインは言う。なぜなら子ネズミは特定の母親に愛情を持つわけではないし、母親も「かけがえのない赤ちゃん」というふうに子どもたちと結びついてはいないからだ。ハリーが博士論文の中で示したとおり、母親のラットは非常に用心深く、熱心に面倒をみる。子どもと離れ離れにされると、忍耐強く子どもたちを集めて世話や授乳をするだろう。しかし、新しい赤ちゃんラットを加えたり、抜き取ったりしても、家族構成のうえではたいした問題にならない。若き日のハリーが博士論文で言及したラットの子育ての観察が証明しているのは母性本能の強さであり、ひとりの母親と特定の子どもとの間に結ばれる一対一の絆ではない。

母子関係に関する非常に重要な教訓のひとつは、少なくとも動物研究という観点においては、種ごとに見方を変えなければならないということだ。ラットの母子関係とサルの母子関係は異なる。しかし、これでも単純化しすぎで、サルでも種類が異なれば、どれひとつとして同じ関係にはならない。レヴァインは後にリスザル――優雅な金灰色をした南米産の空中曲芸師――を研究した。リスザルの一対一の母子関係は非常に強いので、ある赤ちゃんザルの泣き叫ぶ声を録音して群れ全体に聞かせると、誰がその子の母親か、すぐにわかった。うろたえて飛んでくるのが母親なのである。ビル・メイソンは、別の南米種である、ふわふわしたティティモンキーでさらに研究を進めた。大人になったティティモンキーの雄と雌は一生夫婦として添い遂げる。このサルにとっては、夫婦の関係は子どもへの愛着よりもはるかに大切であるようだ。メイソンの研究によれば、ティティモンキーの母親は、子どもから引き離されたときよりも雄のパートナーから引き離されたときの方が、ストレスホルモンのレベルの上昇が顕著だった。体内の化学反応に注目すれば、たいていメッセージが読み取れるものだ。この研究では、ティティモンキーの母親のホルモンが、彼らのもっとも重要な関係をはっきり示した――そして、ティティモンキーにとって、母子関係はまったく重要ではない。

大学院生のときにハリーの研究室にいたスティーヴ・スオミは、オマキザルで「安全基地」反応のテストをした。ウィスコンシン大学で博士号を取得したスオミは、そこで興味を持った複雑な関係性にずっと関心を抱きつづけ、現在では国立衛生研究所で霊長類行動研究プログラムを指揮している。オマキザルを研究したとき、彼は驚愕した。「この非常に賢く優良な南米産のサルの関係性について観察すると、なんと彼らには安全基地現象が見られないんだ」。オマキザルの赤ちゃんは、母親からも他のサルからも安心感を得ることはない。「もし、ハリーが当時研究したのがオマキザルだったら、ボウルビーの愛着理論はどんなふうになっていただろうね」とスオミは言う。なぜならアカゲザルにとっては（そしてどうやら人間にとっても）、温かく献身的で反応の良い母親こそが、自然のデザインどおりの母親だからだ。

ハリーは、母性がそのように魅惑的で不可解であることが、まるで自分への挑戦であるかのように思いはじめていた。赤ちゃんのすべての要求に応えられるような作り物の母親をこしらえることは可能だろうか？　できるかもしれないし、できないかもしれない。しかし、その目標を追究することによって、心理学者は母性について、科学的により適切な評価ができるようになるかもしれない。ウィスコンシン大学の研究所のメンバーはこの難題を引き受ける決意を固め、手始めに母として最低限必要な条件に取り組むことにした。特に注目したのは、二つの重要な要素、温かさと動作である。体温は育児に影響するのだろうか？　揺すったり運んだりといった動作は、赤ちゃんを世話するうえで不可欠なのか？

　ハリーはある科学論文で「私たちは『温かい《ホット》ママ』タイプの代理母を数体作成した」と述べ、それについて説明している。それまでは代理母の後ろに置かれた電球がかすかなぬくもりを与えていたが、それをやめて、代わりに体内に電熱線を埋め込んだ。これによって、代理母は旧タイプよりも約六度ほど体温が高くなった。体温を上げることで、ちょっとした違いのようなものは見られた。赤ちゃんはより温かい体の方を好んだが、飛び抜けて熱愛するという感じでもなかった。赤ちゃんは依然として、もっと温度の低い母親にも喜んで抱きついていた。ということは、研究者たちは的外れだったのだろうか？温かさは重要ではないのか？

　いや、おそらく正しい質問を間違った形で問いかけていたのだ。そこでスオミは、温かいママを冷たい《コールド》ママと比べることにした。この冷たいタイプの代理母は、タオル地の布で覆われた空洞の体の中を冷たい水が流れていた。極端に低温だったわけではない。ホット・ママは室温より四度ほど高く、コールド・ママは三度ほど低かった。しかし、赤ちゃんザルは、コールド・ママがまるで北極の氷河でできてでもいるかのような反応をした。最初に温かい母親と一緒のケージに入れられていた雌の赤ちゃんは、冷たい母親に取り替えられると隅っこに飛びのき、金切り声をあげた。また、スオミが雄の赤ちゃんを冷たい母親と一緒のケージに入れると、赤ちゃんは母親を全身全力で拒絶した。そのとたん、あらゆる代理母を受けつけないようになり、ホット・ママがケージに入れられても、試そうとすらしなかった。

これは単純に、赤ちゃんは冷たい感触が嫌いだということなのだろうか？　そんなものを好む者がいるか？　スオミは、この反応は単なる好みではないと考えている。彼によれば、温かさを好むのはしがみつきたがるのとたぶん同じで、生き延びるために不可欠な行為なのだ。温度は生死に関わる重要なものである。非常に小さいサルは（非常に幼い人間の赤ちゃんも）、自分で必要な暖をとることも、体温を調節することもできない。電球で温められた代理母は適度な温かさだったから、取り立ててホット・ママの方を選ぶ理由はなかった。しかし、コールド・ママは肉体的な脅威になりかねない。したがって、それを拒絶し、さらには絶望するという態度さえも、冷たい親に対する妥当な反応だと言えるだろう。

というわけで、良い母親作りで求められる条件のひとつは、赤ちゃんを冷やさないことであるようだ。それでは、動くこと、つまり動いている母親であることは、同じように良い母親の条件なのだろうか？これらの布の代理母は、結局のところ、ただの置物でしかない。生きている母親の胸は呼吸で膨らみ、心臓の鼓動でドキドキするし、皮膚の下で筋肉が収縮するとかすかに動く。母親の腕は、抱きしめ、揺すり、運ぶ。母ザルならば赤ちゃんを毛皮にしがみつかせたまま木によじ登り、岩を跳び越え、柔らかな草原を横断する。私たち人間も、自分の子どもを強く抱きしめ、高い高いをしたり、くすぐったりする。同じ場所でじっと立っているときですら、母親はどうしても前後に優しく揺すってしまいたくなるらしい。こうしたほとんど強迫的とも言える「揺らす」という動作の中に、私たちが動かない母親を嫌う生物学的な理由が潜んでいるのだろうか？

ハリーの研究室の実験では、ホット・ママのときと同じように、最初は小さなサルに好みがあるということしかわからなかった。赤ちゃんザルは、動かない代理母よりも揺れる母を好み、そちらの方により頻繁によじ登り、より長くしがみついていた。後にウィスコンシン大学の研究者たちは、ケージの床から五センチほど上にぶら下げられてゆらゆら動く「スウィング・ママ」を使って実験した。子ザルたちはスウィング・ママを他の母よりずっと気に入ったらしく、もっと強くしがみついた。ゆらゆら揺れて不安定なスウィング・ママの何かが、彼らにいっそうの安心感を与えるようだった。スウィング・ママは、より良い安全基地を作り出した。彼女と一緒に育ったサルたちは、従来の布の母親と一緒だった子どもたちよりもオープン・フィールドテストで勇敢だった。

ハリーの研究室の誰もが「動く母親」の追究に手間取り、なかなか手がかりがつかめなかった。しかし、ウィスコンシンを去った後、フロリダとルイジアナの霊長類施設で働いていたビル・メイソンが、ハリーの研究室に戻ってきた。そのころには、数名の若い研究者が彼のもとで働いており、そのうちのひとり、ガーション・バークソンがメイソンとともに、動く母親に関する二度目のさらに難しい調査に取り組むことになった。二人は一九七〇年代半ばに発表された研究で、静止した代理母と一緒に育った子ザルと、赤ちゃんをゆらゆら揺らしたり、向きを変えたり、小刻みに揺すったりする代理母と一緒に育った子ザルとを比較した。

結果は実に興味深いものだった。動く母親と一緒にいた赤ちゃんの方が幸せだったというだけではない。身体面でもより良く調整されていたのだ。動く母親と一緒に育ったサルたちには、代理母に育てられたサルに頻繁に見られる奇矯な振る舞いが見られなかった。体をぐらぐら揺らしたり、自分を抱きしめたり、ケージの壁際にうずくまったりすることはなく、まるで良家出身のサルみたいに振る舞った。しかし、なぜだろう？　言うまでもなく、この母親も抱きしめ返してはくれない。それでは、そのゆらゆら揺れたり、ぴょんぴょん跳ねたりする動き――そのせいで子ザルはいわば不安定な状態にずっと置かれるのだが――に何か意味があるのだろうか？　現在はイリノイ大学シャンペーン校の心理学教授であるバークソンは、動きが持つ慰撫の力を追究しつづけている。彼をはじめとする現代の研究者たちは、その答えの一端は、実は育児というものの単純な仕組みに関係しているのではないかと考えている。

親が子どもを揺らしたり運んだりしたときに生じる振動が、赤ちゃんを正常に発達させるのにどうやら必要らしい。それは、わずかな健全なストレスが脳の適切な成長を促すのと似ている。動くことで神経系が刺激されるのだ。ここでもまた、赤ちゃんの体が突然不安定になったとき、神経系は反応しなければならない。そのため神経は、赤ちゃんの体を動かさなければならないときは動かし、静止しなければならないときはじっとさせる（これは動くのと同じくらい重要なのだ）という、一種の訓練のようなものをやりつづけることになる。このようにすばやく反応する神経が赤ちゃんの平衡能を整えるのだ。神経は、赤ちゃんが母親から落とされそうになったら手を強く握らせ、バランスを崩しそうになったら腕をばたつかせる。母親（や父親や保育士）は、大わらわになって赤ちゃんを振りまわしていることが子どものためになっているなど、考えてもいないに違いない。しかし、実際にはそうなのだ。そのような動きがなければ、神経は催促されないため、必要な神経結合が作られない。さまざまなレベルにおいて、神経系の発達には刺激が必要なのだ。

ひとりで放っておかれると、子どもの体そのものが、一種の自己刺激によって動きのなさの埋め合わせをするようになる。置物の代理母と二人きりの赤ちゃんザルに必要な動きを提供してくれるのは、本人以外にいない。したがって、布の母親と一緒に育った子ザルが体を揺すったり、奇妙な手を叩く動作を見せたりするのは、おそらく動きがないせいで誘発されたのだろう、と理論的には考えられる。同様の自発的な行動は、自閉症などの障害のある子どもに「典型的な」行動であると言われている。それらの行動はまた、発達中の神経系で何かがうまくいかなかったり、不十分であることにも関係しているようだ。言うまでもなく、明らかに別の可能性によって（すなわち、間違いなく遺伝的な原因によって）、そうした問題が引き起こされることもある。それでも、初期の研究（たとえばメイソンとバークソンの研究など）とその後の研究のどちらも、赤ちゃんを揺することはごくわずかでも非常に良いことで、もしかすると一昔前のロッキングチェアこそ医者が処方すべきものかもしれないと示唆している。

少なくともメイソンとバークソンは、子ザルたちがゆらゆら揺れて不安定な代理母にうれしそうに応えるのを見ているうちに、そう考えるようになった。彼らはまた、同じくらい説得力のあるさまざまな可能性についても考えた。「とても見事な研究だったが、ひとつだけ困惑することがあった」とバークソンは言う。「この代理母がケージの中であちらこちらに揺れ動くと、赤ちゃんは揺れたり跳んだり、他のサルがやらないようなあらゆる動作をするようになったんだ」。動かない置物の母親の赤ちゃんは、ときどき自分も置物みたいに動かなくなることがあったが、動く代理母の場合は、そんなことは起きなかった。ただ抱きついてじっとしているのではなく、赤ちゃんは行動的になり、嬉々として反応しているようだった。

この研究を突き詰めて考えていくと、堂々巡りのようになってしまう。神経系を正しく配線するために幼少期に動きが必要なのだとすれば、重要な役割を担っているのはどちらだろう？　子どもを揺する母親か？　それとも、母親が歩いたり揺すったりするのに反応して動く子どもか？　そもそも、どちらかだけが重要なのだろうか？　おそらくここでもまた、相互作用――母親の動作に反応して、子どもが動く――がすべてなのだ。現在、カリフォルニア大学デイヴィス校に在籍しているビル・メイソンは、予測不能なやりとりをすることによって、子ザルのより健全な発達が促されるのだと考えている。「動く代理母は、思っていた以上に現実のサルに近かったのだと実感するようになった」とメイソンは言う。ゆらゆら揺れる動きを付け加えただけで、「社会的な交流への意欲をかき立てたんだからね。これは動かない代理母にはできなかったことだ」

動く代理母は、ケージの中をあちらこちらへふらふら揺れていただけではない。赤ちゃんには、それがどのように揺れるのかわからなかった。左右に揺れるかもしれないし、前後に揺れるかもしれない。結果として、代理母は予測不能な相手となり、育児に意外性が与えられた。それが重要だとメイソンは考えた。揺れる代理母は、何の前触れもなしに身を引く。いきなりぶらぶら揺れたり、赤ちゃんの頭にコツンとぶつかったりする。母が行ったり来たりするせいで、注意や調整が必要となった。布の母親と一緒の子ザルはぼんやりしていられる。彼女はいつでもそこにいて、どこにも行かない。完全に予測可能である。何をするつもりだろうとか、どうすればいちばんうまく近づけるだろうなど、何も考える必要はない。彼女によじ登るのは、木に登るのとほとんど変わらない。しかし、動く代理母に対しては、赤ちゃんザルは対策を立てなければならない。飛び移って「接触による安らぎ」をちょっと得るために、注意を払わなければならない。彼らは追いかけ、飛びつき、つかむ。そうやって母親相手に戯れることによって、遊びへの好奇心が育まれる。動く母親と暮らすサルが取っ組み合いの遊びをする頻度は、布の母親と暮らすサルに比べて三倍ほども多かった。メイソンとバークソンは動く母がそれほど興味深いとは予想していなかったのだが、「私たちは知らないうちに、社会の代わりを作り出していたんだ」とメイソンは言う。

もちろん、私たちが子ども時代に望むのは、良い母親作りで求められる条件以上のものだ。温かくてゆらゆら揺れる詰め物をされた模型は、理想の母には程遠い。しかし、動く代理母がメイソンに教えてくれたのは、少なくともアカゲザルや私たちのような非常に社会的な種に属する者にとっては、ほんの些細な社会的交流でも、大きな違いが生まれるということだ。進化のおかげで私たちは、無関心な親や必要最低限の機能しか備えていない母親に対して、無力なだけの存在にはならなかった。赤ちゃんザルは、ゆらゆら揺れる代理母に割とうまく適応することができる。そこからもわかるように、私たちは生き延びるようにデザインされているのだ。必要とあらば、親からほんのわずかしか得られなくても、なんとかやっていける。もちろん、かろうじてやっているだけなのかもしれないが。

後にメイソンは、赤ちゃんザルが細い糸から社会的なサポート・ネットワークを紡ぎ出す方法について、さらに研究を進めた。彼はきわめて独創的な――奇妙だと言う人もいる――実験を思いついた。

その実験では、赤ちゃんザルと車輪のついた木馬とイヌが使われた。なにしろイヌも社会的な動物なので、イヌとサルは仲間同士のように非常に仲良くやっていくことができる。一緒に遊び、一緒に寝て、互いにグルーミングをする。しかし雌イヌは、小さなサルと一緒のケージに入れられても、特別に保護的な行動をすることはない。イヌはサルが苦しんで泣き叫んでも駆け寄ってくることはないし、突如として霊長類的な母性を示す行動をとることもない。メイソンはイヌとサルを「一般化された」仲間《コンパニオン》と呼んだ。すなわち、イヌとサルが友だちになれるということを科学的に表現した言葉である。たとえ種が異なる毛むくじゃらの存在でも、友だちの方が、クロケット球の頭にタオル地の布を巻いた同居人よりはずっとましなはずだ。友だちとはギブ・アンド・テイクの関係と定義できる。メイソンは、イヌに育てられたサルと、生物ではない代理母に育てられたサルを比較することにした。しかし、代わり映えしない動かない布の母親よりはましな何かを使いたかったので、プラスチック製の木馬を使うことにした。

木馬は動く（少なくともゆらゆら揺れる）。そして、抱きつくことができる。メイソンはすべての木馬に、柔らかい詰め物をしたサドルを丁寧に取りつけた。

六匹のサルがイヌと一緒に、六匹が木馬と一緒にケージに入れられた。どのサルも相棒に対して明らかな愛情を示した。彼らはみんなりっぱなサルに育った。しかし、いくつかの重要な点で非常に異なっていた。メイソンは、これらのサルが大きい群れに移されてからも、四年間にわたって観察しつづけた。日が経つにつれ、イヌに育てられたサルの方が、他のサルと関わり合い、外の世界に興味を示すようになっていった。

あるテストでは、サルは横にのぞき穴のついた箱に入れられた。バトラー箱とは違っていて、外を見るために何かする必要はない。のぞき穴があって、開いているので外を見ることができた。サルたちは外の世界に興味を示しさえすればよいのだ。のぞき穴に目を当てれば、そこから絵が見えた。イヌに育てられたサルたちは、新しいものを見ることにすっかり魅了された。メイソンが絵を取り替えると、彼らはのぞき穴に殺到し、興味津々で違いをじっくり調べた。もう一方のサルたちは尻込みする傾向にあった。外の世界に対して少々神経質で、ためらいがちだった。メイソンがパズルを与えても同様のことが起こった。熱心に取り組んだのはイヌに育てられたサルだった。木馬と育ったサルは、パズルが難しすぎると、あきらめてしまう傾向にあった。オロオロして引き下がり、木馬のところに戻ってすがりついて、不安を和らげようとした。

その違いは、仲間と思う存分交流するというすばらしい（だが過小評価されている）機会によって生まれたのだ、とメイソンは論じる。ケンカし、遊び、食べものを分け合い、寝るスペースを奪い合う――取っ組み合うことさえ重要なのだ。常にやりとりを続けながら、一方が他方に働きかけるのである。

「動かない代理母や木馬と一緒にいると、成長過程において自分の行動が周囲に影響を及ぼすという経験をする機会がほとんど与えられない」とメイソンは言う。おそらくもっと重要なのは、ケーキの最後のひとときれをかすめとったり、一緒に寝ている仲間から数センチ余分に場所を空けてもらったりするなかで、「ときには周囲に対して自分が主導権を持てる」と学ぶことだ。「動かない代理母は何も要求せず、意外性もない」とメイソンは言う。だから、周囲やときには自分自身と折り合いをつけることについて、何も教えてくれないのだ。そこでは、他者に注目する必要はない。だが、他者に注目することによって、私たちは社会性を身につけ、「社会的交流の仕組み」を学ぶのだ。

ハリーもまた、布の母親が役立たずなのは、完全に受動的であるせいだと気がついた。彼女は羊の毛のように柔らかいかもしれないが、ふわふわしているだけではけっして十分ではない。布の母親が抱きしめ返してくれないことだけが問題なのではない。彼女がしてくれないあらゆることが問題なのだ。彼女は教えず、指示せず、赤ちゃんを他人の方へ行かせることもない。布の母親から赤ちゃんが学ぶのは、他者からもっと孤立し、隔てられることだ。「サルの成長は実に複雑なプロセスで、他のサルに感情的なつながりを持つことと、サルの行動パターンを学ぶことの両方が必要になる」とハリーは新聞のインタビューで語り、次のように付け加えた。生きて呼吸する本物の母親は、なくて済むようなものではない——サルにとっても、その近縁である人間にとっても。

私たちは社会的動物であるため、ひとりの仲間が基になって、別の仲間ともつながるようになるらしい。アカゲザルもまさしく社会的動物だということを思い出してほしい。自然界や、十分な大きさのあるケージの中では、彼らは相互に交流する大きくごたごたした群れの中で一生を過ごす。彼らは一緒に遊び、おしゃべりをし、グルーミングする。雌は子どもの世話を助け合い、雄は互いに同盟を結び、結果に応じてともに勝ち誇ったり、ふさぎ込んだりする。群れは、階層や社会意識や処世術（友だちは誰か、背中がひどく痒くて掻いてもらいたがっているのは誰かを知る能力）によって厳格に構造化され、組織化されている。

対照的に、代理母育ちのサルたちは、存在しない星から来た宇宙人のようなものである。布の母親育ちの赤ちゃんは非常に大事なおしゃべりにまったく関わらなかった。他のサルと遊ばず、通常の春の交尾期を迎えなかった。友だちであれ、敵であれ、恋人候補であれ、気軽な仲間であれ、他のサルと何をすればよいのかまったくわからなかったのだ。誰も社会的なつきあいのコツを教えてくれないし、それを手助けなしに自分で見つけることもできなかった。「愛情の対象としては、代理母は子ザルの欲求を満たしてくれる」とハリーは述べた。「しかし、本物の母親のように、自分や他人をグルーミングする方法を教えることはできない。また、母親や老若さまざまな群れのメンバーの代わりとなって、若者がサルの世界で生きていくうえで知っておくべきいろいろな社会ルールを教えることもできない」

ハリーの代理母のそもそものコンセプトは、健康な赤ちゃんのためには無菌状態が必要だ――清潔にし、食べものを与え、温かくし、病気にかからせず、害になるものから隔離する――という考えに基づいていた。しかしここでも、それは良くても不完全、最悪なら有害であることがわかったのだった。「ハリーは最初、自分がサルよりも良い母親になれるだろうと考えていたんだ」とレヴァインは言う。「でも、彼は間違っていた」。とはいえ、母性を重視しないワトソンのモデルにすっかり後戻りしてしまったわけではない。ハリーは触れ合いや愛情が重要だと知っていた。ただ、この育児という問題がこれほどにも複雑だとは理解していなかった。しかし、彼は急速に学習しつつあった。彼と学生たちは母性分析の試みを続け、良い親になる条件だけでなく、布の母親がこれほど悪い親になる理由も調べようとした。こうして代理母育ちのサルがダメになっていくのを見て、正確にはいったい何がわかるのだろうか？　不安定な愛着か？　母親が反応しないことか？　社会教育の欠如か？

ウィスコンシン大学の研究者たちはそれらすべてを含む答えに到達することになる。愛はひとつの関係からではなく、多くの関係から構築される、とハリーは結論づけることになるのだ。生活の中で抱くさまざまな愛情のどれもが、正常な発達の一環として健全なつながりを築き上げていく。母親の愛、子どもの愛、父親の愛、友情、夫婦の愛——ひとつが次につながり、またその次につながる。幼少期の愛着はその連鎖の最初の絆であり、他者とつながる能力がそこから始まるのだ。

とはいえ、布の母親の何もかもがひどかったわけではない。彼女は常にそこにいて、けっして拒絶しなかった。とても小さな子どもの母親はそうあるべきだろう。親になるとは、必要に応じてどこまでも忍耐強く我慢するということである。それは、駆け出しの親が最初に想像しているよりもずっと大変だ。赤ちゃんが夜に何回目を覚まそうが、母親の体中に嘔吐しようが、父親の顔の前で泣き叫ぼうが、その泣き声に応え、汚したものをきれいにし、泣き叫ぶ赤ちゃんを怒らずになだめるべきだと、たいていの人はわかっている。そして、その場を立ち去り、疲労困憊してイライラした気持ちを発散すること（できればそばにある、生きていない物体に八つ当たりするのが望ましい）を学んでいく。どの赤ちゃんも盤石の受容を必要とする、とハリーは主張した。サルでさえそれを知っている。アカゲザルの母親は、赤ちゃんザルが生後三ヵ月になるまで、押されようが、引っ張られようが、生活が不快になるようなんなことをされようが、赤ちゃんに罰を与えることはめったにない。布の母親はこの難題に限っては完璧に応えている。彼女はけっして叩かないし、けっして拒否しない。

しかし、母親が果たすべきもっとも重要な役割のひとつ——生まれた直後は必要ないが、すぐにやらねばならなくなること――は子どもを突き放すことである、とハリーは考えるようになった。彼の考えによれば、昔ながらの布の母親には問題が二つあった。ひとつ目は、彼女がグルーミングせず、話しかけず、表情がなく、赤ちゃんが他のサルとの関係を築くきっかけを直接的にも間接的にも与えないことだ。そしてもうひとつは、他者との関係を築かせるために子どもを解き放たないことだ。母親は確実に赤ちゃんのそばにいる必要があるが、それと同時に、他者との関わり方の手本を見せなければならない。ハリーによれば、社会的な種にとって、関係がひとつだけではまったく不十分なのだ。私たちは数多くのつながりでできた世界を構築する。知り合い、友だち、家族、恋人といった関係を「サポート・ネットワーク」とでも呼べるものの中に織り込んでいく。私たちは綱渡りのようにバランスをとって日常生活を送っており、誰もがときには落下することがあるのだが、そうしたサポート・ネットワークが実際にセーフティネットとなって、落ちた者を受け止めてくれるのである。

「赤ちゃんをけっして突き放さない」という布の母親の特徴は、初めのうちはすごく魅力的に思えたのだが、最終的にはマイナスになることが判明した。受動的に受け入れるだけというのは、裏返してみれば、けっして子どもを独り立ちさせようとせず、その時が来たとわかっていても外の世界にそっと押し出してやらないということである。この点に関して、ハリーはコンラート・ローレンツと彼を熱愛するガンのヒナの群れについて再考した。ローレンツの有名なハイイロガンの刷り込み研究によると、ヒナは生まれた直後にそばにいた者を母親だと思い込む。もしガンが（研究者に取り除かれたせいで）そこにおらず、代わりにローレンツが近くにいたならば、ヒナたちは否応なくローレンツの後を一心不乱についてまわることになる。白いヒゲを生やした姿勢の良いローレンツが草地を歩く後ろを、ヒナたちがまるでひとつながりのビーズみたいについていく、すばらしい写真が今でも残っている。ローレンツはこの献身的な行動を「刷り込み」と呼んだ。それは石に文字を刻みつけるように、ヒナの意識に母親が刷り込まれるということである。ジョン・ボウルビーはローレンツの友人で、彼の研究を賞賛していた。しっかりと結ばれた母と子の絆は、愛着理論を組み立てるうえで試金石となる証拠のひとつだった。

それでも、ある時点でヒナたちはそのつながりを拡張していかねばならない。よちよち歩くことも、飛ぶことも、登ることも、母親から離れることも、結局は生存本能である。鳥ですら成長し、伴侶を見つけ、巣を作り、自分の家族を育てなければならない。さもなければ……とハリーはまた詩的に語った。

ヒナはどうやって親から離れ一人前のガンになれるのか

心理学者たちは長いこと、私たちは皆——ガンであろうが子どもであろうが——自立が必要であると考えてきた。赤ちゃんのときには全面的な受容が必要だが、大人になるにつれ、巣があまりに近くにあって心地良すぎるのは良いこととは限らなくなる。ニューヨークの精神科医であるデイヴィッド・リーヴィもまた、子どもが自立すべきときを確定しようと、長年にわたって研究を続けていた（彼の研究は、最終的には愛着理論を裏づけることになる）。一九四三年の著書『母親の過保護』は、不吉なグリム童話のようである。そこには、『眠りの森の美女』に出てくるお城のように、イバラを張り巡らした中に自分の子どもを囲い込み、孤立させる母親の話が書かれている。リーヴィの本には、二〇の事例が挙げられているが、そのすべてが、子どもに成長の機会を与えないせいで破滅的な結果が生じたことを教えてくれる。リーヴィが追跡した、あるおとなしい一六歳の少年の母親は、映画館に必ず一緒についていって、息子が間違った考えに「毒され」ないように、すべての場面を説明していた。また別の母親は、息子が少なくとも三五歳になるまでは「自分の赤ちゃん」にしておきたいのだと率直に語っている。

このように家に閉じ込められた子どもたちの中には、ただ母親の命令に従い、どんどん引っ込み思案で服従的になっていく者もいたし、自分でその殻を打ち破った者もいた。他の子どもたちと遊ぶことや、チェスをすることや、探偵小説を読むことすら母親から禁止されていた一四歳の少年は、わざと家中を泥まみれの足跡だらけにしたり、服に穴を開けたり、両親や兄弟に向かって叫んだりした。リーヴィによれば、彼の研究に登場する二〇人の子どもは全員、友だちを作るのにとてつもなく苦労したという。彼らが孤立し、まわりにうまく順応できなくなったのは母親のせいだとリーヴィは考えていた。

ハリー・ハーロウは、常にそばにいてくれる布の母親が同じような歪んだ影響を与えているのではないかと考えた。彼女は、リーヴィの研究に登場する抑圧する親とまったく同じわけではない。けっして子どもを押さえ込んだり、無理やり自分と一緒にいさせたりしないから、子ザルはいつでも好きなときに離れられる。彼女はただ、子どもが最初の一歩を踏み出すように後押しをしないだけだ。

試行錯誤の末、ハリーはようやくリーヴィの過保護な母親との類似点をいくつか見つけた。彼によると、布の母親はとても受動的で、いつでも子どもを受け入れるため、彼らを他の関係に押しやることがない。「その結果、彼女の子どもは、自立心を養ったり、他の乳幼児や子どもと親密な関係を築くように促される機会がまったくない。布の母親では完全な依存が通常の状態であり、それが正常な発達を阻害するほど長期に及ぶのである」。もちろん、健全な自立はいったいどのように促されるのかという疑問はまだ残っていた。先に離れるべきなのは母親か、それとも子どもか？　母親がさりげなく他者の方へ後押しすべきなのか？　それとも子どもが母親をせっついて、まだ産毛の残る羽を広げ、しばらく宙を羽ばたいてみなければならないのか？　その時期は？　飛ぶのに良いタイミング、また同様に巣に連れ戻されるのに良いタイミングはあるのだろうか？

ハリーの研究室をはじめとする霊長類研究所が発表したあらゆる研究結果から、それは駆け引きやタイミングや小さな一歩一歩の絡んだ絶妙な瞬間であることがわかる。ボウルビーの良き同僚であるオックスフォード大学のロバート・ハインドは、それはダンスのようなものだとみなした。子どもが非常に幼いときは、母親は子どもの安全のため、懸命に子どもを近くに引き寄せておく。しかし、子どもが成長して少し強くなってくると、母親は少しだけ保護の手を緩め、一歩下がる。それに対する赤ちゃんの最初の反応は、母親に近づくことだ。ハインドの報告によると、子ザルはもっと頻繁に呼びかけ、もっと強く抱きつくようになる。それでも母親が下がりつづけたら――もっと大きくなった子ザルが強く毛を引っ張ったら、母親は平手打ちをくらわすだろう――子ザルは別の場所に癒しを求めることを学ぶ。他の子ザルのところに駆けていって、より長く親元から離れて遊ぶようになるだろう。結果的に友好関係も強まり、自分をサポートしてくれる基地を広げることになる。

しかし、特殊な母親が赤ちゃんと結ぶ絆は、このダンスにBGMを添えた。母親がまったく協力的でなかったら（ジョン・B・ワトソンが称賛するようなサルなら、と言ってもいいだろう。最初から赤ちゃんを押し退けてしまう母親だ）、赤ちゃんはどこにも行きたがらなくなった。十分な安心感を得ていないので、思い切って次の関係を築くことができないのだ。ハリーは、こうした一連の出来事の順序が驚くほど厳密に決まっていることに気づいた。まず、赤ちゃんは安定した愛着を持つために、母親と絆が結ばれていることを確信する必要がある。もししっかり守られていると感じられなかったら、子ザルが他のサルたちとうまくつきあうのは至難の業となる。常識的に考えれば、このように「他者との関係が連鎖構造をとる」という結論に至るのは明白だ、とハリーは考えた。最初の関係に失敗すると、次の関係を築くのはずっと難しくなる。だから子ザルは親の近くにとどまり、母親との関係を修復しようとし、他者との関係を構築するのに失敗する。

レナード・ローゼンブラムは、ウィスコンシン大学を卒業した後の研究で、このアイディアを見事に解明した。彼は別の種類のサルを用いた。マカク属には、アカゲザルだけではなく、さまざまなサルがいて、カニクイザル、ボンネットモンキー、ブタオザル、シシオザル、バーバリーマカク、ニホンザルなどがいる。灰色のもの、茶色のもの、シルバーグレーのもの、燃えるような金色のもの、木に登るもの、水を好むもの、略奪するもの、家庭的なものなどなど、その性質も多種多様だ。穏やかなサルもいれば意地悪なサルもおり、良い母親もいれば無関心な母親もいる。ブタオザルの母親は並外れて愛情豊かな傾向にある。それに比べて、ボンネットモンキーの母親は子どもに無関心だ。そしてローゼンブラムが発見したのは、抱きしめられ、ちやほやされ、しっかり守られるブタオザルの赤ちゃんは、より容易に次の段階に進み、他のサルとの関係を結べるようになるということだった。しかし、ボンネットモンキーの赤ちゃんはずっと親との関係を修復しようとして、もっとべったりまとわりついた。外に追い出されれば自立するだろうと思うかもしれないが、かえって長いこと家の近くをうろつきまわった。つまり、ここで明らかなパラドックスに直面したのである。自立した子どもにしたいならば、赤ちゃんには依存させてやらなければならない。

そして、赤ちゃんを独り立ちさせる時期を知らなければならない。ハリーは布の母親の失敗に気づいたとき、二匹の赤ちゃんザルを一緒にさせれば、現実の他者とつながりたいという欲求を満たせるのではないかと考えた。しかし、思い出してほしい。赤ちゃんは安心感を与えてくれる対象にしがみつき、抱きしめ、慰撫を得るように生まれついている。だから結局、二匹の安定したサルではなく、互いにくっついて離れない二匹のサルになってしまった。ハリーはこのように説明した。「二匹の赤ちゃんは、接触による安らぎを得るためには互いにしがみつくほかなかった。彼らにはやめどきがわからなかった。……母親なしでは、いつ遊びはじめたらよいかということさえよくわからなかった」

子ザルたちは、発達のどの段階になっても、お互いを拒絶しなかった。布の母親よりもさらに悪いと言ってよいだろう。少なくとも、布の母親が子どもを束縛しつづけることはなかったのだから。「ハリーが発見したのは、二匹の赤ちゃんザルを一緒に育てるのは、完全な隔離状態と同じくらい悪いということだった」と、現在シアトルのワシントン大学に在籍するジム・サケットは言う。「彼らはべったりくっついて離れなくなっていく。その姿はとても可愛らしいのだが、もし二匹を引き離しでもしたら、取り乱してめちゃくちゃになってしまう。後に社会生活を営むうえでも、きわめて有害だ。ハリーの研究を知っていて、まともな精神を持っている人なら、アカゲザルの赤ちゃんをペアで育てたりしないだろう。大人ならペアになってもいい。でも、赤ちゃんはダメだ」

母親に求められる条件を並べたリストは、ここでまた長くなる――温かさ、動き、愛情の他に、「子どもを強く抱きしめるべき時期と、外へ押し出すべき時期をよく心得ていること」が加わった。ジョージア大学の心理学者アーウィン・バーンスタインは、そのような行動――他者との関係を築くタイミングを知ること、強く抱きしめる時期と自立させる時期に気づくこと――を「社会的知性」と呼んだ。バーンスタインが指摘するように、ハリーがこのことを語りはじめた一九六〇年代当時、それは心理学者のアンテナに引っかかるような話題ではまったくなかった。「こうした赤ちゃんザルが感情的に異常であり、彼らに欠けているのが『社会的知性』だと気づいたという点で、ハリーは天才的だった」とバーンスタインは言う。「二〇世紀半ばには、この分野はたいして研究されていなかったからね」

一方、母子の絆は注目の的となっていた。心理学者は母性愛や、「接触による安らぎ」や、愛着理論といった概念に夢中だった。スティーヴ・スオミが辛辣に指摘するとおり、「児童心理学や精神医学の主流の連中は、今度は母子関係ばかりに注目して研究していた」。それゆえ研究が激増して、『有能な乳幼児』の編者のところに押し寄せたわけである。とはいえ、一般的に言えば、心理学者が「社会的知性」という広い視野から母子関係を分析するには、多少の時間が必要になる。

しかし、スオミが指摘するとおり、サルのコロニーがひとつあれば、さまざまな関係の全貌を見ることができるのだ。実際、そこには完全なコミュニティが存在する。母親と赤ちゃん、若者とそれ以外の大人を一緒にすれば、子ザルたちが互いに殴り合ったり、追いかけたり、探索したり、議論したり、友だちと家族の間を元気よく行ったり来たりして大騒ぎになる社会を観察できるだろう。サルを観察すれば、たったひとつの関係だけで十分だと思うことなど不可能だった。そこで生き延びるためには、はるかに大きなスケールの社会的スキルが必要だった。なぜかというと、ハリーによれば、「サルの群れは、約二キロ先にいるよそ者でも見つけることができる。そしてそのよそ者が、自分が窮地に陥っていることに気づかず、適切な服従の行動をとらなければ、ほぼ間違いなく威嚇され、何度も攻撃され、撃退され、ときには殺されることもある。人間以外の霊長類にとっても、誰が友だちかを知ることは、適応のうえで非常に重要なのだ」

上位から下位まで厳格な階層構造があるアカゲザルの社会では、誰が自分の友だちかを知り、その友だちや自分の地位を知ることが積み重なって、生き延びるための基本的な方策となる。生まれつきこの知識を持っている者は誰もいないが、しかしそれでも、子どもはとても幼いうちから、自分のいるべき場所はどこかを知らなければならない。もし、社会的知性が教わらなければ身につかないものだとすれば、すべての子ども——人間であっても、サルであっても——には、誰か非常に熱心な先生が必要になる。「サルはミツバチではない」とハリーは言った。先天的に組み込まれたさまざまな反応だけでは、生き延びることはできないのだ。「世界で最高のアカゲザルの遺伝子を持っているからといって、社会的に有能であるとは限らない」とスオミは補足する。だからこそ、社会的知性は絶対的な必要条件なのであり、何も知らず、何も教えられない布の母親は、結局のところ最悪の代理母になってしまったのだ。

母親は、さりげなく子どもを他の関係に押し出したとき、彼らを社会学習の新たなレベルに進ませたとも言える。ハリーが指摘したとおり、他者との関係を構築する次の段階には、単純な名前がついている——「遊び」だ。だからこそ、親が子どもに友だち関係を作らせようとするのが非常に重要になるのである。仲間との遊びが社会生活の大部分を占めるようになるのはいつだろうか？　サルでは生後三ヵ月か四ヵ月ごろにその時期が始まり、人間だとよちよち歩きの二歳ごろの幼児に相当する。ハリーは元気なマカクを観察するうち、うまく遊ぶには、ひと揃いのまったく新しい社会的スキルが要求されることに気づいた。仲間同士の遊びは、母子関係とは明らかにまったく違っている。当時のウィスコンシン大学の研究所では（そして現在も続けられている実験においても）、サルを観察していた研究者は、子どもの遊びがあまりにも大人のやりとりに似ていて驚愕することが何度もあった。両者があまりにも似ていたので、遊びは大人の交流の「原型《プロトタイプ》」、つまり将来のための試運転なのだろう、とハリーは考えるようになった。

実験室でのサルの遊びには、大きく分けて二つの傾向があった。ひとつは「乱闘ごっこ」——ハリーは「サルのレスリング試合」と呼んでいる——で、何度も何度もゴロゴロ転がったりキーキー叫んだりするが、ほとんどケガはしない。友だち同士でおこなわれるため、それほどひどくぶちのめす者はいないのだ。もうひとつの子ザルのお気に入りの遊びは、私たちが「鬼ごっこ」と呼ぶものに似ていて、科学者は「接近－回避遊び」と呼んでいる——追いかけて、逃げて、実際に体が接触することはほとんどない。そうやって遊ぶサルたちを観察していると、とてつもなくやかましいだけのように思えるかもしれない。しかし別の見方をすれば、生きるために必要な基本的なスキルを身につけるための本当にすばらしい方法だと考えることもできる。

乱闘ごっこの中で、子どもは判断を学ぶ。どれくらいの強さなら押してもケガをしないか、誰がその遊びで真剣になりすぎるか、いつ身を引くべきか、いつ前に出るべきか。鬼ごっこの中でも同様に、スピードや、利害や、誰が走ろうとしていて誰が下がるつもりか、誰が勝ち負けにこだわらず、誰が往生際が悪いかを判断しなければならない。そしてどちらのゲームも、同じくらい重要な人生の教訓を教えてくれる。それは、他者と一緒に過ごす楽しさだ。

サルが大きくなり、もっと激しく遊ぶようになると、非言語コミュニケーションと呼ばれる類のメッセージのやりとりが上達していく。仲間うちでは行動が強化されやすい。相手の行為が気に入ったらお返しをし、気に入らなければ拒否するか無視するからだ。そのため、遊びの中で、なぜ友だちが離れてしまったのか、どうすれば戻ってきてもらえるかも学ぶことができる。たいていの者は、友だちに戻ってきてほしいと思うものだ。アカゲザルや、その近縁に当たる人間は、孤独に生きるようには生まれついていない。仲直りのスキルは、数あるスキルのうちでも特に重要である。私たちは、自分の足元に社会的なネットワークがしっかりと広がり、自分も友だちや家族を守る近隣のネットワークの一部として役目を果たしているとき、もっとも力が発揮でき、もっとも長く幸せに生きることができる。

ハーロウ研究所では、ペギー・ハーロウが考案したある研究で、複雑な社会的ネットワークというアイディアを検証した。母性愛の研究がおこなわれている間、ペギーは家族そのものについて考えつづけていた。家族――母親、父親、子どもが一緒になったもの――とは、家庭（家）を維持する基本的なシステムである。一夫一妻制ではないアカゲザルで家族を作るためには、父親を家庭にいさせる方法を見つける必要があった。ペギーが発案した「核家族装置」は、実際のアカゲザルの社会とはかけ離れた状況を作り出した。アカゲザルの社会では、雌が子どもの世話をし、雄は手助けする必要のない別の仲間のところに去っていく。ペギーの装置は、アカゲザルがまったく知りもしないもの――ずっとそばにいること、夫婦一緒の育児、安定した家庭、そしてハリーがふざけて「めでたい一夫一婦制」と呼んだもの――を調べるように設計されていた。

研究にはアカゲザルの四家族が使われた。ウィスコンシン大学霊長類研究所の屋根裏が、この四家族のために改造された。どのケージ（家）にも、一匹の母親と一匹の父親とその子どもたちが入れられ、すべての家が、はしごやブランコやおもちゃの置かれた中央の遊び場につながっていた。そして遊び場からは、どの隣人の家にも行くことができた――ただし、子どもだけである。どのドアもちょうど子ザルしか通れない大きさで、父母は通り抜けられなかった。子ザルたちはどの場所にも行けたので、近所づきあいがあった。子ザルは一緒に遊べたし、友だちの家にたむろすることもできたし、危険を察知したり疲れたりしたときには、家に逃げ帰ることができた。両親はいつも家にいた。

ウィスコンシンの心理学者は、大きな雄が子どもやたった一匹の妻と一緒に閉じ込められると意地悪になり、虐待するのではないかと心配した。しかし、結果は驚くべきものだった。傲慢なアルファ雄ですら、それまで見せたことのない、環境に適した行動をとれることがわかったのである。「雄が保護や育児に参加するようになったことには、本当にびっくりした」と、現在はピッツバーグ大学に在籍するジェリー・ルッペンサールは言う。彼はペギーと共同で核家族研究をおこなった。「当時、雄のアカゲザルは誰かに親切に振る舞うことなどないと考えられていた。彼女はそれが間違いだと証明したのだ」

大きな雄は、心配そうに子ザルたちを守った。家では驚くほど楽しそうに子どもと遊んだ。つねったり、噛んだり、尻尾や耳を引っ張ったりする子どものうっとうしい行動にも我慢した。おそらく、放し飼い状態のコロニーだったら、怒っていたに違いない。こんな生活でなければ、がっしりした雄ザルは赤ちゃんザルを叩きのめしていただろう。しかし、この世界では、しぶしぶあきらめて肩をすくめる（サルの場合は目をギョロギョロさせる）のがしょっちゅうだった。

子ザルたちは、この家族と友だちのにぎやかなコミュニティの中で成長した。後にハリーが評価したところ、研究室にいるすべてのサルのうち、彼らがもっとも自信に満ち、社会的に適応し、社交的で、さらに驚くべきことに、もっとも頭が良かった。核家族コミュニティの中で育ったサルは、WGTAのもっとも難しいテストをより速く、より正確に解いた。彼らの知性はより鋭く、より柔軟だった。それはまるで、多くのさまざまな社会関係への対処法を学ぶことによって、他の難題に対処する能力も脳に組み込まれたかのようだった。

たったひとつの強固な関係が、このような社会の複雑性の代わりになりえようか？

この実験の後におこなったテストで、ハリーと学生たちは、ひとつの関係しかない生活をぎりぎりまで突き詰めることにした。この研究では、布の母親を使うことは検討すらしなかった。赤ちゃんザルは、生きて呼吸し、相互にやりとりできる生物学的な母親から引き離されなかった。仕掛けは次のとおりである。母と赤ちゃんはコロニーから引き離され、六ヵ月間隔離される。遊び仲間と活発に交流する機会はまったく与えられない。そうすると、赤ちゃんは偏狂的に、異常なほど内気に育った。その後、若いサルたちと一緒にされても、ひとつの関係だけで育ったサルは彼らを避け、遊びたがらなかった。新しい仲間のグルーミングをしたり、仲良くなったりすることはめったになかった。仲間に近づかれると、ヒステリックに身構えた（専門用語でいうなら「過度に攻撃的」になった）。ハリーはそっけなく、「要するに、彼らには良い遊び仲間ができない」と報告している。そして、母親とともに隔離される期間が長ければ長いほど、赤ちゃんは友だちを作るのが下手になった——一九三〇年代にデイヴィッド・リーヴィが研究した過保護な子どもたちと同じように。

ハリーの研究所は、愛の逆説的な本質を証明することになる。ひとつだけの関係では十分でない。だがそれにも関わらず、最初のひとつの関係がもっとも大切で、すべてを台無しにすることもある。その最初の愛着、最初の相互関係、最初の社会的つながり（どれでもお好きな呼び方でどうぞ）は子どもに非常に強力な影響を及ぼすが、母親に対してはそれほどでもない。ジョゼフ・ストーンは、赤ちゃんが親に強く魅かれるさまを「夢中になる」と表現した。科学用語ではないが、まさにぴったりの言葉かもしれない。赤ちゃんが盲目的なほど激しく親に傾倒する姿を見れば、「夢中」という言葉がふさわしいだろう。

あらゆる形の愛について探究するなかで、ハリーと学生たちはこのことを正確に——そして残酷に——解き明かすことになる。ジョゼフ・ストーンも、赤ちゃん研究には欠かせないものだとして、その研究結果を『有能な乳幼児』に収録するのである。これらの研究は（もっと穏やかなものも同様に）、児童発達研究の状況を一変させるのに一役買い、今でもその重要性は変わらない。とはいえ、赤ちゃんの愛を証明するこの異様な研究を読むのは、現在でもかなりきつい。色あせた科学誌の抜き刷りの黄ばんだページに印刷された小さな黒い文字にさえ、子どもたちが親に誠心誠意を尽くす姿があまりにも生々しく示されている。すべてを捧げる子どもの傷つきやすさが胸に突き刺さり、ひと文字ごとに読むのがつらくなる。

問題の研究は、対象への献身（コミットメント）を検証するのではなく、病的な母親が子どもに及ぼす影響を調べる実験として始められた。そのために研究チームは、ハリーが悪い母親、あるいは「モンスター・マザー」と呼ぶ代理母を作り出した。全部で四体あって、どれもが狂った途方もない布の母親だった。どの母親も柔らかい体をしていて抱きしめることができたが、そこにはワナが仕掛けられていた。ひとつ目の「振動する」母は、激しく（ハリー曰く、子ザルの歯と骨が一斉にカタカタ鳴るほど）揺れた。二つ目は空気を噴射する母で、子どもに圧縮空気をすさまじい勢いで（ハリー曰く、赤ちゃんが丸裸になりそうなほど）吹きつけた。三つ目の母にはスチールの枠がはめ込まれており、定められた時間ごとに、あるいは必要に応じて操作すると、しがみついている子ザルを母親の体から跳ね飛ばして放り出した。四つ目のモンスター・マザーには、真鍮の釘《スパイク》（先は尖っていない）が胸に埋め込まれていた。このスパイクは、何の前触れもなく突然、しがみついている子どもを突くのである。

そんな目にあったとき、赤ちゃんはどうしただろう？　彼らはなんと、可能であれば、母親にますます強く抱きついたのである。少なくとも、空気を噴射する母と激しく揺れる母の子ザルたちはそうした。後の二体のモンスター・マザーは、スパイクで突いたり、文字どおり投げ飛ばしたりして子ザルを無理やり引き離すことに成功した。しかし、子ザルは安全になればすぐに戻ってきて、母親に抱きついた。赤ちゃんは何度でも戻ってきて、ハリーによれば、「すべてを許したかのように、信頼と愛をあらわにした」。しかも、この実験によって、子ザルは精神異常にならなかったのである。彼らは確かに神経質にはなったが、気が狂ったりはしなかった。この重要な発見は、予想していた結果とはまるで違っていた。「この実験ほど、『接触による安らぎ』によって子どもに慰撫と安心を与える母親の力を見事に示したものはないだろう」

しかし、逆に言えば、この実験ほど、赤ちゃんが親に夢中になる深さと強さを実証したものはない。言い換えるなら、この実験は、親に夢中になるせいで、子どもが恐ろしいほど無防備になることを明らかにしたのである。子ザルは真鍮の釘を突き出すスパイク・ママに怯えて逃げ出した。それにも関わらず、慰撫を求めて戻ってくるところは、やはり彼女のところだった。そうせざるを得なかったのだ。子ザルには彼女しかいなかったのだから。良くも悪くも、これこそまさしく「安全な港」の持つ効果を示す、さらなる証拠なのである。安全基地が常に安全とは限らない。母親からしか慰撫が得られないのに、それが悪い母親だったとしたら、安全な港を求めるときに、どんな選択肢が残されているだろう？　ひとつしかない港にとどまろうと試みつづける以外、選択肢はないのだ。

ハリーとそのチームは、本物の母ザルが拒絶したり虐待したりする場合にも、同じことが起きるのに気づいた。驚いたことに、「赤ちゃんは死にものぐるいになって母親に接触しようとした。母親にどれほど虐待されようが、赤ちゃんはあきらめずに何度でも戻ってきた」。彼らは正常な母親の子どもよりもずっと頻繁に母親のところに戻り、しょっちゅう手を伸ばし、抱きつき、甘え声を出した。子ザルは母親の気をひくことで頭がいっぱいで、友だちのためのエネルギーはほとんど残っていなかった。母親にまとわりついて離れない赤ちゃんのエネルギーは、親からほんの少しでも愛情をもらおうとすることに費やされた。ときには、本当のサルの母親の反応が、徐々に優しくなることもあった。しかし、母親に触れようとして必死になっている間、子ザルには他の誰かにかまう暇はなかった。「ほとんどの人間の子どもと同様に、子ザルも怯えているときや、不幸なときや、母親の行動に気をとられているときは上手に遊べない」とスオミは言う。そして、うまく遊べなければ、いつまで経っても他のサルたちと遊んでもらえない。典型的な子どもの反応はこういうものだ――つまらないやつだな、ママのいるおうちに帰れよ。

『有能な乳幼児』に収録された小論のひとつで、ハリーは非常に科学的な言いまわしで、この問題について語っている。「すべての子どもは子としての愛情系を、まったく同じように示す。対照的に、母親の行動から判断すると、母親の愛情系には大きな偏差がある」。日常的な言葉で言い直せば、文章の最初の部分は、「すべての親は赤ちゃんから愛されることが保障されている」ということである。二番目の部分は、「赤ちゃんがそのお返しに愛されるという保障はまったくない」と指摘している。科学がこのようにずばりと語っているように、そしてハリーとその研究が鋭利なナイフみたいにすっぱり解明したように、愛を当たり前に存在するものと決めてかかってはならない――生まれて初めて息を吸い込むその日にも、断じて当然のものではないのだ。

8 箱の中の赤ちゃん

人が冷淡な威厳の代わりに
近接性を受け入れたなら
人生から絶望が消え去る
人生とはそうあるべきなのだ

ハリー・F・ハーロウ（制作年不詳）

ハリーが最初に愛を探究しはじめたとき、ワクワクするような発見の喜びがあった。それは実にすばらしい驚くべき科学体験で、心理学研究の第一人者である彼ですら、そのまばゆい輝きに感じ入らずにはいられなかった。彼の中にほとんど埋没していた詩人が突然目覚め、再び創作にいそしむようになり、動物界における母子愛によせて陽気で少々マヌケな詩を書いた。たとえば、こんなふうに。

これが赤ちゃんの感じる肌
カバの愛の魅力がたっぷり
接触、抱擁、押したり、突いたり

どれもが赤ちゃんの愛をどっさり引き出す

次は『象』という詩。

母親の腕は短いけれど
皮膚には温かさと魅力がいっぱい
赤ちゃんの肌に母親が触れると
その中で鼓動するハートがいとおしくなる

しかし、ここに至って、さまざまな関係について観察し検討した後になると、彼は親愛なる愛ではなく、耐えなければならない愛について考えるようになった。熱烈な愛着の向こう側、優しい触れ合いの対極には何があるのだろうか？　今度は下手くそな詩を書こうとはしなかった。この問題はもっと暗く、もっと物騒で、科学者としてもリスクが高かった。愛や触れ合いの必要性や子どものサポート方法を研究するのはすばらしいことだが、そのサポートシステムを破壊したらどうなるかを考えるのはまた別の話だ。しかし、傷つくことを理解せずに、愛を理解することが可能だろうか？　ハリーはこの問題に非常に近いところにいたので、その可能性と危険性については十分に承知していた。他の問題が潜在していることにも気づいていた。彼はそこへ――愛と苦痛が渦巻く面倒な地へ――旅立つために、輝かしい名声を危険にさらすつもりなのか？

それでも彼は、その旅が重要だと、それもおそらく非常に重要だろうと考えていた。興味深いヒントがいくつもあり、「最良の家族」でも、核家族のサルたちの結束の固いコミュニティでも、愛の親切心だけではやっていけないことを示唆していた。大学院生のときにハリーの研究室で初期の母性愛研究に参加したローナ・スミスは、家族の魅力に取り憑かれていた。家族はどうすればうまくいき、どうすればうまくいかないのか？　現在、ローナ・スミス・ベンジャミンはユタ大学で教授を務め、機能不全家族の研究を専門として、彼らが抱える精神的に深く傷ついた幼少期の影響を修復しようとしている。

彼女は学生のころ、アカゲザルの家族が働いたり遊んだりするのをじっと見ていたのを覚えている。また、ある夜、ペギー・ハーロウと一緒に核家族研究をしていたときのことも。「けっして忘れることはないでしょう。ペギーは、そこに何が見えて、それをどう考えるかを語っていた。それは郊外の小さな町みたいだった。両親が家にいて、子どもが外で遊んでいる。ライトがあって、朝には点灯し、夜には消灯して、朝晩のサイクルが作られていた。大きなライトが消えた後も、部屋は外からの光でうっすらと明るいので、研究者は観察を続けることができた」

二人の女性研究者が観察している間に、その小さなコミュニティの夜はふけていった。「彼女は、ある一匹の赤ちゃんをよく見るようにと言ったわ。実験室のライトが消えると、みんな遊び場から家に帰って、ママとパパにすり寄って寝るんだけど、この小さな一匹だけはまだ遊び場にいた。彼女は言ったわ。『あの子は家に帰るわ、両親が寝てしまったらね』。二〇分かそこら経つと、その子ザルは自分のケージに這っていって、小さな毛皮の切れはしに抱きついて眠った。すると彼女が言った。『あの子の親は虐待するの』」。ペギーによると、その小さなサルは、できるかぎり離れていることによって、両親となんとかうまくやっているのだという。だから暗くなったとき、父母が危険でなくなってから家に帰ったのだ。

核家族研究からは、どんなに近隣のコミュニティがすばらしくても、家族がうまくいくとは限らないことがわかる。公平のために言っておくと、この研究で明らかになったことのほとんどは、健全な家族が数多くの関係と要求の間でバランスをとる方法だった。母親は新しく赤ちゃんが生まれると、そちらにかかりきりになって他の子どもにかまける暇がなくなるので、年上の子どもに対してそっけなくなるのではないか、とハリーは予想していた。実際、出産直後の母ザルは、年上の子どもたちを遠ざけようとした。母親は赤ちゃんにかかりきりで、しっかりと抱きしめている。

最初、母親は年上の子どもに背を向けた。子どもはそれを受け入れられなかった。自分の母親でもあるじゃないか？　夜に母親が寝ている間に、こっそり忍び寄って抱きついた。日中は、母親が許すかぎり、もたれかかり、甘え声を出して訴え、背中に向かって懇願した。しかし、たいてい一、二晩も過ぎれば、兄や姉は家族の中で落ち着くのだった。研究者は、年上の子どもたちがイライラを解消するために赤ちゃんを殴りつけたりしないかと心配していた。「すごく驚いたことに、追い出された子どもたちが、嫉妬から新入りに罰を与えるそぶりをあからさまに見せることはなかった」とハリーは書いている。「もっとも、ある雄の若者は、母が見ていないときはいつも小さな妹をいじめていたが」

しかし、子どもたちに囲まれたとても優しい母親を観察しているときでさえ、誰でもすぐに気がついた――いちばん年下の小さな子どもがどれほど世話を必要としており、どれほど手がかかり、どれほど無力で弱いかに。彼らは人間の赤ちゃんと同様、怖いくらい脆弱だ。ペギーは観察しながら心配していた。赤ちゃんが病気になると苦しみ、ある母親が病気になって死ぬと、子どもの行く末を心配した。母親を失って間もなく、その娘は病気にかかり、腸が膨張して強い痛みに苦しんだ。「ほとんどの人は、ストレスが原因だと考えた」とルッペンサールは言う。「ペギー先生が入ってきて、その小さな病気のサルを観察しつづけ、特別なごちそうを与えたりもした。それでも死んでしまった。彼女は翌朝やってきて、涙を浮かべた。『ジェリー、私たちが余計なことをしたせいで殺してしまったわ』。子ザルたちは、彼女にとって小さな子どもだったのだ。彼女は彼らを愛していた」

当然のことだが、核家族研究によって、ペギーは本当の尊敬を得るようになっていた。彼女は、ウィスコンシン大学から最初の職が奪われたときに失ってしまった仕事の勢いを取り戻しはじめた。今では霊長類研究所で研究を指揮し、近くにある教育心理学部で講師も務めていた。そして、自分が心から信じていることを科学的に実証しかけていた。彼女の実験が解明しようとしていたのは、家族全体が重要であり、母親の愛はコミュニティの中でもっとも効力を発揮するので、父親や友だち、さらには隣人の助けが必要である、というアイディアだった。ルッペンサールはこう語る。「妻が妊娠したとき、ペギーは子どもを持つことについてたくさん話をしてくれた。そして、互いに影響し合うことや、親になることや、安定した周囲の環境の重要性など、子どもを育てるうえで役立つアドバイスをたくさんしてくれた。そりゃ、彼女は研究室でそういうことを調べていたからね。でも、彼女本来のものの見方は、実に人間味にあふれていた」

ペギーは、相変わらず無口でそっけなくクールだったので、ハリーの研究室の大学院生の多くは、そうした彼女の人間味にあふれた一面を見てはいなかった。彼女は非常に内気だったので、そのような母親らしいアドバイスをすることはめったになかった。ほとんどの学生は彼女を心の冷たい女性と考え、彼女を好いている人よりも嫌っている人の方がずっと多かった。ルッペンサールはそのことを知っているが、まったく意に介さず、「彼女は本当にすばらしい人だった」と言う。そして、今でも彼女の研究を賞賛している。「安定した複合的な環境を作り出すことによって、動物のもっとも良い部分を引き出そうとしていたんだろう。あの研究は、温和な環境にいれば、動物は非常に賢明になれることを示した。それは彼女の予想をはるかに上まわるものだった。彼女は驚いたし、私も驚いた」

もう少し時間があったなら、家族にのめり込んで研究していたペギー・ハーロウはどうなっていただろう？ もしかしたら彼女自身も、ウィスコンシン大学の心理学のスターになっていたかもしれない。しかし、いずれにせよ、彼女にはもうあまり時間が残されていなかった。一九六七年、彼女は乳癌と診断され、もはや治療できないほどに広がっていた。彼女の病気は、ゆっくりと、しかし容赦なく、愛の危険な側面に関する問題をハリーに突きつけることになる。関係について研究する端々でうかがえた恐怖や喪失感や脆弱性という厄介な問題がすべて現実のものとなっていくのだ。ハリーは再び、愛のせいで陥る暗い場所について考えることになる。

ペギーはそれでも馬車馬のように働きつづけた。立つ元気があるときは、実験室でサルたちの世話をし、熱心にノートをとった。ハリーもがむしゃらに働きつづけたが、狂おしいほどに心配して、ぎりぎりの限界まで張り詰めていた。精も根も尽きて上の空になり、ときには自分がなぜそこにいるのか、そこにいるのが誰だかわからなくなることもあった。ルッペンサールは言う。「土曜日の朝に彼と実験室で会った。すると、『君はいったい誰のところで働いている人だね？』って聞くんだ」

ハリーは、かつてのターマンの予想に反して、全国で引っ張りだこの講演者となり、しょっちゅうあちこち移動していた。一方、自分の大学の心理学部では、グーンパークでいちばん見つかりにくい人物という評判を得つづけていた。「ケネディ空港に住んでいる東海岸のハーロウ、国立衛生研究所（NIH）に住んでお金を稼ぐワシントンのハーロウ、そして常に不在のウィスコンシンのハーロウがいると言われていた」と、当時ウィスコンシン大学の心理学者だったジェラルド・ワッサーマンは回顧する。

ハリーはいまや霊長類研究所だけの責任を負う立場ではなかった。NIHは霊長類研究が将来有望なのでアメリカ中に研究センターを設置することを決定し、ヒトの近縁に当たる霊長類から得られる科学的な可能性を探究しようとしていた。心理学者や医者や霊長類研究者たちが霊長類研究に投資するようにNIHを説得していたのだが、ハリー・ハーロウもそのひとりだった。彼はまた、霊長類研究センターの七つの地方拠点のひとつにウィスコンシンを指名するよう、NIHを説き伏せた。そのため、マディソンは中西部でただひとつ、NIHの霊長類研究センターを持つ都市となった。それは多大な栄誉だったが、同時に多大な責任も伴った。ハリーはセンター長であり、自分の研究所も運営し、委員会のさまざまなミーティングに出席し、そして時間があれば自分の研究をした。現在パデュー大学で行動学を研究しているワッサーマンは、ハリー・ハーロウの行動がどんどんごちゃ混ぜになっていったことを今でも覚えている。「彼は書類が山積みのデスクにいて、封筒を開け、何かを読み、何かをつかみながら、理路整然と会話をしていた。まるで二つの別々の精神を同時に操ることができるみたいだった」

もちろん、二つの脳があるという錯覚をいつまでも持ちつづけることはできない。ハリーは両側から引っ張られて切れそうなゴムバンドみたいになっていた――一方からは罪悪感と心配が、もう一方からは実力を常に発揮したいと願う気持ちが、それぞれ引っ張り合うのだった。

それがプツンと切れたのは、さらなる成功を得たときだった。彼は業績をあげるといつもそれにもがき苦しみ、自分のキャリアの最後のピークになるのではないかと気に病んだ。それを見た友人たちはいつも、栄誉がこれほどまでにハリーの不安感をかき立てることに困惑するのだった。ギグ・レヴァインは、ハリーの有名な「愛の本質」講演の後の祝宴に参加した。だが、そのパーティーでもっとも強く記憶に残っているのは、歓喜に満ちたものではない。ハリー・ハーロウがバーの片隅でうずくまり、ずるずるとバーボンと自信喪失に引きずりこまれていく姿だった。その夜はいたって楽しげな祝杯で始まり、ハリーは次々に杯をあけていった。「ただ酔っ払っていたんじゃない。前後不覚に酔いつぶれていた」とレヴァインは言う。「彼の気分はどんどんと沈んでいき、こう言うんだ。『次に何をしたらいいんだろう?』」

一九六七年、ハリー・ハーロウは霊長類研究者としては初めて(そしてただひとり)アメリカ国家科学賞を受賞した。リンドン・ジョンソン大統領の主催する授賞式のためにホワイトハウスに招かれたが、まったく喜んでいる様子はなかった。友人には、ジョンソンが式典の間ずっとイライラしていたことだけしか話さなかった。ハリーは、この受賞によってキャリアの頂点に達してしまったのだから、これを超えることはもうないと確信しながら家路についた。一方、私生活の方では、友人への手紙には「化学療法が有望だ」とか「できるかぎりのことをしている」と書いていたが、ハリーは妻を失う覚悟を決めつつあった。

現在、NIHの比較行動学研究所の所長を務めるスティーヴ・スオミは、一九六八年の冬に大学院生としてウィスコンシンにやってきたときのことを覚えている。スオミは、学部でもっとも有名な心理学者と一緒に霊長類研究をすることに胸を膨らませて研究所にやってきた。だが、二週間も経たないうちに、ハリーは「調子が良くない」と彼に告げて、ミネソタ州ロチェスターのメイヨー・クリニックへ行ってしまった。そこで無力感を伴う深刻な抑うつ状態の治療を受けようとしたのだ。彼はそこに二ヵ月滞在することになる。抑うつ状態が非常に執拗だったので、医師はそれをコントロールしようとして、投薬から電気ショック療法までおこなうことになった。抑うつ状態は和らぎはしたものの、ウィスコンシンに帰った後もなかなか消えずに残っていた。

ハリーは静かな男になって帰ってきた。ミネソタでのことについては何も語らず、彼の人生ではめったになかったことだが、研究室には行かず、引きこもって一日一日をやり過ごすのが精一杯だった。研究に精根尽き果て、次の大きなプロジェクトに乗り出すのを断念してしまったかのように見えた。「みんな、在りし日の彼の話をしたものさ」とスオミは語る。しかし実は、新しい研究の方向性や、次なるチャレンジについても考えていたのだ。最終的に、それが彼に一線を越えさせることになるのである。彼は愛のいちばんの暗い面《ダークサイド》——愛が与えるのでなく、奪い去るもの——について考えていた。彼は、サルの抑うつモデルを作り、この特殊な荒廃状態を生化学的に研究したいと考えた。良い研究方法を見つけられれば、抑うつ状態の極地で途方に暮れる人々を助けるのにとても役立つに違いない。彼自身が、その研究の必要性を実際に痛感していた。

ハリーには、抑うつモデルがどんなふうであるか、明確なイメージがあった。氷に閉ざされた極地に隔離されたみたいな、完全で徹底的な孤独である。何年も後になってから、彼はこれらの実験を振り返り、ある著書の中で「孤独の地獄」という一章にまとめた。ハリーによると、誰しも人生のうちで社会的に孤立する期間がある。家族の病気、家族や親しい友人との別離、仕事の出張、大学進学、離婚、愛する人の死。「人間の社会的孤立の両極を挙げるとすれば、一方は子どもが学校へ行く初めての日であり、もう一方は独房に監禁された犯罪者である。しかし、保育園や幼稚園や小学校に行く最初の日に、母親が帰ってしまってから子どもが感じる居心地の悪さは、社交的に育った子どもたちに囲まれて数日を過ごすうちにたいてい消えてしまうだろう」

もしそれが消えなければ、他者とつながりを持たなければ、孤独にとらわれたように感じたならば、それがどれほどつらいことか、誰でもよく知っている。「独房に監禁して社会的に完全に隔離することは、あまりにも過酷だと考えられるので、もっとも悪辣な囚人にしか科されていない。アメリカ人は、そのことを誇りに思うべきだ」とハリーは述べた。

そうした認識は、何年もの間、ウィスコンシン大学の研究所の中でくすぶりつづけていた。最初の布の母親研究をおこなった直後、ジョン・ボウルビーがハリーに会いに来訪して、施設を見てまわった。当時は拒絶する代理母の研究の真っ最中で、赤ちゃんを突き離すように設計されたモンスター・マザーがいた。実験の目的は、拒絶によって精神病的な行動が誘発されるかどうかを調べることだった。そして、そのような行動は誘発されず、赤ちゃんザルはただ母親との関係を強化し、改善しようとして、何度でも戻ってきた。

ボウルビーは、拒絶の研究がどうやら失敗らしいと知って、「毎回勝つ人はいないよ」とハリーをねぎらい、研究所見学ツアーを続けた。ほとんどのサルは、当時の慣習に従って、一匹ずつケージに入れられていた。ハリーの学生たちの記憶によれば、ジョン・ボウルビーは頭を振り振り帰ってきて、こう言った。「ハリー、何がまずいのかはわからないが、ここの一匹ずつのケージには、私がこれまでに見てきたどこよりも多くの精神異常が見られる」。サルたちはマスターベーションをし、前後に体を揺らし、自分の体を抱きしめていた。「君のところのサルには気が狂ってるのがいる」とボウルビーは指摘した。後にハリー・ハーロウは笑いながら、自分には見えなかったものがボウルビーには見えたことについて語った。「精神科医がいなけりゃ、精神病も存在しないのさ」

一九六〇年、隔離が及ぼす影響に注目した最初の論文がハリーの研究所から発表された。その研究の代表者はビル・メイソンだった。ウィスコンシン大学の研究者たちは、母親の子育ての仕組みを分析したときと同じやり方で、なぜ隔離するとこれほど破滅的な結果になるのか、その原因を正確に見つけ出そうとした。身体的な接触が失われることだけが原因だろうか？　他のサルの声が聞こえなければどうなるだろう？　仲間が一匹も見えなかったら？　彼らは防音対策を施したケージや、他のサルが見えないように頑丈な壁をつけたケージを試した。しかし、それぞれの効果を個々に判断するのは難しかった（というより、おそらく不可能だった）。なぜなら隔離されただけで、サルは完膚なきまでにノックアウトされてしまったからだ。

　アカゲザルは、たったひとつでも他者との関係があれば、なんとかやっていけた——たとえそれが揺れる代理母やイヌであったとしても。しかし、ひとりきりには耐えられなかった。隔離されて絶望的にうずくまる姿は、抑うつ状態に非常に似ていた。ルネ・スピッツとジョン・ボウルビーはどちらも、子どもが母親から引き離されたとき、精神的に崩壊したようになる様子を記述していた。スピッツは、こうした麻痺したような無気力状態を「依存性抑うつ」と呼び、その症状の進行を次のように分析した。最初は抗議（叫ぶ、かんしゃくをおこす、泣きわめく）。その後に抑うつ状態（引きこもる、動作が鈍くなる、無感覚状態になる）。

　この別離に対する反応が本物のうつであるかどうかは、まだ科学的に答えが出ていなかった。赤ちゃんなら誰も彼もが無気力状態に陥るわけでもなかった。拘束的な母親（デイヴィッド・リーヴィが研究した過保護な母親のように、子どもを常に束縛する母親）の子どもは、まあ無理もないだろうが、それほど母親を恋しがる様子は見せなかった。

　だとすれば、ハリーと学生が解き明かしたことは、ただの常識にすぎないと思われるかもしれない。しかし、何度も繰り返すように、それが常にハリーの考える「良い科学」の基準だった。心から苦しんでいる子どもたちも、全身で悲嘆に暮れている子ザルたちも、自分が何かを本当になくしてしまったと感じていた。「言い換えるなら、社会的に隔離された結果、被験者が非常に重要なものを失い、それを埋め合わせるものが何もなく、自分自身の行動ではその苦境を変えることができないときに、抑うつ状態が生じるのである」とハリーは書いた。

それでは、そのシナリオをそのまま——完全な喪失、完全な孤独、完全に無力な状態——作ってみたらどうなるだろう？　愛が健康と幸福に不可欠なのであれば、愛情と絆が完全に奪われたときに何が起こるだろう？　大の男が病院に送り込まれ、再び活動できるように電気ショックをかけて揺すぶらなければならないほどの、ひどい絶望が生じるのではないだろうか？　ひとりではけっして生きていけない種に属することの代償とは何だろう？　実際のところ、私たちはどれくらい耐えられるのか？　誰でも多少の喪失や孤独には耐えられる。しかし、その苦しみに押しつぶされてしまう地点は、人それぞれで違うように見える。抑うつ状態の特徴のひとつは、ある境界線を踏み越えて、無力感がそれ以外のすべての感覚を打ちのめす領域に入ってしまうことだと考えられる。それでは、実験室で絶望を作り出したいならば、その後戻りできない境目を見つけるために、何から始めればよいのだろうか？

最初の隔離実験は、当然ながら、抑うつ状態を最終目標にしていたわけではなく、純粋に孤独の威力を調査するためにおこなわれた。その例として、隔離されたケージが使われた。それは何もない空間だった。一方からしか見えないマジックミラーが設置されているので科学者は中を見ることができるが、サルから外は見えない。サルはひとりきりで、仲間は誰もいない。赤ちゃんザルは生まれた直後から、寝床を交換したり、新鮮な食べものや水を置いたりする実験者の手以外、何も見ることなく育てられた。数匹の赤ちゃんザルがそれぞれこのケージに三〇日間入れられた。外に出されたとき、彼らはあまりにも「激しく動揺」して、そのうちの二匹は食べることを拒否して餓死してしまった。それからというもの、ウィスコンシンの科学者は、隔離状態から出てきたサルに強制給餌をおこない、確実に生きつづけられるようにした。

次の実験では、赤ちゃんザルを六ヵ月間隔離し、その次はまる一年隔離した。一二ヵ月間隔離されたサルは、自然界では見たこともないアカゲザルになってしまった。探索せず、遊ばず、ほとんど動かず、心臓の鼓動と吐息がなければ、生きているようには見えなかった。結局、数匹のサルは再び隔離しなければならなくなった。彼らは生まれつきのいじめられっ子のようで、あまりに臆病で無力なため、新しい仲間の最悪の部分を引き出してしまうのだ。他のサルたちがいじめるために輪を作り、隔離ザルはその内側で縮こまった。「輪が少し緩むと、すぐに隔離サルは逃げ出す。それが刺激となって、さらなる攻撃となるんだ。だから、その様子を見ている人は、『頼むから動くな、頼むから動くな』と念じることになるのさ」とボブ・ジマーマンは回顧する。

ひとつのケージに一匹のサルを収容するという標準的な飼育環境によって生じたのが自滅的な行動ならば、完全な隔離からはさらに悪い結果が生じた。それが精神異常だったのである。言うまでもなく、これらのほとんど麻痺した状態のサルたちは、正常な性的関係を結ぶことができなかった――というより、どんな関係も結ぶことができなかった。研究室のメンバーが機能不全の雌を縛りつけて「受け入れ」の体勢をとらせてみると、ただでさえ不安定なサルの数匹を妊娠させることができた。その結果は、「社会的知性」を持たない動物がどれほど危険になりうるかを、このうえなく知らしめるものだった。「もっともひどい悪夢の中でも、ここに実在する母ザルほど邪悪な代理母を設計することは不可能だろう」とハリーは書いた。「愛というものをまったく経験したことのないこれらの母ザルは、赤ちゃんに対する愛情を欠いていた。残念ながら、人間の場合でも、その感情が欠如した人があまりにも大勢いる」。愛のない母親のほとんどは、子ザルを無視するだけだった。しかし不幸なことに、全員がそうだったわけではない。ある母親は、赤ちゃんの顔を床に押しつけ、手足の指を噛みちぎってしまった。もう一匹は、赤ちゃんの頭を口の中に入れて噛み潰してしまった。それが強制妊娠の結末だった。

そう、ハリーは邪悪な母親を作り出した。気の狂ったサルを作り出した。不幸で社会的に異様な子ザルを作り出した。しかしそれでも、否応なく不幸に沈み込んでいく古典的な抑うつ状態を見ることはできなかった。実験室の研究者たちは、悲しみと孤独と不幸を作り出した。しかし、ハリーはそれでもなお、もっと決定的な何かを探しつづけていた。人生がやりきれないという麻痺したような感覚、空気でさえ石のように重く感じられるような状態を求めていたのだ。「人間の抑うつの特徴は、無力で希望がなく、絶望の井戸の底に沈んだ状態である」とハリーは説明した。そして、その穴の底へずるずると落ちていくことが、どうもまだよく解明できていないらしい。おそらく、サルに与えた無力感が足りなかったのだ、と彼は考えた。

抑うつ状態はとらわれている感覚――逃げ場のない囚人のような感覚――から生じることもあるというアイディアは、心理学で出はじめていたところだった。ラットを使った研究では、逃れることができない電気ショックを与えると、つまりラットが何をしようともその不快なショックから逃げられないようにすると、ラットがあきらめるのが見ていてはっきりとわかった。ラットが恐ろしい絶望のようなものの中に崩れ落ちていくのが見てとれたのである。一九七〇年代になると、臨床心理学者のマーティン・セリグマンは、そのような反応を「学習性無力感」の理論に発展させ、力を奪われること（あるいは、自分に力がないと考えてしまうこと）がすべての反応を侵食すると論じた。セリグマンは、学習性無力感は抑うつ状態を生み出すだけではなく、しばしばそれに伴って、怒りや取り乱した行動も引き出すと考えるようになる。彼はまた、こうした認識を発展させ、「学習性楽観主義」というポジティブな考え方も作り出すことになる。セリグマンはとりわけ、人々が自分でコントロールできるという感覚や、この先も幸福や目的意識が続くという楽観的な感覚を持てるように手助けしたいと考えていた。

だが、ハリーは楽観主義など考えもしなかった。その正反対だと言ってもいい。彼が興味を持ったのは、学習性無力感のもっと過酷な側面だった。それが、彼の目的である真の抑うつ状態へつながるように思えたからだ。だから、彼はまったく違う方法でやってみた。「今回も、ボウルビーの研究からひらめいたんだ」とスオミは言う。「ボウルビーは、母子を引き離すと抗議行動と絶望が生じると述べていた。一九六二年にハリーがそれを再現していたし、ハインドも再現した。その後、母子を隔離する研究が相次いでおこなわれた。それによると、サルの反応はボウルビーが説明した行動にかなり近いが、それほど深刻ではなく、その影響は一時的なものであることがわかった。そのころ、ハリーがメイヨー・クリニックから帰ってきて、ある小部屋《チャンバー》のことを思いつき、うまくいくんじゃないかと考えた」。ハリーは自分の設計した装置を、専門用語で「V字型装置」と呼んだ。小さなピラミッドをひっくり返したような形をしていて、上の方は広く、底の一点に向かってV字になって傾斜していた。サルはこの装置の底に入れられた。底からは、つるつる滑る急勾配の壁面が上まで続いている。上の広い開口部は網で覆われていた。この装置は、言うなれば「完璧」だった。最初の一日か二日、サルは逃げようとして急な壁面をよじ登った。そうすれば外を見ることができた。これにはずいぶんエネルギーを使うのだが、壁がつるつる滑ってずり落ちるので、ほんの一瞬しか外が見えない。二、三日も経つと、「ほとんどのサルは、装置の底の隅で典型的なうずくまりの姿勢をとるようになった。その時点で、彼らは自分の状況が絶望的であることに気づいたと仮定してよいだろう」

ハリーはV字型装置に別の名前をつけ、「絶望の淵」と呼んだ。同僚や学生は、専門用語の名称にとどめるようにと説得にかかった。それほど煽動的でなく、それほどわかりやすくなく――そしてそれほどあからさまでない――表現を使う方が道徳的に無難だと警告した。「彼は最初、『絶望の牢獄』と呼ぼうとしたんだ」とサケットは言う。「そんなことをしたら、どんな反応が返ってくると思う？」

とはいえ、装置をなんと呼ぶかなどはどうでもいい。本当に重要なのは、うまくいくかどうかだ。そして、それは恐ろしいほどうまくいった。完璧に幸せなサルを捕まえて、装置に放り込む。すると、三、四日の間に、完璧に絶望的なサルができあがる。博士論文の一環として、スティーヴ・スオミはV字型装置を使ったテストをいくつかおこなった。彼が一九七〇年に記述したように、装置は中に入ったサルをすべて悪い方向に変えてしまった。正常なサルは異常になり、異常なサルは病的異常になった。研究者は、それから自分の身を守れたサルをたったの一匹も見つけることができなかった。実際のところ、健康で正常な幼少期を過ごそうとも、抑うつ状態の影響から身を守る役には立たないのだと、その装置は明白に示していた。

だが、考えようによっては、V字型装置はむしろ、私たちがどれほど当たり前のように、他者の存在する社会に依存するようになるかということを示したのだった。私たちは、空気を吸い、食べものを食べ、水を飲み、仲間とつきあいながら生きている。装置に入れられたサルたちは、それまでずっと仲間とつきあいながら育ってきた。「装置のせいで、社交が中断される期間ができた」とスオミは説明する。装置送りになったのは、ほとんどが月齢三ヵ月以上のサルだった。V字型装置に入れられた期間はだいたい一ヵ月くらいで、六週間を超えることはなかった。この実験のポイントは、すでに他者との絆を結んでいるサルを取り出して、その絆をぶち壊すことだった。

合計一〇匹ほどのサルが装置に入れられ、そのうちの二匹はペギーの核家族プロジェクトの出身だった。だが、彼らが他のサルよりもうまくやるということはなかった。家族や隣人がいて、ガヤガヤと活気のあるフレンドリーな環境に戻されても、再び絆を結ぶことはできないようだった。彼らは引きこもり、他のサルに対してあまり反応しなくなった。「隔離される前、それらのサルは、核家族の子どもたちの中でもっとも社会的に活発で支配的だった」とハリーは書いている。いまや彼らはすっかり孤独になってしまった。ここでようやく、サルたちは非の打ちどころのない抑うつ状態の動物モデルになったようだ。ハリーが必死になって再現しようとした孤独地獄に迷い込んだように見えた。

「彼の抑うつ研究は、いわば個人的なメタファーのようなものだ」とチャールズ・スノードンは言う。当時はかなり若手の教員だったが、現在はウィスコンシン大学の心理学部長である。「マーガレットが癌に冒された時期、彼はひどい抑うつ状態だった。私はスティーヴ・スオミの博士論文の試験官として呼ばれたのだが、そこでV字型装置が使われていた」。スノードンは、装置のデザインを見てゾッとした。「いったいなぜ、何のためにこんなものを使うのか、とスオミに尋ねた。するとハリーが口を開いて、『なぜなら、抑うつ状態にあるときは、こんな感じがするからさ』と答えた」

＊　＊　＊

もちろん、抑うつのモデルができあがったなら、今度はそれを治さねばならない。霊長類研究者たちは、大学の精神科医ウィリアム・マッキニーと共同研究を始めた。「私のキャリアは、ハリーの研究室から始まったようなものだ」と、現在はノースウェスタン大学の抑うつ障害研究治療アッシャーセンター長であるマッキニーは言う。マッキニーの力を借りて、抑うつ状態の背後にある生化学について調査が始まった。

初期のテストでは、マッキニーは脳内のセロトニンを抑制する化合物、レセルピンをサルに投与した。もちろん現在ではよく知られているように、抑うつ治療のひとつの方法は、セロトニンのレベルを上げて、脳内で高レベルの状態を保つことである。現代でもっとも有名な抗うつ薬や抗不安薬（プロザック、ゾロフト、パキシル）は、この方法を採用している。だが、まずはセロトニンが抑うつに影響を及ぼすことを解明しなければならなかった。ウィスコンシンでテストがおこなわれたのは、まだそれを発見しようとしていた時期だった。レセルピンを投与されたサルは突然うずくまり、セロトニンのレベルが下がるにつれて、頭もますますうなだれていった。彼らは神経伝達物質の威力を証明する生きた実例だった。それを観察した人なら誰でも、脳内のセロトニンの化学作用が気分に直接影響を及ぼすことに驚嘆し、それを操作できないかと考えるに違いない。

だからといって、ウィスコンシン霊長類研究所の科学者がプロザックを思いついたわけではない。彼らはまだ、自分たちが正しい化学作用を見つけたのか、それにどういう意味があるのかを解き明かそうとする段階にあった。ハリーと同僚たちは当時のやり方で抑うつの治療を続け、薬物療法を試しつづけた。そのうち研究者たちは、既存の治療には明らかに限界があり、感情が麻痺したような苦しみの殻を突き破ることはできないことに気づいた。サルは、ほんの少し元気になることはあっても、まだ内にこもり、仲間や家族と距離を置いているようだった。研究室はうつを作り出すことができた。それは結構なのだが、破壊してしまったものを修復できるのは、まだまだ先のようだった。

しかし研究者たちは、抑うつ状態にはある種の社会的なフィードバックループがあるかもしれないと考えるようになった。社会的な接触を容赦なく断ち切ってしまうことによって、抑うつを誘発することができる。それでは、やはり社会的手段によって、それを解消することはできないだろうか？　愛が奪われたとき、それを癒すには、ただ愛を返してやればいいのかもしれない。ハリーの研究室でもっとも重要な基本原則は、問題の解決法を探るための試験でないかぎり、絶対に動物を傷つけてはならないというものだった。ある関係によって受けた傷を、他の関係が癒すことはできるだろうか？　ウィスコンシン大学の研究所はその疑問の答えを見つけようと、もう何年も取り組んでいた。布の母親が育児にはまったく向いていないことが判明した後も、ボウルビーが孤独は狂気と隣り合わせだとハリーに指摘した後も、ずっと取り組みつづけていた。

友情の癒しの力を示す、非常に説得力のあるテストを考案したのは、大学院生のレナード・ローゼンブラムだった。彼は布の母親を引っ張り出して代理母業に復帰させ、四匹の子ザルを育てさせた。しかし、それまでとは違い、子ザルに大勢の仲間を与えてやった。家では布の母親と一緒だが、週に五日は、一日に三〇分、遊ぶ時間が与えられた。子ザルたちはすぐに仲良くなり、お互いに会えることに「ワクワク」するようになった。大きくなった彼らは、初期の布の母親の子どもたちとはまったく違っていた。社会的にそつなくたちまわり、正常と呼んでもいいほどだった――社交的で、社会的な知識に長け、集団の中でうまくやっていた。ローゼンブラムは、これらの代理母育ちのサルと本物の母親に育てられた子ザルを比較した。後者も友だちと遊ぶ時間が与えられていた。「みんなびっくりしたのは、二つのグループに大きな差がなかったということだ」とスオミは言う。「代理母に育てられたサルはみんな指吸いをした。しかし、彼らは遊べたし、仲良くできた。友だちと遊ぶ時間を加えれば、割と正常なサルになったんだ。正常な遊びパターンを示し、なかなか良い親になり、まともだった」。他の研究でも、遊び時間を増やすと、良い効果があることがわかっている。成長途中のサルに正常な関係を持つチャンスを与えると、布の母親との生活による欠点のいくつかを克服することができた。それゆえ、友情の癒し効果は、かえって隔離されたサルの絶望的な立場をいっそう際立たせることになった。

「隔離ザルにはいろいろなものがひどく欠けていた」とスオミは言う。「そして、それを取り戻すのはとても難しかった」。スオミの記憶によれば、それに続くアイディアが出てきたのは、ある日のランチの後にしゃべっているときだったという。ハリーと大学院生がコーヒーを飲みながら、いろいろなアイディアをぶつけ合っていたときのことだ。隔離ザルを正常に戻すには、たくさんの接触が必要だ。優しく、いつも変わらず、穏やかで、親しげな接触が必要だ。正常な仲間たちはこの奇妙なはみだし者を攻撃し、それから無視することが多かった。しかし、誰にでもくっついていく――そう、虫みたいな顔をした布の母親すら愛情たっぷりに抱きしめる――幼いサルだったらどうだろう? おそらく、これまで適切なサルで試さなかっただけなのだ。というわけで、地球上でもっとも抱きつくことに熱意を持つ、三ヵ月のおチビさんたちが隔離ザルに引き合わされた。彼らは真鍮の釘のついたスパイク・ママに甘えようとした子ザルや、バトラー箱の窓から布の母親を愛らしくのぞき見していた子ザルと同い年だった。こうした赤ちゃんの「仲間《ピア》セラピスト」には他にも利点がある、とスオミは考えた。ちょうど遊びに興味を示しはじめたころなので、彼らなら隔離ザルを遊びに加わらせることもできるかもしれない。

手始めに、赤ちゃんセラピストを隔離ザルと毎日二時間一緒にした。そこで目にしたのは、奇妙な鬼ごっこのような光景だった。子ザルが近づくと、年上の隔離ザルは不安げに退く。それが何度も何度も、取り乱した隔離ザルが隅っこでうずくまり、頭を下げて体を揺すりだすまで続いた。そうなると小さなセラピストは、今度は彼らに抱きつき、しがみつき、撫でる。隔離ザルがとうとう威嚇されているという感覚を失い、代わりに興味を持つようになるまで、子ザルたちはこのダンスを繰り返した。やがて彼らは徐々に、普通のサルのように反応しはじめた。

六ヵ月隔離されたサルのためのこのプログラムの大部分を考案したのは、スオミだった。この「セラピー」によって、ほとんどのサルがまともな生活に戻ることができた。「これらの実験によって長く苦渋を味わったのは、実験者だけだった」とハリーは述べ、彼にしては珍しいことに、正常な社会生活に戻るために苦悩するサルを観察することがどれほどつらいかを認めている。しかし、隔離が長ければ長いほど、サルを正常に戻すのは難しかった。隔離実験のもっとも苦く、もっとも重要な教訓は、社会的スキルは使わなければ錆びついてしまうということだ。「六ヵ月の隔離が、回復可能なぎりぎりのラインだった」とスオミは言う。一年間隔離すると回復不能なほど歪んでしまい、もはやアカゲザルとは呼べない生きものになってしまった。ある赤ちゃんザルは、科学者に初めて抱かれたとき、失神してしまった。温かい感覚や生き生きした触れ合いが、あまりにも異質で、あまりにも恐ろしかったのだ。

おそらく、長期にわたって隔離したサルは処分すべきなのかもしれないが、ハリーはそうしたくなかった。彼は生きているサルを処分したことはなく、研究生活を通してサルを溜め込んでいった。そしてようやく、新入りの大学院生のメリンダ・ノヴァクがある提案をした。ノヴァクはハリーの抑うつ状態がひどくなっていった一九六〇年代後半にも、ウィスコンシン大学の研究に参加したことがあった。彼女は卒業後、マサチューセッツ大学アマースト校に移り、そこで最後には心理学部長になった。ハリーはいつも彼女をもっとも優秀な学生のひとりと呼んでいた。聡明すぎて泣けてくる、と言ったこともある。彼はとても熱心に彼女のアイディアに耳を傾けた。隔離されて魂が抜けたようになった奇怪なサルを救えるなら、間違いも厭わないつもりだった。

ノヴァクの計画は、ピアセラピーができるようになるまで、少しずつ非常にゆっくりと注意深く進めていくというものだった。彼女は、度を越して長く隔離されたサルには、赤ちゃんザルとの二時間ですら耐えられないだろうと考えた。だから、長期隔離ザルは、自分のケージのバーの隙間から他のサルをのぞき、観察することだけが許された。最初に見るのは、自分の体を抱きしめて揺らしているところまで彼らとそっくりな他の隔離ザルだ。次に見るのはセラピストたちで、彼らは隣のケージから興味津々で見つめ返した。次に、一日に数分、人なつこい子ザルと一緒に過ごす時間が与えられた。その時間を数分ずつ伸ばしていき、最後には、社会的に有能な小さなセラピストとずっと同じケージで過ごすようにする。セラピストがこの仲間から正常な反応を引き出すまでには何ヵ月も、ときには半年もかかった。しかし、この軽やかなプログラムの中で、若いサルは恐る恐る他のサルを受け入れはじめた。

そうするうちに、とうとう彼らは友だちや家族に囲まれて、正常なサルのように振る舞うようになった。突然ストレスを受けたり、孤独の影で覆われた一匹用のケージに一時的に戻されたりしないかぎりは、群れの中で他のサルと区別がつかないだろう。ただ、たまに逆戻りして、昔のように体を揺することもある。

「メリンダの研究はすばらしかった。なにせ私たちは、一年の隔離ザルは回復の見込みがないと確信していたのだから」とジム・サケットは言う。「彼らも幼いセラピストにうまく反応したという事実は、悪い子育ての解明にとっては本当に重要な発見だった」

サケットとノヴァクは（そしてハリーも）、たとえばピアセラピーなど、研究室で開発した手法のいくつかは、ひどく放置されて抑うつ状態にある子どもを救おうとしている人々の役に立つのではないかと考えた。ノヴァクはこのように述べる。「私たちは、これらの動物から多くのことを学んだ――ある種の行動は元に戻すことができ、それが他よりもうまくいく個体がいることがわかった。人間の子どもはさまざまに違った方法で育てられ、その多くが恵まれない境遇にいるということを考えると、次のように問いかけてみる必要がある。子どもの発達のシステムはどれくらい頑強なものなのか？　それは、ある特定の経験から子どもを守る緩衝材になるのだろうか？」

V字型装置に入れられたサルは、それとは違う。彼らは閉じ込められる前には、社会的に機能する方法を知っていた。だから彼らに必要なのは、他のサルと交流する方法をもう一度教わることではなく、交流したいという意欲を取り戻すことだった。彼らは、絶望と抑うつ状態から戻ってきて、社会の一員となる能力（あるいは社会に属したいという欲求）を再発見した。社会的スキルを身につけるよりも、抑うつを克服する方が難しいサルもいれば、仲間の世界に戻って落ち着きを取り戻すのに数日しかかからないサルもいた。

短期間の隔離から、「絶望の淵」にまる一年隔離する実験まで、さまざまな隔離研究をやり遂げて教訓にたどりつくまでには何年もかかったが、そこから得られた数々の常識的なすばらしい結果から、ひとつのことがわかってきた。それは「みんながそれぞれ違う」ということだ。トラウマや嘆きや孤独について論じるとき、それに対処するのは、精神的な強さや外部のセーフティネットなどがそれぞれ異なる個人だということを覚えておかなければならない。「おそらくもっとも重要な教訓は、これらの実験の被験者の誰もがみんな、ひどい影響を受けたわけではないということだ」とスオミは言う。「それがわかるまで、しばらく時間がかかった。しかし、V字型装置の実験によって、個々人の差異は非常に重要で、無視すべき無意味なものではないことがはっきりとわかるようになった」。ノヴァクも個体に対する強い尊重の念を抱きながら、隔離ザルのセラピーを終えた。「あの研究は、生体がどれほど柔軟性に富んでいるかを教えてくれた。そうしたストレスに、よりうまく対処できる動物や人がいる——今では、そのことが当時よりもずっとよくわかっている」

ノヴァクは、ハリー自身が抑うつ状態に陥り、まるで疲労の極限に達したように動作がどんどん緩慢になっていったのを覚えている。「歴然たる抑うつ状態で、彼はそれに疲れ切っていた。でも、抑うつの暗雲が垂れ込めていても、彼は機転がきいて鋭かった。まったく注意を払っていないかのように見えるのに、机に突っ伏して休んでいたかと思うと、突然頭を上げて鋭い指摘をしたりしたわ」

それでも、牢獄に隔離されたサルたちと同様の麻痺したような状態に陥り、なすすべもなくデスクに突っ伏すだけの日々もあった。うつがずっしりとした重さとなって胸にのしかかり、それを払いのけて起き上がるだけで、エネルギーを使い果たしてしまう日々もあった。彼が受け持った最初の大学院生だったエイブ・マズローは、一九七〇年六月に心臓発作で急死した。それから五ヵ月も過ぎた一〇月になって、ようやくハリーはお悔やみの手紙を書いた。「あまりにも突然の、早すぎるエイブの死を知り、悲しみに堪えません。彼は学者として、ちょうどキャリアの頂点に達したところでした」と、未亡人となったマズローの妻バーサに書き送っている。「返事を差し上げるのが大変遅くなって申し訳ありません。しかし、妻のペギーの病状が一年近くも深刻であるうえ、私もいくつか厄介な問題を抱えているのです」

ペギーの病は確かにどんどん悪くなっていた。「ハリーは本当に手一杯だった」とノヴァクは言う。「そして、彼女は戦車だった」。誰から見ても、二人のうちではハリーの方が脆かった。学生たちは研究室から彼を送り迎えし、食事を作り、飲酒量を監視して気遣った。ボブ・ジマーマンは、一九六〇年後半に学会でハリーに会ったとき、ショックを受けた。「あのころ、彼が完全にしらふだったときなんてまったくなかったと思う」。ヘレン・リロイは、飲酒の影響が現れたハリーを初めて見た。飛行機のタラップを降りるとき、ハリーがほんの少しだがふらついていたのを目の当たりにしたことを覚えている。そのとき、彼がこの時期を乗り切るためにはどんな助けが必要だろうか、と考えたという。リロイ、ジム・サケット、スティーヴ・スオミは、研究所が円滑に機能するように力を合わせて働いていた。ハリーは、自分の研究となんとか正気を保つことだけにエネルギーを使うようにしていた。しかし、ペギーはハリーのように自分の弱いところを見せたりはしなかった。彼女が最後まで研究をやめなかったことを、皆が覚えている。「彼女は死を前にした振る舞い方のすばらしいお手本だった」とメリンダ・ノヴァクは言う。

ペギーは不平を言わず、近寄りがたかった。入院せざるを得ないときには、ベッドに腰かけ、点滴を受けながら忍耐強く原稿を編集した。退院すると、研究室に戻って核家族装置の世話をあれこれ焼いた。「なんて彼女は気丈なんだろうって、みんなが話していたわ。彼女の病は非常に重くて、化学療法を受けていた。それでも、這わなければ行き着けないようなときでさえ、屋根裏に上ってサルの確認をしたのよ」と、ハリーの旧友で、カリフォルニア大学バークレー校の児童心理学者のドロシー・エイコーンは言う。

ペギーは同情されたくなかったし、同情を請うこともなかった。そしておそらく、ハリーの長年の協力者たちでさえ、彼女に同情する人は少なかった。一九七〇年、ジム・サケットはある論集の一章として、隔離して育てられたサルについて論文を書いてほしいと依頼された。「そこでハリーのところに行って、執筆依頼の手紙を見せて言ったんだ。『これは間違いなくあなたが書くべきです。大半はあなたの研究なんだし、私はいくらか貢献しただけだから。せめて共著者になってください』。すると彼は、いやいや、どうぞどうぞ君がやりなさい、と言った。三度か四度頼んだけれど、そのやりとりを書面に残しておこうなんて思いつきもしなかった。そして、私は論文を執筆した。隔離育児と代理母の問題をいくつか扱った、なかなか良い評論だったよ。それが出版されると、マーガレット・ハーロウが私を盗作で正式に告発したんだ」

サケットはショックを受けた。実を言えば、今でもショックを受けている。彼はペギーと一緒に仕事をしたことはなく、彼女のことをよくは知らなかった。彼に多くの注目が集まっているのを彼女が快く思っていないという噂もあった。しかし、彼が長年にわたってハリーに協力してきたことは誰もが知っていたし、他人の仕事を盗んだりしないことも誰もが知っているはずだ、と彼は思っていた。心理学部には、ハリーが退職すればサケットが研究所長になるだろうとほのめかす者もいた。部屋に入って、この正式な告訴状をデスクの上に見つけたとき、サケットの息は止まりそうになった。「私はそれをつかんで、ハリーのところに持っていった。『これについて何度も話し合ったことは覚えていますよね？私がいくら頼んでも、あなたはこれに関わるつもりはないと言いましたよね？』。すると彼は何かつぶやいて、机に突っ伏してしまった。ご存知のとおり、もうたくさんだというハリーのお決まりのポーズだった」

サケットは他に助けを求めざるを得なかったため、ペギーの訴状を心理学部長のウルフ・ブログデンのところに持っていった。部長はすぐに訴状を却下した。しかし、この勝負に勝ったところで、裏切られたという感覚を消し去ることはできなかった。これほどまでに彼を傷つけたのは、ペギーの行為ではない。ハリーの行為だ。「ハリーは私の味方になってくれなかった。イエスともノーとも言わなかった」。ペギーが死に向かいつつあるそのとき、ハリーははっきりと妻への忠節の方を選んだ。妻の味方をする以外の選択肢はないと感じていた。「あのいざこざは彼女の問題で、彼に関わるつもりがないのは明らかだった」。サケットはその選択を理解している。しかし、それが個人的な理由によるものだと理解してはいたが（そもそも、ハリーの選択の大多数は個人的な理由によるのだが）、それでもサケットはそれが正しいとは納得できなかった。彼は別の職場を探しはじめ、シアトルでの仕事の申し出を受けて、そちらに行くことにした。

「そのときになっても、いったい何があったのか、ハリーは私にひとことも話さなかった。あの事件のせいで、私は彼にすっかり幻滅してしまった。それまでは、彼のことをものすごく尊敬していたんだ。彼は才気煥発で、とてつもなく勤勉で、多才だった。だけど、もう彼のもとにとどまることはできなかった」

ペギーは最期を迎えるころには怒っていた。彼女は、家族と子どもと彼らが互いに気遣い合う方法の研究を完成させることはできなかった。核家族プロジェクトを見届けることすらできなかった。娘のパメラ・ハーロウは、母親がいつも「無駄にした時間は取り戻せる」と考えていたのだと思っている。ペギーは、パメラやジョナサンと過ごす時間を惜しむことはなかったが、キャリアをもう一度築きたいと思っていた。しかし、その機会がまた彼女から奪われようとしていた。「彼女はあんなに才能があったのに、ずっと大学の隅っこに座っていなければならなかった」とローナ・スミス・ベンジャミンは言う。「彼女には知られざる可能性があったのかって？　それどころの騒ぎじゃないわ。彼女はすばらしい観察者で、誰よりも頭が切れた。そして、彼女にもそのことがわかっていた――だから彼女は怒っていた。彼女に起きたことは何もかもが間違っていた――要するに、それに尽きるわ」

マーガレット・キーニー・ハーロウは一九七一年八月一一日に五二歳で亡くなった。最初の職が奪われた二十数年後に、ようやくウィスコンシン大学の教育心理学教授の地位を得たばかりだった。ハリーがこの件について苦い思いを公の場で漏らしたのは一度きりで、それは「サイコロジー・トゥデイ」誌のインタビューでのことだ。「ペギーの死後に心理学部の最終予算案が提出されたが、彼女はそこで初めて職員として登録された。そうすれば、職員に占める女性の割合が上がって見栄えがいいと思ったのさ」と彼は語っている。

あるインタビュアーが、ペギーは彼と張り合おうとしたことがあるか、とハリーに尋ねたことがある。「いいや」と彼は言った。「競争なんてまったくなかった。私は研究を考案するのに長けており、彼女はそれを発表するのに長けていた。そのことを彼女はよくわかっていたんだ」。しかし、このハリーの言葉は、彼女を正しく評価しているとは言えないだろう。彼女は着実で論理的な研究をしたし、発表するときも慎重だった。「彼女は核家族装置のデザインをとても誇りに思っていた」とジェリー・ルッペンサールは言う。「そして、彼女が書きたかった最初の論文は、あの装置についてくわしく説明するものだった」。彼女の研究の仕方は、劇的というよりは整然としたものだった——しかし、彼女にも皆に伝える価値のあるメッセージがあった。

ペギーが死に至る病に冒され、ハリーが抑うつ状態に陥っている間、それでもハーロウ夫妻は社会的行動の大筋をほぼ完璧に解明してのけた。そのころのウィスコンシン大学の研究所では、他者との関係に富んだ生活と、他者との関係が皆無の生活という、両極端を比較対照することができた。ペギーの作った核家族世界にいるしっかりして自信に満ちたサルと、ハリーの作った絶望の淵でうずくまるサルを比べることができた。母親や兄弟や隣人や友だちが重要であるのと同様に、父親も重要である様子を観察することができた。仲間といると楽しくなるという生物的な仕組みのせいで、私たちはともすれば仲間を失うことにきわめて弱いこともわかった。

ハリーとペギー・ハーロウの研究は、愛が私たちを支えてくれる状況とそれが不可能な状況を二つ並べて示している。ハリーの抑うつ実験が完了すると、スティーヴ・スオミはV字型装置を解体し、廃棄してしまった。「隔離ザルを見れば、誰でも心が引き裂かれるだろう」と彼は言う。その後、あの装置が復元されたことは一度もない。しかし、当時の研究は、愛が私たちの人生で最良のものになりうることを——そして最悪のものにもなりうることを——示す証明なのだ。ハリー自身がその教訓を完全に理解していた。ペギーの死からそれほど経たないうちに、彼は自分が危機的状況にあると思うようになった。冷たい孤独な世界は安全に暮らせるところではないし、どっちみちそんなところには長居できないということを、彼は嫌というほどよく知っていた。

9　冷たい心、温かい手

サルが教えてくれたことがあるとすれば、生き方を学ぶ前に愛し方を学ばなければならないということだ。

ハリー・Ｆ・ハーロウ「ディス・ウィーク」（一九六一年三月三日）

心の平静を得ようと必死でもがいていたちょうどそのとき、ハリー・ハーロウは突如として、誤った研究をする科学者だと糾弾された。そんな厄介な事態に陥ったのはサルの隔離実験のせいだと思われるかもしれないが、そうではなかった。それが問題になるのは、もっと後になってからである。文化が大きく変化した一九七〇年代の当時、いちばん問題になったのは母性愛だった。母親による子育てを支持したせいで、彼は「差別的な科学者」にされてしまったのだ。彼はこの思いも寄らない大転換に不意を突かれ、呆然とした。まったく唐突に、彼の非常にシンプルで高く評価されていた研究が危機に瀕してしまったのである。最初、彼には理解できなかった。愛、美、真実、母性——どうすればそうしたものに異議を唱えられるのか？

とはいえ、もしあなたが皮肉屋で、彼らが公言する母性愛の長所についてじっくり考えてみたなら、彼らに誠意はあるのかと疑うかもしれない。科学的な基準を作るのはすべて男性で、家庭よりも仕事場で多くの時間を過ごす科学者だった。彼らは皆、自分はやったこともないくせに、女性には家にいて育児することを求めていた。ジョン・ボウルビーは、四人の子どもの育児をほとんど妻に任せきりだと認めていた。ハリーに至っては、自分の子どもに「おまえたちが人生でいちばん大切だ」と思わせたことすらなかった。

彼らの個人的な行動基準の他にも、科学による「良き母であるべし」という宣言のいくつかに対する苛立ちや批判的な気持ちが人々の心の奥底に渦巻いていた。一例として（もっとも過激な例だが）、ブルーノ・ベッテルハイムの主張を考えてみよう。かつては名高い児童心理学者だったが、現在では悪名高い人物である。

一九六〇年代、自閉症研究の第一人者だったベッテルハイムは、他人に異議を申し立てるのを生きがいにしているようだった。彼は自閉症児の扱いの改善を求める正義のキャンペーンをおこない、子どもたちを施設に幽閉するのではなく、個別に治療するべきだと主張した。彼はまた、子どもたちが自閉症になり、苦難に満ちた人生を歩むことになった理由についても自説を強く主張した。自閉症になったのは母親のせいだ、と力説したのである。とりわけ冷たく拒絶的な母親のせいで病気になるのだ。そういう女性を表すのに、ベッテルハイムが好んで使った言葉があった。「冷蔵庫マザー」というのである。

ハリーの有名な「愛の本質」演説の後に、ベッテルハイムはハーロウ研究所を訪れた。自閉症の専門家だったベッテルハイムは、布の母親に育てられたサルが体を揺らし、うろうろ歩きまわり、自分を抱きしめている様子に釘づけになった。セカセカと落ち着かずに向きを変え、苦しげに悩む姿を見たとたん、自分の自閉症患者を思い浮かべたのだ。同時に、布の母親の無表情な顔と無反応な体にも見覚えがあると感じた。彼によれば、布の母親を見て、自閉症を誘発する「融通が利かない冷たいインテリの」母親を思い出したのだという。布の母親は「固定されて動かず、感情面でも反応がない。そのようにじっと動かず沈黙しているから、子ザルは本物のサルになれないのだ」。そして、自分が治療している子どもにも同じことが起こっているのかもしれないと考えた。ベッテルハイムは著書『自閉症・うつろな砦』の中で、冷蔵庫マザーについてこのように書いている。「そうした母親は、少なくとも自分の自閉症の子どもと関わるときには、感情的に自由に振る舞うことができない。彼らの多くは子どもと接するとき、ハーロウの布の母親と同じくらい冷淡で、融通が利かない」

ハリーは、置物である布の母親には限界があるという点には完全に同意した。布の母親が沈黙して動かないせいで、感情的・社会的に深刻な問題が生じるかもしれないという点についても否定しなかった。しかし、それは自閉症とはまったく関係ないというのが彼の考えだった。布の母親の価値は、他者との関係が正常な発達に及ぼす影響を教えてくれるところにある。自閉症は正常な発達から発症するわけではないとハリーは考えていた。自閉症にはまだ未解明の脳の損傷が関与している可能性が高く、明らかに何らかの遺伝的な理由による。「なかには、母親の育児放棄や不適切な行動によって子どもの自閉症が引き起こされたケースもあるかもしれない。しかし、それ以上に、母親に対して適切な形で愛情のこもった反応をする能力が子どもに生まれつき欠けているために、母親が自閉症状態になる可能性の方が高いだろう」と、ハリーはベッテルハイムの本に対して完全に否定的な書評を書いた。

新しく巻き起こった女性解放運動は、それすら快く思わなかった。自分は仕事に人生を捧げているくせに、女性には家にいて子育てせよと勧める男性の発言なんて、たとえそれが女性を支持するものであろうとも、信じようとしなかった。女性運動が政治的な力となって台頭しはじめると、男性が提唱するこうした「理想の母親」像は、彼女たちを激怒させるものとなった。それは、フェミニズム運動のリーダーたちによる「母親を家に閉じ込めておいてはならない」という主張に真っ向から対立するものだった。女性には、外に出て働く自由、自分たちの母親がなりえた以上の存在になる自由が必要なのだ。これまで家事や子育てのために一〇億分の一秒だって仕事を犠牲にしたことのない著名な男性学者が、「現在の科学の知見に従うならば、女性は家に帰るべきだ」と女性に吹き込むとはどういうことか？馬鹿にしているのか？　明らかに、女性を元の位置に引きずり戻そうという男性による新たな試みではないか。

霊長類学者で文化人類学者のサラ・ブラファー・ハーディーは、ワーキング・マザーでもある。彼女がまだ駆け出しのころ、専門分野で著名な科学者が、彼女の研究についてコメントを求められた。彼は、「サラは健康な娘を育てるためにこそ、もっと自分の時間と研究を費やすべきだと思う。そうすれば、何世代も不幸が続くことがないだろうから」と答えた。ハーディーは、論理的に考えれば、彼女を批判するその人物だってワーキング・ファーザーなのに、彼自身は家にまったくいないじゃないかと自分に言い聞かせることもできた。医師である彼女の夫も同じくらい仕事が忙しいとか、この批判はまったくもって不公平だと主張することもできた。しかし、どれほど躍起になって論理的に説いてみても、罪悪感がつきまとった。そして、彼女曰く、その罪悪感で心がズキズキ痛むのだった。

そのような非難に対して、ただ怒りで応える女性たちもいた。ジョン・ボウルビーの現れるところでデモをし、ハリーの講義を退席した。ついには、『母子の絆――科学的な作り話』〔邦題『母性愛神話のまぼろし』〕といった本まで登場し、その中では愛着などはただの心理学のゴタクだと片づけられた。この見解によると、ボウルビーの理論もまた、この過酷な罪悪感を利用して、母親が自らの可能性を追求するのを阻止しようとする試みなのである。著者のダイアン・アイヤーは、男性が女性に強いてきた掟を悪びれずにパロディーにした。「汝以外の者が汝の子どもの世話をするのは恥ずべきことで、子どもをダメにすると懸念せよ」。一九七二年、ハリーがある全国発売の雑誌のインタビューを受けたとき、最初の質問は彼の差別的な研究についてだった。あなたはジョン・ボウルビーと同じく、「人間の赤ちゃんにはフルタイムの母親が必要だ」と主張して、緒に就いたばかりのフェミニズム運動の激怒を買いましたね、とインタビュアーは指摘している。

ハリー・ハーロウも、ジョン・ボウルビーも、こうした強い反発にうまく対応できなかった。ボウルビーは苛立ち、如才なく振る舞おうとはしなかった。「母親が外へ働きに出るというこの問題全体がひどく物議を醸しているが、私は母親が外で働くのが良いことだとは思っていない。女性が働きに出て、社会的価値もない七面倒くさいガラクタをこしらえている間、子どもは無関心な保育園に預けられるのだから」。ハリーも大げさな表現を使って反撃した。赤ちゃんザルのスライドを大学生に見せたときに起こった出来事について、彼は何度も繰り返し語った。男子学生は興味を持って赤ちゃんの顔をじっと観察した。しかし、女子学生はあまりの可愛さに「ああ」とため息を漏らしたのである。ハリーは、それが自然な母親の反応であると断言した。「何度も言っているように、母親になるいちばんの方法は、女性に生まれることだ」

ハリーの最後のコメントは故意に挑発的だった。母子の絆など本当は重要でなく、女性蔑視のための科学的な作り話だという意見には我慢ならなかった。いずれにせよ、時流に合わせるとか、時宜を得た発言をするなど、彼はそれまで気にしたこともなかったし、今さら迎合する気もなかった。

腹立たしいのは、攻撃されることだけではなかった。ボウルビーもハーロウも長年にわたって自分の同僚たちから非難や攻撃を受け、それに耐え忍んできたので、少しくらいの侮辱は軽く受け流せた。本当に腹立たしいのは、その皮肉さであり、不公平であることだった。母親は重要であり、雌（女性）は愛され、必要とされ、並外れて影響力を持つと言ったせいで、なぜ彼らが批判されなければならないのか？　子どもは重要だと言ったせいで、なぜ嫌がらせを受けなければならないのか？　サラ・ハーディーですら、フェミニズム運動が子どもの現実をはっきり拒絶することに戸惑っていた。「私たちの社会に流れる『母親を咎める川』の方向を正そうとする出版物の中に、幼児の要求を否定する論調が、いつのまにか目に見えない狡猾な逆流となって流れている」と、最近になってハーディーは、刺激的で見事な著書『マザー・ネイチャー』の中で書いている。

客観的に見ると、ハーロウもボウルビーも、女性は家庭の奴隷になるべきだと主張しているわけではない。ハリーは、育児の基本単位から父親を外したことはなかった。彼のアメリカ心理学会の会長就任演説にもその証拠がある。食事が愛であるという考え方を退けた後、ハリーはこう指摘した。赤ちゃんのそばにいて、安心させて、ぎゅっと抱きしめることで愛が始まるのなら、「アメリカ人男性は、身体的には必要な機能がすべて備わっているので、アメリカ人女性と対等に張り合えるくらいに、ある重要な活動をこなすことができる。その活動とは、子育てだ」

授乳との関係にまだこだわっているなら、男性は女性と同じくらい上手に哺乳瓶を持つ才能がある、とハリーは付け加えた。ハリーの指摘が死や税金と同じくらい確実なものだと思えるなら、それは何度も繰り返し口にするだけの価値がある。心理学史家のロジャー・ホックはこう書いている。「この考え方は、現在では広く受け入れられているだろうが、ハーロウがこれを書いた一九五八年には革命的だった」

クララやペギーと長年連れ添ってきたので、ハリーは女性やその「七面倒くさい」仕事をはねつけるほど馬鹿ではなかった。母親が働いていると、家族は大変であることは認めた。しかし、女性が家に帰って、子どものことを本当に気にかけているかぎり、両者の関係が曇ることはなく、輝きつづけるのではないかと思っていた。ハリー・ハーロウは一〇年以上もかけて、社会的サポートシステムの光り輝く全貌を観察してきた。彼は母親が重要だと言ったが、人生で最重要だとは言わなかった。彼は幼少期の経験や世話がきわめて重要だと確信していたし、女性は子どもが必要としているものを与えることが生まれつき（おそらく他の誰よりも）上手なのだと考えていた。

ボウルビーも、特に三歳になるまでは、しっかりして安定した愛情のある子育てが必要であると強調していた。彼もまた、女性がこの仕事にきわめて向いていると考えていたが、もっとも重視したのは安定性だった。ボウルビーが母親以外の子育てが問題だと考えたのは、無関心な養育者が次から次へと入れ替わる傾向があったからだった。「他人の子どもの面倒をみるのは大変な仕事だし、あまり報酬も得られない。親の役割は、ずいぶん過小評価されてきたのだと思う」と彼は述べた。彼は自分の基本的な主張をけっして変えなかった。赤ちゃんの世界がうまくいくためには、その子を愛する信頼できる誰かが必要だ。結局のところ、それが愛着理論の言わんとしていることなのである。

「ボウルビーは実際にはなんと言っていたのだろう？」とハーディーは問いかける。「人間を含む霊長類の赤ちゃんは、動きがとれず無防備な状態で生まれてくる、と彼は述べた。そのとおりだ。赤ちゃんはひとりで放っておかれると反応が非常に悪くなったり、不安に駆られたりするようになる、と指摘した。これもそのとおりだ。抱かれたい、愛されている感覚に浸りたいという人間の赤ちゃんの欲求は、ほとんど尽きることがない。人間の赤ちゃんの欲求はそれくらい膨大で、まず交渉の余地はない」

ハーディーは現世代の科学者に属しているが、あの当時、ボウルビーが彼女を味方につけることは可能だったに違いない。ハリーも同様だ。もしハリーが少しでもハーディーの明晰さを（それにたぶん寛容さも）議論に取り入れることができていたなら、女性の聴衆をわずかなりとも取り戻せたかもしれない。だが、彼は品の良い説得をしようとはしなかった。疲れ切って、不幸だった。妻を亡くしたばかりだった。アルコール中毒と孤独と執拗にまとわりつく陰鬱な抑うつ状態と戦っていた。彼は女性が彼の最高の研究のことを「長所も誠意もなく、男性の暴虐でしかない」と評するのを聞いていた。ハリーは黙りこくって、ただ心底憤怒していた。もう聴衆を教育し直そうとはしなかった。彼は自分の持つ別の凶器――人を挑発する才能、極上の嫌味を交えて話す才能――を使うことにした。かつての学生は言う。
「ハリーのペンは鋭かった。しかし、彼の舌も同様だった」

キャロル・タヴリスという若く聡明な心理学者が、「サイコロジー・トゥデイ」誌のインタビューをしにやってきたとき、彼女が持ち出した話題のせいで、戦いのゴングが鳴った。

「神は女性を母親として創造し、あくまでそれ以外の何者にも造らなかった。信じられないかい？ それなら私が証明してみせよう」と彼は切り出した。そのインタビューは一九七三年の春に一〇ページにわたって掲載されるのだが、なんと最初の二段落目にこの発言が飛び出すのだ。ハリーはからかうように、雄ザルと雌ザルの遊び方の違いについて話しつづける。「雄は荒っぽく遊び、雌は静かに優しくおとなしく遊ぶ。雌たちは静かに座って、はたから他の雌について意地悪で陰険で卑劣なことをあれこれ話すのさ」

「肉体的な強さは男の方が女より優れており、話すことは女の方が男より優れている。それでは、夫婦が口げんかを始めたらどうなるだろうね？ 男は女と話し合おうとする。馬鹿げたことだ。彼が勝つことなんてけっしてないんだから。君は結婚しているかい?」

タヴリス 男性と議論するには、結婚していないといけないんですか?

ハーロウ 神は二つの種を創造した。ひとつは男性といい、もうひとつは女性という。彼らの違いを教えてあげようか。男性は話すことができる唯一の動物で、女性は話さずにはいられない唯一の動物だ。

タヴリス それについては、女性解放運動家たちが抗戦してくれることでしょう。

タヴリスは今になっても、あのハリー・ハーロウのインタビューのどれくらいが本気で、どのくらいが挑発しようとしたものなのか、よくわからない。

「ハーロウはときどき、ゾッとするほど露骨な性差別主義者でした。しかし、どれくらいが人を怒らせるためのもので、どれくらいが彼の本心なのかを見分けるのは難しかった。彼には思いがけない優しさがあって、不愉快な発言がわざとらしく聞こえることがありました」と、当時を振り返って彼女は語る。

インタビューが掲載された後、ハリーは彼女に手紙を書いた。

キャロルへ

すばらしいインタビューをやってのけたことにおめでとうを言わせてほしい。君が私をインタビューしたのか、私が君をインタビューしたのか、どっちだったっけ? 霊長類研究の最近の発展について君と同じくらいよく知っていたら、君の質問にもっと知的な答えができたんだけどね。君は野菜のＩＱだって上げられるに違いないよ――もちろん、人間のＩＱもね。

編集者はハリーの手紙を読んで、タヴリスにメモをよこした。「降参だね。でも、卑劣な男の手紙じゃない」

彼女もそう思った。

実際のところ、ハリーは男性だろうと女性だろうと同じレベルの仕事をすることを求めた。必死になってがむしゃらに働くことを望んだ。ハリーは女子学生に電話したりしなかった。色気を求めることもなかった。ケージのまわりで女子を追いまわしたり、良い成績をつける見返りとして猥褻なゲームに興じることもなかった。女子学生に求めたのは、男子学生に期待するのと同じ、精神的な強さと自立だった。「見込みがあると思えば、彼は学生をぎりぎりの限界まで追い込んだ」とローナ・スミス・ベンジャミンは言う。

一九五六年に研究室にやってきたローナ・スミスは、最初の女子大学院生のひとりだ。彼女は街角のバーに飲みに行こうと誘われたことはない。ハリーは男子学生と飲みに行く方が気楽なようだった、と彼女は言う。しかし彼は、彼女を「女の子扱い」することも、大目に見ることも、甘やかすこともなかった。矛盾するようだけど、ハリーが皆を同じように扱い、女性の方がそれに慣れていなかったというのが本当のところね、と彼女は言う。「彼のやり方は厳しく、攻撃的で、当時の女性はそれに対処するのに慣れていなかった。もしそこで打ちのめされたり怖じ気づいたりしたら、ハリーは他の霊長類とまったく同じように、それにつけこむのよ。反撃してもかまわないの。彼はいつでも人をあざけり、皮肉を言って、やり返されても気にしなかった。しかし女性は、特に当時の女性は、そんなつきあい方を身につけていなかった」

スミスは一度、ハリーの頭とサルの頭を描いた絵に「失楽園」と書き入れて、ハリーのオフィスに貼りつけたことがある。実験室の友人は、彼が怒るだろうと警告した。しかし、彼は大笑いして、その絵を面白がって残しておいた。「あの当時、一度も性差別やセクシャル・ハラスメントの被害にあわなかったとは言わない。そんな目にあったことはもちろんあるわ」とスミスは付け加える。「でも、ハリーからそんな目にあったことはない。彼が誘いかけてきたり、手を握ってきたり、ベタベタしてきたりすることは一度もなかった。だから、それを拒んで報復されることもなかった」。ユタ大学で心理学者として長年尊敬を集めてきた今でさえ、彼女はかつての大学院の指導教授が彼女の能力を厳しく評価してくれたことに感謝している。

「彼は自立した女性が好きだった」とメリンダ・ノヴァクは言う。「ハリーは自分の思ったことを口に出したし、相手もそうすることを望んでいた」。ただ、彼はからかうのが好きだった。ある日、ノヴァクは彼の授業でスライド映写機を操作していた。というのも、彼にはどうやっても使い方がわからなかったからだ。すると突然、彼が教室の学生に向かって、「そこにいるノヴァクさんだがね、私は明日、彼女と結婚するんだ」と言った。「私は笑い、クラス中が笑った。クラスのみんなが寝ていないか確認するにはちょうどいい方法だったわ」。ハリーは彼女に研究するように激励し、彼女の企画した実験をサポートし、他の人たちに彼女の自慢をした。そして彼女が研究所を去るときには、新しい職場で有利なスタートが切れるようにと、サルとケージを与えた。「これだけは言っておかないといけないわ。ハリーが性差別者だとちょっとでも思わせるようなことは、私の人生で一度もなかった。『彼は女性蔑視だった?』ってよく訊かれるけれど、『とんでもないわ! 私にとってはすばらしい恩師よ』といつも答えるのよ」

「だけど、これも言っておかなくてはね。彼がよくやったこと、好きだったことは、人を刺激して怒らせることだった。なぜかはよくわからないのだけれど、彼はそんなふうに話したがった。彼が好んでからかう話題が宗教だった。ある神学校で、物議を醸すことを言ったりもしたわ。お気に入りの台詞があって、何度も話していたわね。まず、授業の始めに一匹のサルが別のサルに馬乗り《マウント》になって交尾している写真を見せてから、高らかにこう宣言するの。この話を『山上の垂訓《マウント》』〔聖書に出てくるイエスの説教〕と呼ぶことにする、とね」

マウンティングのジョークは、彼の話の常連だった。人々が笑うこともあった。「彼はジョークを言うタイミングがうまかった」と、アメリカ心理学会に毎回出席していたマグロウヒル社の心理学の編集者、ジム・ボウマンは回想する。「スライドを写して、妙にゆっくりした口調で『これをね……マウントの垂訓と呼んでいるんだがね……』と言うんだ」。友人や同僚によれば、ハリーがジョークを言うと、聴衆が立ち上がって出て行くこともあったという。ギグ・レヴァインによると、ドイツの心理学会では、聴衆はにこりともせずにただ座り、好意的でない沈黙が垂れ込めた。ハリーの声はだんだんと小さくなって、いつもの話が終わるころにはほとんどささやいているみたいになったという。しかし、ほとんどの場合、彼はこのような皮肉たっぷりの性的なほのめかしを挟まずにはいられなかった。無意識のうちに頭の中にどんどん湧いてくるのである。断片に切断されても再生する蠕虫《ワーム》の行動に関する会議のときですら、ハリーの最初のコメントは、「尻尾がないのに尻尾を出す動物が、人間だけじゃないとわかってうれしいよ」であった。ノヴァクによれば、そのような即興のコメントやきわどいジョークのせいで、ハリーは厄介な事態に陥るようになった。「人々はアメリカ心理学会に電話をかけてきて、彼を追い出そうとした。私にも電話してきて、彼がどんなふうに女性を不当に扱っているか、内輪話を聞き出そうとした。でも、みんな誤解していたのよ。ハリーは物議を醸す話はしたけれど、セックスをいつも話題にしたのは、ウケを狙っていたからなの」

ハリーは、生物学的な性差には重要な意味があると考えていた。ここでもまた、ハリーは巣立ったばかりの女性運動ともっと政治的にうまくやっていくことができなかった。当時のもっと一般的な考え方は、男性と女性は肉体的に少し違って見えるかもしれないが、基本的にも機能的にも似通っているというものだった。女性が異なる行動をするのは、性差別的な文化によって異なる振る舞いをするように教えられたからなのだ。性器の問題を除けば、生物学的に見て男性と女性は等しい。こうした主張の背後には、論理的な政治意識があり、平等な扱いを求める主張ともつながっていた。

ハリーにしてみれば、ここでも女性たちの運動は間違っていた。彼は生まれつきの性差を三〇年も観察してきたのだ。わざわざ性差について話したこともある。一九六一年の九月にさかのぼると、ニューヨークで開催されたアメリカ心理学会の講演で、彼はそのような違いのひとつを指摘している。雌のサルが他のサルのグルーミングをするとき、撫でたり愛撫したりするのがずっと多いのだ。雄はもっとさばさばとビジネスライクで、効率よくほこりや虫を取り除く。「撫でるのは女の子の特性であり特権である。それに雌の方が行儀がいい」とハリーは話した。雄の子ザルはお互いにしかめっ面をしてみせることが多く、特に威嚇の表情をする傾向にあった。「雌は威嚇の表情をすることはめったになく、特に一緒に遊ぶ雄の子ザルに威嚇の表情を見せることはまずない」

これらの性差に気づかなければ、彼の重要な研究の中にはうまくいかなかったものもあっただろう。ハリーと学生たちが問題を抱えるサル、特に長期の隔離ザルを救おうとしていたとき、彼らは雌ザルをピアセラピストとして使った。神経質で神経過敏な隔離ザルは、撫でてもらい、優しく扱ってもらわなければならなかった。威嚇する表情や追いかけっこは、さらに怖がらせるだけだったろう。セラピストを選ぶときに、雄と雌の違いを無視していたら――またはもっと悪いことに、そんな違いが存在しないようなふりをしていたなら――隔離ザルを正常な範囲に戻すことができたかどうかは疑わしい、とハリーは語った。

サルが人間の子どもに完全に当てはまるモデルだと言っているわけではない。しかし、そこにはかなりはっきりした類似点がある、と彼は講演の中で強調した。サルの世界では、「本当に荒っぽい遊びをするのは、間違いなく雄の子ザルだけだ」。雌の子ザルも一緒に遊ぶが、雌同士のときには、鬼ごっこのような荒っぽい遊びはあまり選ばれない。ときどき、面白がって雌をケージ中追いまわす雄の子ザルに挑発されて参加することがあるくらいだ。もし子どもをお持ちなら、男の子と女の子が遊んでいるのを見れば、人間の子どもにも同じようなパターンが観察できるはずだ、と彼は語った。「マディソンの公園と研究室のサルのプレイルームには、根本的な違いはない」。講演の中で、ハリーは小学二年生のピクニックに参加して、うり二つの行動を見た話をした。小さな男の子は公園中を叫びながら走りまわり、女の子はおしゃべりをしていた。「男の子を追いかける女の子はいないが、女の子を追いかける男の子はいた」

ハリーは、それ以外の子どもの遊びのパターンと同様、このような性別で違う遊びのパターンから、大人になったときの行動が予測できると確信していた。おしゃべりな少女はおそらくおしゃべりな女性に成長するだろう。乱暴な男の子は負けず嫌いに成長し、もしかしたら攻撃的な男性になるかもしれない。子ども時代に小さな女の子が身につける養育行動は、おそらく大人になったとき、母親や友人としての振る舞い方に引き継がれるだろう。大人の雄は、ゲームをしたり同盟を結んだりするスキルを磨きつづけ、おそらく、雌より可愛らしさには欠けたままでありつづけるだろう。そんなふうにできているのだ。生物学的な仕組みが行動に影響を与え、行動がまた生物学的な仕組みに影響を与える。ハリーにしてみれば、そこに議論の余地はない。フェミニズム運動がその関係を考えることすら拒否するなら、よろしい、運動をさらに軽蔑するだけのことだ。辛辣な下手くそな詩で表現したこともある。

女性運動家は聖者ではない
不満を抱えた少女にすぎない
男女は同じにには作られていない
続編のない悲劇の物語

しかし、それがただの馬鹿げた政治的な駆け引きにとどまらない問題であることを、ハリーはまったく理解していなかったようだ。それは多くの人々にとって非常に重要な問題だった。男性の同僚よりも努力することで家族と仕事を両立しようとするサラ・ブラファー・ハーディーのような聡明で熱心な科学者が、母親失格だと非難されるのは公平ではなかった。そのような不公平は至るところで見受けられ、新しい運動に接した女性の意識は刺々しく、自己防衛的で、怒りっぽかった。女性は侮辱を見咎めようと身構えていた。心理学者のキャロル・タヴリスはこのように表現する。「みんなが性差別のサインに超過敏になっていたのね」。そして男性は、行動を変える気がなくても、少なくとも女性についての言葉は和らげた。危険信号を察知したのである。多くの男性は、明らかに差別問題に発展しそうな状況では、少しばかり慎重に発言するようになった。

ハリーはこれらのサインを無視した。思ったことを口にし、過去にウケた話を語りつづけた。彼のやり方を理解しない人をわざと嘲弄した。女性の扱いにビクビクする風潮になったからといって、良いこと（あるいはうまいジョーク）をあきらめたりするはずもなかった。聴衆が憤怒しても、メリンダ・ノヴァクが言うように、それは「彼のつむじ曲がりで、ときには意地の悪いユーモアのセンスを満足させた」のである。

彼は自制しなかった。スティーヴ・スオミなど、ハリーのもっとも親しい同僚ですら、節度を軽蔑する彼の態度を心配した。「挑発的」の度が過ぎて「攻撃的」になることがあまりにも多すぎた。スオミは、用心深く聡明な編集者だったペギーが、文字どおりずっとハリーを抑えていたのではないかと思っている。タヴリスに語ったハリーの言葉から、それがうかがえる。「妻はすごくいい表現のいくつかを使わせてくれなかった」とこぼしているのだ。そして今、彼は何年も使えずにいたジョークを引っ張り出してきた。長年の友人で、研究室の同僚であるヘレン・リロイも、ハリーの発言をトーンダウンさせようとした。しかしまるで無駄で、失言がどんどん飛び出した。

ハリーは自伝的なエピソードを交えながら代理母の歴史について執筆し、年老いたオランウータンのマギーとジグスがいた動物園の日々を振り返った。そこには、動物園長が苛立つマギーをなだめるために散歩に連れ出したときの話が出てくる。ある日のこと、園長と散歩しているマギーに向かって子どもが石を投げつけた。マギーは怒って後ろ足で立ち、攻撃姿勢をとった。少年をケガさせまいと必死になった動物園長はまわりを見まわし、子ども用の野球のバットが地面に落ちているのを見つけた。彼はそれを拾って、マギーを叩いた。オランウータンは立ち止まり、頭をさすった。それから動物園長とまた手をつなぎ、「おとなしく従ってケージに戻った。彼女は愛情あふれる尊敬のまなざしで園長を見つめていた」。マギーはついに、「女心がわかる男」を見つけたのだ、とハリーは書いている。

代理母実験に関する論文「愛の本質――ダイジェスト版」で、ハリーは代理母の体温の重要性について論じた。彼と学生は、母親の体温に対する赤ちゃんザルの反応を調べるために、普通より温かいモデルと冷たいモデルをデザインした。「まさに女性の両極をシミュレートしている感じだった――一方はホットな体でオツムのない女、もう一方は冷えた体でハートのない女」と彼は書いた。また、隔離ザルとその性的不能に関するくだりでは、雌を縛りつけて雄にマウントさせる拘束装置について説明した。しかし、ハリーはそれを拘束装置とも繁殖装置とも呼ばなかったし、動物研究者が好む中立的な用語も使わなかった。なにしろ抑うつ実験の装置を名づけるときに、「絶望の淵」と思いついた男である。ハリーは「親しみを込めて、その拘束装置をレイプ台と名づけた」と読者に告げている。

彼はそのようなコメントを講演でもちりばめた。ジム・サケットがワシントン大学の教授になった後に、ハリーが特別講演をしにやってきたことがあるのだが、サケットはそれを思い出すと、いまだにあきれて頭を振る。「『プロデューサーズ』〔メル・ブルックス監督による一九六八年のアメリカ映画〕を観たことがあるかい？　その中で、舞台を見ていた観客がヒトラーの話だと気づくシーンがあっただろう？　まさにそんな感じだったよ」。科学者も学生もみんな口をぽかんと開けて、信じられないといった表情で顔を見合わせた。「みんな愕然としていた。『プロデューサーズ』の観客そっくりだったよ。ハリーは思いつくかぎりの性差別発言を全部あの講演に盛り込んだんだと思う。一九七〇年代の話だよ。女性解放活動家は全員、席を立って出て行った」

当時、ワシントン大学で認知心理学を学んでいた大学院生のジェーン・グラスコックは、有名なハリー・ハーロウが講演しに来ることを知り、興奮して友人と話をした。愛や絆や他者との関係について、高潔な心温まる話が聴けるものと思っていたのだ。しかし、彼の講演には反フェミニスト的なあざけりと「もっとも侮辱的であからさまに愚弄する性差別発言」がちりばめられていた。グラスコックはそれをリストアップして、学部長に怒りの手紙を送った。曰く、ハリーは「隔離ザルたちは、永遠に小児の段階にとどまりつづける。女性ならば、それも悪くないけどね」と言った。彼はメリンダ・ノヴァクを賞賛し、彼女があまりにも聡明なので「男でないのががっかりだ」と言った。彼は、人の胸には希望が永遠に弾んでいると話した後、裸の女性の写真を見せた。「ハーロウ博士は、明らかに何か問題を抱えています。語るべき研究成果が足りないからといって、女性を貶め侮辱して笑いをとろうとしました。それによって、彼は私たち全員を侮辱し、彼に講演を依頼した人たちの面目を失わせたのです」

グラスコックは指導教授のアール・ハントと並んで観客席に座っていた。「ハーロウの講演の間、ハント教授が私を押さえつけんばかりだったのを覚えています。まだ女性運動が始まったばかりのころで、私は彼の行為と当てこすりにただただショックを受け、怒りを覚えました。だから、家に飛んで帰ってタイプライターに向かったのです」。今振り返ってみると、それほどの怒りは覚えない。ハリーの話は、当時の性的攻撃の常軌を逸した一例ではあったが、けっして珍しいことではなかった。彼女がすぐにわかったように、ハリー・ハーロウは新たな現実になかなか適応できない男たちのひとりにすぎなかった。大学院生たちに見せた知覚に関するあるフィルムでは、司会者が「心理学に関する主張をしながらも、巨乳の尻軽女を追いかけまわしていた。ひどいものでした」。今、彼女の記憶に残っているハリーは、どこにでもいる中年男だ。まわりの世界が変わっても自分を変えることのできない、古い世代の男だ。当たり前のように男性に与えられている敬意を女性にも払わなければならないということにショックを受け、それをまだ理解できていない男だ。

ここに至って、ハリー・ハーロウが聡明な女性を好み、賞賛する男であったことなど、皆さんはもう忘れてしまったかもしれない。女性は二つの種のうちの劣った方であるばかりか、優れた方の足手まといだと言い出しそうではないか。カリフォルニア大学の心理学者のスティーヴ・グリックマンは、そんな辛辣な会話を今でも思い出す。グリックマンはカリフォルニア大学バークレー校の心理学教授で、ホルモンと行動の関係についての著名な専門家である。一九七〇年代初頭、シカゴで開催されたある心理学会の後のパーティーでひどく飲みすぎたハリーを、グリックマンと新妻のクリスタが車で送った。ホテルに着いたのは午前二時だった。「ハリーはまだお開きにしたくなくて、『さあ、朝食にしよう』と言うんだ。そこで私たちは、ホテルの喫茶店のこの席に座った。すると突然ハリーが身を乗り出して、クリスタと目を合わせるのを避けながら、私にこう言った。『君は幸せな結婚をしたんだから、この先何かを成し遂げることはないね』」

とはいえ、ハリーは聡明で有能な女性との共同生活の中で、キャリアを花開かせた男だった。なんといっても、そういう二人の女性と結婚していたのだ。ペギーの死後、パートナーなしではやっていけないという兆候がまたハリーに現れはじめた。友人、同僚、学生、さらには彼の子どもたちまでもが協力して彼を助けた。ヘレン・リロイとケネス・シルツは彼のぼろぼろの服を見かねて、ハリーを買い物に連れ出し、身だしなみを整えた。ハリーは実験室で普段よりも長時間仕事をしつづけた。しかし、昔の教え子たちに、ペギーのいない人生はとてつもなく厳しいものだと書き送っている。彼は周囲の夫婦の世界に、その結婚が幸せであろうがなかろうが、釘づけになった。教員のパーティーにまた顔を出すようになり、皆に結婚しているかどうか尋ねた。「ペギーが亡くなってから、ハリーは他人の人間関係に夢中になった」とウィスコンシン大学の心理学者チャールズ・スノードンは言う。

ハリーが孤独を好んだことは一度もなかった。仲間や安らぎの重要性を知り、それを切望していた。そして、新しいピカピカの関係ではなく、古なじみの関係について考えはじめていた。最初の結婚の失敗を後悔し、もう一度やり直せないだろうかと思いはじめたのである。最初の妻とは、二人の息子のためにずっと断続的に連絡をとり合っていた。父親として一緒に暮らしてはいなかったが、最初の結婚で得た息子たちと連絡を断とうとしたことはなかった。ペギーから、前の家族とは距離を置くようにと言われていたが、ハリーは出張で近くに行くたびに子どもたちを訪ねていた。長男のロバート（ボブ）は父親に手紙を書きつづけていた。「父はいつも返事をくれた。最速で返事が来たのは、手紙の中で彼のことをハリーと呼んだときだ。一二歳のときだったな。返事には『お父さんと呼びなさい』と書いてあった」

ハリーが改めてクララのことを考えはじめたとき、クララもひとりだった。クララは二回再婚していた。ハリーと離婚してすぐに、彼女はまったく違うタイプのパートナーを選んだ。ロバート・ポッターは専門学校で学び、工業部品のセールスマンとして働いていた。ポッター一家は南西部に移り住むことに決めた。クララは子ども時代にそこに住んだことがあり、気に入っていたのだ。一家はリノの郊外に小さな農場を買った。クララは自分の求めていた育児に全面協力してくれるパートナーを手に入れた。二番目の夫は、新しい父親になった責任を真摯に受け止めていた。「彼は洞察力があって、毅然としていて、非常にしつけが厳しく、ものすごく公平だった」とボブ・イスラエルは振り返る。「彼はすばらしい人で、僕たちの面倒をよく見てくれた。抱きしめたり触れ合ったりするタイプではなかったけれど、いつもそばにいて、僕たちが意見を求めれば、耳を傾け、自分の意見を述べてくれた」。ボブとリックがポッターという姓を選んだことに、ハリーは激怒した。離婚手続きをしたデーン郡の裁判所書記官への怒りに満ちた手紙を送り、自分は養育費を払いつづけるつもりだが、「子どもたちが偽名で生活していることを知ったので、今後の支払いに嫌気が差している」と書いている。

ポッター家はリノにはとどまらなかった。一九四九年、トーマスという名の男の子を授かったのだが、その子は二年後に家の裏の排水溝で溺死した。一家はすぐにそこを立ち退き、逃げ出すようにカリフォルニア州のカーメル・ヴァレーに引っ越した。そこで子ども服店を始め、死んだ息子にちなんで、リトル・タイク〔ちびっ子という意味〕という店名にした。クララは、ターマンのアンケートに回答しつづけていたが、初めのころの喜びはほとんど見られなくなってしまった。トーマスの死後、アンケートは空欄をたくさん残したまま送り返されてきた。まるで、自分の生活について書く気力も興味もなくしてしまったかのようだった。

彼女にはさらなる困難が待ち受けていた。夫のロバート・ポッターが出血性潰瘍を患ったのである。胃壁を回復する手術を何度か受けた後、感染症で一九六〇年に亡くなった。クララはまた新しいスタートを切ることを決めた。生活を一変させようとして、ホテル経営を教える学校を探したところ、テネシー州の学校に入学することができたので、荷物をまとめ、また引っ越しした。彼女は学校で知り合ったクリント・トンプソンという学生と結婚したが、その結婚生活は短かった。「彼はいい人だった」とボブ・イスラエルは振り返る。「だけど、いったん酒に手を出すと、もう手がつけられなかった」。二年後の一九六五年、彼女はトンプソンと離婚し、ノックスヴィルにあるテネシー大学の看護学校でカウンセラーの職を得た。クララ・トンプソンがそこで働いていたとき、最初の夫が後悔と孤独に押しつぶされて電話してきた。

二人は驚くべき速さで昔の良い関係を取り戻した。「お父さんは本当はお母さんのことをずっと愛してるんだ、と僕はいつも言っていたんだ」とボブ・イスラエルは言う。良くも悪くも、クララが自分のことを理解していることだけは確かだ、とハリーは感じていた。彼はそれを詩にして彼女に捧げた。

あなたはけっして驚かない
どんな嘘やアリバイを見ても
あなたにはお見通しなのだ
その欠点が私の一部だと

ペギーの死から八ヵ月経った一九七二年三月、二人は再婚した。ノックスヴィルの役所でささやかな結婚式を挙げた後、昔なじみの心理学仲間であるテネシー大学心理学教授のウィリアム・ヴァープランクと一緒に深夜まで酒を飲んで盛り上がった。再婚カップルはそれから、イギリス、スコットランド、アイルランドへ新婚旅行に出発した。ハリーはヴァープランクにこう書き送っている。「三回目の新婚旅行でハワイに行くつもりだ。私たちはずいぶん年をとってしまったから、どんなチャンスも逃せないんだ。次が最後になるかもしれないからね」。ハリーはまた、ヴァープランクが結婚式の夜を一緒に過ごしてくれたことに感謝して、ハリーらしい詩を捧げている。

勇気は強く、栄誉は輝く
勇気はたいていい夜まで続く

スタンフォードへ送るクララのレポートには、突然また活力が戻ってきた。彼女は「現在の夫との再婚による予想もしなかった幸せ」について書いた。ハーロウ一家は、アパートやマンションや小さな店が並ぶ、新しく開発されたマディソンの西端の郊外のマンションに落ち着いた。

とはいえ、ハリーはすでに四〇年以上もマディソンで暮らしていた。国立衛生研究所の霊長類センターには、ロバート・ゴイという新しい所長が就任して、新しい計画を立てていた。もうくたびれた、とハリーは友人に告白した。新しいサル実験を考えても、急に以前ほどの魅力が感じられなくなってしまった。ハリーは、ジョージア州立大学の心理学者で旧友のデュエイン・ランボーへの手紙に、アカゲザルの能力をゴリラやチンパンジーの能力と比べてみたいと書いた。「そうしない理由はただひとつ、金銭的にも精神的にも感情的にもすっかり破綻しているからさ」

疲労感には他にも理由があった。ハリーは体に奇妙な震えがあったり、ときどきギョッとするほど体のバランスを失ったり、焦点が定まらなくなったりするのに気づいていた。医師は、どうもパーキンソン病の初期症状のようだと宣告した。そして投薬で病気の進行を抑えられるかどうか、経過を見ることになった。

ちょうどそのころ、クララはマディソンの気候で嫌いだったところをすべて思い出していた。「まともな人間なら、この悲惨な気候の中でそう長くは暮らせない」とハリーは地元紙の記者に語っている。「ウィスコンシンは非常に湿度が高い。湿気の高い環境で暮らすべきでない人は大勢いる」。そして続けた。「たとえば、そのせいで私は軽度のリウマチが重度に悪化したし、妻は回復の望みのない喘息になった」。湿った空気のせいで呼吸するのがずっと苦しかったクララは、ましな気候のところに引っ越したいと詰め寄った。彼女は今でも南西部のからっとしてさわやかな空気と赤銅色の景色を愛しており、それまで住んだことのあるどの場所よりもそこが気に入っていたので、とりあえず見るだけでも見てほしいとハリーを急き立てた。そこで、彼は昔の教え子数名に手紙を書いた。アルバカーキのニューメキシコ大学にいるジョン・グラック、そしてツーソンのアリゾナ大学に落ち着いていたジム・キングとデニス・クラークに。

三人とも、喜んでご招待しますという返事をくれた。彼とクララは休暇をとって、中西部を（そして、そこにある大学を）見てまわることにした。一方、今にしてみれば、アリゾナ大学心理学部は有名な教授をほとんどタダで雇う実にうまい方法を思いついていた。それぞれの分野で偉業を成し遂げて退職した科学者に、無給の「研究教授」の地位を提供するのである。「偉人に何が起こるか知っているだろう？」とハリーはジョークを飛ばした。「焼きが回るのさ」。そうした有名科学者たちはオフィスをもらい、好きな研究をして、澄んだアリゾナの光を浴びて日なたぼっこをするのである。彼らのおかげで、ほとんどコストをかけずにアリゾナ大学の評判も上がることになった。当時心理学部長だったニール・バートレットは、ハリーにニューメキシコ大学でなくアリゾナ大学を選んでもらうために、このように言ったという。「アリゾナ大学に来てくださいよ。だって、アルバカーキにはあなたの学生はひとりしかいないけど、ここには二人もいるでしょう」

一方、アルバカーキのグラックはすっかり憤慨していた。彼の大学の学部長が、自分より有名な教員を雇うのに躊躇していたからだ。そういうわけで、ジム・キングのところに突然、かつての教授から連絡が入ったのだった。「ハリーがいきなり電話してきて、そっちに行くよと言うんだ」。バートレットはまだ職を確約したわけではなかったのだが、キングから電話をもらうと事務局に飛んでいって、すべてを片づけた。「学長には、ハリーが来たら大学の知名度が上がりますと言ったのさ」

一九七四年、ハリーはウィスコンシン大学を退職した。彼は主に健康上の理由だと言い張り、ハーロウ一家は「健康問題のせいで、やむを得ずアリゾナに移住するのだ」と地元紙に説明した。しかし、本音を言えば、ハリーはここに残りたかった。彼は人生のほとんどをマディソンで過ごしてきた。彼にとっては、ここが故郷だった。気候についてジョークを言ったりしたが、ここには彼が必死で働いて建てた研究室があり、良い大学院生たちがいて、親しい友人や長年の同僚がいた。彼の最良の研究もここでなされ、うまくいく見込みなどほとんどなかったのに、歴史に残る業績の数々がここで成し遂げられた。去るのはとてもつらかった。まるで恋に破れたときのように、胸がズキズキ痛んだ。「私はウィスコンシンをとても愛している」と彼は認めている。「四〇年もひとつの学校で教えていれば、愛情も感じるさ。四〇年も結婚生活を送っていたら、多少は愛情が生まれるだろう？　それと同じことだよ」。ウィスコンシンを去ったら、自分が自分でなくなるみたいだった――彼が愛を再発見したのも、ハリー・ハーロウを作り出したのも、まさにこの場所なのだから。

もちろん、移住するとすぐに、新たなハリー伝説が増えていった。現在はペンシルヴェニア州立大学の生物行動衛生学教授であるバイロン・ジョーンズは、当時アリゾナ大学の大学院生だった。彼は今でもハリーが到着した日のことを覚えている。電話が鳴ったとき、ジョーンズは学部の事務局にいた。秘書が彼に向き直って言った。「電話の向こうで、ちょっとおかしな男が空港まで迎えに来てくれと言っています」

ジョーンズは、誰が電話しているのかと尋ねた。

「ハリー・ハーロウです」と彼女が答えた。

ジョーンズはにやりとした。「すぐに行きますと伝えてくれ」

ハリーとクララはできるだけマディソンと似ていない場所にマンションの一室を購入した。新居はスペイン風の町並みに宅地開発された地域の一角にあった。優美なヤシの木とあでやかな赤紫色のブーゲンビリアが計画的に植えられた風景の中に、白い漆喰の壁と赤いタイル屋根の家々が詰め込まれている。ほどなくして、クララは家や身なりを飾り立てはじめた。自分には毛皮のコートを買った。ハリーにはツイードのスポーツジャケットや上等のスーツを着させた。アイルランド旅行中、あらゆる場面で使っても使い切れないほどのクリスタルガラス食器を集めた。「二つの飾り食器棚に、ウォーターフォードのクリスタル食器がぎっしり詰まってた」と、ジム・キングの妻でアリゾナ州で学校教師をしているペニー・キングは語る。「ハリーはこざっぱりしていたわ。彼女はいつも彼に流行の服を着せていた」。クララは容赦なくハリーの飲酒を制限し、運動するようにしつこく勧めた。そのため、ハリーは大学に行くとき、途中まで市バスに乗り、残りの二・五キロは歩くのを習慣とするようになった。彼女は後からキャンパスまで車で行って図書館で研究し、夕方に彼を拾って帰った。「彼はとても調子が良かった。ウィスコンシンにいたころと比べれば、それこそ絶好調だった」とキング夫婦は声を揃えて言う。

ハリーは再び息子たちと関わるようになった。ボブはそのころには、名前をポッターから父親の旧姓のイスラエルに戻していた。ボブ・イスラエルは、オレゴン州ポートランドの近くでキリスト教根本主義〔聖書の無謬性を信じて歴史的事実だと主張するキリスト教右派〕の牧師として働いていたのだが、父親がこの天命を支持してくれたのを知って驚き、うれしく思った。「それがおまえの本当にやりたいことなんだろう」とハリーが言ったときのことを、彼は今でも覚えている。一方、「再会したとき、お互いに心が騒ぐこともなく、淡々とした感じだったな」とリック・ポッターは言う。彼はもっと近くのフェニックスに住み、州政府で働いていた。父親には以前より頻繁に会ったが、昔の関係が回復しているという感じはなかった。離れていた時間があまりにも長かったし、思い出もあまりに少なく、断片的だった。リック・ポッターは言う。「彼は友好的だったよ。でも、僕たちが父と子になることはけっしてなかった。アリゾナでの数年間、僕たちは二人の大人だった」。仲良くやっていたよ、と彼は言う。しかし、自分のそばにずっといてくれたのは父と母のどちらだったか、リックが忘れることはなかった。「僕を愛し、時間をかけて絆を築き上げてくれたのは、お母さんだった」

クララは、ハリーとの最初の結婚の破綻について、長い間ずっと考えていた。そして、ハリーが心理学に熱中したせいで、心理学を研究する特権階級に属さない人間とは関係を維持できなくなったのだという結論に至った。彼女は今では確信していた――離婚する羽目になったのは、ウィスコンシン大学に心理学研究を続けることを拒絶され、「天職を変更せざるを得なかったからだ」。クララはもう一度同じ失敗を繰り返すつもりはなかったし、そうしたくもなかった。そして今、かつて心理学者になることを夢見ていた彼女に、その夢を少しでも取り戻せるチャンスがめぐってきた。クララ・ハーロウは、アリゾナ大学で研究員の肩書きと、研究用に図書館の特別閲覧席が与えられていた。クララはハリーからだけではなく、ターマンの天才児研究を引き継いでいたスタンフォード大学の心理学者ロバート・シアーズからも推薦状を得ていた。

シアーズはクララのために心のこもった推薦状を書いた。彼女を大学院生時代から知っていたので、「若いころの彼女は、私が心理学界で知るかぎりもっとも聡明で頭の良い女性だった」と書いた。クララは、ゆくゆくは自分ひとりの力で世間に名が知られるようになりたい、「著名人のコネなしでも認められるのかどうか」確かめてみたい、とシアーズに語っている。

クララには、子どもの遊びに関する独自の持論があった。彼女はハリーやペギーのように、遊びは大人の行動の練習であるとか、交渉や友情を築く方法であるというふうに捉えていなかった。それよりも、遊びの動きの仕組みや、そこから得られるものについて考えていたのである。彼女の考えは、ある意味では、ビル・メイソンが動く代理母を使って探究した、健全な発達には物理的な動きが必要だというアイディアを引き継ぐものだと言えよう。ハーロウ夫妻は二人ともその研究を賞賛していた。ハリーはアリゾナからビル・メイソンに手紙を書いて、君は一緒に研究した中でおそらくもっとも優秀な「代理母使いの大学院生」だと伝えている。そして同じ手紙の中で、クララは同じくらい見込みがあるように思う、と付け加えた。

クララはひとり遊びの時間に興味を持った。誰も遊ぶ友だちがいないとき、私たちはひとりでスキップしたり、ダンスしたり、ひっくり返ったり、体を揺らしたりしている。それがすべて良い効果をもたらすのだ。彼女の言う「自発運動」遊びはおそらく、強い肉体や優秀な神経系を構築することにも関わっているだろう。少なくとも、それがハリーを共著者にしてクララの書いた論文の主旨だった。その論文は「米国科学アカデミー紀要」に発表された。「ひとりでダンスすることが、生物学的に必要なときもある」という考えがクララのものだとしたら、「それがどのように機能するか」という皮肉たっぷりの説明は、明らかにハリーによるものだった。「人間の自発運動遊びは、主に戸外でおこなわれる。屋内でおこなわれると、両親が阻止する」

その論文が手始めだった。しかし、クララがそれ以上に望んでいたのは、ハリーと共著で権威のある研究書を執筆することだった。ハリーはずっと前から、自分の研究をまとめた決定版と言える本を書くようにと勧められていた。一九六〇年代前半、ハリーはマグロウヒル社の心理学顧問になって、同社が刊行している心理学テストの監修をしていた。マグロウヒル社で彼を担当していた編集者のジム・ボウマンは、他人の寄稿を推敲するよりも、自分の研究についてちゃんとした本を書いた方がいい、とずっと彼を説得していた。ハリー・ハーロウは自分の知るかぎり、もっとも聡明な心理学者だとボウマンは思っていたし、今でもそう思っている。「彼とは何度も何度も話し合った。本を一冊書こうとしていたこともあるし、何冊も書こうとしていたこともある。実に興味深いのは、彼が分厚い重要な本を一冊も書いていないことだ。彼なら書けたはずなのに」

退職してからも、ハリーは執筆依頼を受けつづけた。ボウマンはマグロウヒル社を退職した後も、ハリーに再挑戦させようとがんばっていた。彼の依頼を受けて、マグロウヒル社の教科書部門の若手編集者だったトム・クインは、社員募集のついでにツーソンに立ち寄った。「ハリーは『もちろん興味がある』と言うんだけど、真剣味がちっとも感じられなかった」とクインは言う。「アイディアをいくつか話してはくれたけれど、実現しそうにないのが直感でわかった。手紙を書いたが、返事をもらった記憶はない」。ハリーのかつての教え子で、現在はコロラド大学に在籍しているスティーヴン・バーンスタインも、彼が本を出すべきだと考えた。バーンスタインが考えていたのは、まさにクララが提案していたような本で、ハリーの主要な研究——つまり、代理母の研究、学習の問題、性差、抑うつ、愛に関する包括的な調査——をまとめたものだった。クララはひところ、その本に『愛の世界』というずいぶんと詩的なタイトルをつけたいと言っていたが、バーンスタインが考えていたのは、もっと実際的なプロジェクトだった。

ハリーとバーンスタインは、スイスで開かれた学会で再会した。そこでバーンスタインは、ハリーがどれほど「コメディアンのW・C・フィールズみたいな人間」だったかをもう一度最初から思い出す羽目になった——古風で趣のある村を車で通りかかると、ハリーが車のウィンドウを下ろして大声で挨拶するものだから、歩いている人も牧場の家畜もみんなびっくり仰天するのである。バーンスタインはまた、かつての指導教授がどれほどすばらしい科学者であったかも思い出し、本が出版されなければ、そのことをみんな忘れてしまうだろうと懸念した。皆がハーロウの研究をまとめて見ることのできる場所、研究をひとつにまとめた記録が必要なんです、とバーンスタインは力説した。ハリーはバーンスタインの考えに同意したが、編集にはクララを参加させるという条件をつけた。バーンスタインは同意した。

しかし、プロジェクトが進むにつれ、その条件を呑んだのを後悔することもあった。彼にとって、クララはハリーほど魅力的な人物でなかったからである。彼女は保身的で独占欲が強いとバーンスタインは感じていた。「僕たちはあんまりうまくいっていなかった」と彼ははっきり言う。ウィスコンシンにいたときにも、ヘレン・リロイとスティーヴ・スオミの両名は、ハリーの生活に新たに入ってきたクララの役割に慣れるのに苦労したものだった。彼女はペギーよりも親切でフレンドリーだったが、彼女は彼女なりに同じくらい非情だった。スオミとリロイは、ハリーがペギーと結婚している間もずっと彼と一緒に働き、彼の原稿を読み、推敲を手助けしてきた。ペギーはいつも喜んで彼らのアドバイスに耳を傾けた。ハリーもペギーも、特にヘレンはずば抜けた編集者だと考えていた。しかし、クララは彼らの提案をアドバイスとは受け取らず、批判と受け取った。クララはハリーと働きはじめた直後に、原稿は自分に任せて、他の人に口出しさせないでほしいと頼んだ。

「彼女は、自分がもうひとりのペギーになれると考えていたんだ」とスオミは言う。「だけど、研究者としての訓練や知識の点から考えれば、それは無理な話だった。必要な専門の資格もないのに、彼女がハリーと共同発表するのを不快に感じる人もいた。精神分析家なら、『それはハリーの目に映るペギー競り合って勝ちをおさめ、世間とも張り合おうとする彼女なりの方法なのだ』と言うかもしれない」。リロイも、クララはハリーの名声を利用したと考えていたが、「後年になって彼女が科学者になろうとしたのが、ペギーと競ってのことだという考え方はあまりフェアじゃないと思うわ。どちらかというと、クララは他人に自分を証明したかったんじゃないかしら」と言う。

ハリーの業績の集大成である『ヒューマン・モデル』は、ハリーの妻の協力なしには完成しなかっただろう、とバーンスタインは認めている。「本ができたのはクララのおかげだ。そのころには、ハリーは肉体的に衰えつつあった。彼女が本を完成させたんだ」。おそらく、ハリーがもっと大きな本のプロジェクトを引き受けなかったのは懸命な判断だったろう。その当時、一九七〇年代の後半には、彼の体の具合が悪くなりだしていた。飲酒、喫煙、睡眠不足と長時間の研究、抑うつ、ペギーの死、ウィスコンシンでの生活を失ったこと、パーキンソン病——それらが一気に襲いかかってきたのだ。ハリーは突然、ほぼ出し抜けに急停止した。「彼はものを書くことすらほとんどしなかった」と彼の元学生で、その後アリゾナ大学の教員となり、現在はツーソンでビジネスマンをしているデニス・クラークは言う。「彼はドリップ式コーヒーメーカーのあるオフィスにやってきて、ドリッパーからコーヒーが落ちきる前にサーバーを引き出して、残りは流れ出すままにしておくんだ。飲酒でどうにかなってしまったんじゃなかろうかと思ったもんだ」。ハリー自身も同じように考えていた。クララの主張に従って飲酒量を減らしてはいたが、長年にわたる飲酒のせいで自分が疲弊しきっているのではないかと疑っていた。「彼の肝臓はまったく使いものにならなくなっているだろう、と誰でも考えるはずさ」とジム・キングは言う。「ほとんど休みなく飲みつづけたアルコールを処理してきたんだから」

ハリー自身もそのことが心配になって、病院で肝臓の検査を受けた。検査結果を受け取ったとき、信じられないという面持ちでキングにこう話した。「私の肝臓は完全に正常なんだ。どう思う？　信じられないよ」。あれほど肉体を酷使したのに、その間ずっとハリーが体調を保っていられたなんて、キング自身もいまだに信じられない。「たぶんハリーは、肝臓と長寿という点では、優れた遺伝子を持っていたんだろうね」

何もかもをなぎ倒したのは、他でもないパーキンソン病だった。ハリーは薬を飲みつづけていたが、あまり効かなくなっていた。彼は病気についてはあまり語らなかったが、昔の同僚は訪ねてきた彼を見てショックを受けた。ハリーはクララに促され、心理学部で講演するためにテネシー大学へやってきたのだが、助けなしではまっすぐ立っていることができなかった。旧友のヴァープランクは、あまりに急激に老け込んだ彼の姿にショックを受けた。ワシントン大学での悪評高い講演の間、心理学部長のアール・ハントは、昔のハリーは消え去ってしまったようだと考えていた。座ったままの講演は、「輝かしい業績を成し遂げた男が、キャリアの最後に病魔に冒され、晩節を汚すのを見ているようだったよ。彼の成し遂げた偉業の面影はどこにもなかった」。彼はスタンフォード大学でも講演したが、昔の同僚は彼がマッチを持とうとして手に火膨れを作るのを見てうろたえた。「ここに来たとき、彼の手は震えていた」と、スタンフォード大学の心理学者エレノア・マコビーは言う。「タバコに火をつけようとしては、炎に指を入れてやけどした。それに気づいてすらいなかったと思う。とても悲しかった」

「病状がもっと悪化すると、彼はほとんど話さなくなった」とキングは言う。「震えはましになったけれど、パーキンソン病後期に特有の仮面みたいな無表情な顔つきになって、どんどん無口になった」。それでも仕事にやってきたが、サルの研究や知能テストや、愛について分厚い本をいつか書くという話をすることはもうなかった。ハリーは自分のオフィスにこもって、手紙に短い返信を書き、新しい詩をひねり出したりした。「彼は孤独だった」とキングは言う。「オフィスはあったけれど、彼にできることはあまりなかったからね。オフィスに座って何か読んだり、下手くそな詩を書いたりしていたよ」

苦虫を噛みつぶしたような顔のダンのことを考えなくちゃ
彼はパーキンソン病で
喜びを表して笑うことができない
痛みを感じたときに悲しい顔をして
誰かの同情に訴えかけることもできない
(彼は何度もやってみたが無駄だった)

そこにはまだ昔のハリーのひらめきが残っていた。「秘書に詩をタイプしてもらうために、彼はいつも秘書室長に詩を渡していた。室長はそのことに憤懣やるかたなくてね、それがどうやらハリーの耳に入ったらしい。それからというもの、下手くそな詩を別の秘書に直接渡すようになった。そりゃね、あいう詩は秘書が普段タイプしているものよりはずっと面白いだろうし、お礼にといって彼は酒のボトルを持ってきたから、みんなタイプするのを楽しんでいたと思うな」

鳥が飛べる唯一の理由は
飛べると信じてやってみるからだ
助けになるものも少しはあるさ

扇形の尾っぽにひと揃いの羽

一九八一年の夏、ハリーの記憶が失われはじめた。彼は混乱し、幻覚まで見るようになった。七月と八月に一〇日間入院し、九月にはさらに六日間入院した。退院して家に帰ってきたとき、彼はまだ混乱していた。ある日、年寄りの隣人の家に迷い込み、怯えた女性が建物中に響く悲鳴をあげた。クララは彼を介護施設に入れることに決めた。「老人ホームでハリーとともに過ごした最後の数ヵ月は悪夢のようでした」とクララはスタンフォード大学の天才児研究を率いていたロバート・シアーズに書いている。一一月に病院長から、ハリーが脳卒中を起こしたようだと言われた。ハリーは昏睡状態に陥り、二度と意識を取り戻さなかった。

私は一度天国の門に近づいた
中に入りたかったが手遅れだった

ハリー・ハーロウは一九八一年、一二月六日に亡くなった。七六歳だった。彼の死後、学術書専門のプレーガー社が企画した、心理学のハイライトを紹介する「心理学の一〇〇年」シリーズの一環として、クララはもう一冊、ハリーの研究をまとめた本を編集した。ハリーの研究を最初から最後まですべてそこに織り込もうと、クララは覚悟を決めて取り組んだ。彼女はまたシアーズに手紙を書き、視力が衰えてきて、目は痛むし、かすんでいるけれど、ハリーのためにその本を絶対に完成させるのだ、と述べている。その本はハリー・ハーロウの死の五年後に、『学習から愛へ』というタイトルで出版された。クララはこのように書きだしている。「ハリー・ハーロウは昔からずっと有名だったわけではない。だが昔からずっと、他に類を見ないユニークな存在だった」

10 愛の教訓

愛と愛の欠如は、幼児の脳を永久に変えてしまう。
トーマス・ルイス、ファリ・アミニ、リチャード・ラノン
『愛の一般理論』（二〇〇〇年）

母親の顔は常に美しい。ハリー・ハーロウは、何年も前にそう信じるようになった。彼は赤ちゃんがそっぽを向くような母親の顔をデザインできなかった。赤い目で睨み、緑色の笑みがぺったり張りついた布の母親ですらダメだった。母親の姿を見ると、乳幼児はそこに安心感というすばらしいもの、そこにいてくれるという誓約を見出すのだ。赤ちゃんが母親の笑顔以上に見たいと思うものなど、科学者が世界中探しても見つかりっこない。おそらくそこには「持ち越し効果」もあるだろう。母親に限らず、赤ちゃんは顔を見るのが好きなのだ。これにて議論は終了。ハリーの最初の母子研究以来、またボウルビーの理論が受け入れられて以来、はたまた『有能な乳幼児』をはじめとする児童発達に関する本がたくさん出版されて以来、科学者は自然が生み出した目・鼻・口の組み合わせに赤ちゃんがどれほど執着するかを知り、驚嘆してきた。

科学者がトラックや木、動物、花、人間の全身写真などを見せれば、赤ちゃんはそれらすべてを眺めるだろう。興味を示して、風景や色、模様をじっくり検分する。それから、再び顔が映った写真に視線を戻し、じっと見つめることだろう。唇の曲がり具合、眉の上がり具合、目を細める様子――数え切れないほどの意味が、人間の顔というカンヴァスに描かれている。赤ちゃんは夢中でじっと見つめ、その束の間の表情を読み解こうとするだろう。さまざまな表情をした人の写真を乳幼児に見せる体系的なテストでは、彼らが巧みに表情の意味を解読していることを示す直接的な証拠が見つかった。赤ちゃんは怒っている表情よりも、喜んでいる表情を好む。そして、表情に対して反応する。晴れやかな笑顔を見ると幸せそうな顔をし、不機嫌な顔を見ると表情を曇らせる。

赤ちゃんが顔をじろじろ見るのは、彼らにとってもっとも重要な疑問の答えを見つけるためらしい。私がしていることは正しい？　あなたを幸せにしているかしら？　私に注目してくれている？　私は安全かしら？　私を愛して、気にかけてくれている？「視覚的断崖テスト」と呼ばれる古典的な実験がある。赤ちゃんは高い平らな台の上に乗せられる。その台の中央には、透明のパネルがはまっている。赤ちゃんは台の上をハイハイして進むのだが、真ん中に来て下を見ると、いきなり分厚いアクリルガラスを通して下の床が見えて、まるで崖から落ちてしまうように感じるのだ。ガラスパネルは台の他の部分と同じくらい頑丈なのだが、赤ちゃんにそんなことはわからない。彼らはそこで震え上がり、透明でない板の部分を指でつかんだまま、仮想の断崖絶壁から見下ろす。

この研究は、一〇ヵ月の赤ちゃんを対象にしておこなわれた。彼らは断崖の縁までやってくると、そこで進むのをやめて下を見る。それから、振り返って母親を見る。母親の表情を見つめて検討する間、赤ちゃんは縁にとどまっている。母親が微笑んでうなずいたり、その顔が落ち着いて励ましたりしているように見えれば、ほとんどの赤ちゃんは前に進みつづけるのだ。恐る恐るではあるが、アクリルガラスのつるつるした表面を手で注意深く触れる。研究者はときどき、母親に違った表情をするようにと指示した。母親が恐怖や懸念の表情を浮かべれば、赤ちゃんの表情もそれを反映して、不安で眉をひそめる。そして、危険な崖っぷちだと判断されたその場所から、そろそろと後ずさりするのである。当然のことだが、心理学ではこの断崖実験は有名である。言葉を話さなくとも、子どもがどれほど親に答えを求めているか（そして答えを得ているか）を、この実験は見事に実証している。

　このテストは、他者への信頼を示す稀有な例でもある。これほど私たちを信用してくれる人が、この世にどれだけいるだろうか？　うなずき微笑むのを見たといっても、もしかしたら崖から転落するかもしれないのだ。そして、ここでもうひとつ注目すべきなのが、赤ちゃんの特別な能力だ。人生のこの時期、赤ちゃんは絶対的な信頼を抱く。一〇年後には、その子どもは自分の判断力を頼りに、自分の経験を通して親の保証したことを選別するようになる。しかし、まだそのような判断力を持たない新生児は、他人に頼らざるを得ない。そのためには、顔からの情報を集めるのが必要不可欠なので、表情の変化の中の捉えがたいかすかなシグナルを読み取ることがうまくならざるを得ない。彼らは恐怖を鎮めるために、あるいは恐怖が正当なものだと確認するために、母親の反応を使う。まるで周囲の顔に描かれた地図を注意深く調べる小さな冒険家のようだ。

「他者の心の状態が、赤ちゃんの心の状態にとって根本的に重要であることは明らかだ」とハーヴァード大学の児童精神科医エドワード・トロニックは言う。彼は意図的に、「母親」ではなく「他者」という言葉を選んだ。子どもは、多くの大人と重要な人間関係を形成する。「母親」になるのが生物学的な母親かもしれないし、養母かもしれないし、保護者や、里親や、祖父母や、親戚や、友だちかもしれない。私たちの社会はさまざまな形の信頼関係や親密な関係を受け入れ、父親がより密接な役割を果たすのも認めるようになってきた。一九九四年、詩人でサイエンスライターのダイアン・アッカーマンは、母親の愛と比べれば、「父親の愛は……もっとよそよそしく、さまざまな条件が付随することが多い」と書いた。およそ一〇年後の現在、私たちの文化では、感情の面で密接に結びついた家族という集団に父親を参加させようとして、努力が続けられている。これまでは母親の専売特許だと考えられていた慰撫や、無条件の愛といったものを求めて、赤ちゃんは父親の顔をじっくり調べているかもしれない。もちろん、ハリー・ハーロウが指摘したように、今でもほとんどの赤ちゃんは、危険かもしれない崖が目に入ってきたときには、母親がそばにいて微笑むか、あるいは渋い顔をしてくれることを強く望んでいる。

赤ちゃんの方も、言葉を使わないメッセージを親に送っている。しかし、大人はそれを読み取るのが彼らほどうまくはない。なかには簡単なものもある。赤ちゃんはうれしいときには微笑む。触れ合いたいときにはくっつく。親がどこかに行ってしまうのではないかと心配なときは目で追う。助けてほしいときや、慰撫してほしいときには泣く——それでも、赤ちゃんが求めているものを的確に把握するのは実に難しい。もし誰も反応せず、安心させてもらえなければ、赤ちゃんは自分で自分を慰める。別の研究では、心理学者はピカピカのおもちゃを赤ちゃんのそばに、だがちょうど手の届かない場所に置いてみた。この研究では、赤ちゃんは個別に実験されたが、みんながそっくり同じような行動をとった。赤ちゃんは幼すぎて、まだボールのところまで這っていくことができなかった。それでも、どの子もやろうとした。科学者が観察する前で、赤ちゃんはピカピカのボールに触れようとしてもがいた。手を伸ばして失敗し、また手を伸ばしては失敗した。

イライラして、赤ちゃんはしゃくりあげた。それでも助けてもらえなければ、自分で落ち着こうとした。親指をしゃぶったり、わざとおもちゃから目をそらしたりしたのである。指しゃぶりは、赤ちゃんに生まれつき備わった手段のひとつで、自分を落ち着かせるための効果的な方法であることがわかっている。赤ちゃんはまた、目をそらすという単純な行動で自分を落ち着かせる。親がイライラしているとき、おもちゃが届かないところに転がってしまったとき、もっとも簡単な対処法は別のものに目を向けることだ。人生の最初の数ヵ月の間に学ぶこの教訓は、その後の人生でもずっと役に立つ。

それこそ、まさに赤ちゃんがやっていることなのだ。観察力の鋭い親ならば、赤ちゃんがさっと目をそらすのに気がつくはずだ——毛布や壁や、さらには空中にさえ目を向けて、不幸の源から目をそらすのである。親として注意深く見ていれば、この目をそらす行為が私たちに向けたメッセージだとわかるかもしれない。赤ちゃんには休憩が必要なのだ。非常に小さくて、他者に完全に依存し、つながっている人間にも、ときには息抜きが必要なのだ——禅の瞑想や静かな森をひとりで散歩するのに相当するものが、赤ちゃんにも必要なのである。

もちろん、平穏を求める赤ちゃんの反応の内側に流れる、単純で愛らしい生物学的な仕組みは、私たち親には見えない。だが科学者は、すごくわかりやすい方法でその内部の変化を追跡することに成功した。疲れたり苛立ったりした赤ちゃんが目をそらすと、心拍数は落ち着いて低下する。センサーをいくつか装着すれば、心臓の鼓動を表す緑のラインが変動するのを見ることができる。海辺で立ち騒ぐ小波が滑らかなきらきらしたうねりへと変わっていく様子を見ているようだ。医療機器を使えば、このように心臓が楽になってくる様子が追跡できるのである。

一九八三年当時、ハーヴァード大学のエドワード・トロニックは、この親子の交流の力について考えはじめていた。「私が微笑んだら、あなたが微笑み返す」というような関係を基にすれば、面白い実験ができるのではないかと思いついたのである。彼が関心を持ったのは、実際の笑みそのものではなく、それが意味しているもの、つまり母と子のやりとりだった。その実験では、おもちゃが手の届かないところにあるとき、大人は助けを求める赤ちゃんのシグナルに応えてやることになっていた。実験助手はいつも最後には、そのぷくぷくした小さな手の中におもちゃを渡してやった。しかし、赤ちゃんが大人の反応をまったく引き出せなければどうなるだろう？　おもちゃが手の届かないところに置かれたままだったら？　崖の縁まで這っていった赤ちゃんが振り返ったとき、母親から何も得られなかったら？　明るい顔で激励するわけでもなく、はっと心配そうな顔つきになって警告するわけでもなかったら？　赤ちゃんが甘え声を出しても、呼びかけても、誘っても応えてもらえず、手持ちの社会的スキルがもうないことに気づいたら？

トロニックはこれらの疑問を調べれば、母と子の絆――ハリー・ハーロウがびくともしないとみなした結びつき――に働きかける方法がわかるのではないかと考えた。そして、「対面・無表情」実験というものを考案した。彼と同僚のジェフリー・コーンは、三ヵ月の赤ちゃんの母親に、数分間、ただ無表情で赤ちゃんを見つめるようにと依頼した。「無表情」テストでやることはそれだけ――まったく反応してはならない。母親は無表情な顔を変えずにいなければならなかった。怒りも、脅しもなし。ユーモアも、愛もなし。何より重要な顔の地図には何も示されず、感情が読めない空白地帯があるだけだった。「赤ちゃんへの影響は劇的だった」と、トロニックは初期の論文で、無表情の威力を初めて見たときの驚きを記している。「赤ちゃんはすぐに変化を察知し、母親の注意をひこうとした」。母親がそれでも反応しないでいると、赤ちゃんは自力で落ち着こうとした。親指をしゃぶり、目をそらした。そして、少しでも反応してもらおうと、赤ちゃんはもう一度やってみた。母親の気をひくために自分にできる最善の手段――微笑み、喉を鳴らし、手を伸ばしてみる。しかし、命令されたとおり、母親は無反応である。するとまた赤ちゃんは自力で落ち着こうとして、それからまた母親の気をひこうとする。その繰り返しだ。赤ちゃんはこれが重要なのだと知っている。このことについては、赤ちゃんはかなりしつこい。しかし、だいぶたっても対面した顔は無表情のままなので、どの子も気をひこうとするのをやめてしまった。

「無表情テストを初めてやったときのことは、よく覚えているよ」と、現在ハーヴァード大学医学部小児研究科長であるトロニックは言う。背が高く、きらきらした青い目をした白髪の上品な男性で、いつでも非常に正確に自分の考えていることを話す。「私は最初の研究から、赤ちゃんの連続写真を残している。無表情な母親に対面した三ヵ月の赤ちゃんの写真だ。最初、赤ちゃんは気を揉んで、母親にアピールしようとする。それから親指を吸いはじめる。そして断念して、隅っこに丸くなる」

「みんなにこう言ったよ。見てごらん、スピッツの赤ちゃんみたいだ、ハーロウの研究のサルみたいだ、この感情反応を見てごらん、とね」。こうした見解を持つようになったトロニックは、ふと気がつくと、スピッツやボウルビーやハーロウが浴びてきたのと同じ非難を受ける立場になっていた。写真を見せられた心理学者たちは、そこに写っているのは感情ではありえないと考えた。トロニックの見たところ、母子の絆がそれほど強くなりうるという考え方に、どうも個人的な居心地悪さを感じているようだった。関係性とはそれほど重要なものだという概念に不安を感じたらしい。「みんな、そんなふうに考えたくなかったんだろう。それではあまりに親密すぎると思ったんだ。拒絶するのは、ひとつには、受け入れたくないという気持ちがあるからじゃないかな。子どもがそれほど傷つくことがあるなんて――あるいは、自分たちが子どもをそれほど傷つけることがあるなんて――みんな信じたくないんだ」

人間の最高の性質だけでなく、最悪の性質をも解き明かそうという意欲――それこそ、トロニックがハリー・ハーロウの中に見出し、敬服するようになったものだ。ハリーはけっして取り繕わない心理学者だった。都合の悪い結果でも進んで検討し、正しいと思えば、そのために戦った。ハリーがいつも批判され、「彼の孤独な赤ちゃんザルには、もっと認知的なインプットや豊かな環境が必要なだけだ」と言われていたことをトロニックはよく覚えている。布の母親に育てられたアカゲザルの赤ちゃんの機能不全行動は、おそらく感情的な欲求とはまったく関係ない、と心理学者たちはいつも主張していた。「ハリーはそれでも、社会的な結びつきや母親からのインプットが影響をもたらすのだという自分の解釈を撤回しなかった。極端な実験をおこなっているときでも、いつもハリーは正常な側面を、つまり結びつきを見ていた。何が重要かということに関しては、彼はけっしてぶれなかった」

心理学に従事した五〇年間に、ハリー・ハーロウはさまざまな対象に興味を抱いて研究した。彼はひとつのことだけ考えつづけるタイプの研究者ではなかった。無限の好奇心があり、先に進みたいという強迫観念にずっととらわれていた。彼を魅了しないものなどあっただろうか? ハリーは脳の構造に興味を持ち、行動の生化学にも、遊びにも、知能にも、性差にも興味を持った。しかし、もっぱらこれらすべてをまとめて、関係性という複雑に絡み合った包括的な問題を探索しようとした。彼の主要な研究を挙げるとすれば、学習能力、好奇心、育児、母性愛、触れること、社会的ネットワーク、孤独、ストレス、虐待、抑うつとなるが、それらすべてが生きたパズルのそれぞれのピースとしてうまく組み合わさっている。ハリーは、他者との関係が持つ力とその重要性を心から信じていた。そして、彼が心理学に与えた衝撃を明らかにしたいのなら、個々の研究や考えではなく、いくつもの研究や思考がひとつに組み合わさっていく様子を見るべきだ。結局のところ、愛の本質に関するハリー・ハーロウのヴィジョンは圧倒的なものだった。愛が重要であり、社会的なつながりに価値があり、私たちが個人として定義されるのは、ある程度はコミュニティの中で占める場所によるということを信じる心理学者にとって、ハリーの研究はいまでもまるで岩盤のように、揺らぐことがない。

「特筆すべきは関係性ね」と、カリフォルニア大学デイヴィス校の心理学部長であるサリー・メンドーサは言う。メンドーサは、ギグ・レヴァインがスタンフォード大学にいたころ、彼のもとで大学院生として研究した。彼女は穏やかでフレンドリーで、明るい笑顔、思わずうつってしまう笑い声、そしてカミソリのように鋭い頭脳の持ち主だ。トロニックとは違って、ハーロウのファンではない。メンドーサはフェミニズム運動が盛り上がっていた一九七〇年代に成人したので、ハリーの嫌味な口ぶりや、たまに見せる女性嫌いの態度をどうしても好きになれなかった。しかしそれでも、私たち自身を（そして、あらゆる社会的生物を）理解するためには、私たちがどのように他者と関わっているかを知ることが間違いなく根本的に重要であるとずっと信じてきた。

大学院にいたころから、メンドーサはすでに関係性に魅了されていた。彼女の考えによれば、私たちが孤立して行動することはめったにない。社会的つながりは私たちの行動の多くに影響を及ぼし、決断の基礎になっている。友人との暇つぶしから失恋の嘆きに至るまで、観察可能な行動について考えてみよう。他者との相互作用は、どれも外から見える以上にずっと多いとメンドーサは確信している。それはまた、身体内部の生理機能や化学反応も変化させる。彼女の考えの奥には、非常に挑戦的な理論がある。個々人の身体の化学反応はそれほど個人的なものではなく、私たちは皆、ある程度は、生きていく中で出会う他者に反応することを主眼にして設計されているという説だ。

そうだとすれば、一七世紀の詩人、ジョン・ダンの詩の一節、「人は誰も孤島ではない」は、科学的に正しい主張ということになる。私たちは、人間関係という脆く繊細なネットワークとは切っても切り離せないのだ。「馬鹿じゃないかってみんなに言われたわ」とメンドーサは言う。「私はこれをフランク・ビーチ（ホルモンと行動に関する研究の先駆者）をはじめとする聴衆の前で発表したの。すると、みんなが追いかけてきて、『そのメカニズムはなんだ？ 他者との関係がひとつの独立した影響をもたらすと言ってるのか？』と訊いてきた。だから、『そうよ』って答えたわ。『どのようにして？』って訊かれたから、『そんなことわからないわ』って答えた。そうしたら、『馬鹿じゃないか？』って言われたのよ」

「だけど、ハーロウとボウルビーからは、関係性を考えるうえで大きな影響を受けたわ」とメンドーサは付け加える。彼女の異端の説にもいくらか信憑性があるかもしれないと、心理学分野では徐々に認められつつある。あの最初の布の母親研究の強烈な威力から逃れることは不可能だ、と彼女は思っている。まるで命綱であるかのように、人工的に温められたタオル地の体に赤ちゃんザルがしがみついていたイメージを無視できる人などいるだろうか？ ハーロウ研究所がおこなった研究にはもうひとつ、もっと彼女の心に訴えかけてくる実験がある。それは「ラブ・マシーン」として使われていたころのバトラー箱だ。メンドーサは、バトラー箱の中に閉じ込められた子ザルが、母親を一目見るために根気強く窓を開けつづけていたイメージを払拭することができない。「それがきっかけで私はハーロウを読みはじめたの。彼は何もかも丸裸にしてしまう。ハーロウの研究が示しているように、社会的なサポートがなければ、本当にまずい状況に陥ってしまう。最終的には病的な人格が形成されかねない」

私たちの肉体はそれを知っている。たとえ理屈のうえでは納得できなくても、脳は無意識のうちにそれを認めている。少なくとも、そうメンドーサは示唆する。私たちは、目覚めている限られた時間の多くを、互いのために割く。職場でさえ、ゴシップやジョークや友情を糧にする。きつい仕事をしている親も、時間を割いて子どもの宿題を見てやり、サッカーの試合の応援に行き、居眠りしながらも寝る前に本を読み聞かせてやる。大人になった子どもたちは、ずっと前にもう親を「必要」としなくなっていても、親に電話をかける。私たちは一緒に食事に行き、デートし、パーティーに参加し、家で静かな夜を過ごす。私たちの一日の最良の時間は、人とつながっている時間だ。メンドーサは、私たちに特有の生物学的性質のせいで、そうならざるを得ないのだと考えている。愛の本質というアイディアがいくつもの面にカッティングされた宝石のようなものだと考えれば、大きな面に当たるのが、所属したいという欲求だ。だいたい、私たちはそんなことを考えもせずに、「人間関係に膨大な時間を費やしている」と彼女は言う。「だからこそ、それが並外れて重要だとわかる。人間関係は生物学的に必要不可欠であるに違いないということもね」

最近では、メンドーサを馬鹿だという人はいない。彼女は感情の生物学という、心理学でも最新の分野を研究している。カリフォルニア地方霊長類研究所（ハリーらによって設置された国立衛生研究所の施設のひとつ）で、メンドーサとビル・メイソンをはじめとする面々は、それらの絆が維持される一因である脳の構造と神経化学をより明確にしようと尽力してきた。メンドーサは、一例として複雑なリスザルの社会を観察した。すると、この密接したネットワークを持つ小さなサルにとっては、周辺的な関係性すら重要であることがわかったのである。メンドーサが一匹のリスザルをグループから連れ出すと、そのサルのストレスホルモンのレベルが急上昇した。ホルモンが上昇するのは、引き離された個体だけではない。グループ全体でストレスホルモンが上昇する。いなくなったサルと一緒に過ごしたことがほとんどないサルでさえそうなるのだ。誰かが欠けていることを、どのサルもわかっているのである。私たち人間も些細な人間関係の変化（同僚の退職、隣人の引っ越しなど）に対して同じような反応をするとメンドーサは考えている。それは、私たちの社会的ネットワークがおびただしい数の糸から織り上げられていることを思い出させてくれる。複雑な人間関係の中で暮らすことには、心強い面もある。もしひとつの関係で失敗したとしても、まだ別の関係があるので、それが足元に広がるネットを支えてくれるのだ。

「必要なものすべてをひとつの関係に求める人もいるかもしれないけれど、私はさまざまな友人から成る密接なネットワークに頼っているわ」とメンドーサは言う。「そして、核家族の関係は、友人関係よりもずっと簡単に埋め合わせることができると確信している。ハーロウは、そのことをサルのコミュニティで観察した。友だち関係や、仲間関係や、血縁関係でね」。人生には多くの「愛情のあるシステム」（メンドーサは「友人関係」、トロニックは「コミュニティ」と言う）が必要であるというハリーの考えは、さまざまな言い方で表現されている――「多ければ多いほどよい」「（子どもひとりを育てるには）村ひとつが必要だ」「人は誰も孤島ではない」。メンドーサはおそらく正しい。ハリーもきっと同じように考えただろう。核家族というものは、人生にたったひとつである必要はないし、最良の家族でなくてもかまわない。私たちは、友だちを加えて家族の輪を広げていくことができるし、その拡大された部分がもっとも重要になる場合もあるのだ。

「彼は時代を先取りしていた」とスティーヴ・スオミは言う。「少なくとも三〇年はね。彼は発達段階で現れる社会行動に、真剣に目を向けた最初の人だった。母と子の関係、子どもと社会のその他の成員との関係というように、何層にも重なった人間関係に興味を持っていた。現在、『もっとも重要なのは誰か？　親か？　仲間か？』という論争があるけれど、彼の研究はそれにずいぶん先んじていたね」。スオミは例として、一九九八年に刊行された『子育ての大誤解』という有名な本を引用する。その本では、仲間や仲間からのプレッシャーは両親の影響を上まわると論じられている。幼少期の発達に関心を持つ多くの研究者と同様、スオミはその主張に対しては懐疑的だ。彼の考えによれば、著者のジュディス・リッチ・ハリスは、現代的な見方で核家族以外の者を危険なほど極端に重要視している。彼の昔の師であるハリー・ハーロウは確かに、成人期の人間関係を作るための下準備でもあるので、幼少期の友だちは非常に重要だと考えていた。確かに、幼い友だちと遊ぶ日々は、社会的なセーフティネットを築くデリケートなやりとりをいくらか教えてくれる。機能不全に陥っている家族への緩衝材にもなる。しかし、スオミと同様にハリーも、友情があれば母と子という最初の関係が重要でなくなるという考えには同意しなかっただろう。彼の見解はもっと複雑なものだった。

要するに、良い関係をひとつ培うと、それが次の関係につながっていくというのがハリーの考えだった。友人やパートナーとの関係が、生まれ育った家族よりも影響力があるように思える段階が人生にはあるかもしれない。しかし、子ども時代に両親から得たものによって、後の関係性を構築する能力が身につくのである。私たちは人生の最初の瞬間に、愛やつながりを学びはじめる。良くも悪くも、その学習は死ぬまで長持ちするのだ。

ハリーとペギー・ハーロウは、「愛することを学ぶ」という論文の中で、良い霊長類の母親の行動に見られる際立った特質とは、「完全に、またはほぼ完全に子どもを受け入ること」だと述べた。このやり方では、赤ちゃんは間違いを犯しようがない。母親は、自分の保護できる範囲を超えて子どもが外に出て行きはじめたとき、注意深く監視する。必要であれば、子どもを引き戻す。結果的に赤ちゃんは、母に守られ、「熱心かつ愛情たっぷりに何から何まで世話」されながら、徐々に自信をつけていく。ハリーは愛着理論の中心となる教義に同意していた。幼少期に安定した愛着が得られなければ、その後の人生を通じて、どんな人間関係を結ぼうとも安心感が得られず、苦しむことになる。ジョン・ボウルビー自身、依存は悪いことだという西洋の考え方にいつも憤激し、ときには気に病むこともあった。われわれは子どもを突き放すのが早すぎるし、自立することを馬鹿馬鹿しいほど高く評価するあまり、依存もまた重要で当然のものだと改めて認める機会がほとんどない。子どもは自分を世話してくれる人に依存する。最初はただ生存のために依存するのだが、それが本物の愛情へと成長する。生涯を通じて、私たちは常に他人の愛情に依存する。大人の場合も子どもの場合も、良い関係とはことごとく安全基地なのだ、とボウルビーは論じた。もし運が良ければ、わが家に温かく迎え入れられることを疑うことなく世界を探索するという、幸せな人生を送れるかもしれない。かつてボウルビーが述べたことがあるように、大人にとって最高の生活とは、愛情のある関係によって守られつつ、さまざまな探索をすることだ。それは実際のところ、公園で初めての状況に魅了されながらも、母親か父親が近くにいるのを振り返って確かめる子どもとなんら変わらない。「この基盤の上に、その後の子どもの感情生活が構築されるらしい。この基盤がなければ、将来の幸せや健康は危ういものとなる」とボウルビーは書いている。

アカゲザルの社会では、そうした愛情ある最初の絆を築く責務を負うのは、まず間違いなく雌だ。そして、メンドーサも時代に先駆けて、両者が体内で共鳴していることに気づいたのだった。この関係がもたらす体内の変化を測定する方法がいろいろわかってきた。自分を愛する親に抱かれることには、体を非常に安らかにする化学作用がある。母ザルの胸にしっかり抱き寄せられると、赤ちゃんの心拍数が低下する。下がり方は、不満の原因から目をそらすときよりもずっと顕著だ。この落ち着きの反応は、雄の子ザルでも雌の子ザルでも同じように観測された。ストレスホルモンが低下し、体全体がリラックスして穏やかになるように見える。まったく同じ反応が人間の子どもにも起こりうる。胸のところにぴったり抱え込まれた子どもは、満ち足りてくつろぐ化学作用に浸っているかのようだ。

この完璧に穏やかな聖母子という美しいイメージは、「マジックテープの母」と批判されているアイディアを生み出すのに一役買った。すなわち、子どもが誕生した後、母と子には肌と肌を触れ合わせて絆を築く時間が必要だ、という考えである。一九七〇年代初期、マーシャル・クラウスとジョン・ケネルという二人の小児科医が提唱したこの考えは、現在から見ればあまりに単純なものに思えるだろう。しかし当時、この説には母子を思いやり共感する考えが込められていたのだ。クラウスとケネルは病院の規則にもっともな憤りを覚えており、母親が新生児のそばにいることと、親が病気の子どもに付き添うことを禁じる規則に対して反対運動を起こした。新生児に関しては、そのような方針のせいで本当にまずいことが起きるだろうと二人の医師は主張した。もしかすると、母親が赤ちゃんのそばにいて、抱きしめてやらなければならない決定的な瞬間があるのかもしれない。その瞬間を逃してしまったら、母親は自分の子どもと絆を結ぶことができなくなるかもしれない。クラウスとケネルの指摘によれば、当時生まれた子どものうち、未熟児は七〜八％しかいないのに、虐待を受けた幼児の二五〜四一％が、入念に隔離されていた未熟児だったのである。

彼らは、その責任は病院の慣習にあるのかもしれないと考えた。もしかすると、医療機関は実害を与えているのかもしれない。隔離を強要することによって、病院は母子がつながる何より重要な瞬間を失わせているのかもしれない。クラウスとケネルは、赤ちゃんを抱きしめて撫でることを許された母親は、子どもをより深く愛するのではなかろうかと考えた。もしそれが正しければ、彼らが虐待する可能性は低くなるはずだ。これはすばらしく魅力的なアイディアで、多くの人々の心の琴線に触れた。もし彼らが正しければ、どんな機能不全の家族でも救うことができるだろう。その母子の「瞬間」は、あっという間に知られるようになった。赤ちゃんとの絆に関するビデオが市場にあふれた。一九七八年、米国医師会が、生まれて間もない赤ちゃんを抱くことを推奨する公式声明を発表した。言うまでもないことだが、帝王切開のために全身麻酔を受けるなどして赤ちゃんを抱きしめることができない女性は、不必要な罪悪感と不安の底に突き落とされた。

「不必要な」というのは、何度も言うように、母子関係はもっと複雑であることが判明しているからだ。人によっては魅力的に感じられるかもしれないが、たった一度きりの魔法のような瞬間にしか絆が結ばれないなんて、私たちを今よりもさらに脆弱にするだけではないか。何年にもわたって子どもを守り育てなければならない私たちのような種にとって、愛が育まれるのが生まれて直後の数分に限られるはずがない。「人間の赤ちゃんはあまりに無力なので、母子の絆は非常に柔軟である可能性がきわめて高い」と、コーネル大学の人類学教授で『赤ん坊にも理由がある』を著したメレディス・スモールは言う。「三〇分かそこらで絆が結ばれたりしない。子どもとのつながりは過程なのよ」

「赤ちゃんはほとんどの時間を母親と過ごすべきだと皆に気づかせたという点では、クラウスとケネルは良いことをした。確かに、二人はちょっとばかり過激だった。でも、人を振り向かせるためには、ときには過激な行動をとらなきゃならない」。重要なのは、絆を結ぶ瞬間ではない。安定した信頼できる関係を築くことが重要なのだ。母子の絆を重視することで、人々は少なくとも、何よりもすばらしいこの関係は非常に幼いときから始まり、その始まりは非常に強力だと気づいたのである。その後は、おそらく何年もの間、母子の絆は強いままでなければならない。子どもは短期ではなく、長期にわたる配慮を必要とするのだ。

育児についての講義をおこなうとき、スモールは自分の考えを強調するために今でもハリーの母子実験を引用し、赤ちゃんザルが布の母親にしがみついているスライドを見せる。抱擁し抱擁されたいという単純な欲求をこれ以上にうまく表す視覚資料が今でも見つからないからだ。スモールは、その教訓が当たり前のことになって、もう証拠を示す必要がなくなっていればいいのにと思っている。しかし、彼女によれば、いまだに献身（コミットメント）の重要性に異議を唱える声が後を絶たないという。「アメリカ文化は、『個人で成し遂げる』という考えの上に築かれている。私たちは、自立し、人の世話にならず、自分の力で人生を切り開くように求められてきた。でもそれは、進化の面でも生物学的にも、人間の作られ方とまったく相反するものなの。他の霊長類を見てみれば、幼い子どもや大人ですら、ともに過ごすようにできている。私たちはサバンナのヌーの群れとは違う。私たち、特に子どもたちは、依存し合わなければならない。すべての証拠がそれを示しているし、ハーロウの研究もそう示している。ハーロウは、幼いアカゲザルが母親とつながっているのは自然なことだと示した。結びつきを欠いた状態は、いわば罰を受けているようなものね」

いつもどおり、この問題に単刀直入に取り組んだハリーは、働く女性の欲求と子どもの欲求のバランスをとるのが難しいこともわかっていた。「働く女性は、おそらく核家族という組織の役には立たないだろう」と彼は述べた。「他の人が母親の代わりになるのは難しい」。あなたが愛するように、あなたの子どもを愛する人がいるだろうか？　正直なところ、ほとんどの場合、「そんな人はいない」というのが答えだろう。西洋文化においては、拡大家族制度に頼って、子どもの世話のために誰かの助けを借りることはほとんどない。その代わり、託児所に金を払い、夜と週末にこの埋め合わせをするぞと心に誓うのだ。驚くほど二一世紀的な考え方だが、ハリー・ハーロウは何年も前に、そのような帳尻あわせの行動は理不尽ではないと述べていた。母親が良い託児所を慎重に選び、帰宅後に子どもにつきっきりで過ごせば、子どもは愛され守られていると強く感じながら育つはずだ。この点に関して、彼はペギーの研究を引用した。核家族研究が明らかにしたのは、母親は家族全員によるサポートシステムの一部であって、母親ひとりがすべてを担っているわけではないということだ、とある新聞記者に語っている。別の献身的な養育者がいて、友人や家族の密接なネットワークの中で子どもが育っているならば、安定した精神的に健全な子どもを育てるために、母親が実際にずっとそばにいる必要はない。「ただし」とハリーは強調した。家に帰ってきたら、母親はちゃんと「そばにいなければならない」。事務仕事の山も、同僚からの頻繁な電話もなし。夜や週末は、母親業優先でなければならない。仕事は二番目か三番目、あるいはもっと後まわしにすべきだ。

ボウルビーが母親についての研究を始めた一九四七年、幼い子ども（六歳以下）のいる母親のうち、外で働いていたのはたった一二％だった。一九九七年、その数字は六四％にまで上昇した。親子を隔てよというジョン・ワトソンの指示を今でも信じるなら、この統計には何の問題もない。おそらく、健全な傾向を示していると評されることだろう。しかし、そのような見方を変えた科学者たち――スピッツ、ロバートソン、ボウルビー、エインズワース、ハーロウをはじめ、数え切れないくらい大勢――のおかげで、私たちは親子を隔てる距離によって、心にぽっかりと穴が開くのではないかと気にするようになった。拡大した育児は社会実験だと気に病み、どんな実験にもつきまとうリスクを心配する。私たちが育てている世代の子どもは、両親との結びつきが非常に緩いために、社会的連帯感を欠くようになるのではないか、という恐怖が心にのしかかる。もっとも、ジョン・ワトソン以外に、絆の断絶を画策する者などいるまいと論じることもできるが。

一九九〇年代初期、国立小児保健・人間発達研究所（NICHD）は、多くの時間を託児所で過ごす子どもと、母親との関係が「不安定な愛着型」である子どもとの間に関連性があるかどうかについて、調査を開始した。託児所による影響のせいで、子どもは愛情を信じられず、家庭で安心感が持てないように育つだろうか？　研究所はこの疑問に熱心に取り組み、現在も研究は継続中である。二四人の科学者が研究に関わり、居住地域や所得水準がさまざまな家庭から一三六〇人の子どもが参加している。研究の最初の段階（フェーズ1）では、子どもを三つのグループに分けて比較した。ずっと家にいる幼児、託児所で過ごす時間が週に一〇時間以下の幼児、そして週に三〇時間以上を過ごす幼児の三つだ。

参加した子どもが三歳のときに発表された第一期の報告結果は、ハリーがいちばん好むような内容だった。良識的な一般常識から出てきたような答えが並んだのだ。科学者たちが家族、親、子ども、託児所すべてを検討して集計し、相互交流を観察した。その結果、ここでも違いを生むのは関係性だということがわかった。重要なのは、母と子のつながりであり、母親以外の養育者と子どもとの愛着だった。ほとんどの場合、親がさっと反応する愛のある家庭の子どもは、託児所に安心して入ってきて、同じように安心して出て行った。親との関係がぎくしゃくしている無関心な家庭環境の子どもが、同じように無関心な環境の託児所で過ごすと、母と子の心の距離はより遠く、より冷たいものになった。

この研究から見えてきたのは、いくつかの要因が複雑に絡み合った興味深い（だがそれほど意外ではない）状況だった。また、良い託児所を探そうと努力するのは、たいていすでに安定した愛着関係を築いている母親だということもわかった。不安定な愛着型の子どもの母親は、自分の子どもがどこで過ごそうが、あまり気にしないきらいがあった。そこには、ある種のフィードバックシステムがある。不安定な愛着型の子どもの母親ほど、安心感をもたらす保護行動を示さなかった。彼らは、ハリーの良い母ザルみたいには見守らない。ボウルビーの良い母親みたいには注意を払わない。彼らの子どもは、エインズワースのストレンジ・シチュエーションテストを受けると、他の多くの子どもたちのように慰撫を求めたりしなかった。エインズワースがいつも気づいたように、一日の終わりに母親が迎えに来ても、そうした子どもは安堵して大喜びで親のところに駆け寄ったりしない。代わりに他の大人に甘えて愛情を得ようもしない。エインズワースはまた、不安定な愛着型の子どもの母親は、触れられるのを嫌うことも示した。そのような家庭で育つと、子どもは抱かれて安心することを学ばないらしい。

託児所でひどい状況に陥ってしまった不安定な愛着型の子どもは、他者との関係によって改善されたのだろうか? 規則的な毎日と温かく愛情豊かな先生が、情勢を変えることはできたのか? 子どもはもっと働きかけることを学び、穴だらけのサポート・ネットワークを修繕することができたのか? ここでもまた、申し分ないとは言えない答えが出た。良い保育によって、母親との関係が修正されることはなかった。とはいえ、それ以外の結びつきを改善することはできた。子どもは他の人たちと打ち解けやすくなり、ほんの少しフレンドリーになった。それは結果的に、他の人間関係を構築するのに役立った。子どもたちは家で学ぶことができなかった社会的スキルを、保育士から学ぶことができた。そういう意味では、施設の中であっても、愛情はより強い基盤を作るのに役立つのだ。ビル・メイソンが動く代理母を使った実験で発見したように、社会的な動物である私たちは、ほんのわずかな交流とサポートから多大な効果を引き出すことができる。

もちろん、このような大規模な研究は、大局的な全体像を示すものだ。どんな子どもも皆それぞれ違い、二人として同じ子はいない。献身的な親の子どもが必ず安定した愛着型になるわけではないし、イライラして無関心な母親が必ず不安定な愛着型の子供を生み出すわけでもない。

要するに、愛着は一筋縄ではいかないということだ。つまり、ボウルビーはたいていは正しかったが、ときおり間違うこともあったのだ。たとえ毎日であろうと、絆を損なうことなく母と子を引き離すことは可能である。子どもがずっと家にいようと、不安定な愛着型になる場合があることも、ＮＩＣＨＤの研究でわかっている。「したがって、愛着理論に不備や欠点や未解決の大問題がないわけではないのは明らかだ」と、心理学者でボウルビーの伝記作家のロバート・カレンは書いている。「さまざまな研究が示しているように、育児のスタイルのせいで不安定な愛着型になるのか、あるいは先天的・文化的なものもある程度は関与しているのか、それらについては以前ほど確信が持てなくなっている」。カレンが指摘するように、子どもが短気なのかもしれない。あるいは母親が神経質すぎて、子どもの合図に過剰反応し、休憩が必要だという目をそらす合図を無視しているのかもしれない。もしかしたら、後ずさりするのは母親ではなくて、赤ちゃんの方かもしれない。もしかしたら、愛着理論はどうしようもなく母親中心の理論で、ひとりの親に多くを求めすぎて、他者の助けを借りる余地を残していないのかもしれない。ハリー・ハーロウの研究室にいたさまざまな母親から、ひとつの疑問が浮かび上がってきた。悪い母親がいるのと母親がまったくいないのとでは、果たしてどちらがましなのだろう？

「正しい母親（あるいは親、保護者）」について、さらに興味深い意外な結果がスティーヴ・スオミの研究で出ている。スオミはハリーのお気に入りの大学院生のひとりだった。金髪でがっしりした体格の彼は、一途なまでの激しさで研究に取り組んでいたが、ハリー自身もそうした激しさを持ち、それを持つ人を称賛していた。ハリーの退職後、スオミはウィスコンシンで一生働こうと考え、一九八〇年代初めに国立衛生研究所（ＮＩＨ）から「拒否できない申し出」を受けるまでの一二年間、ウィスコンシン大学で教員を務めた。彼は今でもＮＩＨで働き、メリーランド州プールズヴィルにある比較行動学研究所の所長として、サルと人間の両方を研究している。

スオミの研究によって、一見簡単そうに思える問題が浮上してきた。生物学上の母親は常に赤ちゃんにとって最良の母親なのだろうか？　彼は子どもの育て方を評価するために、生物学上の母ザルと育ての母ザルを比較した。スオミは母ザルを慎重に選んだ。育ての母に選ばれたのは、子どもの世話の仕方と（おそらくその結果として）安定した愛着型の子供がいることが評価された「スーパーマザー」たちだった。比較対照される生物学上の母親の方は、拒絶や虐待はしないものの、自分の子どもに対してあまり興味がなく、熱心でなかった。一方、両者が世話する子どもたちは、みんなそっくり同じ気質だった。どちらの集団の母親も、かなり手のかかる、異常なほど神経質でピリピリした子ザルの世話をしなければならなかった。

子ザルたちは、ひたすら最愛の母親に最善を尽くした。優しく愛情あふれる世話をされると、ビクビクした子ザルはストレスが目に見えて減って成長して、彼ら自身が子育てする立場になった。スオミは言う。「スーパーマザーに育てられた非常に敏感な子どもには、今では自分の子どもがいて、彼ら自身もスーパーマザーになった。どうやら行動は、遺伝ではない手段によって次の世代に伝えられるようだ」

熱心でない母親に育てられた子ザルには、そのような劇的な気質の変化は見られなかった。ＮＩＨの研究者たちは研究をさらに強化し、特に神経質なサルを選んで交配すると、とびきり神経質な子どもが生まれた。ここでもまた、赤ちゃんは非常に神経質な親元にとどめおかれるか、あるいは愛情豊かな育ての親のところに送り出された。この研究では、神経質な親が神経質な子どもを作り出す様子が観察できた。高いストレスを抱えた親が思いやりに欠けていたわけではない。ただ、あまりにイライラして取り乱しているため、子どもに本当に集中することができなかった。跳びはね、反応し、イライラするだけで手一杯なのだ。そして結局、子どももそうなってしまった。彼らはほんの些細な変化にも狼狽した。ほんのちょっと探索に出るのさえ怖いらしく、母親に必死でしがみついた。科学者が新しいおもちゃを与えたり、夕食のメニューを変更したりなど、とにかく何かを変えると、たちまち赤ちゃんは怯えてしまう。ケージでは、動揺した母と子が互いに繰り返す耳障りな警戒の金切り声がしょっちゅう響き渡った。もはや、養母子との差は、比較にならないほど歴然としていた。育ての母と子の間には会話がたくさんあったが、悲鳴はほとんどなかった。これらの赤ちゃんが生まれたときに神経質だったという痕跡はなく、今回は育ての母の性格を反映して、穏やかに育っていった。生みの親から離れて育ったことには、他にも利点があった。里子に出されたサルの多くは、冒険心旺盛だった。元気に探索し、簡単に友だちを作った。小さな変化には動揺しなかった。育ての母も子どもも、夕食がリンゴではなくオレンジだったとしても平然としていた。

この実験をボウルビーの理論に当てはめてみると、里子のサルも並外れて安定した愛着型であるようだった。月齢六ヵ月になったとき、科学者は試しに彼らを育ての親から引き離してみた。子ザルは間違いなくストレスを受けたが、それに対処する方策を編み出した。友だちを作ったのである。そして、ずっと友好関係を保っていた。彼らは好ましい性質のサルだと思われた。一方、神経質で上の空の生みの母親に育てられた赤ちゃんは、（考えてみれば当然ながら）不安定な愛着型に育った。他のサルに対して臆病で、あまりに内気だったため、友だちができるのに恐ろしく時間がかかった。母親との別離によって、よりひどく心の痛手を負った。そして、他のサルから離れて暮らす傾向があった。神経質なサルに育てられた神経質なサルは、他者と交わらない孤独なサルになりがちだった。社会的な接触など、とても手に負えなかった。彼らはしばしば階層のいちばん下にまで落ちた。

スオミは、両グループの子ザルたちが親になるまで観察を続けた。神経質な子ザルが育つと神経質な母ザルになり、同じサイクルが繰り返された。生化学的には同じイライラした気質に生まれつきながらも、里子に出されたサルは、優しい気質の育ての母と同じような育児をした。愛情や優しさの恩恵が、次世代にまで波及していることは明白だった。スオミの研究は、遺伝子は運命ではないということを思い出させてもくれる。また、ハリーの研究から得られた教訓——私たちが必要とする母親は、必ずしも生みの母ではない——を補強してもいる。さらに、ボウルビーの信念——最良の人生には、中心に安全基地がある——を裏づけてもいる。「幼少期の愛着が不安定だと、サルは過敏で衝動的になりがちだが、並外れて安定した愛着にはそれと正反対の効果があるようだ」とスオミは書いている。これはもちろん、彼の研究で使ったサルに限定した話であるが、ジョン・ボウルビーもハリー・ハーロウもまず間違いなく、その教訓を私たちに当てはめてもかまわないと快く認めることだろう。

ＮＩＨの見事な実験から、いくつか読み取れることがある。母親のような大人にならずにすむということ、母親のようにはなりたくないかもしれないこと、変わるのは容易ではないこと。そして、いずれにせよ、すべての期待と欲求をひとりの親に押しつけるのは不公平かもしれないということ。どれほど誠意を持っていようとも、ひとりの人間が子どもの必要とするものすべてを与えることは不可能だろうし、そうしようとしてはならない。そこで必要とされるのはまさしく拡大家族かもしれないし、あるいは適切な育児施設でもいいかもしれない。

たったひとつの関係だけに依存しすぎる危険性を、やはり霊長類を使った実験で見事に解明したのは、同じくハリーの元大学院生で、現在はニューヨーク州立大学ブルックリン校に在籍するレナード・ローゼンブラムである。彼はブタオザルとボンネットモンキーを比較した。ボンネットモンキーの赤ちゃんは、フレンドリーな雌ザルのにぎやかなコミュニティの中で育つ。母親が世話をするが、まわりにいる他の雌ザルたちも子育てを手伝う。ローゼンブラムの言葉を借りれば、ボンネットモンキーの赤ちゃんは、母親だけではなく、「叔母さんたち」にも育てられるわけだ。一方、ブタオザルでは、子育てをするのは母親だけである。用心深い母親が、子どもたちを常に家の近くから離さない。ローゼンブラムが母親を家であるケージから取り出すと、ブタオザルの赤ちゃんもボンネットモンキーの赤ちゃんもどちらも、母親がいなくなった恐怖で泣き叫んだ。しかし、ボンネットモンキーの子どもはそれに対処する方策として、すぐさま「叔母さんたち」のところに行った。だが、ブタオザルの子どもには慰撫を求める相手がいなかった。赤ちゃんは母親を呼び求め、それから絶望に陥ってうずくまり、他のサルを見ようとすらしなくなった。ブタオザルの赤ちゃんを観察していた人なら、きっと何人か叔母さんがいたらいいのにと願うことだろう。

カリフォルニア大学の文化人類学者サラ・ブラファー・ハーディーは著書『マザー・ネイチャー』で良い母親像を描き出したが、それは一九五〇年代の「献身的だが孤独な養育者」像とはまったく異なっていた。ハーディーが思い描く母親も、もちろん猛烈に子どもを保護するのだが、ときには子ども抜きで猛烈になるのだ。ハーディーは、私たちが抱く柔和な聖母のステレオタイプを一掃してしまった。母親もまた情熱や野心を抱く女性で、子ども以外にも興味を持つのだということを、ハーディーは思い出させてくれる。そして、ステレオタイプを払拭すれば、「人間はブタオザルのように、母親ひとりが子どもの責任を負うべきだ」と考える理由は何もない、と指摘する。なぜ私たちは、叔母や叔父や従兄弟や祖父母から成る、もっと面倒見のいいコミュニティに結びついたボンネットモンキーのようであってはならないのか？　どうして私たちは、社会的サポート・ネットワークをこれほど狭い範囲にとどめなければならないのか？

ハーヴァード大学の児童心理学者のエドワード・トロニックもまた、一対一の絆（トロニックは単一関係と呼ぶ）に疑問を抱いている。そこで彼と同僚は、そうでない子育ての仕方を調べる手段として、エフェ・ピグミーの子どもを研究した。エフェ・ピグミーの赤ちゃんは、少なくとも生後四ヵ月間、半分以上の時間を母親以外の大人と過ごす。赤ちゃんの生活には、優しい大人が入れ替わり立ち替わり現れる。時間の余裕があれば、一時間に五人が助けてくれることもある。その結果、絆はどうやらコミュニティと結ばれるようだ。赤ちゃんは、明らかに自分の母親と父親を認識しているが、複数の大人に対しても愛着を持つ。大人たちの方も、自分の子ども以外に、数人の赤ちゃんと緊密な絆を形成する。ハーディーはこの種類の共同育児を「アロマザリング（母親以外による子育て）」と呼ぶ。彼女の考えるアロマザリングには、狩猟採集部族のものと、二〇世紀の現代アメリカのものの両方が含まれる。現代アメリカ版のアロマザリングとは、愛情と落ち着きをもってうまく適切に養育する、有料の託児所だ。「私たちが始めたのは実験のようなものね」と『赤ん坊にも理由がある』の著者のメレディス・スモールは言う。「私たちには子持ちの知り合いがいる。親戚ではないけれど、拡大家族のようになればそれでいい。本当に重要なのは、幼児が色を覚えることでも、三歳で字が読めるようになることでもない。その先生がちゃんと子どもを抱きしめてくれるかどうかが重要なの」。密接に結びついた拡大家族に回帰すること、つまりエフェ・モデルを再現することが無理ならば、私たちは託児所を見直して、規則正しい学校のような場所ではなく、もっと家族のような場にすべきだろう。アラバマ大学のクレイグ・レイミーとシャロン・レイミーは、未就学児のために非常に集中的な就学前プログラムを実施してきた。参加者のほとんどは恵まれない家庭の子どもで、親はたいてい他のことにひどく気をとられている。プログラムに参加した子どもたちは、いつもすばらしい成長を遂げる。レイミーによれば、その原型となる託児保育の仕方（一対三の割合で、たくさん抱きしめたり触れたりする）は、人間の進化の中で生まれてきた拡大家族の性質に似せて考案されたという。「安全上の理由で外に出られないスラム街の子どもであろうと、郊外の二エーカーもの土地にひとりっきりの子どもであろうと、効果は同じだ」とレイミーは言う。「私たちは、家族が孤立することに対抗する方法を見つけなければならない」

近年では、父親の役割をさらに重視することを考えてもいいだろう。ハリー・ハーロウが献身的な子育てをしたすばらしい父親だとはとても言えないが、研究の中ではその可能性を見出していた。心理学者のジョゼフ・ノターマンが『心理学の進化』で書いているように、このような子育て分担には「解放する働き」があり、それによって父親は「子どもの愛の発達を共有できる」のだと最初に気づいたひとりがハリーだった。彼は生まれながらの子育てする父親ではなかった。何しろ彼はアカゲザルを研究していたのだから。もし母親中心の種が存在するとすれば、まさにアカゲザルがそれに当たるだろう。しかし、だからといって、母親の単独子育てが、霊長類の生来の性質だというわけではない。叔母が子育てをするボンネットモンキーのことを考えれば、それはマカクに一貫して見られる性質ですらないのだ。

カリフォルニア大学デイヴィス校のビル・メイソンとサリー・メンドーサは、南米に棲息するティティモンキーを使って優れた研究をおこなった。すばらしい毛並みの、ふわふわしたボールのようなサルで、いつも木の枝にとまっている。研究の結果、ティティモンキーの雌は主に夫である雄と絆を結ぶことがわかった。雌は特に母性が強いわけではない。子どもができると、雄が子育ての八〇％くらいの責任を負う。子どもを世話し、養育するのは父親なのだ。母ザルを一時的に家族から引き離しても、子ザルはほんのちょっとしかストレス反応を示さない。では、父親を引き離したらどうなるだろう？　子ザルのコルチゾールは、まるで暑い日の気温計みたいにぐんぐん上昇する。ティティモンキーもまた、「私たちはただ食事をくれる温かい体だけを愛するわけではない」というハリー・ハーロウの有名な主張を裏づけている。他の哺乳類と同様、ティティの母親も生後数ヵ月は授乳するが、子ザルを抱きしめたり持ち運んだりするのは父親である。そして、愛されるのは父親の方なのだ。

現在、ウィスコンシン大学心理学部の学部長を務めるチャールズ・スノードンは、別の南米種のサルであるワタボウシタマリンを研究してきた。ワタボウシタマリンは、頭に白い房毛を生やした黒い目の小型のサルだ。彼らは拡大家族で生活し、単に密接な関係を築くだけではなく、お互いのサポートに全力で取り組む。タマリンは、社会的ネットワークを形成し、互いに助け合って子育ての務めを分担する。このチームアプローチの子育てで、赤ちゃんはうまくやっていけるのか？　なんと、見事なまでにうまくいくのである。

ワタボウシタマリンは、母親、父親、叔母、それに姉や兄が、みんな子育てに参加する。授乳するのは母親だが、赤ちゃんは家族の中でいちばん長く一緒に過ごしてくれるサルに愛着を持つ。「養育に関わっている全員――母親、父親、最年長の兄――がいるときに、赤ちゃんが怖くなったとすると、もっともよく世話をしてくれるサルのところに走っていく」とスノードンは言う。赤ちゃんはグループ内を渡り歩くので、いつでも注意を払ってもらえる。母親があまり良い母親ではなかったり、子育てにうんざりしていたり、イライラしている場合は、父親か兄が赤ちゃんの世話を引き受ける。「要するに何が起こっているかというと、家族のメンバーが他のメンバーの行動の埋め合わせをするんだ」とスノードンは言う。他の種と同様、できれば少し距離を置きたいと赤ちゃんが思うような母親も存在する。「厳しく拘束する母親もいれば、自由放任の母親もいる」とスノードンは説明する。「しかし、タマリンの家族を見ればわかるように、複数の養育者がいることによって、母親の影響が和らぐ。だから、不幸なことにひどい母親を持ってしまったとしても、その影響は緩和される。もちろん、すばらしい母親がいる場合にも、影響がいくぶん緩和されてしまうだろうがね」

ハリーの研究があまりにも明白に示したように、そして身をもって知っている人もいるように、自分の母親がひどい母親だったり、うんざりした母親だったり、はたまたモンスター・マザーでないという保証はどこにもない。「愛を研究するなら、そのあらゆる側面を研究しなければならない」とハリーは言った。一対一の愛着関係のリスクのひとつは、もし母親が釘を突き出すスパイク・マザーだった場合、代わりに抱きしめてくれる人が誰もいないということだ。スノードンが指摘するように、複数の養育者を持つことには代償がある。世界最高の母親の注目を独り占めするという恩恵を失うかもしれない。しかしそれでも、一対一でスパイク・マザーに対するときほど傷つきはしないだろう。「私たちは、もっと共同して助け合う子育てへと逆戻りしているのかもしれない」と彼は言う。「そして、その方が良いと私は信じている」

私たちはおそらくその方向に進んでいるのだ――全員ではないにしても。サルの世界にはいろいろな子育てがあることを考えると、ここで、ひとつの疑問が生じる。人間は自分で進む方向を選べるのだろうか？　私たちは、近縁のサルたちの戦略の中から最良のものを選び出せるほど、柔軟な霊長類なのだろうか？　それともサルたちと同様、母親が集中的に育児をするブタオザルや、きめ細かに責任分担するワタボウシタマリンのように、種に特有の子育てパターンに従うしかないのだろうか？　できるだけ良い母親になろうとして、いろいろやりくりする余地はどれくらいあるのだろう？　あるいは、最悪の母親になるのを避けようとしてやりくりする可能性は？

ここでも、答えはどれも込み入っていて完全ではない。明らかに、エフェ・ピグミーのようないくつかの文化では、ワタボウシタマリン的なやり方を実践している。一方、ボウルビーのモデルが、アカゲザルの母親中心モデルに基づいて構築されたことも明らかだ――言うまでもなく、熱烈に刷り込みされたハイイロガンのヒナも基にしている。私たちの基本的な生物的傾向を知るうえで最良の手がかりが現在主流の子育てパターンだとすれば、ボウルビーのモデルを「平等でない社会からこしらえたもの」として却下するわけにはいかない。さまざまな文化を見ても、やはり私たちは主として母親中心の種のようだ。だからといって、母親だけが子育てすべきだというわけではない。ただ、人間の赤ちゃんにとって、中心となる親が間違いなく絶対に重要であるということは心に留めておくべきだ。家族の誰かが、全力で赤ちゃんの面倒をみなければならない。幼年期の愛着（母親、父親、あるいは優しい養育者に対する愛着）が常に人生でもっとも強い影響を及ぼすと述べた点で、ボウルビーは正しかった。いずれにせよ、私たちが柔軟になれるとしたら、それは個人的なレベルで、自分自身の特定の子どもの要求に特定の注意を払うときかもしれない。手始めとしてもささやかすぎるように思えるかもしれないが、数多くの研究で、ちょっとした身振りでも問題になることが示されている。

ハリーの布の母親のテストで最初にわかった、一見すると非常に単純な結果について考えてみよう――赤ちゃんは柔らかい感触を渇望するという結果だ。そのことが判明してからずっと、研究者たちはその理由を解き明かそうとしてきた。昼夜を問わず、針金の母親ではなくタオルを巻かれた母親が選ばれるのはなぜなのか？　私たちの生物的なりたちのいったい何によって、「接触による安らぎ」が健全な発達のためにこれほど重要なものになったのだろう？

触れることから生じる基本的な化学反応について、最初にして最良の研究をしたのが、デューク大学薬理学部のソール・シャンバーグだった。シャンバーグはハリー・ハーロウ的な方法ではなく、ラットの観察から研究を始めた。そして、母親ラットが赤ちゃんを舐めるという動作によって、必要な化合物のほとんどが次々に生成されることに気づいた。その化合物が、正常な身体の発達を促す成長ホルモンである。母親を引き離すと（つまり、母親の舌の接触から引き離すと）、赤ちゃんラットの発育が止まりはじめた。母親を巣に戻すと、赤ちゃんたちは心地良さげに、縦横に体を伸ばしはじめた。シャンバーグは、少なくともラットに関しては、湿った絵筆で母親が舐める行為を真似できることも発見した。これもまた、母親に求められる基本的な条件を思い出させてくれる。

デューク大学がおこなった「母親が触れること」の研究は、ボウルビーの愛着理論の進化論的な概念にぴったり一致した。シャンバーグは、接触に対する強い反応は根本的な生存のメカニズムと関係するもので、おそらく他の多くの種にも見られるだろうと示唆した。「生まれて最初の数週間か数ヵ月、哺乳類は母親の世話がなければ生き残れない。そのため、母親との接触が長時間途切れると（たとえば、ラットでは四五分以上途切れると）、それが引き金となって、赤ん坊の代謝が遅くなる」と彼は書いた。母親不在のとき、赤ちゃんラットは少しのエネルギーしか使わなくなる。つまり、燃料をあまり消費しなくなる。そうすれば、赤ちゃんは母親ともっと長く離れても生き延びることができるわけだ。母親があまりに長く不在にしないかぎり、それで問題はない。母親が戻ってくれれば、「母親の接触がそのプロセスを反転させ、成長が元の正常な速度で再開される」とシャンバーグは言う。ベビーベッドにうずくまる赤ちゃんや、ケージの隅で丸くなる子ザルは、絶望的に見える。しかし、場合によっては、そうしてうずくまるのが身を守る行為であることに気づくべきだ。そこには、絶望と希望が奇妙に交ざりあっている。幼い動物たちはうずくまり、母親が戻ってきてすべてがうまくいくのを待っているのだ。

ニューヨーク大学のマイロン・ホーファーも、ラットの研究によって接触の力を探求し、天才的な方法で、母親の育児に求められる条件を検討した。ホーファーは母親ラットを巣から取り出し、その代わりに、母親の本質的要素――温かさ、ミルク、ブラシによる愛撫、音（母親の鳴き声を録音した）――を与えた。母親の匂いまでケージにポンプで送り込んだ。その結果、子どものラットの成長に影響するのは接触だけであることがわかった。そこで母親をケージに戻したのだが、そこにはひとつの仕掛けがあった。母親に麻酔をかけておいたのである。そのため、母ラットは触ることも、鼻をすりつけることも、舐めることもしなかった。そして、動かない母親がいても、何の役にも立たなかった。赤ちゃんたちは依然として身を縮めていた。

その後、シャンバーグはマイアミ大学のティファニー・フィールドと共同で、非常に有名な実験を始めた。かつてクラウスとケネルが懸念した未熟児の問題に立ち戻り、彼らとは別の角度から取り組んだのである。彼らは赤ちゃんが接触を通して絆を結ぶかどうかは問題にせず、ただ身体的に人と触れ合うことが必要かどうかだけを観察した。フィールドと大学院生のチームはある未熟児施設に行って、一日に三回、一五分間だけ赤ちゃんを触った。その触り方は、非常によく考えられたものだった。ゆっくりとしっかり撫で、小さな手足を優しく伸ばした。そうすると、撫でられた赤ちゃんは、隔離されている通常の未熟児に比べ、五〇％速く成長した。より生き生きしていて、活動的で、楽々と動いた。一年後、認知能力と運動能力のテストをすると、従来どおりに保育器にひとりぼっちでいた未熟児よりも強く、頭が良いようだった。現在では、接触療法《タッチセラピー》は病院で未熟児に対して日常的におこなわれている。

フィールドは、マイアミ大学タッチリサーチ研究所の所長となり、そこでマッサージ・セラピーについて数々の研究をおこなった。そうしたすべての研究から結論づけられたのは、触ることは健康にも免疫系にも睡眠にも不安の解消にも人生にも役に立つということだった。やがて、触ることが無表情の母親から受ける苦痛を和らげることもわかった。母親がうつろな表情で見つめていても、同時に触って撫でていれば、赤ちゃんにはつながりが感じられるようだった。母親がさらに触ると、赤ちゃんは反応を続け、微笑み、見つめ返した。

赤ちゃんラットを母親からちょっと変わった趣向で短時間だけ引き離すという「放置」を施すと、なんと子どもの生活が向上する、というギグ・レヴァインの研究を覚えているだろうか？　彼が初めて成し遂げたその驚くべき――そしてほとんど受け入れられなかった――研究以来、その効果は何度も何度も繰り返し確認された。研究者たちは、その不可解な結果を磨き上げ、鍛え上げ、より良い説明を加えてきた。スタンフォード大学のロバート・サポルスキーとモントリオールのマギル大学のマイケル・ミーニーは、レヴァインのオリジナルの実験では三分だった引き離し時間を、一五分に延ばしてみた。二年後になっても、処置されたネズミは、反応の良さが際立っていた。新しい状況に対して、スムーズに気楽に反応した。過剰に保護され、処置されなかった比較群のラットは、すぐにビクビクし、コルチコステロン（ネズミのストレスホルモンで、人間をはじめとする霊長類におけるコルチゾールに当たる物質）が上昇しやすい傾向にあった。

コルチコステロンは（科学者の推測によれば、コルチゾールも）ニューロン、とりわけ記憶を処理する海馬のニューロンに実際にダメージを与える化学作用を誘発することがわかっている。したがって、処置されたラットは（サポルスキーの推測によれば、健全に育てられた子どもも）、より長く有能でありつづける脳を備えた、健康な大人へと成長するかもしれない。「現実世界の現実のラットは、大学院生から処置を施されたりしない」とサポルスキーは指摘する。「自然界にそれに相当するものがあるだろうか？」。彼とミーニーは自然界の育児のやり方を比較することにした。当然ながら、どの母親ラットもすべて同じように注意深く気持ちを込めて子どもの世話をするわけではあるまい、と考えたからだ。もちろん、それは正しかった。同じことは、人間にも、サルにも、他のどんな種にも言える。「自然界でも育児のやり方は実に多様だ。良いものから、あまり良くないもの、非常に悪いものまで、さまざまな子育てが見られる」とミーニーは言う。

彼の言う「非常に悪い」とは、身体的な虐待のことではない。注意散漫で怠慢で頼りにならない育児のことだ。赤ちゃんラットにすら、舐め、寄り添い、授乳し、保護してくれる注意深い母親が必要なのだ。ミーニーはこう考えた――もしかしたら本当に重要なのは、母親がいつも日常的にやっていること（あるいはやらないこと）なのではないか？　そこで、子どもを熱心に舐め、夢中で毛づくろいする献身的な母親を観察し、次に、それらの雌を、子ネズミに興味を持ちつづけることができない母親と比較した。その結果、子どもの世話に時間をかける母親に恵まれた子ネズミは、ストレスホルモンが上昇することが少なく、それゆえ、際立って健康な脳を持っていることがわかった。

言い換えるなら、サポルスキーの言う「ストレスのせいで退化がどんどん進んでいく恐ろしい状況」は、注意深い母親という一見非常にありふれたものによって、進行を遅らせたり、あるいは阻止することもできるのだ。「発達に多大な影響を及ぼすには、日常からひどく逸脱する必要はない」とミーニーは強調する。「殴りつけたりしなくとも、子どもの発達は阻害される」。子どものストレス要因は、母親による育児で普通に見られる違いの域を超えたところにある、と彼は考えた。そこで、赤ちゃんを母親から隔離するというハリー・ハーロウの実証済みのテクニックを試すことにした。エモリー大学の心理学者ポール・プロツキーと共同でおこなった研究では、赤ちゃんラットが生まれて最初の二週間、母親と引き離す時間を一日に三時間まで引き延ばした。「実施できる手段のうち、ストレス反応にもっとも強い効果を与えるのは、母親と引き離すことだ」とミーニーは簡潔に言う。二人は、このように長く隔離されたラットは、慢性的にストレスを抱えた大人に成長することを発見した。プロツキーの評によれば、彼らはソワソワビクビクしていた。新たな状況に直面すると不安になり、たいてい一箇所にじっとうずくまってしまった。「彼らは隅っこやトンネルなど、暗くて安全な場所に固執する」とプロツキーは言う。

隅でうずくまっている間、ラットのストレスホルモンは上昇した。傍目には、なるだけじっと座っているようにしか見えないが、体内ではすべてがびりびり震えていた。心拍、血圧、血糖、アドレナリン、ノルアドレナリンといったストレス系全体が徐々に上がっていった。慣れ親しんだケージの中でも、隔離隔離されたラットは落ち着きがなく、並外れて攻撃的だった。プロツキーによれば、サルの場合、実際に母親から引き離さなくても、このような化学作用を引き起こせることもある。たとえば、忙しすぎて注意散漫な母親と一緒にいるときなど、ちょっとした精神的な別離によって、そうした作用が引き起こされるのだ。母親が常に食料を探し求め、食事の心配をしなければならない環境に置かれると、母ザルはどんどん子どもに気を配らなくなっていく。後に、このような赤ちゃんザルが大人になったときにテストすると、母親から引き離されたラットと（とにかくストレス反応に関しては）非常によく似ていて、常にいくらか取り乱していた。

この結果を、私たちの子どもへの接し方に置き換えることは可能だろうか？　答えはイエスでもあり、絶対にノーでもある。ワトソン派の心理学が主流だった一九三〇年代以来、私たちが何かを学んだとすれば、それは「結局のところ、ラットは人間の行動の完璧なモデルではない」ということなのだ。ラットは人間の母子関係のように一対一の強い愛着を築き上げたりはしない。それでも、ラットの研究が幼少期の環境や人間関係についてもっともな疑問を投げかけるのは確かだし、サルに関する諸研究はさらなる問題を提起している。さらに、プロッキーが指摘するように、幼少期の経験――特にストレスの多い経験――は、人間の脳の回路を敏感にするという証拠がある。「子どもという生きものは、学習マシーンなのだ」とプロッキーは言う。

ハーヴァード大学医学部の精神医学教育協力病院であるマクリーン病院の精神科医マーティン・タイチャー率いる研究チームは、脳画像技術を用いて、守ってくれる安全な家庭で育った人と、虐待する家庭で育った人の脳を比較してきた。不幸な家庭の子どもの脳には、脳の左半球に発育遅滞が見られた。左半球は、幸福やポジティブな感情に関連する傾向がある。また、情緒の安定に関連している「小脳虫部」と呼ばれる組織においても、同様の発育遅滞が観察された。虐待に反応してストレスホルモンと神経伝達物質が激しく変動し、それによって脳がわずかに再構築されるために、このような違いが生まれるのではないか、とタイチャーと同僚たちは考察している。また、このような変化は、人の脳が敵意を環境に重ね合わせるように「できている」ことを示しているのかもしれない、とも考えている。「生後すぐにストレスにさらされたり育児放棄されたりした動物は、恐怖や不安やストレスを感じやすい脳を発達させることがわかっている」とタイチャーは言う。「それは人間にも当てはまると思う」。そしてまた、現代のハイテク技術を駆使して子どもに対する親の影響力を探る自分の研究に大きな影響を与えたのは、ハリー・ハーロウの「独創的な」研究なんだ、と述べる。

脅威を感じやすい人は、同じように、知覚したものに大げさに反応しやすいのかもしれない。「身体的な虐待を受けたことのある子どもが幼稚園に入ったとき、何もないところに『脅威』を見出す傾向があれば、ずいぶん面倒を起こすだろうし、安定した友だち関係を築くのに苦労するだろう」とプロツキーは言う。幼年期の有害な環境が子どもに与える影響を研究している学者たちは、もはやひとりの人間として、なんとかして立ち直る方法を見つけてあげたいと願っている。虐待や育児放棄が生体にもたらすダメージについて理解すればするほど、苦労を重ねて得られたその知識は、子どもたちを助ける役に立つのだろうか、と考えるようになる。子ども時代に受けた傷を消してしまうことができるのか？いちばん大切なものを守ることはできるのだろうか？

ミーニーは近年、舐めたり毛づくろいしたりすることにあまり興味のない冷淡な母親に育てられたラットを改めて研究した。ここまでお読みになった読者なら、子ネズミは高いストレスホルモンに冒される運命だと予測するはずだ。また、神経過敏な大人のラットに成長し、ケージの中をあてどなくせかせか動きまわる姿も思い浮かべることだろう。ミーニーは二種類の治療を試みた。まず、スティーヴ・スオミがかつておこなったように、赤ちゃんラットにもっと良い母親を与えた。今回も、養母があてがわれると、ビクビクした赤ちゃんラットには良い変化が見られ、ストレスが減り、より幸福になった。しかし、ミーニーはこの新しい研究で、良い親をあてがってもらえなかった赤ちゃんの方も救おうと考えていた。そこで、ストレスを受けたが養母を与えられなかった赤ちゃんを、より充実した環境に置いてみた。赤ちゃんラットは一日に数回、簡素な住みかのケージから出され、登るためのロープや回し車や木のブロックなど、ネズミが楽しめる器具をいくつも備えた、より広い遊び場に移された。これは、ギグ・レヴァインの「処置を施す」というアイディアを、新しく高度な段階に発展させたものだった。これも効果があった。この魅力的な遊び場に反応して、ラットが興味を持ってまわりを見まわすと、ストレスのレベルが下がり、低いままにとどまった。同じように親が無関心だったラットと比べると、これらのラットは成長するにつれて、目に見えておおらかになっていった。

しかし、そこには興味深い落とし穴が潜んでいた。良い母親を得ることに比べ、贅沢な遊び場は問題の解決という点ではほとんど功を奏していなかったのである。ミーニーがこれらの穏やかになったばかりのラットの脳を調べたところ、体内のストレス反応は強い不安を示すレベルのままだった。今では、これらのラットを追跡調査している心理学者たちは、ストレス問題は実際には解決していなかったのではないかと考えている。豊かな環境に改善すること（エンリッチメント）によって脳の別の部分が強化され、そのおかげで問題を補えるようになったのだ。実際、脳の残りの部分がストレス系を安定させることができたのである。ポール・プロッキーは、それは絆創膏を貼るような治療でしかないと考えている。「ラットの行動が改善しているとしたら、そのとき研究者はそもそもの問題を修正しているのか、それとも絆創膏を作っているのか、いったいどちらなんだろう？」とプロッキーは問う。「少なくともいくつかのケースでは、どうやら絆創膏を作っているというのが答えらしいんだ」

そしておそらく、時によっては、私たちにとれる最善策が絆創膏であることもある。今のところ、すべての子どもをすぐさま救い、児童虐待をやめさせ、すべての赤ちゃんに愛のある家庭を保証する方法はまだ見つかっていない。今のところ、それができるという保証もない。だから、傷を負った子どもたちのためにすごくいい絆創膏を作ることに全力を注ぐべきなのかもしれない。

絆創膏のアイディアを実行に移した人々もいる。そのひとりが、ヒューストンにあるベイラー医科大学の児童精神科長で、腹蔵なくものを言う神経科学者ブルース・ペリーである。私たちの生物学的な仕組みは、いくらすばらしくともひとつの核家族からは得られるべくもない、もっと複雑で人と人が関わり合う社会に合うようにデザインされているのだ、とペリーは主張する。「私たちの現在の生活システムは、脳の可能性をないがしろにしている」と彼は言う。「脳が探し求めている豊かな機会のすべてをひとりか二人の親に提供させようなんて、期待するのも無理な話さ」

ペリーは、エンリッチメント・アプローチ、タッチセラピー、ダンス、芸術、物語（ストーリーテリング）、演劇《ドラマ》も試してきた。脳画像を使うと、そのような活動が脳の特定部分の強化に役立つのを見ることができた。たとえば、ストーリーテリングは外皮質を強化し、ドラマセラピーは脳底の辺縁系を刺激する。彼によれば、それでもっとも恩恵を受けるのが、育児放棄された子どもたちである。彼らには、一緒に遊ぶ人も、刺激となる人も、他人とのつきあい方を教えてくれる人もいなかった。「母親に微笑みかけても、微笑みを返してくれない。抱きしめてほしくても、母親は忙しくて追い払われる。質問しても、返事をするときに顔を見もしない。そうすると、微笑んでも何も良いことはない、みんなは自分を見たがらない、自分は必要とされていない、と学習してしまうのだ」。そう語るペリーの声には、同情と苛立ちが入り混じっている。

育児放棄された子どもの研究によると、彼らは往々にして、どんな表情を見ても無表情だと捉えてしまう。顔写真を見せられたとき、虐待された子どもはしばしば、怒っていない顔を怒っていると捉える。育児放棄された子どもも、そこから何も読み取れないことが多い。彼らの多くには、表情を読み解く基本的なスキルが欠けている。それがすべてだ。うれしい？　悲しい？　怒っている？　その表情が何を伝えているのか、確信が持てない。もちろん、無理もないことだ。彼らに表情を読み取ることを教えてくれる人がいただろうか？　彼らに興味がなかった母親？　そばにいなかった父親？　他人との関わり方を教えてくれる人はどこにもいなかったのだ。ここで再び、話は布の母親とその空っぽな心と頭に戻ってくる。

ハリーが布の母親の根本的な欠点とみなしたのは、まさにこの点だった。ハリー曰く、「布の母親の社会的ＩＱは事実上ゼロ」なのだ。布を巻かれた代理母は、子どもに温かい体を与えた。しかし、生きている者のことは何も教えなかった。ハリー・ハーロウの研究の最終結論と、そこから発展してきた研究によって、「社会的隔離は壊滅的な影響を及ぼし、それを治療するのはきわめて難しいということを示す数多くの知見が得られた。にも関わらず、多くの人はいまだにその影響がどれほど悪いものかを理解していない」と心理学者のアーウィン・バーンスタインは言う。私たちは、単に愛されるだけではなく、愛されていると感じる必要があるのだが、誰ひとり、そのどちらも保証されていない。それは、人類という非常に成功した種にとっての致命的な弱点、弁慶の泣きどころだと思えることもある。

親が子どもに反応しない理由はいろいろある。抑うつ、ストレス、疲労、ドラッグ、アルコール、無関心。親がずっと背を向けつづけていると、子どもは自分が無能で無力だと感じるようになるのではないか、とエドワード・トロニックは考えている。重要なことなので、もう一度繰り返しておくが、私たちには、子どもも大人もみんな、落下する心配なしに寄りかかれる関係が、少なくともひとつは必要なのだ。そして当然、その関係を結んでいる双方が自分の役割を果たさなければならない。何が欲しいのか尋ね、答え、話し、聞き、手を差しのべ、差しのべ返す。疲れたときにはもたれかかり、元気なときには支える。無表情テストが示しているのは、赤ちゃんが探し求めているのは大人の反応だということにほかならない。私に微笑み返して、私に応答して、手を伸ばしたときには私に触って。それはまた、大人が注目するということでもある。「赤ちゃんのメッセージは、母親に『今やっていることをやめて、別のことをして』と伝えているんだ」とトロニックは言う。少なくとも赤ちゃんにとって肝心なのは、もし注目されていれば、万が一思いがけずに落下したとしても、きっと受けとめてもらえるということなのだ。

母親がいつでも正しく理解することが重要なのではない。どのような心理学実験でも、すべての事例に完璧に反応した母親などいた試しがない。母親を研究する心理学者で、良い育児と完璧さには深い関係があると考える者などいない。重要なのは、間違いを正すことだ――今度は間違えないようにしようという気持ちだけでもいい。トロニックが気づいたように、赤ちゃんはちぐはぐな反応が返ってきたら（これが欲しいと頼んだのに、あれをくれた）、たいていはただシグナルを送り直すのだ。トロニックはなりゆきを分析した。彼の研究では、三四％の母親は二回目には赤ちゃんの要求を悟った。三六％が三回目で的中した。トロニックは言う。「赤ちゃんと母親は、絶えずちぐはぐな状態に陥り、それからその状態をうまく修正する」。彼はこれをエラーと修正の相互作用だと考えている。母親はいないいないばあを繰り返し、赤ちゃんを過度に興奮させてしまう。赤ちゃんは目をそらし、微笑むのをやめる。それは「やめて。休憩させて」というメッセージだ。敏感に反応する母親は遊びをやめ、赤ちゃんを休ませ、誤りを正し、そしてまた優しく遊びに戻るか、別のことを始める。

正しい親という考えに立ち返るなら、それは要するに、子どもに愛想を尽かすことのない父親や母親のことかもしれない。完全無欠の親などいない。毎日毎日片時も休まず、完璧な安全基地になれる人など存在しない。だから、私たちにはそれから身を守るための仕組みが生まれつき備わっているのだ。そのような自分を落ち着かせる行動が、誰でもときには必要になる。天使のような完璧さは育児に要求されていない。必要なのは、ただそこに居つづけることだ。ハリーの研究は、愛は努力であると教えてくれる。後続の研究もすべてそうだ。愛の本質とは、大事な人に気を配ることであり、与えることに疲れ切っても、なおも与えつづけるということだ。耳を傾ける母親、抱きしめる父親、声に応える友人、救いの手を差しのべる隣人、そして愛情深い子どもになることだ。

日常生活の愛を重視したことは、あの静かな心理学革命のうちで最高のものかもしれない。それによって愛や関係性に対する私たちの考え方は変わったが、それに気づいた者はほとんどいなかった。両親は子どもを抱きしめるべきであり、人間関係は時間を割くに値するものであり、お互いを気遣うことは幸せな人生の一部である——今ではそれが当たり前のことになった。そうなったのが最近のことだとは信じられないほど、しっかり根づいている。そうした基盤が築かれたのは、ハリー・ハーロウをはじめ、愛情の心理学を確立しようと信念をもって研究した科学者たちのおかげなのだ。

最後にひとつ。ハリーの手がけた研究には、愛に関する感傷も、雲から漏れ差す荘厳な光も、華々しい調べもない。そこにあったのは、努力と親切と良識に根ざした、実質的で平凡なつながりである。ハリーはよくこう言っていた——愛を学ぶとは、実は生きるのを学ぶことなのだ。毎日の愛情は、愛の小さな断面のひとつにしか思えないかもしれない。しかし、そんな毎日毎日の控えめで安定した反応が積み重なって、親密で愛のある人間関係のある人生へとつながっていくのではないだろうか。ハリー・ハーロウが友人に書き送った言葉を借りれば、「愛について語るときには、私たちは常に謙虚でいるべきだろう」

エピローグ　行き過ぎの愛

良くも悪くも、私たちの自己認識は動物と無縁ではない。……逃げ場はない。人間の行動は常に、他の行動する生命体から成る大きな文脈の中に置かれているからだ。

フランス・ドゥ・ヴァール『サルとすし職人』（二〇〇一年）

「愛を研究するなら、そのあらゆる側面を研究しなければならない」。かつてハリー・ハーロウはそう言った。これほど誠実な言葉はない。ハリーは愛の追究に全身全霊を尽くした。彼の研究は、母親の最高の愛から最悪の愛にまで及んだ。喜びにあふれた親密な家族も、バラバラに分断された家族も観察した。優しさを測定し、絶望を測定した。愛情にあふれた生活と、すべての関係を剥ぎ取られた生活を図示した。心の傷を探究し、その傷を癒すことも執拗に探究した。ハリーはそうした一連の研究をこう表現した――創られた愛、壊された愛、取り戻された愛。卓越した愛から不実な愛まで、これほどさまざまな愛の領域に幼いサルを送り出したアメリカの研究者は、後にも先にも彼しかいない。

愛の最良の部分だけ（たとえば、接触《タッチ》の持つすばらしい力とか）を探究していれば、ハリー・ハーロウの研究が道徳や倫理に関する議論を引き起こすことはなかったかもしれない。しかし、彼の研究結果が愛に関する私たちの理解を変えたのと同じように、彼の飽くなき探究は、研究における倫理や道徳の限界について、私たちの意識を変えたのである。自分がハリーの完全隔離実験をするところを想像できるだろうか？　赤ちゃんザルを悲しみのどん底に突き落とし、まさにあなたの手の中で死なせてしまうような実験を？　必死でしがみつく赤ちゃんをケージの向こうまで投げ飛ばすモンスター・マザーを設計し製作することは？　そう、それらはハリーの研究所においてさえ、度を越した過激なものだった。しかし、研究はそのような極端なことをしてもよいのか？　これが、ハリーの研究に根ざす疑問のひとつである。知識を得るために、何ならば犠牲にしてもよいのか？　前途有望なアイディアや非常に興味深い問題の追究のために、どこまでなら倫理的に問題のある領域に足を踏み入れてもよいのか？

ハリー・ハーロウは、自分の研究所で動物が苦しんでいるのを否定したことは一度もない。なぜそれを受け入れられるかについても率直だった。ハリーはこう述べた。「思い出してほしい。虐待されているサルの一匹一匹の背後には、それぞれ一〇〇万人もの虐待されている子どもがいる。もし、私の研究がそれを指摘することによって、一〇〇万人の子どもだけでも救えるのなら、実のところ一〇匹のサルのことなんてまったく気にならない」

しかし、気にする人だっている。その一〇匹の死んだサルのことがとても気になる人もいるのだ。動物の権利運動《アニマルライツ》に関わる人の多くは今でも気にしているので、ハリー・ハーロウのことを嫌でも思い出す。彼らがハリー・ハーロウの名前を聞いて思い出すのは、愛や友情や他者との関係が不可欠であることなどではない。小さく無力な動物を虐待したという忘れがたい事実だ。彼らは、その見解を他の人々にも共有してほしいと思っている。

ハリー・ハーロウの伝説は、光と影を併せ持つ矛盾した印象を与える。彼の研究によって、心理学は良い方向に変化した。私たちは今では、子どもが怯えたときには抱きしめ、愛情を持って接することを当たり前のように思っている。そばにいるのが重要だと認めている。いつでも安心させ、話を聞き、笑ってやること、与えるのと同様に受け入れること——それが人間関係の基本であると私たちも信じている。しかし、私たちがそれを受容したのは、関係性の研究における一種の革命があったからだ。私たちは今では、社会としても個人としても見守ることは重要であり、自分の接し方が相手に影響を及ぼし、自分もまた影響を受けることを認めている。

母のいない子ザルの研究や邪悪な代理母の研究といった、ウィスコンシンの研究のもっとも陰惨なものですら、ひとりの人間が他者に影響を及ぼすということを確証しているのだ。今では、ハリーの研究は児童虐待の治療に取り入れられ、子どもと危険な親との間のつながりの強さを解明するのに一役買っている。かつては子どもの人生の短期間にしか影響しないと思われていたものが、実際は長期にわたって影響を及ぼすことも明らかになった。彼のおこなった比較対照実験が、人間の子どもに実施されたことは一度もない。二〇世紀のはじめ、子どもを二年にわたって隔離するという実験提案書が国立衛生研究所（ＮＩＨ）に提出されたことがあるが、当然、それは棄却された。「それ以来、この非人道的な実験から得られるはずだった結果を、人間以外の動物を使った実験が教えてくれている」と、ハリー・ハーロウは一九七一年に刊行されたある心理学の教科書の序文に書いた。人間のデータ（孤児院の子どもの研究は今も続けられている）はただの状況証拠だという批判に対抗するために、今でもハリーの実験が使われている。愛着の研究者によれば、親が触ることは重要でないという意見に反論するために、今でも布の母親の研究を援用することがあるという。「臨床治療において彼がどれほど重視されているかを知ったら、きっとハリーは驚くだろうね」と、彼の旧友のウィリアム・ヴァープランクは言う。

一方、ハリーの業績が、研究そのものに倫理面で暗い影を落としていることも事実だ。機械仕掛けの母親に骨がカタカタ鳴るほど揺さぶられても、必死にしがみつく赤ちゃんザルの姿を頭から追い払うのは今でも難しい。けっして帰ってくることのない母親を求めて呼びかけつづける赤ちゃんのことを考えるのはつらい。長期間の隔離から解放されたハリーの研究所のサルたちの写真がある。それを見れば、大仰だろうとなかろうと、評判が悪いのはもっともだと思うことだろう。まるで強制収容所の生き残りのようだ。その目は恐怖のあまり見えなくなり、まだ腕を体に巻きつけて自分を抱きしめている。こんな恐怖にさいなまれた顔を見過ごすことなどできるだろうか？　見過ごすなんて不可能だという人もいるだろう。

ハリーのもっとも陰惨な研究はあまりにも陰惨なので、彼に師事した心理学者の中にも、あえて距離を置こうとする人もいる。このような道徳的に問題がある研究に関わることに不安を感じる人もいる。その倫理的な意味合いに悩む人もいる。ハリーの研究で撮られた白黒写真にさえはっきり現れた、苦痛と喪失感を忘れてしまいたいと思う人もいる。もしあなたがこの本を開くまでハリー・ハーロウの名前を聞いたこともなかったとしたら、あれほど先駆的な研究を成し遂げた心理学者が、死後たった二〇年でこれほど目立たない存在になってしまったのはなぜかと不思議に思うかもしれない。その理由のひとつは、彼が心理学界を不穏にかき乱すからだ。「彼には道徳的な問題があるとずっと考えられてきたことは疑いようのない事実だ」。霊長類の知能の研究でハリーと友好的なライバル関係にあった、心理学者のデュエイン・ランボーは言う。「彼の死後、あっという間に研究が引用されなくなったのには驚いたよ」

心理学と育児の科学を探索した『マザー・ネイチャー』の中で、サラ・ブラファー・ハーディーは、ハリーの研究をひとつ引用している。そして、それをただ「奇妙な実験」と評した。最近出版された『愛の一般理論』という本は、ハリーと同様に、子ども時代の愛が脳を形作り、それゆえにわれわれの未来をも作るのだと論じている。その理論の概要を説明するなかで、著者であるカリフォルニアの心理学者のトーマス・ルイス、ファリ・アミニ、リチャード・ラノンは、ハーロウがおこなった実験の力と重要性を認めている。そしてまた、それらは「永遠に悪名高い」運命にあるとも書いている。

行動と社会的つながりの調査で知られる霊長類研究者のロバート・サポルスキーは、ストレスの仕組みについて論じた一九九四年の著書『なぜシマウマは胃潰瘍にならないか』の中で、その矛盾について述べ、ウィスコンシンの実験のことを「残忍な研究だった」と書いた。あの研究には今なお、緊迫感を伴う反響がある。動物権利運動家たちは、なぜハリーの研究が必要だったのかと問う。サポルスキーは彼らのその問いをこんなふうに言い換える。「わかりきったことを証明するために、なぜ赤ちゃんザルに責め苦を負わさなければならなかったのか?」

ひとつ目の答えは、当時、愛と絆の重要性はわかりきったものではなかったということだ。触れられることが赤ちゃんには必要だというアイディアを最初に調べはじめたとき、ハリーは当時の標準的な教義に真っ向から対立しようとしていたのである。赤ちゃんは触れられても何も得るものはなく、手から得られるのは食物だけだというのが当時主流の考え方だった。そう、確かに孤児院や施設や病院には、その考えが間違っているという証拠があった。しかし、ボウルビーやスピッツなど、そうした人間の事例を基にして自説を主張した科学者たちは、有効なデータがないとしてしばしば退けられた。ハリー・ハーロウが母性愛の研究を始めたとき、心理学はまだ、親密な関係性が重視される世界に目覚める準備が整ったばかりだった。心理学が前進するためには、冷徹なデータが必要だった。

「そうした一連の考えにあと必要なのは、裏づけだけだった」と、ハリー・ハーロウとともに最初の布の母親の実験をおこなったボブ・ジマーマンは言う。「プロジェクトの結果は、正常な発達には母親の愛が不可欠であることを示唆していた。フロイトだってそう言っていたけれど、まったく違った意味だったしね。今では、母親の愛に性的な意味合いはまったく含まれていない」。そして、ジマーマンは、心理学界以外ではウィスコンシンの実験は実体験や常識と見事に合致していると指摘する。「代理母研究について話していたとき、看護師をしている娘が良い感想を言ってくれたよ。未熟児の部署で働いている看護師がハリー・ハーロウの研究を読めば、たぶん誰もがうなずいて、『ね、言ったとおりでしょう? 抱きしめて、揺すってあげることには効果があるのよ』と言うだろうとね」

「代理母研究は、一九六〇年代や七〇年代にはまず資金援助されることのなかった、人間の発達研究という分野の可能性を開いたんだ。未熟児を抱いたり、撫でたり、揺すったりすると発達が増進するかどうかを検証するのに助成金を出す政府機関があったと思うかい?」とジマーマンは言う。閉鎖的な心理学の世界で議論を転換させるためには、動物研究と、綿密に計画された実験と、グラフや表や冷静に整理されたデータがどうしても必要だった。現在、そこから得られた答えはわかりきったことに思えるが、それはまさしく、今では糾弾されることもある研究をハリー・ハーロウが実施したからなのだ。

サポルスキーは、ハリー・ハーロウ時代のウィスコンシン大学の研究所から得られた教訓の力を認めている。それでもなおかつ、後におこなったもっと残忍な研究には愕然とすると告白している。「あらゆる動物実験を禁止しようとする動物権利運動家に対しては、私は動物実験に賛成であり、こうした特殊なタイプの研究によってすばらしい成果が出ていると公言してはばからない。しかし、ある種の動物実験の残忍性を否定する科学者に対しては、物事には行き過ぎということもあるのだとはっきり言う」

ハリー・ハーロウの世間向けの辛辣な態度が、この議論をさらに白熱させている。科学者がそうした倫理的に問題のある研究をするのなら、倫理的に悩んでいるような態度をとってほしい、と私たちは望む。彼らがその害悪を認めれば、私たちはいくらかでも許せるだろう。私たちの主張を理解してくれたと思える相手には、非難を和らげるだろう。だが、ハリーはそうしなかった。その必要性が認められなかったのかもしれないし、それが問題だと思わなかったのかもしれない。言うまでもなく、彼は政治的な変化に疎かった。それはフェミニストをからかった様子からも明らかだ。キャリアの終盤に動物の権利運動が始まったとき、彼は結果がどうなるかなどまったく考えずに、その運動家をもからかった。ここに、ある新聞に掲載されたハリー・ハーロウ教授のインタビュー記事がある。

「サルなんて大嫌いだ。もちろん、テストでとても優秀なサルもいる。そうだな、まあ、好きだったと言えなくもない。だがいずれにせよ、サルには何の感情も抱いていないね。大きなケージの中の八匹のサルを手なづけるのには、ひと夏かかった。私は出かけてはサルの横に座った。そうやってサルについて学ぶのさ。そしてようやく、サルが私を怖がらなくなるところまで漕ぎつけた」。あるとき、一匹の雌ザルが屋内ケージと屋外のケージをつなぐ連絡通路に逃げ出して、動こうとしなくなったことがあった。「そのとき私は、とんでもなく馬鹿なことをやってしまった。サルの顔に平手打ちを食らわしたんだ。友だちになっていなければ、その雌は私の体中を死ぬほど噛んだことだろう。だがそうする代わりに、雌は私をひっぱたき返した。それ以来、女性にひっぱたかれたことはないね」

彼の考え方やユーモアや話し好きな様子がたっぷり味わえるこのインタビューは、現在はもう発行されていない「ミルウォーキー・ジャーナル」紙が一九七三年一〇月にハリーのウィスコンシン大学退職を記念した記事から引用したものである。記者のロバート・ボーニンは、明らかに面白がっている。彼のメモには、取材相手は道徳的な公正さをからかうのが大好き、とある。彼はハーロウ教授のことを「意地悪に見せてはいるが、実は感じがよく魅力的」と描写した。ハリーはボーニンに言う。サルを好きになるのは難しい、なぜならサルは人間が嫌いだから。「本当ならば、私はサルが好きだと言うべきなんだろうな。なんせ、サルは私がした以上のことを返してくれたんだから」

そして、ハリー・ハーロウは科学専門誌に発表するときも、同じように率直だった。動物研究者は通常、実験について穏便に伝えようとし、専門用語を使って回りくどく研究を説明する傾向がある。たとえば、実験動物が殺されたと書く代わりに、実験は「終了した」と書く。ときには「動物」という言葉自体をいっさい使わず、ただ「被験体」と呼ぶこともある。ハリーは、そうやって誤解させて穏便な印象を与えることも、科学用語で自分の行為をごまかすこともいっさいしなかった。動物が死ねば、死んだと書いた。動物が苦しめば、苦しんだと書いた。後年の論文のひとつには、あからさまに「サルの精神的な死の誘発」というタイトルをつけた。「レイプ台」という用語も使った。「V字型装置」という専門用語は使ったが、それが「絶望の淵」であることが誰でも確実にわかるようにした。後に代理母の真鍮の釘《スパイク》は突起に付け替られたのに、それでも彼は、邪悪な母、モンスター・マザー、スパイク・マザーと表記した。彼は自分のしたことを人に見てもらいたかった――それも、ありとあらゆる角度から。サケットは、師と専門用語について議論したことを思い出す。「そんな言い方はしないでくださいと頼み込んで、『この研究の陰鬱な印象を、ほんの少しでも和らげるべきではないでしょうか？』と言った。するとハリーはこう返事した。『わからないかい？　私はみんなの注目を浴びたいんだ』」

ビル・メイソンをはじめとする元同僚たちは、彼の論文を読んで狼狽した。「彼は嬉々として実験したかのように書いていた」とメイソンは言う。「あれにはゾッとしたよ」。サポルスキーは、隔離実験は科学史上もっとも問題のある、身の毛のよだつような実験であり、ハリーの記述のせいでそれがさらに助長されたようだ、と書いている。「ハーロウの論文には、動物の苦痛に対するひどい無神経さがにじみ出ていた」。ご想像どおり、ハーロウ研究所が発表する論文のそうした部分に注目したのは、科学者だけではなかった。

ハリーの死後五年経った一九八六年、現在は米国動物愛護協会の副会長である、生物学者のマーティン・スティーヴンズは、母親を剥奪する研究の悪辣さを訴える九五ページの報告書を出版した。特筆すべきは、スティーヴンズがその研究を「愛の本質」(ハリーが代理母について語ったもっとも有名な演説のタイトルだ)ではなく、「苦痛の本質と程度」の研究と呼び、本のほとんどのページを割いていることだ。スティーヴンズは、ハリーが目を引く存在だったことを認めている。「ハーロウはその変人ぶりで自ら注目と批判を招いたのだとも言えるだろう。動物愛護団体が心理学に注目し、標的にするようになったのは、誰よりも彼のせいなのだ」

当時の心理学者にしてみれば、これはずいぶん不公平な話だと言えよう。間違いなく、心理学以外の学者の方がもっと残酷だったからだ。同じ時期にもっとひどい実験がいくつもおこなわれていたのに、ハリーの研究だけがあれほど動物権利運動家から注目を集めたのはなぜだろう、とシーモア・レヴァインは訝しく思うことがある。一九五七年、ウィスコンシン大学の研究所で布の母親と針金の母親の比較研究が注意深く実施されていたのと同じころ、ある有名なラットの実験もおこなわれていた。麻酔をかけずにラットを煮えたぎった湯の中に放り込み、ショックと苦痛による血液の変化を測定するという実験である。ネコは筋萎縮の研究に使われ、組織が萎縮するまで三ヵ月以上も後ろ足を固定された。軍事研究では、皮膚がパリパリになるまでイヌに放射能を浴びせた、という研究者の記録がある。サルは、ライフルの銃弾の威力を測定するために頭を撃たれ、腹部の鈍的外傷を研究するために腹を撃たれた。「ハリーの仕事が問題だったのか？　それとも、議論を起こすのに都合のいいターゲットにされただけなのか？」とレヴァインは首を傾げる。

ハリーのキャリアの終わりごろまで、動物愛護運動家は驚くほど研究上の優先事項を尊重していた。多くのアメリカ市民と同様、いちばんよくわかっているのは科学者だと認めていた。不平を言い、怒りの手紙を書き、動物に味方して政府にロビー活動をおこなったが、礼儀正しいものだった。一九五〇年代には、アメリカ人道協会は、動物保護施設が研究所に動物を引き渡すのを求める法律を支持さえしたのである（とはいえ、これはいささか尊重しすぎだったようだ。反対派のメンバーが脱退し、米国動物愛護協会とワシントンＤＣに本部を置く動物福祉研究所という、それほど従順でない団体を結成した）。

それに引き替え、科学者の側は自分たちをちっとも尊重しなかった、と動物福祉研究所の創設者クリスティン・スティーヴンズは振り返る。傍若無人で見下した態度で敵対的だったという方が真相に近いだろう。スティーヴンズは特に、ある国立の科学機関から送られてきた手紙の中で「社会的変質者」呼ばわりされたことが忘れられない。それでも彼女は、新しい動物福祉法の成立をめざして、礼儀正しいロビー活動にいっそう励むことでそれに応じた。実験動物を初めて対象にしたその法律は一九六六年に制定されたが、特に重要なある条項がついていた。医療研究者が実験動物の保護に反対して、あまりにうるさく主張したので、連邦議会の議員たちもさすがに不信を抱きはじめていた。そのためＮＩＨには、資金提供した研究所を調査する権限が与えられなかった。その代わりに、農務省に査察部門が設立されたのである。

しかし、続く一〇年で明らかになったのは、実験動物の扱いがたいして改善されていないということだった。農務省は、数匹の不幸なネコやラットをめぐって科学者ともめごとなど起こしたくはなかったのだ。法律が成立してからも、スティーヴンズは放置されたままの飢えたイヌや傷を負ったネコなど、研究所の残虐行為をたくさん見てきた。当時の科学者の多くは、実験動物の扱いを改善する必要性をまったく感じなかったと認めている。「当時、アメリカでは動物福祉運動はほとんど尊重されていなかったし、研究者の道徳的資質がチェックされることはほとんど、いや、まったくなかった」とハリーのもとで研究していた元大学院生で、現在は生命倫理学者のジョン・グラックは言う。

一九八一年、それは偶然にもハリーが死んだ年だったが、とうとう運動家たちの堪忍袋の緒が切れた。その年、アレックス・パチェコという大学生が、メリーランド州シルバースプリングにあるサルの研究所に潜り込んでこっそり調査を始めたのである。パチェコと友人のイングリッド・ニューカークは、ある動物権利擁護団体を結成したばかりだった。ほとんどクラブ活動のような小さなグループで、メンバーは二〇人しかおらず、「動物の倫理的扱いを求める人々の会（PETA）」と名づけられた。穏やかなグループ名とは裏腹に、彼らは「穏やかでは埒が明かない」と信じて疑わなかった。

パチェコは注意深くターゲットを絞り、エドワード・タウブという有名な研究者を選んだ。タウブの研究所では、神経系の損傷について調べるために、外科的な処置でそうした損傷を再現していた。典型的な手術では、サルの脊椎を開き、感覚神経の接続部を切断して、腕や足を麻痺させた。タウブの最終目標は回復だった。動物が四肢のひとつの感覚をすべて失っても、元の機能を回復することができるかどうかを突き止めようとしていた。もし回復すれば、事故の犠牲者など、同じような麻痺に苦しむ人を救える治療法につながるかもしれない。

その研究所の運営方法は、ハリー・ハーロウの研究所のやり方とはまったく違っていた。長年サルを飼育してきたウィスコンシンでは、ハリーはサルの身体的な健康の維持には神経質だった。ケージは清潔にされ、ケージの中にあるすべてのものは、代理母でさえも定期的に清掃された。サルにはビタミンや注射や新鮮なフルーツが与えられた。隔離について多くの知見を得た後には、「接触による安らぎ」を採り入れることにして、ひとつのケージに少なくとも二匹のサルを同居させようとした。

タウブは、ケージに一匹ずつサルを入れた。ケガの危険性を減らすことがその理由のひとつだ。結果的にマカクたちは、隔離されたときの典型的な行動をすべてするようになった。行ったり来たりし、体を揺すり、自分を抱きしめ、自分を噛んだ――結局は、ケガをさせることになったわけだ。手足が麻痺しているため、サルは自分で自分の皮膚を引き裂いていることに気づかず、傷だらけで血まみれになった。そのうえ、ここでは清潔さや新鮮なフルーツのような無駄はなかった。農務省の査察報告書でさえ、メリーランドの研究所は不潔だったと認めている。ゴキブリがケージ中を這いまわっていた（タウブを支持するある研究者は、ゴキブリはサルのタンパク源だと反論した）。

パチェコはこっそりサルの写真を撮り、同情的な研究員の証言を集め、タウブをモンゴメリー郡警察に通報した。PETAは念入りに、その地域のすべてのテレビ局と新聞社に証拠写真が行き渡るようにした。今にして思えば、タイミングが完璧だった。大衆は、もはやそれほど科学者を信頼してはいなかったので、研究所が税金を使って動物虐待をしているというニュースを新聞やテレビで知ると、そのとおりだろうと思った。そして激しい抗議に押されて、郡はタウブと大学を動物虐待容疑で起訴した。

公判の間に、タウブはサルを失い、助成金を失い、とうとう研究所までも失った。パチェコの計画は功を奏した。政府が手助けしてくれるのを待っていても、科学者が動物を気遣うようになるのを待っていても、そんな時は永遠に来ないということが、動物権利運動家にははっきりわかった。のろのろした政府の対応と敢えて知らん顔をする科学界の態度を知ったＰＥＴＡやその他の団体の人々は、動物を救うためには今すぐ汚い手を使ってでも攻撃しなければダメだと確信したのである。

それは実践された。彼らは研究所に乱入した。動物は奪われ、書類は破棄され、殺すぞと脅され、偽の爆弾が届き、建物に血がまき散らされ、自宅が包囲された。ハリーはずっと前にツーソンに埋葬されていたが、彼の弟子たちはまだみんな生きていたし、あまりに活動的で目立っていた。ビル・メイソンをかたどった人形がカリフォルニア大学デイヴィス校の霊長類センターの前で焼かれた。ジム・サケットの家には、腐った野菜や、灰や、ラットの死骸がばら撒かれた。この種の怒りは、時とともに消えていくこともなかった。二〇〇〇年の春、抗議者たちが真夜中にサケットの家にやってきて、玄関のドアを蹴破った。どうやら実行力を見せつけるのだけが目的だったらしい。ギグ・レヴァインには嫌がらせの手紙が殺到した。ある手紙は、彼と家族を殺すぞと脅迫したうえで、こう締めくくっていた。「おまえと父親代わりのサディスティックなハーロウは、ニュルンベルク裁判で有罪だったやつらと同じくらい、病的で非道で残虐だ」

ハリーの研究に対する憤怒の狂躁は、彼の死後に始まった。ときには、彼がそうなるように完璧に計算していたのではないかと思えることもある。「まるでハリーが腰を下ろして、『あと一〇年もすれば、私はもうこの世にいないだろう。その後にものすごく面倒なことが起こるから、あとはよろしく』と言ったみたいだよ」とビル・メイソンは言う。また、動物権利運動家は、彼の死後に抗議する方がうまくいくとわかっていて、攻撃のスケジュールを変えたんじゃないかと思えるときもある。ハリーは戦うのが大好きだったのに残念だな、とスティーヴ・スオミは言う。「彼は物議を醸して論争するのに慣れていたから、徹底的にやり込めただろうに」とアーウィン・バーンスタインも同じ指摘をする。「ハリーは死んでからターゲットにされた。それは卑怯な話だ、とずっと思ってたんだ。彼が生きていたら、十分すぎるくらいうまく自分の弁護ができただろうに」

バーンスタインは続ける。「動物権利運動家は、わざとハリーの罪を誇張している。スパイク・マザーには先の丸い突起しかついてなかったのに、釘の先端が鋭く尖っていたと言ったりするんだ。それに、ハリーが研究所のすべてのサルを隔離したかのような言い方をする。選ばれた少数のサルだけなんだがね。ハリーが自分のサルの幸福についてどれほど真剣に考えていたか、動物権利擁護団体はまったく評価しようとしない」。デュエイン・ランボーは、ハリーがＮＩＨの規定するケージのサイズは大人のサルには小さすぎると考えて、連邦政府の規格よりも大きなケージを建てたのを覚えている。

スティーヴ・スオミはこう指摘する。「ハリーが母性愛の研究をしていた当時、研究室や動物園で飼われている霊長類の飼育の標準は、個別飼育だった。つまり、部分的な社会的隔離だよ。ハリーがどれほど破滅的かを証明するまでは、それが標準だったんだ。そして、施設によっては――実際のところ、私が移籍する以前のほとんどのＮＩＨの施設では――その標準が変わるまでに長い時間がかかった。たいてい、サルや類人猿の飼育に責任を持つ獣医たちが強硬に反対したのさ」

ハリーの実験が（それに加えて、それを説明するハリーの強烈な言いまわしが）、彼のしたことに対する批判を招いたのかもしれない。それでも、その抗議のいくつかは、間違いなく歴史の再解釈によって出てきたものだ。私たちは、二〇世紀半ばの研究者にも現在の社会意識を共有してほしいと望むかもしれない。しかし、ハリー・ハーロウの研究方法について現在槍玉に挙がっている倫理上の問題は、後になってから提起された問題だ。科学者による実験動物の扱いという点では、最後の隔離と抑うつの研究を例外として、ハリーがその長いキャリアの中で主流から外れたことはほとんどなかった。

道徳的問題をただ歴史に委ねて片づけてしまうのはあまりに安易だろうから、その例外について検討してみる価値はある。その当時でさえ、ハーロウ研究所の極端な実験は人を不快にした。エモリー大学の心理学教授キム・ウォレンは、ハリーが在籍していた最後のころにウィスコンシン大学の大学院生だった。ウォレンはハーロウに師事していなかったが、彼の後期の仕事から不安感がさざ波のように広がっていたことは覚えている。「他の研究者たちの見方は、社会的なダメージを与えるためにサルを絶望の淵に入れる必要はないというものだった。それでも、ＮＩＨがその研究に資金提供している以上、できることなどほとんどなかった。しかし、おそらくそれ以上に、一九七〇年代には倫理問題は一般的な関心事として広く取り上げられたり、調べられたりする問題ではなかった。全然そうじゃなかったんだ」

現在、ウォータールー大学の管理運営に関わっているゲイリー・グリフィンは、もっとも過酷な隔離実験が始まった時期に、修士号を取得するためにハーロウの研究所で研究していた。彼の記憶では、ハーロウはグリフィンにこの研究の一部を担当して論文にするように勧め、彼はそれに従った。「三ヵ月間サルを隔離し、それから彼らが社会的にどうなったかを観察し、それから今度は六ヵ月間隔離した。なぜ六ヵ月かって？　ただ、チェックポイントにちょうどいいように思えたからだよ」。結果は悲惨だった。サルたちはよろよろとやみくもにケージの中をうろつき、体を揺すり、自分の皮膚を穴があくまで噛んだ。グリフィンは自分がやっていることが嫌でたまらなくなった。「私たちは徹底的に痛めつけ、傷つけてしまった。サルにとっても人間にとっても、厳しくつらい実験だった。ネコでもいい、イヌでもいい、君のよく知っている動物を三ヵ月間ケージに閉じ込めて、あらゆる接触を許さずにいることを想像してごらん。彼らは生きつづける。だけど、そんなことうれしくもなんともない」。グリフィンはそのような実験を容認する制度に煩悶した。「私はハリーに制度についてボソボソ文句を言ったが、彼はそんなことには興味がないと明言した」。グリフィンはそれでも、ハリーの研究は重要だったし、動物実験は重要で続けていくべきだと信じつづけている。「だけど、私個人としてはやりたくない。あの実験には価値があるし、それに関わったことに後悔はない。だけど、あれは私のやるべきことじゃない」。

ジョン・グラックは、ハリーの最後の実験という怪物がもたらした倫理上のジレンマについて、ハリーの他の学生の誰よりも踏み込んで検討しようとしてきた。「私をはじめとして、ハーロウの同僚たちは倫理的な観点から彼にたてついたことはなかった」とグラックはくやしそうにきっぱりと言う。「仕事の目標と良心の両方を背負えるほどの気骨がなかったんだ」。ハリー・ハーロウは、そうした話し合いを奨励するような教授ではなかったし、落胆した学生はグリフィンだけではなかった。グラックは、恩師がそうした状況の責任を負うべきだとは考えていない。「私に言えるのは、こうした反省をしつづけるコミュニティでなければ、共感などの道徳的な資質は発揮されない、ということだけだ。ハリーはそういったコミュニティを作らなかったし、そうしたものが研究室で生まれることもなかった」

「誰も、やめろとは言わなかった」とマーク・ベコフは言う。「でも、ハリー・ハーロウはとても有名だったからね。有名人には誰もやめろと言わないだろう?」

マーク・ベコフは、ボールダーにあるコロラド大学の集団生物学教授である。そして、研究対象が人間であろうと動物であろうと、道徳的・倫理的に取り扱うべきだという強い信念を持っている。彼の協力者は、霊長類保護の教育に取り組んでいる有名な霊長類学者、ジェーン・グドールだ。彼らは「動物の倫理的扱いを求める動物学者の会（EETA）」を共同で設立し、動物の幸せが重要だと考えるのは外部の活動家だけではないと主張した。グドールとベコフは共同で本を執筆し、共同で他の科学者を激怒させてもいる。

少なくともベコフは、ミーティングで彼に近づいてきて叱りつける研究者たちに対して、そういう印象を抱いている。「批判しているのが私やジェーンのような人間であるのを良しとしてもらいたいね。私たちは研究に反対しているわけじゃない。みんなに問いかけ、科学のベールの後ろに隠れるのをやめさせようとしてるんだ」とベコフは言う。

彼とグドールは最近、ある動物行動学のミーティングに出席した。そこでグドールは「ケージ」の代わりに「監獄」という言葉を使い、研究者たちを激昂させた。

ベコフは肩をすくめて言う。「でも、ケージは確かに監獄なんだよ。私たちには自分のしていることを説明する義務がある」。彼は最近、ストレス反応をテストするために赤ちゃんラットを母親から引き離した同僚について、怒りの論説を書いた。その研究は、マイケル・ミーニーとロバート・サポルスキーがおこなった実験とほとんど同じだったのだ。「ハリーの最初の実験以上に不愉快なのは、同じことが何度も何度も繰り返しおこなわれていることだ」とベコフは言う。

ベコフは、授業でハリー・フレデリック・ハーロウについて講義しているが、その様子を見たら、当人は間違いなく唖然とするだろう。ベコフは母性愛や抱擁の魔力については教えず、ハリーが代理母研究をおこなうのを科学界は容認すべきだったかどうか、学生に問いかけるのだ。もしハーロウはその研究をすべきではなかったという結論に達するならば——すなわち、赤ちゃんザルを母親から取り上げるべきではなかった、空気を噴射する代理母と一緒のケージに入れるべきではなかった、V字型装置に入れるべきではなかったというのならば、なぜそうした研究が現在も続けられているのかという問題は、倫理的なジレンマをさらに強めているのではないか、とベコフは言う。

「私に言わせれば、重要な問題はハリー・ハーロウ自身ではない」とベコフは付け加える。研究は過去になされ、終わったものだ。サルを取り戻すことはできない。「しかし、ハリー・ハーロウに関することで言っておけば、社会を剥奪する研究は、けっして繰り返してはならない部類のものだ。ハリー自身の目から見れば何の間違いもなかったとしても、私たちがそれを繰り返しつづける必要はない」

マーティン・スティーヴンズが調べたところ、隔離研究の最盛期は一九六五年から一九七二年だった。この七年間の間に、サルだけではなく、イヌやネコなどの実験動物を隔離した研究が、一〇〇例以上も報告されている。スティーヴンズによると、ハーロウ研究所はそのうち九つの研究をおこなっている。つまり、母子隔離実験のすべての責任をハリーだけに負わせるのには無理がある。しかし、ハリーがある種の権威と正当性を与えたがために、その実験は今でもおこなわれつづけているのだ。それこそがハリーの真の罪だ、とベコフは考える。「人生をかけてずっとハリー・ハーロウを咎めつづけることもできるだろう。でも、そんなことをして何になる?」とベコフは言う。「私は組織の積極的な変革を望んでいる。そして目下のところ、彼は意識向上のツールなんだ」

問題なのは、ハリーの研究が提起した倫理的な問題に対して、動物権利運動家たちの視野がひどく狭いことだ、とデュエイン・ランボーは言う。もちろん、あの研究をすべきだったのかと問いかけるのは重要なことだ。しかし、ハリーの研究は、倫理上の難題をもうひとつ提起している——同じくらい重要で、同じくらい厄介な難題だ。ランボーの意見では、そちらの方はしかるべき注目を集めていない。サルは頭の良い動物である。本当に賢い。一九三〇年代と四〇年代に、ハリーはウィスコンシン一般検査装置(WGTA)を使った研究でそれをはっきり示した(後に、それと同じくらいにはっきりと、代理母研究が触れ合いと愛の間にある結びつきを示した)。そして、霊長類の知能の研究も、WGTAの結果をはるかにしのぐものとなった。ランボー自身も、さまざまな種に対するこうした研究に加わってきた。先駆的な研究をおこない、チンパンジーが人間の言語の記号的な側面をマスターできることを示した。アカゲザルが簡単な算数問題を解き、コンピューターゲームで遊べることも示した。スクリーンに映ったターゲットを撃つシューティングゲームでは、訓練係の人間よりも高得点をあげることすらあった。「昔ながらのWGTAは、アカゲザルを一〇〇〇%も低く評価していた」とランボーは断言する。「私たちがこうした発見をしたとき、ハリーが生きていなかったのが本当に残念だよ。有頂天になっただろうに」

しかし、とランボーは続ける。そのような発見によって、私たちの社会はもっと大きな倫理上の問題に直面することとなった。これほど賢く、社会的に複雑で、私たちと近縁関係にある動物に実験をおこなってもよいのだろうか？　霊長類の系統樹を見れば、アカゲザルとヒトの遺伝距離はうろたえるほど近い。科学者の推定では、アカゲザルとヒトは九二%もの遺伝子を共有している。好奇心や遊びや育児や友情など、彼らはときに驚くほど人間に似たことをするが、それはそうした遺伝的なつながりを反映しているのかもしれない。それなら、私たちの親戚をケージに入れて実験に使うことは、道徳的に問題があるのではないか？　後になってからハリーに審判を下すのは簡単なことだ。他人が同じように私たちに審判を下すのも簡単なことだろう、とランボーは言う。「現在の私たちと同じように、ハリーはその時代の中でしか生きられなかった。次世代の科学者から見れば、私たちも同じように洗練されておらず、思いやりがなく、自信に満ちていないことだろう。そして、彼らは正しいのだ。もちろん、そのまたさらに後の世代によって、彼らも同様の目で判断されるのだけれどもね」

そう考えると、ハリー・ハーロウの研究が現在の動物の権利運動の土台を築いたとみなすこともできよう。彼のおかげで、他の霊長類の知能や社会的複雑性に関する私たちの認識は大いに深まった。私たちが今日重きを置いている鋭敏な社会意識は、彼の研究が直接的にも間接的にも貢献したおかげでできあがったのだ。科学は際限なく同じことを繰り返しているようだというベコフの不満を、ランボーは否定しようとはしない。科学は同じことを繰り返すのだ——もっともな理由がないときにも、申し分ない理由があるときにも。同じ実験を繰り返し、発見を再確認し、それを改善する。それは、科学のプロセスの基本である。しかし、その道徳的な意味を考えれば、私たちは繰り返すための別の理由を熟考するようになるかもしれない。もしかすると、私たちがなかなか問題を理解できないから、科学研究には得てして繰り返しが多いのかもしれない。人間は何度も聞かなければ学べない（あるいは受け入れられない）から、繰り返しが必要なのかもしれない。昔、ハリー自身も、私たちの愛の理解に関してこんな意見を述べている。「私たちは自分のペースで学ぶんだってことを、神様だって認めなきゃいけない」

ハリーに腹を立てるべきだろうか？　それとも、それほど学習するのが遅い自分自身に腹を立てるべきなのか？　もしかしたら、何が正しくて何が間違っているかを私たちに理解させるためには、隔離されたサルや箱に入った赤ちゃんといった極端な例が必要なのかもしれない。ロバート・サポルスキーは、『なぜシマウマは胃潰瘍にならないか』の中でこの問題を取り上げ、人間という種は愛を理解するうえではとんでもなくのろまだと雄弁に指摘している。「愛の重要性を教わるために動物の赤ちゃんで実験をしなければならないのは、悲しく残念なことだ。しかしながら、もっと悲しく残念なのは、私たちが愛についてほとんど学んでおらず、いまだにことあるごとにその重要性を思い出させてもらわなければならないということだ」。ハリー・ハーロウは、ウィスコンシン大学を去る直前に、「生きること、愛すること、学ぶことは、人生でもっとも重要なことだ」と書いた。学ぶことは容易ではない。愛することは、さらに難しい。それでも、自分が何を探しているのか少しでもわかれば、私たちは挑戦しつづける。もう一度やってみようと自分に言い聞かせるうちに、もしかしたら道が開ける日が来るかもしれない。

叡智に至る道に、わかりやすい道標はない。あちこちに目印はあるが、わかりにくく、矛盾していて、目立たない。だから私たちは、茂みの中でもう少し目が利き、もう少し遠くまで見通せるガイドに頼る。冷静で、好奇心旺盛で、恐れ知らずの探索者だったハリー・ハーロウは、そうしたガイドのひとりだった。彼は客観的に評価することができ、明白であるべきことを強調し、良い研究は感情の面でも納得できるものでなければならないと主張した。彼の仕事の取り組み方は完璧とは言えない。彼のやったことや、そのやり方をすべて好きになるのは不可能だ。愛の醜い面をも調べ上げようと情熱を傾けたとき、彼の実験は醜いものとなった。ハリーは、今では誰も繰り返すべきではない実験をおこなった。万が一、赤ちゃんザルをV字型装置に入れなければならない科学的に正当な理由があったとしても、もはやそれは過去のものだ。それについてはベコフが正しい。一回で十分すぎるほどだ。

しかし、時として私たちは馬鹿みたいに愛の教訓をなかなか理解できないので、あれほど苦悶に満ちたメッセージを聞かざるを得ないのかもしれない。ハリーの研究を知っている人ならば、赤ちゃんは人との交わりがなくても大丈夫だとか、思いやりのある母親は重要ではないとか、腕に抱き上げて大丈夫だよと安心させてくれる人がいなくても生きられるなどと主張したりはしないだろう。しかしハリー・ハーロウが登場するまでは、私たちは誰ひとりとして——心理学の専門家も、科学界全体も、父親も、母親も、私たち全員が——必ずしもそのことをきちんと理解してはいなかったのだ。だとすれば、二度と疑うことがないように、私たちはたった一度だけ、真実を厳しく突きつけられる必要があったのかもしれない。ハリーがおこなった最悪のことだけでなく、最高のものも思い出そうではないか。逆戻りして、私たちはお互いがいなくとも健康で幸福でいられるなどと信じるようなことがあってはならない。その答えを見つけ出したハリーのやり方を気に入る必要はない。彼の選択のすべてを称賛する人など、まずいないだろう。しかし、だからといって、彼が根本的な真実に到達しなかったことにすべきではない。けっしてその真実を無駄にしてはならないのである。

謝辞

本の執筆とは孤独な作業であるとよく言われるが、それは嘘だ。まあ、確かに、キーボードに縛りつけられた囚人みたいだと感じることはある。作文の泥沼にはまったときなんか、自分の力で抜け出さなければ誰も助けてくれないのだとしみじみ感じることもある。頭の中で本があまりに大きく鳴り響いて語りかけてくるために、他の人の声が聞こえなくなってしまうことだってしょっちゅうだろう。

しかし、ノンフィクションの執筆は、たいてい社会的なプロジェクトだ。他人の助け、それもたくさんの助けなしには、誰もこんな物語——他人の人生や科学の変遷の物語——を語ることなどできはしない。ハリー・フレデリック・ハーロウの人生とその時代の旅は、多くの案内人なしでは成しえなかったことである。断片をひとつひとつ集めて複雑なモザイクを形作るのを助けてくれた人たちは、親切で忍耐強かったとしか言いようがない。

多くの時間を割いて尽力してくれた、ハリーの長男のロバート・イスラエルと、ハリーの親しい同僚で友人のヘレン・リロイには、言い尽くせないほど感謝している。ボブ・イスラエルは、現在は太平洋岸北西部の美しい丘陵に住んでいるのだが、私を家に招いて、家族の歴史を長時間にわたって語ってくれた。また、写真を貸し、父親の詩や絵のコピーをくれただけでなく、クローゼットの奥の箱にしまい込まれていたという未発表の自叙伝の一部を送ってくれた。ここ、マディソンに住むヘレン・リロイが丁寧に保管していた手紙や文書類や作品のおかげで、ハリーの人生が明らかになった。私はメールや質問、それに資料請求や事実確認のミーティングの依頼を絶え間なく彼女に浴びせかけたが、彼女は我慢強く、常に親切だった。同様に重要なことに、物語の正確性にもこだわってくれた。

また、家族生活に関していろいろ教えてくれた、ハリーの息子のリック・ポッターと、娘のパメラ・ハーロウと、義弟のロバート・キーニーにもお礼が言いたい。ハリーの生まれ故郷であるアイオワ州フェアフィールドで地域の公文書を調べ、古い隣人を探し、町中を車で走りまわって案内してくれた親切な方々にも感謝している。そのおかげでジェファーソン郡の社会の様子を理解することができた。特に、ジム・ルビス、ロン・ガブル、ヘーゼル・モンゴメリーにはお礼を言いたい。

ハリーの元学生や同僚すべての名前を書き連ねることはできないが、彼らは自分の文書の山から手紙を探し出し、私の雪崩のような質問に対して、ユーモアと優しさをもって答えてくれた。なかでも特筆すべきは、初期の布の母親研究をハリーと共同でおこなったロバート・ジマーマンである。彼と妻のマリアンは、私をミシガンの自宅に招き、写真のコピー――なかには一九五〇年代の古いスライドガラスも含まれていた――を貸し、すべての質問に思慮深く答えてくれた。私がずいぶん前から知っていて尊敬している、カリフォルニア大学デイヴィス校の心理学者ウィリアム・メイソンは、ハリーの担当したポスドクの中でもっとも有名な人物だが、過去の話だけではなく、現在の科学との微妙な違いをいろいろ話してくれた。ジョージア州立大学のデュエイン・ランボーは、この本の立役者である。彼は生涯にわたってハリーとやりとりした手紙のコピーを送ってくれた。また、科学と同様に動物には価値があるということを常に強調しながら、初期の動物知能研究の歴史の概要について手ほどきをしてくれた。アリゾナ大学のジム・キングは、本書のための調査で欲しいものすべてを与えてくれた。彼と妻のペニーはハリーの昔の家を案内し、元アリゾナ大学心理学部長ニール・バートレットと、彼と同じくらい頭の回転が速くて面白い妻のオリーヴとの夕食をセッティングしてくれた。私は完全に酔っぱらってしまい、忘れられない夜になってしまった。素敵なロブ・ロイというカクテルから始まり、食後に杯を重ねてお開きになったのだが、夢のように記憶がぼんやりしていて、何を飲んだかはもはやよくわからない。

国立衛生研究所の比較行動学研究所で所長を務めているスティーヴ・スオミは――私のことを信用していなかったにも関わらず――自分の研究所に招いて話をし、その後何ヵ月もの間、私の重箱の隅をつつくような質問の山に答えてくれた。ジム・サケットはシアトルで勇敢に率直にインタビューに応じてくれた。彼が今も地元の動物権利擁護団体のターゲットとなっていることを考えれば、本当に勇気のいることだ。シーモア・〝ギグ〟・レヴァインはサンフランシスコとマディソンの両方で会ってくれたのだが、毎回ランチをごちそうするはめになった。いつも私を困らせたが、我慢強く自分の仕事とその背景について説明してくれた。彼からはもう一〇年も「君と口をきくのをやめる」と脅されているのだが、ありがたいことに今でも私の質問に答えてくれている。

春の日曜日に、ナパにある昔の州立精神病院の敷地内で、ハリーとの長い友情について話をしてくれた、ドロシー・エイコーンにもお礼を言いたい。ルイス・ターマンの天才児研究のファイルをスタンフォード大学で保管しているアルバート・ハストーフは、ある晴れた週末に私をオフィスに招いてくれた。ハリーの最初の妻のクララのファイルを手渡した後、「出て行くときには鍵をかけていってね」と言ってテニスをしに出て行ってしまったのだが、それは私に対する最高の褒め言葉だと思っている。オハイオ州アクロン大学のアメリカ心理学史資料館のすばらしいスタッフたち、特にデイヴィッド・ベイカーとドロシー・グラッチ、それから、スタンフォード大学資料館のマーガレット・キムボールとヘンリー・ローウッドは、若き日のハリーを書くのに必要な資料をひととおり見せてくれた。ロバート・ハインド、レナード・ローゼンブラム、メリンダ・ノヴァク、ジュディス・シュライアー、エドワード・トロニック、メレディス・スモール、スティーヴン・バーンスタイン、サリー・メンドーサ、キム・ウォレン、ウィリアム・ヴァープランク、アーウィン・バーンスタイン、ラリー・ジャコブセン、そしてリチャード・デュークローの温かい助力とかけがえのない見識に感謝する。この本のためにインタビューした方々のうち、二人が本の完成前に亡くなった。彼らの忍耐強さとユーモアを特に讃えたいと思う。アート・シュミットとリチャード・ウルフがその二人である。

ウィスコンシン大学マディソン校は最初からこの本を支援してくれた。特に大学院は、学生の調査員たちに資金を提供し、夏期休暇中の給与も支給してくれたので、私は執筆により多くの時間を割くことができた。昔の心理学の教科書を読み、長い間失われていたハリー・ハーロウとの接点を探し出してくれた数人の献身的で非常に優秀な学生たちに感謝する。彼らのおかげで、この本は深みを増した。その傑出した若きジャーナリストたちの名前は、ティナ・ロス、ブレナン・ナルディ、スザンヌ・マコネル、クリシュナ・ラマヌジャン、モルガン・ヒューイット、マギー・ミラーである。

混沌としたこの本の最初の原稿を読んで、本当の物語に仕上げていくのを助けてくれたロビン・マランツ・ヘニッグ、キム・フォウラー、ピーター・ホーゲンに、私は頭が上がらない。ジョージ・ジョンソンとシャノン・ブラウンリーは、この本のもっとも難しい章について惜しみなく力を貸してくれた。

そして、いつものとおり、私のエージェントのスザンヌ・グラックに感謝する。彼女は最初からハーロウの物語を信じ、私がその可能性を見出す手伝いをしてくれた。アマンダ・クックのような最高の編集者が得られたことは非常に幸いだった。アマンダは本当にすばらしい編集者で、頭が切れて、協力的で、物語を磨く天才なので、本を書きはじめた当初から自分の幸運を喜んだものだ。ペルセウスブックスグループの有能で細かく行き届いた制作スタッフは、私の語りたかった物語を磨き、研ぎ澄まし、その後美しく装幀してくれた。特に、すばらしい文学的センスを持つコピーエディターのジェニファー・ブレークブロー＝レイバーンとシニア・プロジェクトエディターのマリエッタ・アーバンにはお礼を言いたい。また、ペルセウスのすばらしく優秀な広報のリー・ウィーナーと組めたことは本当に幸運だった。

最後に大切なことを言いたい。この本は家族の物語であり、愛の物語であり、パートナーの物語であり、人間関係の物語である。私を支えてくれる愛や協力がなければ、この本はけっして完成しなかった。私があまりにも長くハリーの物語と格闘しつづけてきたため、子どもたち――マーカスとルーカス――は二人ともハリーのことを名前で呼ぶ。夫のピーター・ホーゲンも同様である。私がハリーとパソコンとともに地下オフィスに潜伏している間、彼は常に家の中を守りつづけてくれた。この三人のおかげで、私は本の世界に迷い込んでしまわずにいられた。それは、ひとつには、愛する人たちよりも大切なものはないということを彼らが常に思い出させてくれたからである。

訳者あとがき

本書は、Deborah Blum, *Love at Goon Park: Harry Harlow and the Science of Affection*, Basic Books, 2nd, 2011 の全訳である。著者であるデボラ・ブラムについては、著名であるのでご存知の方も多いかと思うが、アメリカのサイエンスライターであり、現在、ウィスコンシン大学科学ジャーナリズム論の教授である。また、「ニューヨークタイムズ」「ワシントンポスト」「ディスカバー」など数多くの新聞や雑誌に、科学と社会の接点に関する話題について寄稿している。一九九二年、霊長類を動物実験として使う倫理問題を論じた新聞連載でピュリッツァー賞を受賞し、それをもとにした『なぜサルを殺すのか』（白揚社）の出版で、サイエンスライターとしての地位を確立した。その後、『脳に組み込まれたセックス』（白揚社）、本書を出版し、その他に『幽霊を捕まえようとした科学者たち』（文藝春秋）、『サイエンスライティング』（共編、地人書館）など、動物研究から法医中毒学まで幅広い対象について精力的に執筆活動をしている。

訳者が本書を読んだきっかけは、前訳書『しあわせ仮説』（新曜社）において、幸福と愛着の関係性について議論する箇所で、（恐らく本書に基づいた）心理学の歴史におけるハーロウと愛着研究に関する数多くの記述があったからである。現在、情動の発達プロセス（とその破綻）を研究している訳者にとって興味があり、本書を読み始めたところ、ハーロウの生きた時代背景と彼の生き方の相互作用や葛藤が、ドラマとしてだけでなく、史実としても興味深く、一般読者にとってもやはり興味深いに違いないと思い、本書の訳出を決心した。また、心理学に興味がある人にとっては、本書を一通り読めば、心理学史の素養が自然と身につくのではないかと思った次第である。心理学を学ぶ者にとっては、ハーロウの代理母実験は、本書記載の布の母親の模型にしがみついている子ザルの写真とともに、初歩の講義で必ず習うトピックであるが、そうでない者にとっては、ハーロウという研究者の名や代理母実験については、初めて耳にした方が大半ではないかと思う。

本書の何よりも素晴らしい点は、ハーロウは「愛とは何か」を理解するために、初めて真正面から科学的手法で「愛」に取り組んだ人だ、ということを伝えるのに成功していることである。時間的制約のある講義では、ハーロウの実験は無味乾燥なトピックの一つであり、その実験の重要性が直感的には理解できないかもしれない。しかしながら、本書が示しているように、端的に言えば、ハーロウはサルを使って、愛について科学したのであり、その事実こそが著者の伝えたかったことに違いない。

一方で、愛を対象化する場合には価値観がつきまとうので（価値そのものと捉えることもできよう）、科学の対象とすることの是非については、そもそも倫理的な問題と切っても切り離せない関係にある。著者が本書執筆のきっかけとして冒頭で述べているように、ハーロウの実験は、多くの倫理的問題を孕んでいる。本書には、ハーロウのおこなってきたことに対する、著者としての回答が用意されているわけではない。この問題を含め、倫理的問題に、唯一の正しい回答があるわけではないというのが、近似的に正しい回答であろう。しかしながら、本書が伝えているようにハーロウは「愛とは何か」という問いに科学的手法でもって答えを見出そうとした点において、誠実であり続けた人であることは間違いない。ハーロウは、「愛」を「近接性」、「絶望の淵」を「V字型装置」という単語で置き換えることは、ごまかしやまやかしであり、（少なくとも彼自身にとっては）誠実でないと考えたのである。

本書について、もう一つつけ加えておきたい点があるとすれば、本書においても登場人物や著者自身が繰り返し指摘しているように、当時の時代背景と現在の状況との乖離である。母子関係や子どもの精神発達に関する知見が蓄えられた現代から見れば、ワトソンの行動主義に基づいた子育てや精神分析流の母子関係の解釈などは、どれも誤っているように思える。しかしながら、現代の視点からすべてを否定することはバランスを欠いた思慮であり、行動主義に基づいた行動療法や精神分析における複合的自己論などは、現代においても非常に有効な考え方である。また、ハーロウは、マウスを用いた心理学研究を「ネズミ学」と揶揄したが、現代では、たとえば、ノックアウトマウスの作成という利点などを鑑みると、心の発達に対する遺伝的影響や環境との相互作用を理解し、さらにはそれを臨床的な応用へと繋げていく上で、モデルマウスを用いた研究の意義は非常に大きい。概念にせよ、手法にせよ、現代という時点にいる私たちにとってみれば、当時に対する批判や賞賛は容易いのである。

翻って、現代社会では、母子関係における愛着の問題が顕在化している。児童相談所における児童虐待相談対応件数は過去二〇年間で約六〇倍に増加しており、平成二四年度の厚生労働省の報告では、六万件を突破したことが新聞やメディア等で報道されている。また、平成二二年に、大阪のマンションの一室で起きた「二児置き去り死事件」は、社会に衝撃をもたらした。本事件は、虐待がさまざまな位相が絡み合っている複雑な問題であることを浮き彫りにした。現代における少子高齢化、経済格差、コミュニティの崩壊などの社会問題は、子の発達環境の健全な形成を脅かしており、これらの問題がライフステージとして脆弱である母子関係の発達に凝縮される形で顕在化しているのである。ペギー・ハーロウの家族実験で明確に示されていたように、子の発達に対する父親の役割は大きい。父親のサポートの有無は、母子関係の健全性に大きく影響するが、その有無には、社会経済的要因も大きく関わっていることだろう。そのような意味において、虐待の問題を解決するためには、生物学者、医学者、心理学者、法学者、社会学者、実務家など様々な専門家の力を結集して、この問題に取り組む必要があるだろう。本書が、専門家だけでなく数多くの方に読まれることで、現在社会が抱えている母子の愛着の問題について、改めて見つめ直すきっかけとなれば訳者にとって望外の喜びである。

訳文については、すでに専門用語として定着している訳語等と齟齬がないように訳出したつもりではあるが、そのために訳文がかえって読みづらいものとなっているかもしれない。また、分かりやすさを優先するために思い切って意訳したために、訳語として一貫性が失われている箇所も数多くある。訳文に何か不備があるとすれば、それは全て訳者の責任であり、それらについて読者諸氏よりご指摘いただければ有難い。

最後に、白揚社には、訳者らの本書翻訳の提案に対して快諾していただき、出版実現のために数多くの労を取っていただいた。また、同編集部の阿部明子さんには、遅々として進まない翻訳作業について温かい目で見守っていただき、訳者の拙い訳文を根気強く丁寧に読み込み、訳文の修正作業をしていただいた。また、筧貴行さんにも校正していただいた。本書は、上記お二方との協働作業によるものであり、翻訳者として名を連ねてはいないが、三人目、四人目の翻訳者と言って差し支えない。ここに記して深謝する次第である。

二〇一四年五月　藤澤隆史

されている。Harry F. Harlow, James L. McGaugh, and Richard F. Thompson, eds., *Psychology* (San Francisco: Albion Publishing Company, 1971).

Thomas Lewis, Fari Amini, and Richard Lannon, *A General Theory of Love* (New York: Random House, 2000).

動物実験に関するサポルスキーの引用は、前掲書『なぜシマウマは胃潰瘍にならないか』より。

サルに対する見解についてのハーロウの発言は以下を参照。Robert Bonin, "Harry Harlow Has Spent a Lifetime Studying Monkeys—Which Doesn't Mean He Likes Them," *Milwaukee Journal*, October 28, 1973.

メイソンのコメントは、デボラ・ブラムの前掲書『なぜサルを殺すのか』より。

マーティン・スティーヴンズによる隔離実験の調査は「心理学における母親剥奪実験」（"Maternal Deprivation Experiments in Psychology"）と題されている。1986年に「アメリカ動物実験の廃止を求める会」と「ニューイングランド動物実験の廃止を求める会」向けに出版された。

その他の動物実験の詳細と、クリスティン・スティーヴンズのコメントやシルバースプリングのサル研究所に関する話題、ギグ・レヴァインへの嫌がらせの手紙などの動物の権利運動の略歴は、ブラム『なぜサルを殺すのか』より。グラックのコメントはこの本のためのインタビューより。

Fitzgerald, John A. Mullins, and Patricia Gage, eds., *Child Nurturance*, vol. 3 (New York, Plenum Press, 1982). 彼はまた、マイケル・ルイスと共編した2冊の本で、その関係性をさらに追究している。Michael Lewis and Leonard A. Rosenblum, eds., *The Effect of the Infant on Its Caregiver* (New York: John Wiley & Sons, 1974); *The Child and Its Family* (New York: Plenum Press, 1979).

ティティモンキーの行動については以下を参照。Sally P. Mendoza and William A. Mason, "Parental Division of Labor and Differentiation of Attachments in a Monogamous Primate," *Animal Behavior*, vol. 34 (1986).

ワタボウシタマリンの社会については以下で論じられている。Charles T. Snowdon, "Infant Care in Cooperatively Breeding Species," *Advances in the Study of Behavior*, vol. 25, 1996; Gretchen G. Achenbach and Charles T. Snowdon, "Response to Sibling Birth in Juvenile Cotton Top Tamarins," *Behaviour*, vol. 135, no. 7 (1998).

Myron A. Hofer, "Infant Separation Responses and the Maternal Role," *Biological Psychiatry*, vol. 10, no. 2 (1975).

Saul M. Schanberg and Tiffany M. Field, "Sensory Deprivation Stress and Supplemental Stimulation in the Rat Pup and Preterm Human," *Child Development*, vol. 58 (1987); S. M. Schanberg, "Medicine: Different Strokes," *Scientific American* (September 1989): 34; "Touch: A Biological Regulator of Growth and Development in the Neonate," *Verhaltenstherapie*, vol. 3, Suppl. 15 (1993); Daniel Goleman, "The Experience of Touch: Research Points to a Critical Role," *New York Times*, 2 February 1988.

サポルスキーはラットのストレス実験について、前掲書『なぜシマウマは胃潰瘍にならないか』で論じている。マイケル・ミーニーとの研究についてもこの本の中で論じられている。ミーニーの研究については、2001年2月にサンフランシスコで開催されたアメリカ科学振興会での彼のプレゼンテーションと、研究仲間のプール・プロツキー（アトランタのエモリー大学）とのディスカッションからさらなる情報を得た。

Martin H. Teicher, "Scars That Won't Heal: The Neurobiology of Child Abuse," *Scientific American*, vol. 286, no. 3 (March 2002).

ブルース・ペリーについては以下より引用。Deborah Blum, "Attention Deficit," *Mother Jones* (January/February 1999). 表情読み取りスキルについては以下を参照。Deborah Blum, "Let's Face It," *Psychology Today*, vol. 31, no. 5 (September/October 1998).

ハリーの「愛については謙虚でいるべき」発言は、ウィリアム・ヴァープランクへの手紙（アクロンのアメリカ心理学史資料館所蔵）の中にある。

エピローグ　行き過ぎの愛

愛の側面と児童虐待問題に答える上での動物実験の重要性についてのハリー・ハーロウの論評は以下を参照。"Behavioral Giant Not 'Going to Seed,'" *The Capital Times*, Madison, Wisconsin, August 3, 1978.

国立衛生研究所に提案された子ども隔離実験は、ハリーらが編集したある教科書で説明

査は、エドワード・Z・トロニックの著作に記述されている。Jeffrey Cohn and Edward Tronick, "Specificity of Responses to Mother's Affective Behavior," *Journal of the American Academy of Child Adolescent Psychiatry* 28, no. 2 (1989): 242–248; Edward Z. Tronick, "Emotions and Emotional Communication in Infants," *American Psychologist* 44, no. 2 (February 1989): 112–119; L. Murray and P. Cooper, eds., "Depressed Mothers and Infants: Failure to Form Dyadic States of Consciousness" in *Postpartum Depression and Child Development* (New York: Guilford Press, 1997); Edward Z. Tronick and Andrew Gianino, "Interactive Mismatch and Repair: Challenges to the Coping Infant," *Zero to Three*, vol. 6, no. 3 (February 1986); "Dyadically Expanded States of Consciousness and the Process of Therapeutic Change," *Infant Mental Health Journal* 19, no. 3 (1998): 290–299.

Judith Rich Harris, *The Nurture Assumption: Why Children Turn Out the Way They Do* (New York: The Free Press, 1998)（ジュディス・リッチ・ハリス『子育ての大誤解』石田理恵訳、2000年、早川書房）.

Harry F. Harlow and Margaret K. Harlow, "Learning to Love," *American Scientist* 54, no. 3 (1966): 244–272.

前出のボウルビーの引用を参照のこと。また、以下も参照。Mary Salter Ainsworth and John Bowlby, "An Ethological Approach to Personality Development," *American Psychologist*, vol. 46, no. 4 (April 1991): 333–341; *Deprivation of Maternal Care* (World Health Organization [WHO] report, Geneva, 1962).

Marshall H. Klaus and John H. Kennell, *Bonding: The Beginnings of Parent–Infant Attachment*, rev. ed. (New York: New American Library, 1983).

Marshall H. Klaus, John H. Kennell, and Phyllis H. Klaus, *Bonding: Building the Foundations of Secure Attachment and Independence*, first paperback ed. (Reading, Mass.: Addison–Wesley, 1996)（クラウス／ケネル／クラウス『親と子のきずなはどうつくられるか』竹内徹訳、2001年、医学書院）.

Meredith F. Small, *Our Babies, Ourselves: How Biology and Culture Shape the Way We Parent* (New York: Anchor Books, 1998)（メレディス・F・スモール『赤ん坊にも理由がある』野中邦子訳、2000年、角川書店）; *Kids: How Biology and Culture Shape the Way We Raise Our Children* (New York: Doubleday, 2001).

国立小児保健・人間発達研究所（NICHD）の研究は以下で説明されている。Deborah Blum, *Sex on the Brain: The Biological Differences Between Men and Women* (New York: Viking, 1997)（デボラ・ブラム『脳に組み込まれたセックス』越智典子訳、2000年、白揚社）. 以下の本には、託児所に関するすばらしい見識がある。Ellen Ruppel Shell, *A Child's Place: A Year in the Life of a Daycare Center* (Boston: Little, Brown and Co., 1992).

母ザルの育児法に関するスオミの研究（"Attachment in Rhesus Monkeys"）は、キャシディとシェイヴァーの前掲書（*Handbook of Attachment*）に所収。

ローゼンブラムの「叔母さん」ザルの見解は以下を参照。L. T. Nash and R. L. Wheeler, "Mother–Infant Relationships in Non–Human Primates," in Hiram E.

"Psychopathological Perspectives," *Perspectives in Biology and Medicine*, vol. 16, no. 3 (1973); "Social Recovery of Monkeys Isolated for the First Year of Life," *Developmental Psychology* 11, no. 4 (1975).

マーガレット・ハーロウに対する大学の扱いについてのハリーのコメントは、以下に記述されている。Carol Tavris, "Harry, You Are Going to Go Down in History As the Father of the Cloth Mother," *Psychology Today* (April 1973).

9　冷たい心、温かい手

ブルーノ・ベッテルハイムは以下の本で、冷蔵庫マザーとハリー・ハーロウの代理母との関係について書いている。*The Empty Fortress: Infantile Autism and the Birth of Self* (New York: The Free Press, 1967)（B・ベッテルハイム『自閉症・うつろな砦Ⅰ・Ⅱ』黒丸正四郎ほか訳、1973年、1975年、みすず書房).

その本に関するハリー・ハーロウの書評は以下参照。H. F. Harlow, "A Brief Look At Autistic Children," *Psychiatry & Social Science Review* 3, no. 1 (January 1969): 27–29.

サラ・ブラファー・ハーディーは前掲書『マザー・ネイチャー』で、女性科学者に対する学術界の態度について書いている。

Diane E. Eyers, *Mother–Infant Bonding* (New Haven and London: Yale University Press, 1992)（ダイアン・E・アイヤー『母性愛神話のまぼろし』大日向雅美ほか訳、2000年、大修館書店).

マギーの逸話は、クレムの前掲書（*Discovery Processes in Modern Biology*）所収のハリーによる「代理母の誕生」より。

シアトルのワシントン大学におけるハリー・ハーロウの振る舞いに関するジェーン・グラスコックの手紙は、アメリカ心理学史資料館所蔵。

ハリーとの2度の結婚の間のクララ・メアーズ・ハーロウの生活は、スタンフォード大学に保管されているルイス・ターマンの天才児研究ファイルから概要を把握した。また、彼女の2人の息子のロバート・イスラエルとリチャード・ポッターへのインタビューにも基づいている。

ウィリアム・ヴァープランクへのハリー・ハーロウの手紙は、アメリカ心理学史資料館所蔵。

ウィスコンシンの気候と退職に関する引用は以下を参照。"Behavioral Giant Not 'Going to Seed,'" *The Capital Times*, Madison, Wisconsin, August 3, 1978.

シアーズの手紙は、スタンフォード大学のルイス・ターマンの天才児研究のファイルに保管されている。ウィリアム・メイソンに対する手紙は、メイソンの私物の中から拝借した。

アリゾナ時代のハーロウの駄洒落詩は、ロバート・イスラエルの個人コレクションより。

クララ・ハーロウのシアーズへの手紙は、ルイス・ターマンの天才児研究のファイルに保管されている。

10　愛の教訓

人間の乳幼児が母親の顔を観察し、読み、反応する方法や視覚的断崖テストに関する調

ある。
モンスター・マザーは、ストーン、スミス、マーフィーの前掲書（*The Competent Infant*）の中で説明されている。

8　箱の中の赤ちゃん

駄洒落の詩は、1958年8月31日のアメリカ心理学会第66回年次会議の会長演説（"The Nature of Love"）より。

核家族研究の詳細については以下を参照。G. C. Ruppenthal, M. K. Harlow, C. D. Eisele, H. F. Harlow, and S. J. Suomi, "Development of Peer Interactions of Monkeys Reared in a Nuclear-Family Environment," *Child Development*, vol. 45, (1974); Harry F. Harlow and Clara Mears, *The Human Model: Primate Perspectives*, (New York, John Wiley & Sons, 1979)（H・F・ハーロー、C・メアーズ『ヒューマン・モデル』梶田正巳ほか訳、1985年、黎明書房）.

「孤独の地獄」は『ヒューマン・モデル』の中の1章。

うつと孤独研究は以下などを参照。"The Effect of Total Social Deprivation on the Development of Monkey Behavior," in *Psychiatric Research Report*, vol. 19, American Psychiatric Association (December 1964); "Total Social Isolation in Monkeys," in *Proceedings of the National Academy of Sciences*, vol. 54, no. 1 (1965); Harry F. Harlow and Billy Seay, "Mothering in Motherless Mother Monkeys," *The British Journal of Social Psychiatry*, vol. 1, no. 1 (1966).

Harry F. Harlow and Stephen J. Suomi, "Production of Depressive Behaviors in Young Monkeys," *Journal of Autism and Childhood Schizophrenia* 1, no. 3 (1971): 246–255; "Depressive Behavior in Young Monkeys Subjected to Vertical Chamber Confinement," *Journal of Comparative and Physiological Psychology* 180, no. 1 (1972): 11–18; Harry F. Harlow, Philip E. Plubell, and Craig M. Baysinger, "Induction of Psychological Death in Rhesus Monkeys," *Journal of Autism and Childhood Schizophrenia* 3, no. 4 (1973): 299–307; Stephen J. Suomi, Mary L. Collins, and Harry F. Harlow, "Effects of Permanent Separation from Mother on Rhesus Monkeys," *Developmental Psychology*, vol. 9, no. 3 (1979); "Induced Depression in Monkeys," *Behavioral Biology* 12 (1974): 273–296; Stephen J. Suomi, Carol D. Eisele, Sharon A. Grady, and Harry F. Harlow, "Depressive Behavior in Adult Monkeys Following Separation from Family Environment," *Journal of Abnormal Psychology* 84, no. 5 (1975): 576–578.

ピアセラピー研究は以下を参照。H. F. Harlow, M. K. Harlow, and S. J. Suomi, "From Thought to Therapy: Lessons from a Primate Laboratory," *American Scientist* (September-October 1971); Stephen J. Suomi, Harry F. Harlow, and Melinda A. Novak, "Reversal of Social Deficits Produced by Isolation Rearing of Monkeys," *Journal of Human Evolution* 3 (1974): 527–534; Harry F. Harlow and Stephen J. Suomi, "Social Recovery By Isolation-Reared Monkeys," *Proceedings of the National Academy of Sciences* 68, no. 7 (1971); Harry F. Harlow and Melinda A. Novak,

Development," in *Human Ethology: Claims and Limits of New Discipline*, ed. M. Von Cranach, K. Foppa, W. Lepenies, and D. Floog (Cambridge: Cambridge University Press, 1979).

ハリー・ハーロウの代理母の限界に関するコメントは、エンゲルの前掲記事（"Troubled Monkeys"）参照。社会性を育てる母親の役割については、1961年12月4日のメニンガー精神医学校のフォーラムでのハリー・F・ハーロウとマーガレット・K・ハーロウによるプレゼンテーション（"The Effect of Rearing Conditions on Behavior"）の中でさらにくわしく説明されている。子どもに過保護すぎる母親の問題については、以下で論じられている。G. W. Moller, H. F. Harlow, and G. D. Mitchell, "Factors Affecting Agonistic Communication in Rhesus Monkeys," *Behavior*, vol. 31 (1968).

母子関係の研究は以下を参照。L. A. Rosenblum and H. F. Harlow, "Approach-Avoidance Conflict in the Mother Surrogate Situation," *Psychological Reports*, vol. 12 (1963); L. A. Rosenblum and H. F. Harlow, "Generalization of Affectional Responses in Rhesus Monkeys," *Perceptual and Motor Skills*, vol. 16 (1963).

ロバート・ハインドの見解は以下を参照。Patrick Bateson, ed., *The Development and Integration of Behavior: Essays in Honor of Robert Hinde* (Cambridge: Cambridge University Press, 1991); Robert Hinde, *Individuals, Culture and Relationships* (Cambridge: Cambridge University Press, 1987). 私はハインド教授の薦めで両書を読んだが、どちらにも、本書の全体的なテーマである関係性の科学についての啓発的な見解を見出すことができた。

さまざまなサルの育児スタイルについては以下を参照。M. W. Andrews and L. A. Rosenblum, "Assessment of Attachment in Differentially Reared Infant Monkeys—Response to Separation and a Novel Environment," *Journal of Comparative Psychology*, vol. 107, no. 1 (March 1993).

友だち関係の研究は以下を参照。A. S. Chamove, L. A. Rosenblum, and H. F. Harlow, "Monkeys Raised Only with Peers: A Pilot Study," *Animal Behavior* 21, no. 2 (1973): 316–325; Stephen J. Suomi and Harry F. Harlow, "The Role and Reason of Peer Relationships in Rhesus Monkeys," in *Friendship and Peer Relationships*, ed. Lewis Rosenblum (New York: John Wiley and Sons, 1975); Harry F. Harlow, "Age-Mate or Peer Affectional System," *Advances in the Study of Behavior*, vol. 2, 1969; Stephen J. Suomi, "Peers, Play and Primary Prevention in Primates," in *Proceedings of the Third Conference on Primary Prevention of Psychopathology* (Hanover N.H.: University Press of New England, 1979).

サルの家族のサポートシステムの研究が最初に発表されたのは、次の論文だった。"Nuclear Family Apparatus," Margaret K. Harlow, *Behavioral Research Methods and Instruments*, vol. 3, no. 6 (1971). その他多くの論文がマーガレット・ハーロウの死後に発表された。私は主に次の論文を参考にした。G. C. Ruppenthal, M. K. Harlow, C. D. Eisele, H. F. Harlow, and S. J. Suomi, "Development of Peer Interactions of Monkeys Reared in a Nuclear-Family Environment," *Child Development* 45 (1974): 670–682. また、クララ・ハーロウが編集した前掲書（*From Learning to Love*）の内容も啓発的で

ウィスコンシン大学は、特にハリー・ハーロウの絶頂期である1960年代の膨大な新聞の切り抜きや報道資料を保管している。彼の研究の大衆性のニュアンスを伝えたかったので、以下を引用した。John Kord Lageman, "What Monkeys Are Teaching Science About Children," *This Week*, 3 March 1963; "Can Mothers Be Replaced?" *Picture Magazine*, 26 July 1959; Clarissa Start, "Raising Baby Monkeys with Cloth Mother," *St. Louis Post Dispatch*, 3 May 1960.

代理母に育てられることの問題は、Leonard Engel, "The Troubled Monkeys of Madison," *New York Times*, January 29, 1961で説明されている。

ラットに「処置」を施す初期の実験については以下で詳細に説明されている。Seymour Levine, "A Further Study of Infantile Handling and Adult Avoidance Learning," *Journal of Personality* 25 (1956): 70–80; Seymour Levine and Leon S. Otis, "The Effects of Handling Before and After Weaning on the Resistance of Albino Rats to Later Deprivation," *Canadian Journal of Psychology* 12 (1958): 2; Seymour Levine and George W. Lewis, "Critical Period for Effects of Infantile Experience on Maturation of Stress Response," *Science* (1959): 129, 42–43; Theodore Schaefer, Jr., "Some Methodological Implications of the Research on 'Early Handling' in the Rat," in Grant Newton and Seymour Levine, eds., *Early Experience and Behavior: The Psychobiology of Development* (Springfield, Ill.: Charles C. Thomas, 1968).

ヴィクター・デネンバーグの関連研究はあちこちで見られるが、その中で以下を参照した。Victor Denenberg and Robert Bell, "Critical Periods for the Effects of Infantile Experience on Adult Learning," *Science*, vol. 131 (1960); Victor Denenberg and John C. Morton, "Effects of Environmental Complexity and Social Groupings Upon Modification of Emotional Behavior," *Journal of Comparative and Physiological Psychology*, vol. 55, no. 2 (1955).

「ホット・ママ」と揺れ動く代理母はどちらも以下で論じられている。Harry F. Harlow and Stephen J. Suomi, "The Nature of Love—Simplified," *American Psychologist*, vol. 25, no. 2 (February 1970). この研究は続けられ、以下の論文で報告された。C. M. Baysinger, P. E. Plubell, and H. F. Harlow, "A Variable Temperature Surrogate Mother for Studying Attachment in Infant Monkeys," *Behavioral Research and Methods*, vol. 5, no. 3 (1973).

ウィリアム・メイソンとガーション・バークソンの動きに関する研究は、以下で説明されている。"Effects of Maternal Mobility on the Development of Rocking and Other Behaviors in Rhesus Monkeys: A Study with Artificial Mothers," *Developmental Psychobiology* 8, no. 3 (1975): 197–211; M. V. Neal, "Vestibular Stimulation and Developmental Behavior of the Small Premature Infant," *Nursing Research Report*, American Nurses Foundation, vol. 3, no. 1 (March 1968). 木馬の代理母を含めたその後の研究については、以下にくわしい。William A. Mason, "Social Experience and Primate Cognitive Development," *The Development of Behavior: Comparative Evolutionary Aspects*, ed. Gordon Burghardt and Mark Bekoff (New York: Garland STPM Press, 1978); William A. Mason, "Maternal Attributes and Primate Cognitive

Blum, *The Monkey Wars* (New York: Oxford University Press, 1994), 89（デボラ・ブラム『なぜサルを殺すのか』寺西のぶ子訳、2001年、白揚社）で説明されている。

ヴァン・ワーゲネンの研究に関する資料はアメリカ心理学史資料館所蔵。

代理母の飛行機の逸話は、ハーロウの「代理母の誕生」を含め、さまざまなところに載っている。

スキナーの娘デビーの実験は、前掲の自叙伝（*The Shaping of a Behaviorist*）の中で説明されている。

のっぺらぼうの球の顔を愛する赤ちゃんザルについては、1958年8月31日にワシントンDCで開催されたアメリカ心理学会第66回年次会議でのハリーの有名な演説「愛の本質」（"The Nature of Love"）の中で語られており、以下に再録されている。*The American Psychologist*, vol. 13, no. 12 (1958). その演説での彼のコメントは他の章でも取り上げている。この研究を最初に心理学界の外部に発表したのは、H. F. Harlow and R. R. Zimmerman, "Affectional Responses in the Infant Monkey," *Science* 130, no. 3373 (1959). その他、以下でも取り上げられている。Harry F. Harlow, "The Development of Affectional Patterns in Infant Monkeys" in *Determinants of Infant Behavior*, ed. B. M. Foss (New York: John Wiley & Sons, 1959); Harry F. Harlow, "Love in Infant Monkeys," *Scientific American*, vol. 6, no. 200 (1959).

メアリー・エインズワースの先駆的研究は、カレンの前掲書（*Becoming Attached*）、ハーディの前掲書（『マザー・ネイチャー』）、キャシディとシェイヴァーの前掲書（*Handbook of Attachment*）で論じられている。エインズワースはその本全体に登場するが、彼女についてはキャシディの序章（"The Nature of the Child's Ties," pp. 3–20）でまとめられている。ボウルビーとコンラート・ローレンツのつながりについては、ハーディとカレンの前掲書で詳細に述べられている。

ボウルビーのハリー・ハーロウへの手紙は、ヘレン・リロイよりハーロウ霊長類研究所に寄贈。リロイは、2人の関係について、思慮深い論文（"John Bowlby and Harry Harlow: The Cross Fertilization of Attachment Behavior Theory"）を書いている。

7　愛の連鎖

L. Joseph Stone, Henrietta T. Smith, and Lois B. Murphy, eds., *The Competent Infant: Research and Commentary* (New York: Basic Books, 1973).

ハリー・ハーロウとジョゼフ・ストーンとナンシー・ベイリーの交わした手紙は、アメリカ心理学史資料館所蔵。

ヘッブについては、Harry F. Harlow, "The Brain and Learned Behavior," *Computers and Automation*, vol. 4, no. 10 (October 1955) から引用。ヘッブのハーロウへの手紙はマギル大学に保管されているが、カリフォルニア大学バークレー校の心理学史研究家のスティーヴ・グリックマンとヘッブの元学生がコピーを提供してくれた。多くの心理学者がヘッブを20世紀中期の偉大な理論家であると考えている。経験が脳神経に及ぼす影響についての彼の理論は、現在では古典だと考えられている。彼は、この特殊な物語ではほんの少し登場するにすぎないが、心理学史という大きな観点ではもっと重要な人物である。

5　愛の本質

愛と知能に関する研究は、ゴールドファーブの著作で（および第1章でも）論じられている。さらなる詳細は、ゴールドファーブの前掲論文（“The Effects of Early Institutional Care on Adolescent Personality”）、カレンの前掲書（*Becoming Attached*）、シャーキンの前掲書（*Terman's Kids*）、ヒルガードの前掲書（*Psychology in America*）、ポプルストーンとマクファーソンの前掲書（*An Illustrated History of American Psychology*）を参照した。

ハリーがアメリカ心理学会会長に就任するというターマンの予想は、スタンフォード大学所蔵の1946年の手紙に書かれている。神と学習と愛に関するハリーのコメントは、未発表の論文を参照した。結婚生活が破綻した時期のハリーの行動に関するクララのコメントや、お互いへの愛情を疑問視するハリーの発言については、デーン郡の巡回裁判所への彼女の離婚申請書に添えて保存されている文書から抜粋した。財産分与についてもこれらの文書を基にしている。

ポール・セットレージとエイブ・マズローの交わした手紙は、アメリカ心理学史資料館所蔵。

マーガレット・キーニー・ハーロウの経歴は、彼女の弟へのインタビュー、娘パメラ・ハーロウに対する記述式アンケートへの回答、息子ジョナサン・ハーロウのコメント、そしてデュークローの前掲書（*The Alpha Males*）を基にした。パメラの誕生について触れている手紙は、スタンフォード大学のルイス・ターマンのファイルに保存されている。その他のマーガレット・ハーロウに関する記述は元学生や教職員のインタビューを基にした。

カール・ロジャースに関しては次の2冊を参考にした。Howard Kirschenbaum, *On Becoming Carl Rogers* (New York: Delacorte Press, 1979); Richard I. Evans, *Carl Rogers: The Man and His Ideas* (New York: Dutton, 1975). カーシェンバウムの本にはウィスコンシン大学心理学部を去る際の報告書の全文が含まれている。

ジョン・P・グラックのハリーに関する記述は、彼の前掲論文（“Harry Harlow: Lessons on Explanations, Ideas and Mentorship”）から再び抜粋した。

6　完璧な母

サルの輸入問題や、インド特有の「身の毛もよだつような病気」や、繁殖センターを始めるときの課題に関するハリー・ハーロウの説明は、クレムの前掲書（*Discovery Processes in Modern Biology*）所収の「代理母の誕生」を参照。

霊長類研究所での泊まり込みに関するストーンのコメントは、リチャード・デュークローへのメモ（ウィスコンシン霊長類研究所図書館所蔵）から。そのメモは、彼の論文の表紙に書かれている。W. H. Stone, W. F. Blatt, and K. P. Link, “Immunological Consequences of Feeding Cattle Serum to the Newborn of Various Species,” *Research Bulletin*, vol. 3, no. 1 (1957).

「ストーン」兄弟に関するメイソンとブラゼックの研究は、これらの子ザルを使った好奇心研究についての記事の中で説明されている。“The Monkeys Who Go to College,” in the *Saturday Evening Post*, 15 October 1955.

アルフレッド・R・ウォレスのオランウータンの赤ちゃんとの出会いは、Deborah

38 (1948)、ヒルガードとランボーの前掲書より引用。

ワトソン派批判のハリー・ハーロウのコメントは、前掲の論文（"Mice, Monkeys, Men and Motives"）より引用。また、ウィリアム・ジェイムズについての講演（"William James and Instinct Theory," American Psychological Association, September 4, 1967）で、ワトソンとB・F・スキナーについてさらに論じている。

クラーク・ハルの人物像は、ヒルガードの前掲書で紹介されている。ハルとスペンスについては、ホームページ上で公開されているウィリアム・ヴァープランクの自伝的回想の中でくわしく論じられている（http://web.utk.edu/˜wverplan/default.html　2014年4月現在確認できず）。

ウィスコンシン一般検査装置（WGTA）について最初に記述したのは、Harry F. Harlow and John A. Bromer, "A Test Apparatus for Monkeys," *Psychological Record* 2 (1938): 434–436. もっと新しいタイプのものは、以下で発表されている。John W. Davenport, Arnold S. Chamove, and Harry F. Harlow, "The Semi-Automatic Wisconsin General Test Apparatus," *Behavioral Research Methods and Instruments*, vol. 2, no. 3 (1970). アラン・シュライアーはアメリカ心理学史資料館所蔵の手紙で、WGTAナンバープレートについて語っている。

ラット集中砲撃問題は、ハリーが米国中西部心理学会の年次会議で発表した論文の中で論じられている。Harry Harlow, "Formation of Learning Sets" (Midwest Psychological Association, St. Paul, Minnesota, 7 May 1948). WGTAを使ったテストについては、その論文（中西部心理学会の会長演説だった）の中で説明されているが、この論文はミネソタ大学によって「20世紀の神経学における発見トップ100」のうちのひとつに挙げられている。その他数多くのWGTAの論文を列挙するつもりはないが、次の3本だけは特別に紹介したい。M. M. Simpson and H. F. Harlow, "Solution By Rhesus Monkeys of a Non-Spatial Delayed Response to the Color of Form Attribute of a Single Stimulus (Wiegl Principle Delayed Reaction)," *Journal of Comparative Psychology*, vol. 37, no. 4 (August 1944); Harry F. and Margaret Kuenne Harlow, "Learning to Think," *Scientific American*, August 1949; Louis E. Moon and Harry F. Harlow, "Analysis of Oddity Learning by Rhesus Monkeys," *Journal of Comparative and Physiological Psychology*, vol. 48, no. 3 (June 1953).

電灯を点けるクモザルの逸話は、未発表の自叙伝およびクレムの前掲書（*Discovery Processes in Modern Biology*）所収の「代理母の誕生」で語られている。

好奇心研究に関する論文には以下のものがある。Harry F. Harlow, "The Formation of Learning Sets: Learning and Satiation of Response in Intrinsically Motivated Complex Puzzle Performance By Monkeys," *Journal of Comparative and Physiological Psychology* 43 (1950): 289–294; Harry F. Harlow, Margaret Kuenne Harlow, and Donald R. Meyer, "Learning Motivated By a Manipulation Drive," *Journal of Experimental Psychology*, vol. 40, no. 2 (April 1950); Robert A. Butler and Harry F. Harlow, "Discrimination Learning and Learning Sets to Visual Exploration Incentives," *Journal of General Psychology*, vol. 57 (1957).

スキナーとパヴロフの人物像は、ホックの前掲書にも描かれている。
ネコやカエルを使った研究を含む、ハリー・ハーロウの動物研究プログラム立ち上げの苦労話は、彼の未発表の自叙伝より。マギーとジグスの逸話は、クレムの前掲書（*Discovery Processes in Modern Biology*）の「代理母の誕生」の章に書かれており、ヒヒのトミーのことも論じられている。

ウィスコンシン時代のエイブラハム・マズローについては以下を参照。Edward Hoffman, *The Right to Be Human: A Biography of Abraham Maslow* (Los Angeles: J. P. Tarcher, 1988)（エドワード・ホフマン『真実の人間』上田吉一訳、1995年、誠信書房）; Richard J. Lowry, *A. H. Maslow: An Intellectual Portrait* (Monterey, Calif.: Brooks/Cole Publishing Co., 1973). ハリー・ハーロウは1973年の「サイコロジー・トゥデイ」誌上のキャロル・タヴリスとのインタビューと、マズローの妻のバーサへの手紙の中で、マズローを称賛している。この手紙は、彼の他の執筆物と一緒にアメリカ心理学史資料館に保管されている。

ハーロウ霊長類研究所の建設については、クララ・ハーロウの前掲書（*From Learning to Love*）、クレムの前掲書（*Discovery Processes in Modern Biology*）所収のハリー・ハーロウによる「代理母の誕生」、およびハーロウの未発表の自叙伝の中で詳細に描かれている。

4　好奇心の箱

L. R. Cooper and H. F. Harlow, “A Cebus Monkey's Use of a Stick As a Weapon,” *Psychological Reports* 8 (1961): 418. カプチンの道具使用に関しては以下を参照。H. F. Harlow, “Primate Learning,” in *Comparative Psychology*, ed. C. P. Stone, 3d ed. (New York, Prentice Hall, 1951), chapter 7; Harry F. Harlow, “The Brain and Learned Behavior,” *Computers and Automation*, vol. 4, no. 10 (October 1955).

ケーラーの引用はグッドウィンの前掲書（*A History of Modern Psychology*）より、マズローのコメントはホフマンの前掲書『真実の人間』から引用した。

クルト・ゴールドシュタインについては、ヒルガードの前掲書（*Psychology in America*）のほか、以下を参照。Harry F. Harlow, John P. Gluck, and Stephen J. Suomi, “Generalization of Behavioral Data Between Nonhuman and Human Animals,” *American Psychologist*, vol. 27, no. 8 (August 1972); Harry F. Harlow, “Mice, Monkeys, Men and Motives,” *Psychological Review*, vol. 60 (1953); Harry F. Harlow, “The Formation of Learning Sets,” *Psychological Review*, vol. 56 (1949); Harry F. Harlow, “The Evolution of Learning,” Anne Roe and George Gaylord Simpson, eds., *Behavior and Evolution* (Yale University Press,1958).

ソーンダイクについては、前掲したハーロウの論文（“Mice, Monkeys, Men and Motives”）、グッドウィンの前掲書（*History of Modern Psychology*）、ヒルガードの前掲書（*Psychology in America*）のほか、Duane M. Rumbaugh, “The Psychology of Harry F. Harlow: A Bridge from Radical to Rational Behaviorism,” *Philosophical Psychology*, vol. 10, no. 2 (1997) を参照。B・F・スキナーについては、前掲の自叙伝（*The Shaping of a Behaviorist*）と “Superstition in the Pigeon,” *Journal of Experimental Psychology*

チメント』二木武監訳、1993年、医歯薬出版）を基にした。以下の記事も参照。John Bowlby, "Maternal Care and Health," World Health Organization (WHO) Monograph 2 (Geneva: 1951); John Bowlby, "The Nature of the Child's Tie to His Mother," *International Journal of Psycho-Analysis* 39 (1958): 350–373; John Bowlby, "Grief and Mourning in Infancy," *The Psychoanalytic Study of the Child*, vol. 15 (1960).

カレンの本もハーディの本もどちらもボウルビーの研究とその影響について際立った見解を示している。また、この分野の科学的な概説を知るために以下を使用した。Jude Cassidy and Phillip R. Shaver, eds., *Handbook of Attachment* (New York: The Guildford Press, 1999).

ボウルビーとフロイト派の敵対関係に関しては上掲書で議論されているが、それに加えて以下を参考にした。Edward Shorter, *A History of Psychiatry* (New York: John Wiley and Sons, 1997); Harry K. Wells, *Sigmund Freud, A Pavlovian Critique* (London: Lawrence & Wishard, 1960).

3　アルファ雄

ハーロウのウィスコンシン大学での最初の経験は、クレムの前掲書（*Discovery Processes in Modern Biology*）に所収の彼の回想「代理母の誕生」と、クララ・ハーロウの編集した前掲書（*From Learning to Love*）の序章にくわしく説明されている。

この章と本全体のクララ・メアーズの描写と彼女のコメントの多くは、ルイス・ターマンのために彼女が記入したアンケート（現在はスタンフォード大学心理学部に保存されている）と、クララと母親とターマンの間でやり取りされた手紙から引用した。

ゴードン・オールポートのラット研究への抵抗は、以下の本の中で述べられている。Katherine Pandora, *Rebels Within the Ranks: A Psychologist's Critique of Scientific Authority and Democratic Realities in New Deal America* (Cambridge: Cambridge University Press, 1997). また、オールポートのキャリアは、ヒルガードの前掲書 (*Psychology in America*) にまとめられている。

ジョン・ワトソンに関する文献は前章を参照。アルバート坊やについては、Roger R. Hock, *Forty Studies That Changed Psychology: Explorations Into the History of Psychological Research*, 3d ed. (Upper Saddle River, N.J.: Prentice Hall, 1999)（ロジャー・R・ホック『心理学を変えた40の研究』梶川達也監訳、2007年、ピアソン・エデュケーション）。G・スタンレー・ホールは以下の論説の中で、心理学研究のゴールと失敗について書いている。*American Journal of Psychology* 7 (1985): 3–8. これらの文書やその他の心理学における初期の主な出来事は、クリストファー・D・グリーン（トロントのヨーク大学）によって作成されたインターネットサイト"Classics in the History of Psychology" (http://psychclassics.yorku.ca　2014年5月確認) で見ることができる。

セーチェノフとパヴロフは、グッドウィンの前掲書（*A History of Modern Psychology*）の中で論じられている。B・F・スキナーについても同書で取り上げられているが、彼についてはヒルガードの前掲書（*Psychology in America*）の中でくわしく論じられている。スキナー自身も、二部作の自叙伝を書いている。この本の調査には、第二部の *The Shaping of a Behaviorist* (New York: Alfred A. Knopf, 1979) を使用した。

Macmillan Co., 1938).

ブレネマンに関しては、前掲の Bakwin, "Loneliness in Infants" を参照。ワトソンの背景については以下を参照した。Kerry W. Buckley, *Mechanical Man: John Broadus Watson and the Beginnings of Behaviorism* (New York: Guilford Press, 1989); James T. Todd and Edward K. Morris, eds., *Modern Perspectives on John B. Watson and Classical Behaviorism* (Westport, Conn.: Greenwood Press, 1994); David Cohen, *John B. Watson, the Founder of Behaviourism: A Biography* (London and Boston: Routledge & Kegan Paul, 1979).

ワトソンとスタンレー・ホールの育児の見解については、ヒルガードの前掲書（*Psychology in America*）やグッドウィンの前掲書（*A History of Modern Psychology*）で論じられている。親が受容的な聞き手であったことに関しては、Ann Hulbert, "The Century of the Child," *The Wilson Quarterly* (winter 1999). また、サンフランシスコ州立大学歴史学部学生協会のホームページ上で発表された Kim Klausner, "Worried Women: the Popularization of Scientific Motherhood in the 1920s," (http://userwww.sfsu.edu/epf/journal_archive/volume_IV,_no._2_-_sp._1995/klausner_k.pdf　2014年5月確認）の中で議論され、Molly Ladd-Taylor, ed., *Raising a Baby the Government Way: Mothers' Letters to the Children's Bureau, 1915–1932* (New Brunswick, N.J.: Rutgers University Press, 1986) で調査されている。

病院の方針に関しては、前掲したクラウスとケネル『親と子のきずな』やオールダーの前掲書（*Touching Is Healing*）に描かれている。ミネソタ大学児童福祉研究所の『子育てと訓練』のガイドブックシリーズはミネソタ大学出版から刊行された（"Child Care and Training" books by the Institute of Child Welfare, University of Minnesota Press, Minneapolis)。私は1929年から1943年まで調査した。1914年から1963年までの連邦政府児童局の育児パンフレットは、*Child Rearing Literature of Twentieth Century America* (New York: Arno Press, 1973) として再版されている。William Goldfarb, "The Effects of Early Institutional Care on Adolescent Personality," *Journal of Experimental Education*, vol. 12, no. 2 (December 1943); William Goldfarb, "Variations in Adolescent Adjustment of Institutionally-Reared Children", *American Journal of Orthopsychiatry* 17 (1947). リーヴィとベンダーの人柄は、カレンの前掲書で描かれている。子どもの孤独問題は、David M. Levy, *Maternal Overprotection* (New York, Columbia University Press, 1943) で議論されている。

スピッツとカタリーナ・ウルフは、Sheldon Gardner and Gwendolyn Stevens, *Red Vienna and the Golden Age of Psychology 1918–1938* (Praeger: New York, 1979) に登場する。スピッツとロバートソンの研究はどちらもカレンの前掲書でわかりやすく説明されている。カレンの本はもちろん、ボウルビーの伝記でもあり、フロイト派の精神科医との確執に関してもくわしく議論している。

ボウルビーの著作については、主に3巻シリーズの John Bowlby, *Attachment and Loss*, 2d ed. (New York: Basic Books, 1982)（J・ボウルビィ『母子関係の理論』黒田実郎ほか訳、1991年、岩崎学術出版社）と、*A Secure Base: Parent-Child Attachment and Healthy Human Development* (Basic Books, 1988)（ボウルビィ『母と子のアタッ

書（*The Alpha Males*）、タヴリスの「サイコロジー・トゥデイ」誌の記事、クララ・ハーロウによる夫の略歴、ハリーの未発表の日記で言及されている。ウォルター・マイルズからハリーの父への手紙はウィスコンシン霊長類研究センターの図書館所蔵。その他、ウィリアム・メイソンとドロシー・エイコーンとのインタビューも参考にした。

2　人の手に触れてもらえない

孤児院の初期の歴史に関する記録は以下を参照。Sarah Blaffer Hrdy, *Mother Nature: A History of Mothers, Infants, and Natural Selection* (New York: Pantheon Books, 1999)（サラ・ブラファー・ハーディー『マザー・ネイチャー』塩原通緒訳、2005年、早川書房）; William P. Letchworth, *Homes of Homeless Children: A Report on Orphan Asylums and Other Institutions for the Care of Children* (reprint, New York: Arno Press, Inc., 1974). ヘンリー・チャピンの報告書は、Robert Sapolsky, "How the Other Half Heals," *Discover*, vol. 19, no. 4 (April 1998) の中で取り上げられている。チャピン自身、その主題に関する共著書を7回改訂している。第一版は、Henry Dwight Chapin and Godfrey Roger Pisek, *Diseases of Infants and Children* (New York: Wood, 1909). (施設における乳児の死亡に関するチャピンのレポートは以下に発表された。"A Plea for Accurate Statistics in Infant's Institutions," *Journal of American Pediatrics Society* 27 [1915]: 180.)

L. Emmett Holt, R. L. Duffus, and L. Emmett Holt, Jr., *Pioneer of a Children's Century* (Appleton, London), 295; Robert Karen, *Becoming Attached: Unfolding the Mystery of the Infant–Mother Bond and Its Impact on Later Life* (New York: Warner Books, 1994); Robert Sapolsky, "How the Other Half Heals," *Discover*, vol. 19, no. 4 (April 1998); Robert Sapolsky, *Why Zebras Don't Get Ulcers* (New York: W. H. Freeman and Co., 1994)（R・M・サポルスキー『なぜシマウマは胃潰瘍にならないか』栗田昌裕監修、1998年、シュプリンガー・フェアラーク東京）; Sylvia Brody, *Patterns of Mothering* (New York: International Universities Press, Inc., 1956).

H. Arthur Allbutt, *The Wife's Handbook: How a Woman Should Order Herself During Pregnancy, in the Lying–In Room, and After Delivery: With Hints on the Management of the Baby, and on Other Matters of Importance, Necessary to Be Known By Married Women* (London: R. Forder, 1888).

小児病棟の描写はカレンの前掲書（*Becoming Attached*）のほか、以下を参照した。Harry Bakwin, "Loneliness in Infants," *American Journal of Diseases of Children*, vol. 63 (1942); Harry Bakwin, "Psychological Aspects of Pediatrics: Emotional Deprivation in Infants," *Journal of Pediatrics* (1948).

クーニーの研究に関しては Marshall H. Klaus and John H. Kennell, *Parent–Infant Bonding* (St. Louis: C. V. Mosby Co., 1982)（クラウス、ケネル『親と子のきずな』竹内徹ほか訳、1985年、医学書院）の中で説明されている。Jules Older, *Touching Is Healing* (New York: Stein & Day, 1982) でもすばらしい概要を読むことができる。

母親が自分の子どもに触れたがらないことへの懸念は、以下にまとめられている。C. Anderson Aldrich and Mary Aldrich, *Babies Are Human Beings Too* (New York: The

ハリー・ハーロウのフェアフィールドの回想は、ロバート・イスラエル提供の未発表の日記や自叙伝より。家族史と写真はフェアフィールド公立図書館所蔵。ロン・イスラエルの職業履歴は、フェアフィールドの人名簿とハーロウの未発表の記述による。また、ハーロウの少年時代についてのすばらしい記述が以下の本にある。W. Richard Dukelow, *The Alpha Males: An Early History of the Regional Primate Research Centers* (Lanham, Mass.: University Press of America, 1995).

ハリー・ハーロウは若いころの教育経験について、クララ・メアーズ・ハーロウが編集した彼の著書、および以下の本の「代理母の誕生」という章で述べている。Harry F. Harlow, "Birth of the Surrogate Mother," *Discovery Processes in Modern Biology*, ed. W. M. Klemm (Huntington, N.Y.: R. E. Krieger, 1977). 同様の話と子ども時代の背景については、下記の本でクララ・メアーズ・ハーロウが執筆した序章「ハーロウの研究の進展」("The Evolution of Harlow Research") にも記されている。Clara Mears Harlow, ed., *From Learning to Love: The Selected Papers of H. F. Harlow* (New York: Praeger, 1986).

スタンフォード大学とその心理学部の背景については、以下の資料およびスタンフォード大学所蔵のルイス・ターマンと大学事務局との間で交わされた書簡による。Annual Reports of the President of Stanford University, 1923–1931; Margaret Kimball, *Stanford: A Celebration in Pictures* (Stanford: Stanford University Press); *Jane Stanford's Inscriptions* (a publication of Stanford Memorial Church). ウォルター・マイルズとカルヴィン・ストーンの履歴は、スタンフォード大学が年次で出版している *Report* を参照。これには、学部長による活動記録が含まれており、私が調査した 1924－30 年の記録は、ルイス・ターマンが執筆している。ヒルガードの前掲書（*Psychology in America*) のほか、以下も参照。John A. Popplestone and Marion White McPherson, *An Illustrated History of American Psychology* (Akron, Ohio: University of Akron Press, 1994). また、ハーロウの私的な回顧録も参照した。カルヴァン・ストーンとラットの噛み傷のくだりは以下を参照。Carol Tavris, "Harry, You Are Going to Go Down in History As the Father of the Cloth Mother," *Psychology Today* (April 1973).

ルイス・ターマンの履歴については以下を参照。Joel Shurkin, *Terman's Kids: The Groundbreaking Study of How the Gifted Grow Up* (Boston: Little, Brown and Co., 1992); Henry L. Minton, *Lewis M. Terman: Pioneer in Psychological Testing* (New York: New York University Press, 1988). ターマンの伝記である *Terman and the Gifted* (Los Altos, Calif.: William Kaufmann, 1975) を書くために、メイ・V・シーゴーがハリー・ハーロウやナンシー・ベイリー、ジェシー・ミントン、ロバート・バーンリューターと交わした手紙（アメリカ心理学史資料館所蔵）も基にしている。ターマンの研究に関しては、ヒルガードの前掲書、ポプルストーンとマクファーソンの前掲書（*An Illustrated History of American Psychology*）のほか、以下の心理学史の教科書などでくわしく議論されている。C. James Goodwin, *A History of Modern Psychology* (New York: J. Wiley, 1999). IQ テストを取り巻く政治的、科学的背景の詳細については以下を参考にした。Mark Snyderman and Stanley Rothman, *The IQ Controversy* (New Brunswick, N.J.: Transaction Publishers, 1990). ハリー・ハーロウの改名の逸話は、デュークローの前掲

註

本書は、インタビュー、往復書簡、ハリー・ハーロウの未刊行の記録や日記、本、雑誌、新聞、科学専門誌など、さまざまな情報源を基にしている。この註に明記されていないハリー・ハーロウの同僚や学生や家族のコメントは、直接のインタビューによるものだ。インタビューに答えてくれた多くの人は本文中には登場しないが、彼らのコメントや考え方は物語を構築する助けになり、ハリー・ハーロウや彼の家族の人物像や、彼の在籍当時のウィスコンシン大学マディソン校の心理学部や霊長類研究所の様子を描くことができた。次の方々のご助力に感謝したい。ウィスコンシン大学マディソン校心理学名誉教授レナード・バーコウィッツ、ハリーの元大学院生、同僚、友人である、ダン・ジョスリン、ロバート・ボウマン、ロバート・ドズワース、ジョン・ブロマー、アルバート・アールベイチャー、ビリー・レヴェンソン・フィンク、レズリー・ヒックス、ケネス・マイケルズ、ギル・フレンチ、カール・トンプソン、アーサー・ライオペル、ジョイス・ローズヴェア、ビル・セイ、フランク・ファーリー、ブランドン・メア、グレッグ・オーデン、ウィリアム・プロカジー、エレノア・シュミット、マージ・ハリス。この物語をきちんと書き上げるために、彼らからの情報はかけがえのないものだった。

プロローグ　弧を描いて飛ぶ愛

『コンクエスト』の「愛の測定」は、CBSニュースの広報部によって制作された（プロデューサー：マイケル・スカラー、脚本：S・S・シュワイツァー、ディレクター：ハロルド・メイヤー、1959年11月1日放送）。Ernest R. Hilgard, *Psychology in America: A Historical Survey* (San Diego: Harcourt Brace Jovanovich, 1987).

ハリー・ハーロウの近接性に関しては、以下を参照。John P. Gluck, "Harry Harlow: Lessons on Explanations, Ideas and Mentorship," *American Journal of Primatology* 7 (1984): 139–146.

1　ハリー・ハーロウの誕生

Susan Fulton Welty, *A Fair Field* (Detroit: Harlow Press, 1968); Charles J. Fulton, *History of Jefferson County, Iowa* (Chicago: S. J. Clarke Publishing Company, 1914); Robert P. Long, *Homegrown: An Iowa Memoir* (self-published, 1988); Susan Fulton Welty, *Man of Medicine and Merriment* (Rockton, Ill.: Basley Prington, 1991); *The Quill*, Fairfield High School Yearbook, 1913–1926. ハリーの甥のロバート・イスラエル（やはり家名に従った名前）は、家族史と写真をフェアフィールド公立図書館に保管していた。その中には、ハリーの両親の写真と17世紀の英国までさかのぼるイスラエル家の家系図が含まれている。

デボラ・ブラム（Deborah Blum）
ウィスコンシン大学科学ジャーナリズム論教授、サイエンスライター。「ニューヨークタイムズ」「ワシントンポスト」「ディスカバー」など多くの新聞・雑誌に執筆。1992年、霊長類を動物実験として使う倫理問題を論じた新聞連載でピュリッツァー賞受賞。それをもとにした『なぜサルを殺すのか』のほか、『脳に組み込まれたセックス』（共に白揚社）、『幽霊を捕まえようとした科学者たち』（文藝春秋）、『サイエンスライティング』（共編、地人書館）などの著書がある。

藤澤　隆史（ふじさわ・たかし）
2004年、関西大学大学院総合情報学研究科博士課程修了。現在、福井大学子どものこころの発達研究センター准教授。発達心理学、社会心理学、脳機能イメージングなどを中心に研究している。
著書に『ソシオン理論入門』（共著、北大路書房）、訳書に『しあわせ仮説』（共訳、新曜社）がある。

藤澤　玲子（ふじさわ・れいこ）
フリーライター、翻訳家。1996年同志社大学文学部卒。2006年ニューヨーク州立大学アルバニー校経営学修士課程修了。現在、福井大学精神医学技術補佐員。
著書に『虐待が脳を変える』（共著、新曜社）、訳書に『しあわせ仮説』（共訳、新曜社）、『記憶がなくなるその時まで』（新曜社）がある。

Love at Goon Park
by Deborah Blum

ISBN 978-4-8269-0175-8

愛《あい》を科《か》学《がく》で測《はか》った男《おとこ》

二〇一四年七月十五日　第一版第一刷発行
二〇二一年一月十五日　第一版第二刷発行

著　者　デボラ・ブラム
訳　者　藤澤《ふじさわ》隆史《たかし》・藤澤《ふじさわ》玲子《れいこ》
発行者　中村幸慈
発行所　株式会社　白揚社　©2014 in Japan by Hakuyosha
〒101-0062　東京都千代田区神田駿河台1-7
電話03-5281-9772　振替00130-1-25400
装　幀　岩崎寿文
印刷・製本　中央精版印刷株式会社